O.W. BARTH

B. K. S. Iyengar

LICHT FÜRS LEBEN

Die Yoga-Vision eines großen Meisters

Aus dem Englischen
von Susanne Kahn-Ackermann
Transkription der Sanskrit-Bergriffe
von Ilka Klaus

Die englische Originalausgabe erschien 2005
unter dem Titel »Light on Life«.
This translation published by arrangement with
Rodale Books, an imprint of Random House,
a division of Penguin Random House LLC

Besuchen Sie uns im Internet:
www.ow-barth.de

Neuausgabe 2014

Umschlaggestaltung: ZERO Werbeagentur, München
Umschlagabbildung: FinePic®, München
Satz: Wilhelm Vornehm, München
Druck und Bindung: CPI books GmbH, Leck
ISBN 978-3-426-29228-0

Für meinen Vater Bellur Krishnamachar,
meine Mutter Seshamma, und meinen
Geburtsort Bellur

Über den Autor und die Koautoren

B. K. S. IYENGAR war einer der weltweit führenden Yoga-Lehrer und Autor des größten Yoga-Bestsellers aller Zeiten, *Licht auf Yoga.* Er hat Stars aus der Welt der Kunst und Kultur, weltweit anerkannte Führungspersönlichkeiten und auch Tausende von Yoga-Lehrern und -Lehrerinnen unterrichtet, die seine Moder-nisierung und Verfeinerung der Kunst des Yoga in alle Welt hinaus-getragen haben. Zu seinen Klassikern und Bestsellern gehören auch *Licht auf Pranayama* und *Der Urquell des Yoga. Die Yogasūtras des Patañjali – erschlossen für den Menschen von heute.* Er war einer der ersten Lehrer, die den Yoga im Westen einführten, und nun-mehr gibt es Hunderte von Zentren überall auf der Welt, in denen Yoga nach Iyengar unterrichtet wird. B. K. S. Iyengar gehörte zu den 2004 in der Zeitschrift *Time* aufgelisteten 100 einflussreichsten Menschen auf der Welt. Er starb im August 2014.

JOHN J. EVANS ist Schriftsteller und hat viele Vorträge über die Yoga-Philosophie gehalten. Nach seinem Abschluss an der Cambridge University im Jahr 1971 lebte er viele Jahre lang hauptsächlich in Frankreich und Indien. 1978 begann er bei B. K. S. Iyengar zu studieren und hat an einigen seiner Bücher mitgearbeitet, insbesondere an *Der Urquell des Yoga.*

DOUGLAS ABRAMS war viele Jahre lang der für den Bereich Religion zuständige Herausgeber der University of California Press und leitender Herausgeber von Harper San Francisco. Er ist der Koautor einer ganzen Reihe von Bestsellern spiritueller Persönlichkeiten von Weltrang, darunter Erzbischof Desmond Tutu und Tao-Meister Mantak Chia. Er ist Mitbegründer von Idea Architects, einer Agentur zur Entwicklung von Buch- und Medienprojekten.

Zur Transkription und Aussprache der Sanskrit-Begriffe

Im Text der deutschen Ausgabe werden alle Sanskrit-Termini in vereinfachter Transkription wiedergegeben.

Die Aussprache entspricht dabei im Wesentlichen der im Deutschen üblichen. Folgende Abweichungen sind jedoch zu beachten:

›ch‹ wird wie ›tsch‹ gesprochen
›j‹ wird wie ›dsch‹ gesprochen
›y‹ wird wie ›j‹ gesprochen
›v‹ wird wie ›w‹ gesprochen
›sh‹ wird wie ›sch‹ gesprochen

Ein Querstrich über einem Vokal bedeutet, dass dieser lang gesprochen wird. Grundsätzlich lang gesprochen werden die Vokale ›e‹ und ›o‹.

Sanskrit-Begriffe, die ursprünglich zusammengeschrieben werden, wurden weitgehend so belassen, auch um einen inflationären Gebrauch des Bindestriches zu vermeiden.

Weiterer Hinweis:
Das im Text häufig verwendete Wort *»Yogi«* steht für den Yoga praktizierenden Menschen bzw. sogar für den Erleuchteten oder Befreiten. Aus diesem Grund und aus Gründen der besseren Lesbarkeit ist darauf verzichtet worden, das weibliche Pendant »Yogini« mit aufzuführen. Wir bitten, »Yogi« im obigen Sinne allgemein auf den Menschen bezogen und geschlechtsneutral zu verstehen.

(Anmerkung der Redaktion)

Inhalt

Vorwort

Wenn dieses Buch irgendeinen Anspruch auf Authentizität erheben will, muss es vor allem einen Punkt ganz klar herausstellen: Jeder Mensch kann sich auf die Yoga-Reise begeben und durch beständiges und anhaltendes Praktizieren das Ziel der Erleuchtung und Freiheit erlangen. Krishna, Buddha und Jesus wohnen in aller Herzen. Sie sind keine Filmstars oder bloße Götzen der Anhimmelung. Sie sind große inspirierende Gestalten, deren Beispiel wir folgen können. Sie fungieren heute als unsere Rollenvorbilder. So wie sie die Selbst-Verwirklichung zu erlangen vermochten, können wir das auch.

Viele von Ihnen mögen befürchten, den kommenden Herausforderungen nicht gewachsen zu sein. Lassen Sie mich Ihnen versichern, Sie werden ihnen gewachsen sein. Ich bin ein Mensch, der bei null angefangen hat und in vielerlei Hinsicht schwer benachteiligt war. Nachdem ich viel Zeit und Mühe aufgewandt hatte, landete ich allmählich irgendwo an. Nur durch ein einziges Mittel trat ich buchstäblich aus der Dunkelheit ans Licht, gelangte ich vom Sterbenskranksein zur Gesundheit, von gröbster Unwissenheit zum Eintauchen in den Ozean des Wissens, nämlich durch eifriges Beharren auf der Kunst und Wissenschaft der Yoga-Praxis *(sādhana)*. Und was für mich gut war und mir taugte, wird auch für Sie gut sein und Ihnen taugen.

Sie genießen heutzutage auch den Vorteil, dass es viele begabte Yoga-Lehrer und -Lehrerinnen gibt. Als ich anfing, war da leider kein kluger, gütiger Lehrer, der mich anleitete. Tatsache ist, dass mein Guru sich weigerte, mir irgendeine meiner unschuldigen Fragen zum Yoga zu beantworten. Er unterwies mich nicht so, wie ich es mit meinen Schülern und Schülerinnen halte, indem ich ihnen Schritt für Schritt Anweisungen für ein Āsana gebe. Er verlangte einfach eine bestimmte Stellung und überließ es mir oder seinen anderen Schülern, herauszufinden, wie man sie zustande bringt. Möglicherweise stachelte das in mir irgendeinen Wesensaspekt des Eigensinns an, der sich dann mit einem unerschütterlichen Glauben an den Yoga verbündete und ein Feuer entfachte, das mich immer weitermachen ließ. Ich habe ein leidenschaftliches, feuriges Naturell und musste der Welt vielleicht beweisen, dass ich etwas tauge. Aber noch viel mehr war mir daran gelegen, herauszufinden, wer ich bin. Ich wollte diesen rätselhaften und wunderbaren Yoga verstehen, der uns unsere eigenen innersten Geheimnisse und die des uns umgebenden Universums enthüllen und Aufschluss geben kann über den Platz, den wir als fröhliche, leidende, verdutzte und verwirrte menschliche Wesen darin innehaben.

Ich lernte durch Üben, erwarb mir ein bisschen durch Erfahrung erschlossenes Wissen und investierte dieses Wissen und Verständnis wieder, um mehr zu lernen. Indem ich der richtigen Richtung folgte und eine angeborene sensitive Wahrnehmung zu Hilfe nahm, konnte ich mein Wissen erweitern und weiterentwickeln. Dadurch sammelte sich in mir ein wachsendes Maß kultivierter und verfeinerter Erfahrung an, die schließlich die Essenz des Yoga-Wissens freigab.

Ich brauchte Jahrzehnte, um die ganze Tiefe und den wahren Wert von Yoga wirklich zu ermessen. Heilige Schriften unterstützten meine Entdeckungen, waren mir aber keine Wegweiser. Was ich durch Yoga lernte, fand ich durch Yoga heraus. Ein »Selfmademan« bin ich aber nicht. Ich bin nur das, was zweiundsiebzig Jahre hingebungsvoller Yogasādhana aus mir gemacht haben. Jeglicher Beitrag zur Welt, den ich geleistet habe, ist die Frucht meines Sādhana.

Er verlieh mir die zielbewusste Hartnäckigkeit und Beharrlichkeit, um auch in schwierigen Zeiten weiterzumachen. Meine Abneigung gegen eine laschere Lebensweise hat mich auf dem geraden Weg gehalten. Ich habe jedoch nie irgendjemanden gemieden, denn ich bin zu der Erkenntnis gekommen, in allen das Licht der Seele zu sehen. Yoga hat mich vom Ufer der Unwissenheit über den großen Strom ans Ufer des Wissens und der Weisheit übergesetzt. Es ist keine extravagante Behauptung, wenn ich sage, dass sich mir durch die Yoga-Praxis Weisheit erschlossen hat, und dass die Gnade Gottes die Lampe meines innersten Wesenskerns entzündet hat. Das ermöglicht mir, dasselbe Licht der Seele in allen anderen Wesen leuchten zu sehen.

Sie, meine Leser und Leserinnen, müssen wissen, dass Sie schon einen Ort haben, von dem Sie ausgehen können. Ihnen sind bereits die Anfänge gezeigt worden, und keiner weiß, in welchem Heilsein und in welcher Glückseligkeit Sie vielleicht enden werden. Wenn Sie irgendeinen noblen Pfad beschreiten und an ihm festhalten, können Sie das Allerhöchste erreichen. Seien Sie motiviert und inspiriert, aber nicht stolz. Peilen Sie Ihr Ziel nicht zu niedrig an, Sie werden es sonst verfehlen. Zielen Sie hoch; Sie werden sich an der Schwelle zur Glückseligkeit befinden.

Patañjali, über den Sie in diesem Buch noch viel hören werden, gilt als der Vater des Yoga. Tatsächlich war er, soweit wir wissen, ein Yogi und Universalgelehrter, der im Indien des fünften Jahrhunderts v. u. Z. lebte und das vorhandene Wissen über das Leben und die Praktiken des Yogis zusammentrug und weiter ausarbeitete. Er schrieb die *Yogasūtras,* einen aus Aphorismen bestehenden Leitfaden über den Yoga, das Bewusstsein und die menschliche Bedingtheit. Er erklärte auch die Beziehung zwischen der Welt der Natur und der innersten und transzendenten Seele. (Für diejenigen, die ihre Text-Studien noch weiter betreiben möchten, habe ich Hinweise auf sein großes Werk eingefügt. Siehe mein Buch *Der Urquell des Yoga. Die Yogasūtras des Patañjali – erschlossen für den Menschen von heute*).

Was Patañjali sagt, gilt für mich und wird auch für Sie Geltung haben. Er schreibt: »Ein neues Leben beginnt mit diesem wahrheitstragenden Licht. Frühere Eindrücke werden zurückgelassen und das Entstehen neuer unterbunden. Wenn die Kraft des Intellekts tiefer Einsicht entspringt, tilgt diese Einsicht alle Reste früherer Handlungen, Bewegungen und Eindrücke« (*Der Urquell des Yoga*, Kapitel I, Vers 50).

Ich hege die Hoffnung, dass meine eigenen bescheidenen und ganz gewöhnlichen Anfänge Ihnen als Quelle der Ermutigung dienen werden, wenn Sie nach dieser Wahrheit streben und ein neues Leben beginnen. Yoga hat mein Leben von einer parasitären Existenz in ein von Sinn und Zweck erfülltes Dasein verwandelt. Später inspirierte er mich dazu, an der Freude und Pracht des Lebens teilzunehmen und sie vielen Tausenden von Menschen nahezubringen, ohne Ansehen ihrer Religion oder Kaste, ihrer Geschlechtszugehörigkeit oder Nationalität. Ich bin so dankbar für das, was Yoga aus mir gemacht hat, dass ich immer bestrebt war, ihn mit anderen zu teilen.

In diesem Geiste biete ich mit diesem Buch meine Erfahrungen an und hoffe, dass Sie in getreuem Glauben, in Liebe und Beharrlichkeit den süßen Geschmack des Yoga genießen werden. Tragen Sie die Flamme weiter, damit sie auch künftigen Generationen das mit Glückseligkeit erfüllende Licht des Wissens von der wahren Wirklichkeit bringen kann.

Die Konzeption und Ausarbeitung dieses Buches ist einer Reihe von Personen geschuldet, die es durch ihre Mitarbeit in seinen Endzustand brachten, sodass ich es Ihnen nun anbieten kann. Im Besonderen möchte ich Doug Abrams von Idea Architects, John J. Evans, Gitta S. Iyengar, Uma Dhavale, Stephanie Quirk, Daniel Rivers-Moore, Jackie Wardle, Stephanie Tade und Chris Potash meinen Dank aussprechen. Ebenso danke ich allen Mitarbeitern des Rodale-Verlags dafür, dass sie dieses Werk der breiten Öffentlichkeit zugänglich machten; ich teile jegliche Anerkennung und jegliches Verdienst mit ihnen.

Yoga war mein Schicksal und in den letzten siebzig Jahren mein Leben; ein Leben, das von der Praxis, der Philosophie und dem Lehren der Kunst des Yoga durchdrungen und erfüllt war. Wie bei allen Schicksalen, wie bei allen großen Abenteuern, kam ich an Orte, die ich mir, bevor ich mich aufmachte, nie vorgestellt hätte. Für mich war es eine Entdeckungsreise. Historisch gesehen handelte es sich um eine Reise der Wiederentdeckung, die allerdings unter einer einzigartigen Perspektive unternommen wurde: Innovation innerhalb traditioneller Grenzen. Die letzten siebzig Jahre haben mich auf eine »Reise nach Innen« geführt, hin zu einer Schau der Seele. In diesem Buch finden sich meine Triumphe, Anstrengungen, Kämpfe, Leiden und Freuden.

Vor fünfzig Jahren kam ich in den Westen, um Licht auf den Yoga zu werfen. Nun biete ich mit diesem Buch ein halbes Jahrhundert an Erfahrung an, um Licht auf das Leben zu werfen. Die Popularität des Yoga und mein Anteil an der Verbreitung seiner Lehren sind mir eine große Quelle der Befriedigung. Aber ich möchte nicht, dass diese breite Popularität die Tiefe dessen verdeckt, was Yoga den Praktizierenden zu geben hat. Fünfzig Jahre nach meiner ersten Reise in den Westen und nach so viel hingebungsvoller Yoga-Praxis von so vielen möchte ich nun die Yoga-Reise in ihrer Gesamtheit mit Ihnen teilen.

Ich hoffe zutiefst, dass mein Ende Ihr Anfang sein kann.

Einleitung: Die Freiheit wartet

Als ich vor über einem halben Jahrhundert Indien verließ und nach Europa und in die USA reiste, bestaunte das Publikum die Vorführungen von *Yogāsana*-Stellungen mit offenem Mund und betrachtete sie als exotisch akrobatische Verrenkungen eines Schlangenmenschen. Genau diese Āsanas haben sich seither Millionen Menschen überall auf der Welt zu eigen gemacht, und ihr physischer und therapeutischer Nutzen findet weithin Anerkennung. Dass Yoga in so vielen Herzen ein Feuer entfachte, bedeutet für sich genommen schon einen erstaunlichen Wandel.

Als ich mich vor siebzig Jahren dem Yoga zuwandte, waren sogar in Indien, seinem Herkunftsland, Spott, Ablehnung und unverhüllte Verurteilung das Los des Suchenden auf dem Yoga-Weg. Wäre ich ein *Sādhu* geworden, ein heiliger Mann, der mit der Bettelschale in der Hand auf den großen Hauptstraßen Britisch-Indiens dahinwanderte, hätte ich weniger Hohn und Spott geerntet, wäre mir mehr Respekt entgegengebracht worden. Einmal wurde ich aufgefordert, *Sannyāsin* zu werden und der Welt zu entsagen, aber ich lehnte ab. Ich wollte als normaler Haushälter und Familienvater mit allen Schwierigkeiten des Daseins leben und meine Yoga-Praxis den Normalsterblichen nahebringen, die wie ich ein gewöhnliches, von Arbeit, Ehe und Kindern bestimmtes Leben lebten. Mir wurden alle drei Segnungen zuteil, einschließlich der einer langen und freudvollen Ehe mit meiner geliebten, nun schon verstorbenen Frau Ramamani und des Segens von Kindern und Enkelkindern.

Das Leben eines Menschen mit Hausstand und Familie ist und war schon immer schwierig. Die meisten von uns begegnen Härten und Leiden, und viele werden von physischen und emotionalen Schmerzen, von Stress, Traurigkeit, Einsamkeit und Ängsten gepeinigt. Wir meinen oft, dass alle diese Probleme durch die Anforderungen des modernen Lebens verursacht werden, aber das menschliche Dasein brachte schon immer die gleichen Härten, Entbehrungen und Herausforderungen mit sich – den Lebensunterhalt zu verdienen, eine Familie zu gründen und zu erhalten, und Sinn und Zweck in seinem Leben zu finden.

Dies waren schon immer die Probleme und Herausforderungen, vor die wir Menschen uns gestellt sahen, und so wird es auch bleiben. Als eine der Tiergattung zugehörige Spezies wandeln wir auf Erden. Als Träger einer göttlichen Essenz gehören wir zu den Sternen. Als menschliche Wesen sitzen wir in der Mitte fest und versuchen das Paradoxon zu lösen, wie wir auf der Erde unseren Weg gehen und zugleich nach etwas Dauerhafterem und Tiefgründigerem streben können. So viele suchen diese größere Wahrheit in den himmlischen Sphären, doch sie ist nicht in den Wolken, sondern in weitaus größerer Nähe zu finden. Sie existiert in unserem Innern und kann auf der Reise nach Innen von jedermann gefunden werden.

Die meisten Menschen wollen alle das Gleiche. Die meisten Menschen wünschen sich ganz einfach körperliche und geistig-seelische Gesundheit, Verständnis und Weisheit, Frieden und Freiheit. Und oft platzen die Mittel und Methoden, mit denen wir nach diesen grundlegenden menschlichen Bedürfnissen streben, aus den Nähten, da wir von verschiedenen und häufig miteinander konkurrierenden Forderungen des menschlichen Daseins hin- und hergerissen werden. Yoga, so wie er von seinen Weisen verstanden wurde, ist so angelegt, dass er alle diese menschlichen Bedürfnisse im Rahmen eines umfassenden nahtlosen Ganzen befriedigt. Sein Ziel ist nichts weniger als das Erlangen der Integrität, des Einsseins – das Einssein mit uns selbst und als Folge daraus das Einssein mit allem jenseits von uns, mit allem, das über uns selbst hinausgeht. Wir werden zum harmonischen Mikrokosmos im universalen Makrokosmos. Einssein, von mir oft *Integration* genannt, ist die Grundlage für Ganzheitlichkeit, inneren Frieden und absolute Freiheit.

Durch Yoga können wir wieder zur Entdeckung eines Gefühls von Ganzheit in unserem Leben gelangen, das uns nicht länger den Eindruck des ständigen Versuchs vermittelt, die zerbrochenen Teile wieder zusammenzufügen. Durch Yoga können wir zu einem inneren Frieden finden, der nicht von endlosem Stress und unentwegten Daseinskämpfen zerpflückt und zerrupft wird. Durch Yoga können wir zu einer neuen Art von Freiheit gelangen, von der wir vielleicht nicht einmal wussten, dass es sie gibt. Für den Yogi beinhaltet Freiheit, dass er nicht durch die Dualitäten, die Aufs und Abs, die Lüste und Leiden des Lebens beschädigt wird. Sie impliziert Gleichmut und das letztendliche Vorhandensein eines inneren heiter gelassenen Wesenskerns, der nie den Kontakt mit der unveränderlichen ewigen Unendlichkeit verliert.

Wie ich schon sagte, kann sich jedermann auf die Reise nach Innen begeben. Das Leben selbst strebt nach Erfüllung, so wie die Pflanzen dem Sonnenlicht entgegenstreben. Das Universum hat das Leben nicht in der Hoffnung erschaffen, dass ein Scheitern der Mehrheit den Erfolg der wenigen hervorhebt. Zumindest spirituell gesehen leben wir in einer Demokratie, in einer Gesellschaft der Chancengleichheit.

Es ist nicht der Sinn des Yoga, irgendeiner Gesellschaftskultur als Religion oder Dogma zu dienen. Zwar entspringt er in seinen Wurzeln der Erde Indiens, doch ist er als universeller Pfad gedacht, als Weg, der allen ihrer Geburt und Herkunft ungeachtet offensteht. Patañjali benutzte vor etwa 2500 Jahren den Ausdruck *sarvabhauma* – universell. Wir sind alle menschliche Wesen, wurden aber gelehrt, uns für »Westler« oder »Ostler« zu halten. Uns selbst überlassen, würden wir einfach nur menschliche Individuen sein – weder Afrikaner noch Inder noch Europäer noch Amerikaner. Da ich aus Indien komme, habe ich aus der Kultur, in der ich aufwuchs, unvermeidlich bestimmte indische Charakteristika übernommen. Das tun wir alle. In der Seele, das, was ich den »Seher« nenne, gibt es keinen Unterschied. Unterschiede bestehen nur in den »Gewandungen« des Sehers – in den Vorstellungen von uns selbst, in die wir uns kleiden. Durchbrechen Sie sie. Nähren Sie sie nicht mit entzweienden Gedanken und Ansichten. Das ist es, was Yoga lehrt. Wenn Sie und ich einander begegnen, vergessen wir unsere Kulturen und unsere Klassenzugehörigkeit. Es gibt keine Kluft, wir sprechen von Geist zu Geist, Seele zu Seele. In unseren tiefsten Bedürfnissen unterscheiden wir uns nicht. Wir sind alle Menschen.

Yoga erkennt die Tatsache an, dass sich im Laufe der Jahrtausende an den Funktionsweisen unseres Körpers und Geistes nur sehr wenig geändert hat. Wie wir im Innern unserer Haut ticken, ist für zeit- oder ortsbedingte Unterschiede nicht anfällig. Was die Funktionsweise unseres Geistes und die Art und Weise, wie wir uns aufeinander beziehen und miteinander kommunizieren angeht, so gibt es da inhärente Stresspunkte, geologischen Verwerfungslinien vergleichbar. Wenn man sich nicht um sie kümmert, wird das immer dazu führen, dass die Dinge auf individueller oder kollektiver Ebene schiefgehen. Deshalb richtete sich die yogische philosophische und wissenschaftliche Forschung mit ganzer Kraft auf die Untersuchung der Natur des Seins. Und ganz besonders wollte man in Erfahrung bringen, wie man auf die Belastungen des Lebens mit weniger Aufgeregtheit, Erschütterung, Sorge und Mühe reagieren kann.

Gier, Gewalttätigkeit, Faulheit, Exzess, Stolz, Begierde und Angst werden im Yoga nicht als unauslöschliche Formen einer Erbsünde betrachtet, die da sind, um unser Glück zu zerstören oder um unserem Glück als Fundament zu dienen. Sie gelten als natürliche, wenngleich unwillkommene Manifestationen der Veranlagung des Menschen und der Zwickmühle, in der er sich befindet. Sie werden als etwas betrachtet, das gelöst und nicht unterdrückt oder verleugnet werden soll. Unsere mit Mängeln behafteten Wahrnehmungs- und Denkmechanismen sind kein Grund, in Kummer zu verfallen (obwohl sie uns Kummer bereiten), denn sie bieten uns Gelegenheit zur Weiterentwicklung. Die Gelegenheit zu einer innerlichen Bewusstseinsevolution, die es uns auch ermöglicht, unsere Bestrebungen in Bezug auf das, was wir persönlichen Erfolg und globalen Fortschritt nennen, in nachhaltiger Form zu verwirklichen.

Yoga ist ein Buch der Regeln für das Spiel des Lebens, wobei niemand bei diesem Spiel zu verlieren braucht. Es ist hart, und Sie müssen hart trainieren. Yoga erfordert die Bereitschaft, eigenständig zu denken, zu beobachten, Korrekturen vorzunehmen und sich von gelegentlichen Rückschlägen nicht unterkriegen zu lassen. Er verlangt Ehrlichkeit, Eifer und vor allem Liebe im Herzen. Wenn es Sie interessiert, zu verstehen, was es heißt, ein Mensch zu sein, zwischen Himmel und Erde gestellt, wenn es Sie interessiert, zu erfahren, woher Sie kommen und wohin Sie zu gehen vermögen, wenn Sie sich das Glücklichsein wünschen und nach Freiheit sehnen, dann haben Sie bereits die ersten Schritte hin zur Reise nach Innen getan.

Die Gesetze und Regeln der Natur lassen sich nicht beugen. Sie sind unpersönlich und unerbittlich. Aber wir spielen mit ihnen. Wenn wir die Herausforderungen der Natur annehmen und uns dem Spiel anschließen, dann finden wir uns auf einer stürmischen und aufregenden Reise wieder, die entsprechend der auf sie verwandten Zeit und Mühe ihre Vorteile und ihren Nutzen bringt. Ihr geringster Gewinn ist der, dass wir uns auch noch mit achtzig selber die Schuhe zubinden können; und ihr höchster ist die Gelegenheit, von der Essenz des Lebens selbst zu kosten.

Meine yogische Reise

Die meisten Menschen, die mit dem Praktizieren von Yogāsana beginnen, also mit dem Einüben der Haltungen, tun dies häufig aus praktischen und körperlichen Gründen. Vielleicht wegen eines gesundheitlichen Problems wie etwa Rückenschmerzen oder einer Sportverletzung oder hohem Blutdruck oder Arthritis. Vielleicht aber auch infolge eines umfassenderen Anliegens wie dem, dass man zu einer besseren Lebensweise gelangen oder mit Stress zurechtkommen oder mit Gewichts- oder Suchtproblemen fertig werden möchte. Nur sehr wenige Menschen wenden sich dem Yoga zu, weil sie glauben, dass sie auf diesem Weg spirituelle Erleuchtung erlangen können. In der Tat wird es wohl so sein, dass viele dem Gedanken der spirituellen Selbstverwirklichung ziemlich skeptisch gegenüberstehen. Das ist aber an sich gar nicht schlecht, weil es bedeutet, dass die meisten Menschen, die zum Yoga kommen, praktisch veranlagte Leute sind, die praktische Probleme und Ziele haben; Menschen, die im Dasein geerdet sind; Menschen, die vernünftig sind.

Als ich mit Yoga begann, wusste ich nichts von seinen umfassenderen und glanzvolleren Dimensionen. Auch ich strebte den körperlichen Nutzen an, und das rettete mir das Leben. Es ist keine Übertreibung, wenn ich behaupte, dass Yoga mir das Leben rettete. Durch ihn wurde ich aus der Krankheit in die Gesundheit und aus der Gebrechlichkeit in die Robustheit neu geboren.

Zum Zeitpunkt meiner Geburt im Dezember 1918 wütete in Indien, wie in so vielen Ländern, eine verheerende weltweite Grippeepidemie. Auch meine Mutter Sheshemma wurde, während sie mit mir schwanger war, davon erfasst, und als Folge davon kam ich sehr kränklich zur Welt. Meine Arme waren dünn, meine Beine spindeldürr, und mein Bauch wölbte sich plump hervor. Tatsächlich war ich so schwach, dass man nicht glaubte, ich würde überleben. Mein Kopf sackte stets nach unten, und ihn zu heben kostete mich große Anstrengung. Überdies war er im Verhältnis zu meinem Körper viel zu groß, und meine Geschwister machten sich oft lustig über mich. Ich war das elfte von insgesamt dreizehn Kindern, von denen nur zehn am Leben blieben.

Diese Schwächlichkeit und Kränklichkeit blieben mir in meinen frühen Jahren erhalten. Als kleiner Junge hatte ich unter zahlreichen Krankheiten zu leiden, darunter unter häufigen Malariaanfällen, Typhus und Tuberkulose. Und wie es so oft, wenn man krank ist, der Fall ist, entsprach mein Gemütszustand meinem armseligen

Gesundheitszustand. Ich wurde häufig von tiefer Melancholie ergriffen und fragte mich zuweilen, ob das Leben es wohl wert war, gelebt zu werden.

Ich wuchs in Bellur auf, einem Dorf im Distrikt Kolar im südindischen Staat Karnataka. Es handelte sich um eine kleine bäuerliche Gemeinde von etwa 500 Personen, die sich ihren Lebensunterhalt mit dem Anbau von Reis, Hirse und ein paar Gemüsesorten verdienten. Doch meine Familie war besser dran als viele andere, da mein Vater ein kleines Stück Land geerbt hatte und außerdem als Schulmeister eines nahe gelegenen etwas größeren Dorfes ein Gehalt vom Staat bezog. Bellur verfügte zu jener Zeit über keine eigene Schule.

Ich war fünf Jahre alt, als meine Familie von Bellur nach Bangalore umzog. Mein Vater litt schon seit seiner Kindheit unter Appendizitis, welche niemals behandelt worden war. Kurz vor meinem neunten Geburtstag wurde sie wieder akut, und dieses Mal nahm sie einen tödlichen Verlauf. Mein Vater rief mich an sein Krankenbett und sagte mir, dass er kurz vor meinem neunten Geburtstag sterben würde, so wie sein Vater auch kurz vor seinem neunten Geburtstag gestorben war. Weiter sagte er mir, dass er in seiner Jugend sehr hart zu kämpfen gehabt hatte und dass auch ich in der meinen hart kämpfen müsse, dass ich aber schließlich ein glückliches Leben führen würde. Ich kann sagen, dass sich meines Vaters Prophezeiung in beiden Punkten, dem des Kämpfens und dem des Glücks, erfüllte. Der Tod meines Vaters hinterließ eine große Leere in meiner Familie, und keine starke Hand geleitete mich durch meine Krankheiten und meine Schuljahre. Sehr oft hielt mich das Kranksein vom Unterricht fern, und ich hinkte mit dem Lernstoff nach.

Obwohl mein Vater Lehrer gewesen war, gehörte meine Familie der Brahmanenkaste an, das heißt einer indischen Priesterkaste, deren Angehörige in ein Leben religiöser Pflichterfüllung hineingeboren werden. Normalerweise erwerben Brahmanen ihren Lebensunterhalt durch Opfergaben, die ihnen die Leute bringen, durch das Entgelt für die Durchführung religiöser Zeremonien oder vielleicht auch durch die Unterstützung einer reichen oder aristokratischen Familie oder Einzelperson. Und im Allgemeinen heiraten sie durch arrangierte Ehen in eine andere Brahmanen-Familie ein. So kam es, dass meine Schwester mit elf Jahren mit Shriman T. Krishnamacharya, einem entfernten Verwandten von uns, verheiratet wurde. Es war eine ausgezeichnete Verbindung, da dieser ein verehrungswürdiger und verehrter Philosophie- und Sanskrit-Gelehrter war. Nachdem er seine akademischen Studien abgeschlossen hatte, verbrachte Krishnamacharya viele Jahre in der Gebirgsregion des Himalaya nahe der Grenze zwischen Nepal und Tibet, um sich unter der Anleitung von Shri Ramamohana Brahmachari seinem Yoga-Studium zu widmen.

Zu jener Zeit lebten die Mahārājas, die indischen Könige, in riesigen Festungen und begaben sich auf ihren Elefanten zur Tigerjagd in ihre Lehensgebiete, die zum Teil größer waren als viele Länder Europas. Der Mahārāja von Mysore hörte von der Gelehrsamkeit und dem meisterlichen yogischen Können meines Schwagers und war sehr an ihm interessiert. Er lud ihn ein, an seinem Sanskrit-College zu unterrichten und später in seinem herrlichen Palast Jaganmohan eine Yoga-Schule zu errichten. Auch bat er Krishnamacharya ab und zu, in andere Städte zu reisen, um dort die Botschaft des Yoga einem breiteren Publikum zu vermitteln. Im Jahr 1934, ich war an die vierzehn Jahre alt, forderte mich mein Schwager im Verlauf einer solchen Reise auf, nach Mysore zu kommen und einige Zeit bei seiner Frau (meiner Schwester) und seiner Familie zu verbringen, während er unterwegs war. Als mein Schwager dann zurückkam und ich bat, nach Bangalore zu meiner Mutter und meinen Geschwistern zurückkehren zu dürfen, schlug er stattdessen vor, dass ich in Mysore blieb, um am Yoga zu arbeiten und meinen Gesundheitszustand zu verbessern.

Er empfahl angesichts meiner erbärmlichen Verfassung ein beinhartes Yoga-Praxisprogramm, um mich in Form zu bringen und zu stärken, damit ich mich, der ich mich allmählich dem Erwachsenenalter näherte, den Prüfungen und Herausforderungen des Lebens stellen konnte. Sollte mein Schwager damals auch noch meine tiefere spirituelle oder persönliche Entwicklung im Auge gehabt ha ben, so sprach er es nicht aus. Die Umstände schienen passend und der Zeitpunkt günstig zu sein, und so machte ich mich an mein Training in der Yoga-Schule meines Schwagers.

Es sollte sich als ein wesentlicher Wendepunkt in meinem Leben erweisen – als Augenblick, in dem das Schicksal auf mich zukam, um mir zu begegnen, und ich die Gelegenheit erhielt, es anzunehmen oder mich davon abzuwenden. Solche entscheidenden Momente gehen bei vielen Menschen, so auch bei mir, ohne laute Fanfarenklänge vorüber und werden stattdessen zum Ausgangspunkt von Jahren stetiger Arbeit und Weiterentwicklung. So kam es, dass mein Schwager, Shriman T. Krishnamacharya, mein verehrter Lehrer und Guru wurde und als mein effektiver Vormund die Stelle meiner Mutter und meines verstorbenen Vaters einnahm.

In jener Lebensphase gehörten häufige Yoga-Demonstrationen für den Hofstaat des Mahārāja und für Würdenträger und Gäste, die zu Besuch kamen, zu meinen Pflichten. Meinem Guru oblag es, für die Erbauung und Unterhaltung der Entourage des Mahārāja zu sorgen, indem er seine Schüler – unter denen ich einer der jüngsten war – auf Herz und Nieren prüfte und ihre Fähigkeit vorführte, sich in den eindrucksvollsten und erstaunlichsten Stellungen zu dehnen, zu strecken, zu beugen und zu biegen. Ich trieb mich in meiner Übungspraxis bis an meine Grenzen, um gegenüber meinem Lehrer und Vormund meine Pflicht zu erfüllen und ihn in seinen anspruchsvollen Erwartungen zufriedenzustellen.

Als ich achtzehn war, wurde ich nach Puna geschickt, um dort die Yoga-Lehre zu verbreiten. Weder sprach ich den in dieser Region vorherrschenden Dialekt, noch hatte ich dort eine Gemeinschaft, Familienangehörige oder Freunde, ja noch nicht einmal eine sichere Anstellung. Ich hatte nichts weiter als meine Āsana-Praxis, die Yoga-Stellungen. Ich kannte auch keine *Prāṇāyāma*-Atemübungen, keine Yoga-Texte und hatte von der Yoga-Philosophie keine Ahnung.

Ich warf mich auf die Āsana-Praxis, so wie sich ein Mann daranmachen mag, in einem Boot in die Welt hinauszusegeln, das er kaum handhaben kann. Ich klammerte mich um des lieben Lebens willen daran und fand nur Trost in den Sternen. Obwohl ich wusste, dass andere vor mir in die Welt hinausgesegelt waren, hatte ich doch nicht ihre See- und Landkarten. Es war eine Entdeckungsreise. Mit der Zeit stieß ich auf ein paar Karten, die gewöhnlich vor Hunderten oder Tausenden von Jahren erstellt worden waren, und fand, dass meine Entdeckungen mit den ihren korrespondierten und durch sie bestätigt wurden. Ermuntert und ermutigt machte ich weiter, um zu sehen, ob ich es auch bis zu ihren fernen Landeorten schaffen konnte, und um mein Schiff besser handhaben zu lernen. Ich wollte jeden Küstenstrich genau kartographieren, die Tiefe eines jeden Meeres ausloten, auf schöne, unbekannte Inseln stoßen und jedes gefährliche, verborgene Riff oder jede Gezeitenströmung vermerken, die unser Navigieren auf dem Ozean des Lebens gefährden konnte.

So wurde der Körper mein erstes Instrument, um in Erfahrung zu bringen, was Yoga ist. Dann begann der langsame Prozess der Verfeinerung, der sich bis auf den heutigen Tag in meiner Praxis fortsetzt. Yogāsana brachte mir im Verlauf dieser Entwicklung enormen physischen Nutzen und half mir, von einem kränklichen Kind zu einem einigermaßen fitten und agilen jungen Mann heranzuwachsen. Mein Körper war mein Laboratorium, in dem ich Erkenntnisse über die Vorteile gewann, die Yoga für die Gesundheit mit sich bringt. Aber ich konnte auch schon begreifen, dass er ebenso viel Positives für meinen Kopf und mein Herz wie für meinen Körper beinhalten würde. Meine Dankbarkeit für diesen großartigen Gegenstand, dieses große Thema, das mich rettete und aufbaute, lässt sich unmöglich überschätzen.

Ihre yogische Reise

Dieses Buch handelt vom Leben. Es macht den Versuch, Ihnen und anderen spirituell Suchenden den Weg zu erhellen. Es zielt darauf ab, einen Pfad aufzuzeigen, dem alle folgen können. Es bietet Rat, Methoden und einen philosophischen Bezugsrahmen auf einer Ebene an, die auch Neulinge der Yoga-Praxis begreifen können. Es serviert den Leichtgläubigen keine Abkürzungen oder leeren Versprechungen. Ich habe mehr als siebzig Jahre ständiger Übung und Anwendung gebraucht, um dahin zu gelangen, wo ich heute bin. Das bedeutet nicht, dass Sie siebzig Jahre brauchen werden, um die Früchte der Yoga-Praxis ernten zu können. Yoga bringt schon vom ersten Tag an Gaben und Geschenke. Nutzen und Vorteile, die auch schon blutige Anfänger erfahren können, die fühlen, dass auf einer tiefen Ebene ihres Körpers, dass in ihrem Geist und auch in ihrer Seele irgendetwas zu passieren beginnt. Manche beschreiben diese ersten Geschenke als ein neues Gefühl von Leichtigkeit oder Ruhe oder Freude.

Das Wunder ist, dass sich nach siebzig Jahren diese Gaben für mich immer noch mehren. Nutzen und Vorteile der Praxis lassen sich nicht immer vorhersehen. Wenn sie eintreten, dann oft in unerwarteter Fülle und Form. Doch wenn Sie meinen, dass, wenn Sie Ihre Zehen zu berühren oder sogar einen Kopfstand zu machen lernen, dies schon alles sei, was am Yoga dran ist, dann ist Ihnen fast alles von seiner Fülle, seinen Segnungen und seiner Schönheit entgangen.

Yoga setzt das schöpferische Potenzial des Lebens frei. Er tut dies, indem er eine Struktur für die Selbst-Verwirklichung errichtet, indem er uns zeigt, wie wir auf dieser Reise weiterkommen können, und indem er eine geheiligte Vision vom Höchsten und Absoluten, von unserem göttlichen Ursprung und unserer letztendlichen Bestimmung eröffnet. Das Licht, das Yoga auf das Leben wirft, ist etwas Besonderes. Es hat verwandelnden Charakter. Es verändert nicht nur einfach die Art und Weise, in der wir die Dinge sehen; es verwandelt die Person, die sieht. Es bringt Wissen mit sich und erhöht es zur Weisheit.

Das Licht fürs Leben, das hier gemeint ist, ist unverfälschte Einsicht, reine Wahrheit *(satya)*, die in Verbindung mit der Gewaltlosigkeit das Leitprinzip Mahatma Gandhis war, der die Welt für alle ihre Bewohner veränderte.

Sokrates ermahnte uns zur Selbsterkenntnis. Sich selbst erkennen heißt, den eigenen Körper, den eigenen Geist und die eigene Seele zu kennen. Yoga ist wie Musik, wie ich oft sage. Der Rhythmus des Körpers, die Melodie des Geistes und die Harmonie der Seele erschaffen die Symphonie des Lebens. Die Reise nach Innen wird Ihnen die Möglichkeit geben, einen jeden dieser Aspekte Ihres Wesens zu erforschen und zu integrieren. Sie werden von Ihrem physischen Körper aus die Reise nach Innen antreten, um Ihre »feinstofflichen Körper« zu entdecken: Ihren Energie-Körper, wo der Atem und die Emotionen ihren Sitz haben; Ihren Mental-Körper, wo Gedanken und Obsessionen gemeistert werden können; Ihren Körper der Weisheit, in dem Intelligenz und Einsicht zu finden sind, und Ihren Körper der Glückseligkeit, in dem Einblick in die Seele genommen werden kann. Im nächsten Kapitel werden wir zu einem Verständnis dieser uralten yogischen Kartographierung der Schichten unseres Seinswesens gelangen. Doch bevor wir uns diese Schichten in einem jeweils eigenen Kapitel anschauen, müssen wir zunächst noch unser Verständnis von dieser Reise nach Innen vertiefen und erkennen, auf welche Weise sie die traditionellen acht Glieder oder Blütenblätter des Yoga in sich einbegreift. Wir müssen auch die Beziehung zwischen Natur und Seele verstehen. Yoga lehnt nicht das eine um des anderen willen ab, sondern sieht beides als untrennbar miteinander verbunden, so wie sich Erde und Himmel am Horizont vereinen.

Sie brauchen die Freiheit nicht in einem fernen Land zu suchen, denn sie existiert in Ihrem Körper, Ihrem Geist, Ihrer Seele. Erleuchtete Befreiung, Freiheit, reine, ungetrübte Glückseligkeit warten auf Sie, aber um sie entdecken zu können, müssen Sie sich für den Antritt der Reise nach Innen entscheiden.

Kapitel 1

Die Reise nach Innen

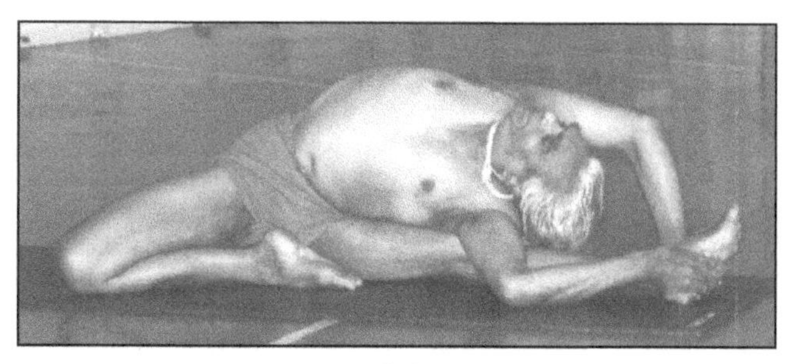

Parivritta-Pashchimottānāsana

Uns allen wohnt das Ziel der spirituellen Verwirklichung inne, die Suche und das Streben nach unserem göttlichen Wesenskern. Dieser Kern, in niemandem je abwesend, ruht latent in uns. Es geht also um eine Reise nach Innen, damit sich der innere Kern offenbaren kann.

Um herauszufinden, wie sich unser innerstes Wesen enthüllen lässt, erforschten die Weisen die verschiedenen Hüllen oder Schichten unserer Existenz. Sie begannen beim Körper und drangen durch die Hüllen des Geistes und der Intelligenz bis schließlich zur Seele vor. Die yogische Reise führt uns von der Peripherie, dem Körper, bis zur Mitte unseres Seins, der Seele. Das Ziel besteht in einer Integration der verschiedenen Schichten, damit das Göttliche aus dem Innern wie durch klares Glas nach außen scheint.

Koshas – Die Hüllen des Seins

Yoga kennt fünf verschiedene Schichten oder Hüllen des Seins, die *Koshas,* die vollkommen integriert und in Einklang miteinander sein müssen, damit wir zur Ganzheitlichkeit gelangen können. Befinden sich diese feinstofflichen Hüllen in einem Zustand der Disharmonie, werden sie schmuddelig wie ein getrübter Spiegel, der die befleckten Bilder der sensorischen und sinnlichen Welt zurückwirft. Der Spiegel reflektiert die Dinge unserer Umwelt, statt das klare Licht der Seele im Innern nach außen strahlen zu lassen. Und dann erfahren wir Krankheit und Verzweiflung. Echte Gesundheit erfordert nicht nur, dass das körperliche Äußere unseres Wesens effektiv funktioniert, sondern bedarf auch der Vitalität, Stärke und Sensibilität der inneren feinstofflichen Ebenen.

Die meisten von uns halten den eigenen »Körper« ganz einfach für die eigene physische Gestalt: Haut, Knochen, Muskeln und innere Organe. Im Yoga bildet dies jedoch nur die alleräußerste Schicht unseres Körpers oder den *Annamaya Kosha.* Dieser physische oder anatomische Körper beinhaltet die anderen vier feinstofflichen Körper oder Koshas.

Die Koshas sind den Schichten einer Zwiebel oder den ineinandergesteckten russischen Puppen vergleichbar. Dazu gehören unser Energie-Körper oder die physiologische oder organische Hülle *(prānamaya kosha),* unser Mental-Körper oder die mentale oder emotionale Hülle *(manomaya kosha),* unser Körper der Weisheit oder die Hülle des Intellekts oder Unterscheidungsvermögens *(vijñānamaya kosha)* und schließlich unser Körper der Glückseligkeit oder der Seele *(ānandamaya kosha).* Wenn diese Körper oder Hüllen falsch oder schlecht aufeinander ausgerichtet sind oder miteinander in Konflikt stehen, begegnen wir unvermeidlich der Entfremdung und Fragmentierung, die unserer Welt so große Probleme bereiten. Wenn wir andererseits aber imstande sind, die verschiedenen Hüllen unseres Körpers aufeinander auszurichten und in Einklang zu bringen, verschwindet die Fragmentierung, ist die Integration erreicht und die Einheit hergestellt. Der physische Körper *(annamaya kosha)* muss mit dem Energie-Körper *(prānamaya kosha)* in Verbindung stehen und sich ihm dadurch aufprägen können; dieser wiederum muss sich mit dem Mental-Körper *(manomaya kosha),* der Mental-Körper mit dem Körper der Weisheit *(vijñānamaya kosha)* und der Körper der Weisheit mit dem Körper der Glückseligkeit *(ānanadamaya kosha)* in Übereinstimmung befinden. Und wenn zwischen dem Körper der Glückseligkeit und dem physischen Körper keine Kommunikation stattfindet, kann der Körper der Glückseligkeit die mit ihm einhergehende Erhellung nicht in die Bewegungen und ins Handeln des physischen Körpers einbringen. Dann haben wir Dunkelheit im Leben statt Licht fürs Leben.

Die Trennungslinien zwischen den verschiedenen Hüllen sind im Wesentlichen hypothetischer Natur. Wir sind einzigartig und bilden ein Ganzes. Jede Hülle überlappt und vermischt sich mit der nächsten; doch muss, damit die von uns gewünschte Integrität und Ganzheitlichkeit erreicht werden kann, die Kommunikation vom Inneren zum Äußeren und vom Äußeren zum Inneren fließen. Nur dann sind wir zu einem ganzheitlich funktionierenden menschlichen Wesen verbunden. Ist das nicht der Fall, erleben wir die Auflösung und Fragmentierung, die das Leben so ungemütlich und verwirrend machen.

Wer den Weg des Yoga geht, muss verstehen, wie notwendig es ist, dass die Koshas integriert sind und sich in Balance befinden. Zum Beispiel müssen der Mental-Körper und der Körper der Weisheit (*manonamaya kosha* und *vijñānamaya kosha*) effektiv funktionieren, wenn wir das Geschehen im physischen und im Energie-Körper (*annamaya kosha* und *prānamaya kosha*) beobachten, analysieren, überdenken und korrigieren wollen.

Mit anderen Worten, der physische Körper existiert nicht getrennt von Geist und Seele. Im Gegensatz zu den Ansichten einiger Asketen sollen wir unseren Körper weder vernachlässigen noch negieren. Wir sollen uns aber auch nicht auf unseren Körper – unser sterbliches Ich – fixieren. Ziel des Yoga ist die Entdeckung unseres unsterblichen Selbst. Die Yoga-Praxis lehrt uns, körperlich und spirituell voll und ganz zu leben, indem wir jede dieser verschiedenen Hüllen kultivieren.

Ich hoffe, dass Sie beim Weiterlesen dahin kommen zu begreifen, dass, wenn auch Sie Yoga auf die richtige Weise und mit der richtigen Einstellung leben und üben, sich weitaus größere Vorteile und radikalere Veränderungen ergeben werden als bloße körperliche Gelenkigkeit. Ohne Transformation gibt es keinen Fortschritt auf dem Weg zur absoluten Freiheit, und das ist der springende Punkt im Leben aller Menschen, gleich ob sie Yoga praktizieren oder nicht. Wenn wir verstehen, wie unser Geist und unser Herz funktionieren, haben wir die Chance, eine Antwort auf die Frage zu finden: »Warum mache ich immer die gleichen alten Fehler?«

Die Landkarte, die die Alten uns hinterließen, gibt uns die Struktur der Kapitel dieses Buches vor. Ihr Wissen und ihre Technik bilden deren Inhalt. Der Mensch ist ein Kontinuum. Es gibt keine fassbaren Grenzen zwischen den Koshas, so wie es auch keine Grenzlinien zwischen Körper, Geist und Seele gibt. Aber der Einfachheit halber und um uns auf unserer Reise Hilfestellung zu geben, beschreibt Yoga den Menschen in den Begriffen dieser einzelnen Schichten. Wir sollten uns vorstellen, dass sie ineinander übergehen wie die Regenbogenfarben. Dieser traditionellen Beschreibung von fünf verschiedenen Körpern oder Koshas folgend, haben wir diese Erörterung in fünf zentrale Kapitel unterteilt: »Stabilität – Der physische Körper« *(annamaya kosha);* »Vitalität – Der Energie-Körper« *(prānamaya kosha);* »Klarheit – Der Mental-Körper« *(manomaya kosha);* »Einsicht – Der Körper der Weisheit« *(vijñānamaya kosha)* und »Freude – Der Körper der Glückseligkeit« *(ānandamaya kosha).*

Wir werden in diesen Kapiteln über die verschiedenen Stadien der Reise nach Innen sprechen. Wir werden die wandelbare Natur *(prakriti)* entdecken, zu der der physische Körper gehört, und in die Tiefe unseres ursprünglichen Wesens, der ewigen Seele *(purusha)* blicken. Beim Erkunden der Seele müssen wir unbedingt daran denken, dass diese Erforschung im Bereich der Natur (dem Körper) stattfindet, denn Natur ist das Wo und Was wir sind. Unser spezifisches Erkundungsfeld sind wir selbst, angefangen bei der Haut bis hin zur unbekannten Mitte.

Yoga befasst sich mit dieser Fusion von Natur und Seele, denn dies ist die Essenz des menschlichen Lebens mit all seinen Herausforderungen, Widersprüchen und Freuden.

Leben zwischen Himmel und Erde

Wie ich schon sagte, leben wir Menschen zwischen den beiden Realitäten von Himmel und Erde. Die Erde steht für alles, was praktisch, materiell, greifbar und verkörperlicht ist. Es ist die erkennbare Welt, objektiv erfassbar durch Entdeckungsreisen und Beobachtungen. Wir alle haben über den immensen Speicher angesammelter kollektiver Erfahrung an dieser Welt und ihrem Wissen Anteil. Für dies alles gibt es ein Wort: Natur (*prakriti* im Sanskrit). Diese setzt sich aus fünf Elementen zusammen, die wir als Erde, Wasser, Feuer, Luft und Raum (vormals Äther genannt) bezeichnen. Demzufolge und in Übereinstimmung damit setzt sich der Körper aus den gleichen fünf Elementen zusammen, weshalb wir den Begriff Prakriti auch für den Körper verwenden. Wenn Astronauten Gestein vom Mond mitbringen und Wissenschaftler es untersuchen, untersuchen sie die Natur. Wenn wir die Temperatur auf der Sonnenoberfläche berechnen, beobachten wir die Natur. Ob wir nun die Natur eines Planeten oder die Natur des Kosmos untersuchen, es handelt sich um Natur. Solche Studien sind unendlich faszinierend, weil die Natur so voller Vielfalt ist. Nicht nur ist sie unendlich mannigfaltig, sie verändert sich auch fortwährend, und so gibt es immer etwas Neues zu sehen. Auch wir sind Bestandteil der Natur, was bedeutet, dass auch wir uns fortwährend verändern und die Natur so immer aus einer anderen Warte betrachten. Wir sind ein winziges Teilchen ständigen Wandels, das auf ein unendliches Maß an fortwährendem Wandel blickt. Da nimmt es kaum wunder, dass es so spannend ist. Das Wichtigste, was wir über die Natur lernen können, sind die ihr inhärenten Gesetze, nach denen sie funktioniert.

Indische Yogis suchten auch schon Jahrhunderte bevor Patañjali die *Yogasūtras* schrieb in den scheinbar chaotischen Schwankungen und Veränderungen der Natur irgendwelche Muster zu erkennen. Die grenzenlose Vielfalt der Naturphänomene vermittelt den Anschein von Chaos, aber wäre es denn möglich, so fragten sie sich, dass die diese endlosen Turbulenzen der Natur regierenden Gesetze eine Ordnung aufweisen und verstanden werden können? Und wenn wir begreifen könnten, wie sie funktionieren, wäre es uns dann vielleicht möglich, vom Chaos zur Ordnung zu gelangen? Spiele sind bedeutungslos, wenn man ihre Regeln nicht kennt. Wenn man sie aber kennt, können sie großen Spaß machen. Zwar erleidet man immer noch ein paar Schicksalsschläge und verliert ein paar Spiele, aber wenigstens nimmt man daran teil; man spielt das Spiel. Yoga besagt, dass du das Spiel mit dem Körper und dem Ich spielst. Durch das Spielen kannst du die Regeln erlernen, und wenn du sie einhältst, stehen die Chancen weitaus besser, dass du im Leben Erfolg hast und auch Erleuchtung und Freiheit erlangst.

So steht also der Mensch mit beiden Beinen direkt auf die Erde gestellt, wie beim *Tādāsana* (Berg-Stellung), und hat den Kopf im Himmel. Doch was ist hier mit Himmel gemeint? Ganz klar rede ich nicht von der Biosphäre unseres Planeten oder von irgendeinem physisch existenten Ort, egal wie weit weg er auch sein möge. Ich hätte auch sagen können: »Mit den Füßen auf der Erde, mit dem Kopf in den himmlischen Sphären«, was darauf hindeutet, dass hier kein physisch existenter Bereich gemeint ist. Das lässt Raum für Möglichkeiten: a) dass es etwas Vollkommenes ist, weil etwas Physisches nicht vollkommen sein kann, da alle Phänomene unstabil sind; b) dass es etwas Universelles ist, das heißt das Eine, wohingegen die Natur das Viele ist, wie wir aus ihrer Vielfalt ersehen können; c) dass es überall ist, Allgegenwart, da es als etwas Nicht-Physisches durch Örtlichkeit weder begrenzt noch definiert ist; d) dass es höchste Wirklichkeit oder etwas Ewiges ist. Im Yoga denkt man sich den Körper als etwas, das reale Substanz besitzt, wohingegen die Veränderung von uns selbst und die Enthüllung des unermesslichen Himmels in unserem Innern *Chit-Ākāsha* oder wortwörtlich die Schau des Raumes selbst genannt wird.

Alles Physische verändert sich fortwährend, weshalb seine Realität nicht konstant, nichts Ewiges ist. So gesehen ist die Natur wie eine Schauspielerin, die nur verschiedene Rollen innehat. Nie legt sie ihr Kostüm ab, schminkt sich ab und geht nach Hause, sie wechselt lediglich für ewig und alle Zeiten von einer Rolle zur anderen über. So wissen wir bei der Natur nie genau, woran wir sind, vor allem da wir ja auch Teil von ihr sind.

Die nichtphysische Wirklichkeit, so schwer sie auch zu erfassen sein mag, muss den Vorteil haben, dass sie ewig und immer dasselbe ist. Das hat Konsequenzen. Was wirklich und unveränderlich ist, muss uns einen Fixpunkt bieten, eine Orientierung, so wie die perfekte Nordausrichtung beim Kompass. Und wie funktioniert ein Kompass? Durch die Anziehung, die zwischen dem magnetischen Nordpol und einem Magneten in unserem Kompass besteht. Der Kompass, das sind wir selbst. Daraus können wir ableiten, dass in uns eine Universelle Wirklichkeit existiert, die uns auf eine überall existente Universelle Wirklichkeit ausrichtet. Dieses Ausrichten und Eichen, dieses In-Übereinstimmung-Bringen, ist ein wichtiger Begriff. Durch dieses Ausrichten meines Körpers entdeckte ich das Ausgerichtetsein meines Geistes, meines Ichs und meiner Intelligenz. Über das Ausgerichtetsein vom äußersten Körper oder von der äußersten Hülle *(kosha)* bis hin zur innersten Hülle bringen wir unsere persönliche Realität mit der Universellen Wirklichkeit in Kontakt. In der *Vastasūtra Upanishad* heißt es: »Das Ausrichten der Glieder in richtiger Anordnung wird wie das Wissen von Brahman (Gott) gepriesen.« Und in noch früherer Zeit finden wir im *Rigveda:* »Jede Form ist ein Bild der Urform.« Wir sahen, dass diese Wirklichkeit weder im Kontext der Zeit veränderbar noch durch den Raum begrenzt ist. Sie ist von beidem frei. Daraus folgt, dass unsere Reise zwar in Zeit und Raum stattfindet, dass aber, wenn wir an ihr Ende gelangen und der höchsten nichtphysischen Wirklichkeit begegnen, dies nicht in Zeit und Raum sein wird, so wie wir sie kennen.

Seele *(purusha)* und Natur *(prakriti)*

Ich habe bisher absichtlich die Nennung des üblichen Übersetzungsbegriffes für die nichtphysische Wirklichkeit vermieden, weil die Menschen bei seiner Erwähnung zumeist aufhören, selber nachzudenken. Das Sanskrit-Wort dafür ist *Purusha.* Im Deutschen sprechen wir von der Seele oder auch von der Kosmischen Seele. Mit diesem Begriff verbindet sich gemeinhin eine starke religiöse Mitbedeutung, die die Leute ohne weitere Überlegung entweder akzeptieren oder von sich weisen. Sie vergessen, dass es ganz einfach unser Wort für eine immerwährende Wirklichkeit ist. Diese ergibt sich zwar aus der Logik, bleibt aber in unserem Bewusstsein nur eine Vorstellung oder ein Gedanke, bis wir ihre Wirklichkeit in uns selbst erkennen und erfahren.

Wir assoziieren diese immerwährende Wirklichkeit zu Recht mit selbstloser Liebe, die sich in der Wahrnehmung auf Einheit gründet, nicht auf irgendwelche trennenden Unterschiede. Die Liebe einer Mutter bezieht ihre Kraft und Stärke aus der Einheit mit ihrem Kind. In der Einheit gibt es kein Besitztum und kein Besitzdenken, denn Besitztum ist ein dualistischer Zustand, der ein »Ich« und ein »Es« beinhaltet. Die Seele ist unveränderlich, ewig und konstant. Im göttlichen Ursprung und Einssein verwurzelt, bleibt sie immer als Zeuge da. Alle Yoga-Praxis ist mit dem Erforschen der Beziehung von Prakriti und Purusha, von Natur und Seele befasst. Es geht hier, um bei unserem Ausgangsbild zu bleiben, darum, zu lernen, wie man zwischen Erde und Himmel lebt. Das ist die Zwickmühle, in der sich der Mensch befindet, das ist unsere Freude und unser Leid, unsere Rettung und unser Sturz. Natur und Seele sind miteinander vermischt. Manche würden sagen, sie sind verheiratet. Durch das korrekte Praktizieren von Āsana, *Prānāyāma* und der anderen Blütenblätter des Yoga machen Praktizierende *(sādhaka)* die Erfahrung der Kommunikation und Verbindung zwischen den beiden. Für Normalsterbliche mag es den Anschein ha ben, dass diese Ehe von Natur und Seele von Zwist, Streitigkeiten und gegenseitigem Unverständnis geprägt ist. Aber wenn wir mit beiden Zwiesprache halten, kommen sie einander näher, um schließlich eine gesegnete Vereinigung einzugehen. Eine Vereinigung, die den Schleier der Unwissenheit, der unsere Intelligenz verdeckt, beseitigt. Um sie zu erreichen, müssen *Sādhakas* sowohl nach innen wie auch nach außen auf das »Gerüst« der Seele blicken, auf den Körper. Sie müssen ein zugrunde liegendes Gesetz begreifen, sonst werden sie im fesselnden Bann der Natur verharren, und die Seele wird für sie ein bloßes Konzept bleiben. Alles, was im Makrokosmos existiert, kann auch im Mikrokosmos oder Individuum gefunden werden.

Die acht Blütenblätter des Yoga

Es gibt acht Blütenblätter des Yoga, die sich dem Praktizierenden zunehmend enthüllen. Diese sind die äußerlichen ethischen Disziplinen *(yama)*, die inneren ethischen Regeln *(niyama)*, die Stellungen *(āsana)*, die Beherrschung der Atmung *(prāṇāyāma)*, die Kontrolle und das Abziehen oder Abwenden der Sinne *(pratyāhāra)*, Konzentration *(dhāraṇā)*, Meditation *(dhyāna)* und glückseliger Zustand der Versenkung *(samādhi)*. Wir nennen das die Blütenblätter des Yoga, weil sie sich wie die Blütenblätter einer Lotosblume zu einem wunderschönen Ganzen verbinden.

Auf unserer Reise durch die inneren Hüllen *(kosha)* des Körpers, von der äußeren Haut bis zum allerinnersten Selbst, werden wir jedem dieser in den *Yogasūtras* beschriebenen acht Blütenblätter oder Stufen des Yoga begegnen und sie erforschen. Für die Wahrheitsuchenden von heute sind diese Stufen immer noch ebenso wichtig wie damals zu Zeiten Patañjalis. Ohne die in diesen acht Blütenblättern vermittelten Regeln, Prinzipien und Praktiken können wir nicht hoffen, die Hüllen zu verstehen und in harmonischen

Einklang zu bringen. Ich werde hier kurz auf sie eingehen, um sie dann in den folgenden Kapiteln eingehender zu besprechen.

Die Yoga-Reise beginnt mit den fünf allgemeinen moralischen Geboten *(yama)*. Auf diese Weise lernen wir, Kontrolle über unsere Handlungen in der Außenwelt zu entwickeln. Die Reise setzt sich mit den fünf Schritten der Selbstreinigung *(niyama)* fort. Diese beziehen sich auf unsere Innenwelt und Sinneswahrnehmungen und helfen uns bei der Entwicklung von Selbstdisziplin. Wir werden im Verlauf des Buches immer wieder auf sie zu sprechen kommen, aber anfänglich dienen sie einer Zügelung unseres Verhaltens anderen und uns selbst gegenüber. Diese ethischen Regeln und Prinzipien begleiten uns stets, vom Anfang bis zum Ende der Yoga-Reise, denn die Demonstration unserer spirituellen Verwirklichung liegt in nichts anderem begründet als in der Art und Weise, wie wir uns unter unseren Mitmenschen bewegen und mit ihnen interagieren.

Ziel des Yoga mag ja letztendlich die absolute Freiheit sein. Bevor diese aber erreicht ist, machen wir in winzigen Schritten die Erfahrung einer zunehmend größeren Freiheit, indem wir zur Entdeckung von immer mehr Selbstbeherrschung, Sensibilität und Gewahrsein gelangen. Diese Qualitäten erlauben uns, das von uns angestrebte Dasein zu leben: ein anständiges Leben; saubere, ehrliche menschliche Beziehungen; guten Willen und Kameradschaft; Vertrauen; Eigenständigkeit; Freude am Glück anderer; und Gleichmut im Angesicht von eigenem Pech und Unglück. Ist unser Denken und Handeln von Menschlichkeit, Güte und Wohlwollen geprägt, können wir zu größerer Freiheit voranschreiten. Befinden wir uns im Zustand des Zweifels, der Verwirrung und Lasterhaftigkeit, können wir es nicht. Der Fortschritt im Yoga ist nicht aufgrund moralischer Beurteilungen, sondern aus einem ganz praktischen Grund ethischer Natur. Man kann fast unmöglich mit einem Satz von der Position »Schlecht« zur Position »Allerbest« springen, ohne »Gut« zu durchlaufen. Auch ist, wenn sich Unwissenheit und Dummheit auf dem Rückzug befinden, »Gut« ein ungemein behaglicherer Aufenthaltsort als »Schlecht«. Was hier mit »Schlecht« bezeichnet wird, ist die Unwissenheit in Aktion, und diese gedeiht als Lebensstrategie nur in der Dunkelheit.

Das dritte Blütenblatt ist die Übungspraxis der Stellungen *(yogāsana),* der das nächste Kapitel in diesem Buch gewidmet ist. Āsana bewahrt die Kraft und Gesundheit des Körpers, ohne die nur sehr wenige Fortschritte erzielt werden können. Es bewahrt auch die Harmonie des Körpers mit der Natur. Wir wissen alle, dass der Geist den Körper beeinflusst. Es geht uns etwas an die Nieren, oder es schlägt uns etwas auf den Magen. Warum es nicht auch andersherum probieren, so der Vorschlag des Yoga, und den Geist über den Körper angehen? »Kopf hoch« und »Schultern zurück, steh gerade« sind Beispiele für diesen Ansatz. Die Entwicklung und Kultivierung des Selbst durch Āsana ist das breite Tor, das zu den inneren Bereichen führt, die es zu erforschen gilt. Mit anderen Worten, wir werden versuchen, mit Hilfe von Āsana den Geist zu formen. Wir müssen herausfinden, wonach jede Hülle des Seins verlangt, und sie entsprechend ihrer subtilen Gelüste nähren. Schließlich unterstützt die jeweils weiter nach innen führende oder feinere Hülle die ihr angelagerte nach außen führende Schicht. Daher würden wir im Yoga sagen, dass das Subtile und Feine dem Groben, dass der Geist der Materie vorausgeht. Doch Yoga sagt, dass wir uns erst dem Äußeren oder dem am meisten Manifestierten zuwenden müssen, das heißt den Beinen, Armen, dem Rückgrat, den Augen, der Zunge, der Berührung, um die Sensibilität zu entwickeln, die uns ein Vordringen ins Innere erlaubt. Deshalb eröffnet Āsana das ganze Spektrum der Möglichkeiten des Yoga. Ohne die Unterstützung des Inkarnationsvehikels der Seele, des mit Nahrung und Wasser gespeisten Körpers von den Knochen bis hin zum Gehirn, kann es keine Verwirklichung der existenziellen, göttlichen Glückseligkeit geben. Wenn wir uns dieser Einschränkungen und Zwänge bewusst werden, können wir sie transzendieren. Wir verfügen alle über ein gewisses Bewusstsein von ethischem Verhalten, aber um uns *Yama* und *Niyama* auf tieferen Ebenen widmen zu können, müssen wir den Geist kultivieren. Wir brauchen Zufriedenheit, innere Ruhe, Leidenschaftslosigkeit und Selbstlosigkeit, Eigenschaften, die man sich erwerben muss. Āsana lehrt uns die Physiologie dieser Tugenden und Kräfte.

Das vierte Blütenblatt des Yoga betrifft die Atemtechniken oder Prānāyāma (*prāna* = Lebensenergie oder kosmische Energie, *āyāma* = Weitung, Dehnung). Der Atem ist das Vehikel des Bewusstseins, und wir lernen durch seine allmähliche Beobachtung und maßgerechte Verteilung unsere Aufmerksamkeit von den äußeren Eindrücken und den aufs Äußere gerichteten Wünschen und Begierden *(vāsanā)* abzuziehen und sie auf ein kluges, intelligentes Gewahrsein *(prajñā)* zu richten. Wenn der Atem unseren Geist zur Ruhe bringt, sind unsere Energien frei, sich von den Sinnen loszuhaken, sich mit erhöhtem, dynamischem Gewahrsein nach innen zu wenden und sich der inneren Suche und deren Anliegen zu widmen. Prānāyāma wird nicht mit Willenskraft ausgeführt. Der Atem muss bezirzt oder gelockt und umschmeichelt werden, so wie man ein Pferd auf der Weide auch nicht einfängt, indem man ihm nachjagt, sondern indem man mit einem Apfel in der Hand ruhig stehen bleibt. Auf diese Weise lehrt uns Prānāyāma Demut und befreit uns von der Gier oder dem Verlangen nach den Früchten unserer Handlungen. Nichts kann erzwungen werden: Empfänglichkeit ist alles.

Das Zurückziehen der Sinne in den Geist *(pratyāhāra)* ist das fünfte Blütenblatt des Yoga, und man nennt es auch den Dreh- und Angelpunkt zwischen äußerer und innerer Suche. Leider missbrauchen wir unsere Sinne, unsere Erinnerungen und unsere Intelligenz. Wir lassen deren potenzielle Energien nach außen fließen und sich zerstreuen. Wir sagen vielleicht, dass wir das Reich der Seele erreichen möchten, aber da bleibt ein großes Tauziehen. Wir gehen weder nach innen noch nach außen, und das zieht uns unsere Energien ab. Das können wir besser machen.

Indem wir unsere Wahrnehmungssinne nach innen wenden,

können wir zur Erfahrung der Beherrschung, der Stille und Ruhe des Geistes gelangen. Diese Fähigkeit, den Geist sanft zu beruhigen und still werden zu lassen, ist nicht nur für die Meditation und die Reise nach Innen ganz entscheidend, sondern auch die Voraussetzung dafür, dass die intuitive Intelligenz auf nützliche und lohnende Art in der Außenwelt funktionieren kann.

Die letzten drei Blütenblätter oder Stufen sind Konzentration *(dhāranā)*, Meditation *(dhyāna)* und vollkommene Versenkung *(samādhi)*. Diese drei bedeuten den Anstieg zu einem Höhepunkt, zum Yoga der letztendlichen Integration *(samyamayoga)*.

Wir fangen mit der Konzentration an. Da *Dhāranā* sich so leicht mit dem Begriff Konzentration übersetzen lässt, übersehen wir oft diese Stufe oder tun sie ab. In der Schule lernen wir Aufmerksamkeit. Das ist zwar nützlich, aber nicht das, was mit dem yogischen Begriff Konzentration gemeint ist. Wenn wir im Wald ein Reh sehen, sagen wir nicht: »Schau mal, es konzentriert sich.« Das Reh befindet sich im Zustand eines absolut dynamischen Gewahrseins in jeder seiner Körperzellen. Wir machen uns oft weis, dass wir uns konzentrieren, weil wir unsere Aufmerksamkeit fest auf etwas, das sich mit Schwankungen und Bewegungen verbindet, gerichtet halten – ein Fußballspiel, einen Film, einen Roman, die Meereswogen oder eine Kerzenflamme –, aber flackert nicht auch die Flamme? Echte Konzentration meint einen Gewahrseinsstrang. Im Yoga geht es darum, wie uns der Wille, im Verein mit Intelligenz und sich selbst reflektierendem Bewusstsein, von der Unvermeidlichkeit eines schwankenden Geistes und nach außen gerichteter Sinne befreien kann. Hier leistet uns Āsana große Dienste.

Schauen wir uns an, welche Herausforderung der Körper in einem Āsana an den Geist stellt. Das äußere Bein überstreckt sich, aber das innere Bein hängt durch. Wir haben die Wahl, ob wir es bei dieser Situation belassen oder dieses Ungleichgewicht angehen wollen, indem wir unser Erkenntnis- und Vergleichsvermögen einsetzen und es mit Willenskraft unterstützen. Wir können das

Gleichgewicht aufrechterhalten, sodass es kein Zurückgleiten gibt, und dann unsere Beobachtung auf die Knie, Füße, Haut, Fußknöchel, Fußsohlen, Zehen und so weiter ausdehnen; die Liste ist endlos. Unsere Aufmerksamkeit hüllt nicht nur ein, sie durchdringt auch. Können wir wie ein Jongleur diese vielen Bälle in der Luft halten, ohne einen fallen zu lassen, ohne in unserer Aufmerksamkeit nachzulassen? Nimmt es da wunder, dass man zur Vervollkommnung von Āsana viele Jahre braucht?

Wenn jeder neue Punkt studiert, wenn die nötigen Anpassungen vorgenommen worden sind und dies dann so aufrechterhalten wird, wird unser Gewahrsein und unsere Konzentration notwendigerweise auf unzählige Punkte zugleich gerichtet sein, sodass das Bewusstsein selbst praktisch im ganzen Körper gleichmäßig verteilt ist. Hier ist das Bewusstsein durchdringend und umhüllend, erhellt durch einen gelenkten Fluss der Intelligenz, und dient Körper und Geist als transformativer Zeuge. Das ist der anhaltende Fluss der Konzentration *(dhāranā)*, der zu einer erhöhten Bewusstheit führt. Der stets wache Wille nimmt Anpassungen und Verfeinerungen vor und erschafft einen sich völlig selbst korrigierenden Mechanismus. Auf diese Weise weckt und schärft die unter Einbeziehung aller Elemente unseres Wesens durchgeführte Āsana-Praxis die Intelligenz, bis sie mit unseren Sinnen, unserem Geist, unserem Erinnerungsvermögen, unserem Bewusstsein und unserer Seele eins geworden ist. Knochen, Fleisch, Gelenke, Fasern, Sehnen, Geist und Intelligenz sind ins Geschirr genommen, arbeiten zusammen. Das Ich ist sowohl Wahrnehmender wie Tätiger. Wenn ich hier vom Ich spreche, meine ich die Gesamtheit unseres Gewahrseins von wer und was wir in einem natürlichen Bewusstseinszustand sind. So nimmt das Ich seine natürliche Gestalt an, ist weder aufgebläht noch in sich zusammengesunken. In einem perfekten Āsana, das meditativ und mit durchgängig aufrechterhaltener Konzentration ausgeführt wird, nimmt das Ich die perfekte Form an und ist von tadelloser Integrität.

Wenn Sie sich diese Beziehung zwischen Āsana und Konzentration *(dhāranā)* auf einfache Weise einprägen wollen, dann vielleicht mit dem Merksatz: Wenn du eine Menge kleiner Dinge lernst, weißt du vielleicht eines Tages über ein großes Ding Bescheid.

Als Nächstes kommen wir zur Meditation *(dhyāna)*. Bei unserem Tempo des modernen Lebens haben wir es unvermeidlich mit einem ständigen Unterton von Stress zu tun. Dieser auf den Geist ausgeübte Druck baut mentale Störungen wie Ärger, Wut und Begehren auf, die dann wiederum zum Aufbau von emotionalem Stress führen. Ganz im Gegensatz zu dem, was viele Lehrer Ihnen zu erzählen versuchen, beseitigt Meditation keinen Stress. Meditation ist nur möglich, wenn man bereits einen gewissen »stresslosen« Zustand erreicht hat. Und um stressfrei sein zu können, muss sich das Gehirn schon in einem beruhigten und gelassenen Zustand befinden. Indem man das Gehirn zu entspannen lernt, kann man den Stress allmählich beseitigen.

Meditation kann das nicht. Man muss dies schon alles als Grundlagenbestandteil für die Meditation erreicht haben. Allerdings ist mir bekannt, dass im heutigen Sprachgebrauch der Begriff Meditation häufig für verschiedene Formen von Stressmanagement und Stressreduzierung benutzt wird. In diesem Buch verwende ich ihn in seiner reinsten yogischen Bedeutung als siebtes Blütenblatt. Und dahin gelangt man nur, wenn alle anderen körperlichen und mentalen Schwächen weitgehend ausgeräumt worden sind. Technisch gesprochen kann eine Person, die unter Stress steht oder einen schwachen Körper, schwache Lungen, verhärtete Muskeln, eine kollabierte Wirbelsäule oder einen schwankenden Geist hat oder die sich im Zustand mentaler Erregung oder der Angst befindet, keine echte Meditation im yogischen Sinn machen. Die Leute meinen oft, dass stilles Sitzen Meditation ist. Das ist ein Missverständnis. Echte Meditation führt uns zu weiser Erkenntnis *(jñāna)* und Bewusstheit *(prajñā)*, und das hilft uns wiederum zu verstehen, dass wir mehr sind als unser Ego. Dafür braucht man die Vorbereitungen durch die Stellungen und Atemtechnik, durch das Zurückziehen der Sinne und durch die Konzentration.

Dieser Entspannungsprozess des Denkorgans wird durch Āsana erreicht. Im Allgemeinen denken wir, dass der Geist seinen Sitz im Kopf hat. Bei den Āsanas breitet sich unser Bewusstsein im ganzen Körper aus, durchdringt schließlich jede Zelle und stellt ein vollständiges Gewahrsein her. Auf diese Weise wird das stresserfüllte Denken abgesogen, und unser Geist fokussiert sich auf den Körper, die Intelligenz und die Bewusstheit als Ganzheit.

Dadurch kann das Gehirn empfänglicher und die Konzentration zu etwas Natürlichem werden. Yoga lehrt die Kunst, wie man die Gehirnzellen in einem entspannteren, empfänglicheren und konzentrierteren Zustand hält. Bedenken Sie bei allem auch, dass Meditation *(dhyāna)* integraler Bestandteil des Yoga ist; sie lässt sich nicht davon trennen. Yama, Niyama, Āsana, Prāṇāyāma, Pratyāhāra, Dhāraṇā, Dhyāna und Samādhi – sie alle sind die Blütenblätter des Yoga. In allem ist Meditation. Bei allen diesen Blütenblättern bedarf es einer nachdenklichen oder meditativen Gestimmtheit.

Der das Gehirn durchdringende und belastende Stress wird durch Āsana und Prāṇāyāma gemindert, das Gehirn kommt zum Ausruhen, und Druck und Anspannung lassen nach. Ähnlich wird der ganze Körper mit Energie versehen, wenn wir verschiedene Arten von Prāṇāyāma ausführen. Man braucht für die Prāṇāyāma-Praxis kräftige Muskeln und Nerven, Konzentration und Beharrlichkeit, Entschlossenheit und Durchhaltevermögen. Alles das lernt man durch die Āsana-Praxis. Die Nerven werden besänftigt, das Gehirn wird beruhigt, und Härte und Starrheit der Lungen werden gelockert. Sie hilft die Gesundheit der Nerven bewahren. Man ist mit sich selber eins, und das ist Meditation.

Der israelische Astronaut Ilan Ramon, der beim Columbia-Space-Shuttle-Unglück ums Leben kam, übermittelte uns eine mögliche Sicht auf die Meditation. Nach seinen Runden um unseren Planeten rief er zu »Frieden auf Erden und einem besseren

Leben für alle« auf. Er war nicht der einzige Astronaut, dem die Erfahrung einer solchen transzendenten Vision zuteilwurde. Andere stellten fest, dass »Menschen, die eine Weltraumreise unternommen und die Erde von einem Aussichtspunkt gesehen haben, der alle politischen Unterschiede und Differenzen verwischt, eine einzigartige Sichtweise eint«. Und doch schauen sie hinunter auf einen Planeten, auf dem gewalttätige Auseinandersetzungen die Norm sind. Es gibt das »Auge um Auge« aus der Bibel, eine Philosophie der Rache, nicht der Gerechtigkeit. Aber wie Mahatma Gandhi schon warnte, würden in einer Welt, in der das Gesetz »Auge um Auge« herrscht, schon bald allesamt blind sein.

Wir können nicht alle in den Weltraum reisen, um einen Blick auf den Planeten zu werfen und zur Vision von einer Erde zu gelangen, auf der sich gemeinsame Ziele durch friedliche Zusammenarbeit erreichen lassen. Aber wenn wir uns Fotos von unserer blauen Kugel anschauen, wie sie da in einen Mantel weißer Wolken eingehüllt im All schwebt, ohne dass irgendwelche auf ihrer Oberfläche eingekerbten nationalen Grenzen zu sehen wären, dann werden auch wir von dieser Einheit der Erde berührt. Wie also sollen wir diese Einheit leben? Dualität ist der Keim des Konflikts. Aber wir haben alle Zugang zu einem Raum, einem inneren Raum, in dem die Dualität, in dem der Konflikt, ein Ende hat. Genau das lehrt uns die Meditation: das Ende des Ego, das uns etwas vorspiegelt, und das Heraufdämmern des wahren, geeinten Selbst, über das hinaus es kein anderes gibt. Im Yoga heißt es, dass die höchste Erfahrung von Freiheit das Einssein ist, die allerhöchste Wirklichkeit der Einheit. Aber solange wir nicht die fünf Hüllen, die die Seele umfassen, harmonisiert haben, können wir auch nicht nach innen durchdringen, um die Erfahrung unsterblicher Glückseligkeit zu machen.

Āsana und Prāṇāyāma sind die Ausbildung und Lehrzeit auf dem Weg zu dieser Transzendierung der Dualität. Sie bereiten unseren Körper, unser Rückgrat und unseren Atem nicht nur auf die Herausforderung der inneren heiteren Gelassenheit vor, sondern wie

Patañjali sagt, lehrt uns Āsana auch im Besonderen die Dualität zu transzendieren, das heißt Hitze und Kälte, Ehre und Schande, Reichtum und Armut, Verlust und Gewinn. Āsana verleiht die Standfestigkeit, um mit Gleichmut im unbeständigen Trubel der Welt leben zu können. Obwohl es streng genommen möglich ist, nur in einem Āsana zu meditieren, lassen sich alle Āsanas auf meditative Art ausführen, und dies ist nun meine Praxis geworden. Mein Āsana ist meditativ, und meine Prāṇāyāma-Praxis ist andachtsvoll hingegeben. Für sich genommen bedeutet Meditation die endgültige Überwindung und Auflösung des Ego, des falschen Ichs, dass das wirkliche Selbst imitiert und vorgaukelt. Ist durch die Gnade Gottes die Dualität erst einmal in sich versöhnt und transzendiert, kann das höchste Geschenk des Samādhi gewährt werden.

Auf dieser letzten Stufe, im Samādhi (Vereinigung), verschmilzt das individuelle Ich, mit all seinen Attributen, mit dem göttlichen Selbst, mit dem Kosmischen Geist *(spirit)*. Yogis erkennen, dass das Göttliche nicht so sehr in einem himmelwärts gerichteten Streben als vielmehr im Inneren zu finden ist und dass auf diesem letzten Abschnitt ihrer Pilgerreise die Suchenden zu Sehern werden. Auf diese Weise erfahren sie das Göttliche im Kern ihres Seins. Samādhi wird gewöhnlich als die endgültige Freiheit beschrieben, als Freiheit vom Rad des *Karma*, von Ursache und Wirkung, von Aktion und Reaktion. Es hat nichts mit einer Verewigung des sterblichen Ichs zu tun. Samādhi bietet die Gelegenheit zur Begegnung mit unserem unvergänglichen Selbst, bevor das vergängliche Vehikel des Körpers verschwindet, wie es das im Kreislauf der Natur unvermeidlich tun muss.

Yogis verbleiben aber nicht in diesem Zustand höchster Glückseligkeit. Ihr Handeln ist jedoch, wenn sie zur Welt zurückkehren, ein anderes, denn nun wissen sie in ihrem innersten Wesen, dass das Göttliche uns alle vereint, dass ein Wort zu oder eine Tat gegenüber einem anderen letztlich in gleichem Maße einem selber gilt. Im

Yoga spricht man von vier Arten von Handlungen: schwarze – jene, die nur üble Konsequenzen nach sich ziehen; graue – jene mit gemischten Auswirkungen; weiße – jene, die gute Resultate herbeiführen; und schließlich jene ohne Farbe, bei denen die Aktion zu keiner Reaktion führt. Letztere sind Taten von erleuchteten Yogis und Yoginis, die in der Welt agieren können, ohne sich weiter an das karmische Rad des Werdens oder der Kausalität zu ketten. Auch weiße Handlungen, die ganz bewusst mit guter Absicht durchgeführt wurden, binden uns an eine Zukunft, in der wir die guten Ergebnisse ernten müssen. Ein Beispiel für eine weiße Handlung wäre das Tun eines Rechtsanwalts, der sich um der Gerechtigkeit willen um die Rettung eines zu Unrecht Angeklagten bemüht. Aber wenn ein Kind vor einem heranfahrenden Auto auf die Straße rennen würde und Sie es blitzschnell, ohne auch nur eine Sekunde lang zu überlegen, packen und aus der Gefahrenzone holen würden, wäre das wie die Handlung eines Yogis, das heißt ein Handeln, das sich auf ein direktes, unmittelbares Wahrnehmen und Tun gründet. Sie würden sich nicht selber mit einem »Wie gut ich doch dieses Kind gerettet habe« beglückwünschen. Und zwar deshalb nicht, weil Sie sich in diesem Fall nicht als Urheber betrachten, sondern als das Instrument von etwas, das einfach richtig und rein war in diesem Moment: ohne Bezug zur Vergangenheit oder Zukunft.

Aus diesem Grund geht es im letzten Kapitel dieses Buches, »Leben in Freiheit«, um Ethik, und damit kehrt es zu den ersten beiden Stufen des Yoga (*yama* und *niyama*) zurück. Indem wir sehen, wie die freie oder selbstverwirklichte Person, Mann oder Frau, in der Welt lebt, werden wir erkennen, was wir lernen können. Denn keiner von uns lebt an irgendeinem endgültigen Zielort, sondern wir befinden uns alle auf allen möglichen Stufen der Reise nach Innen und auf einer immer weiter führenden Lebensreise.

In der natürlichen Welt leben lernen

Bevor wir mit der Reise nach Innen beginnen, müssen wir abklären, welcher Natur sie ist. Bei den meisten Menschen findet sich nämlich das Missverständnis, dass diese Reise nach Innen oder der spirituelle Pfad die Ablehnung der natürlichen Welt, des Weltlichen, des Praktischen, des Vergnüglichen bedeutet. Doch das Gegenteil ist der Fall. Für einen Yogi (oder auch einen daoistischen Meister oder Zen-Mönch) ist der Pfad hin zu Geist oder Seele ganz und gar im Reich der Natur angesiedelt. Es handelt sich um die Erkundung der Natur, ausgehend von der Welt der Erscheinungen, oder der Oberfläche, bis hin zum subtilsten Kern und Herzschlag lebendiger Materie. Spiritualität ist kein im Außen existierendes Ziel, das man anstreben muss, sondern Teil des göttlichen Wesenskerns in uns, den wir enthüllen müssen. Für den Yogi sind Geist und Seele nicht vom Körper getrennt. Spiritualität, wie ich klarzumachen versuchte, ist nichts Ätherisches und Außernatürliches, sondern etwas, das uns in unserem eigenen Körper zugänglich und in ihm spürbar und greifbar ist. Ja schon der Begriff des spirituellen Pfads ist eigentlich falsch. Wie kann man sich denn auf etwas *zu*bewegen, das wie die Göttlichkeit seiner Definition nach schon allerorten existiert? Ein besseres Bild wäre die Vorstellung, dass wir unser Haus nur ausreichend reinigen und aufräumen müssten, um eines Tages feststellen zu können, dass die Göttlichkeit schon die ganze Zeit über darin Platz genommen hat. Mit den Hüllen des Körpers machen wir es ebenso, wir polieren sie, bis sie zu einem reinen Fenster für das Göttliche werden.

Ein Wissenschaftler bricht auf, um die Natur durch Wissen und Kenntnisse zu erobern – äußerliche Natur, äußerliches Wissen. Mit dieser Methode mag er das Atom spalten und zu äußerlicher Macht gelangen. Ein Yogi macht sich daran, seine innere Natur zu erforschen und das »Atom« des Seins *(ātman)* zu durchdringen. Er gewinnt keine Herrschaft über weite Lande und ruhelose Meere, sondern über sein eigenes widerspenstiges Fleisch und seinen fiebrigen Geist. Das ist die Macht der mitfühlenden Wahrheit. Die Präsenz der Wahrheit kann uns das Gefühl geben, nackt zu sein, aber das Mitgefühl nimmt alle unsere Scham hinweg. Diese innere Suche nach Wachstum und Evolution, oder »Involution«, ist die tiefgründige und transformierende yogische Reise, die die Wahrheitsuchenden erwartet. Wir beginnen diese Involution mit dem, was am greifbarsten und spürbarsten ist, mit unserem physischen Körper, und die Yogāsana-Praxis hilft uns, dieses herrliche Instrument, das jedem und jeder von uns gegeben ist, zu verstehen und es spielen zu lernen.

Kapitel 2

STABILITÄT
Der physische Körper *(āsana)*

Naṭarājāsana

Hier tritt der Yogi die Reise nach Innen an, hin zu seinem Wesenskern. Viele assoziieren Yoga mit einer Ablehnung der irdischen Welt mit ihren Verantwortlichkeiten und Verpflichtungen, sowie mit extremer Askese, die sogar bis zur Selbstkasteiung geht. Aber findet sich die größere Herausforderung und Erfüllung nicht in einem Leben in der Welt mit all ihren Kümmernissen, Leiden und Versuchungen, bei dem man auch im Alltagsdasein stets die Balance und Selbstbeherrschung bewahrt? Um spirituell zu sein, muss man nicht den Körper verleugnen oder vergessen. Vielmehr muss dieser auf unserer Reise zum spirituellen Ziel durchwegs aktiv gehalten werden. Die Yoga-Tradition ist schon so alt wie die Zivilisation, besteht aber in unserer modernen Gesellschaft als Methode für das Erlangen einer essenziellen Vitalität fort. Allerdings verlangt Yoga nicht nur, dass wir uns körperliche Stärke erwerben, sondern auch geistige Aufmerksamkeit und Bewusstheit. Der Yogi weiß, dass der physische Körper nicht nur der Tempel für die Seele ist, sondern auch das Mittel, dessen wir uns auf unserer Reise nach Innen bis hin zum Wesenskern bedienen. Nur wenn wir uns als Erstes dem Körper zuwenden, können wir hoffen, in unserem spirituellen Leben irgendetwas zu erreichen. Wenn ein Mann oder eine Frau nach der Erfahrung des Göttlichen streben, ihr Körper aber zu schwach ist, um den Belastungen standzuhalten, was nutzen ihnen dann ihr Streben und ihr Ehrgeiz? Und die große Mehrheit von uns leidet bis zu einem gewissen Grad unter physischen Einschränkungen und Schwächen. Dies alles ist umso mehr Grund, mit dem Yoga baldmöglichst anzufangen, sodass wir für die vor uns liegende Reise fit sind.

Yoga bietet uns Techniken für unsere Bewusstwerdung, für die Erweiterung und Durchdringung, Veränderung, Weiterentwicklung und Entfaltung an, damit wir im Dasein, das wir leben, kompetent und allmählich auch sensibel und empfänglich für das Leben werden, dessen wir uns immer noch nur ganz schwach gewahr sind. Wir beginnen auf der Ebene des physischen Körpers, mit dem für uns alle konkretesten und zugänglichsten Aspekt unserer selbst. Hier ermöglichen es uns die Praxis des Yogāsana und Prānāyāma, den Körper mit zunehmend umfassenderer Einsicht zu erfassen und zu begreifen, und durch den Körper den Geist zu verstehen und die Seele zu erreichen. Für einen Yogi ist der Körper sein Leben lang ein Laboratorium, ein Experimentierfeld und ewiges Forschungsgebiet.

Für Yogis korrespondiert der Körper mit einem der Elemente der Natur, nämlich dem Element Erde. Staub sind wir, zum Staub müssen wir zurück. Alle Kulturen kennen diese Wahrheit, aber heutzutage sehen wir sie als bloße Metapher an. Doch sie ist mehr als das. Wenn wir unseren eigenen Körper erforschen, erforschen wir tatsächlich ebendieses Element der Natur. Und wir entwickeln in uns auch seine Eigenschaften und Qualitäten: Festigkeit, Form, Stabilität und Stärke.

Die Yogāsanas habe ich in meinen früheren Büchern ausführlich beschrieben. In diesem Kapitel werden wir nicht die Techniken einer jeden Stellung abhandeln, sondern über die Qualitäten und Eigenschaften sprechen, die man bei allen Āsanas und auch im Leben anstreben muss. Wenn wir uns um die Perfektionierung von Āsana bemühen, werden wir allmählich die wahre Natur unserer Verkörperung, unseres Seinswesens und der uns beseelenden Göttlichkeit verstehen. Und wenn wir von physischen Behinderungen, emotionalen Störungen und mentalen Ablenkungen frei sind, öffnen wir das Tor zu unserer Seele. Für dieses Verständnis muss man sich weitaus mehr als nur technisches Können erwerben. Man sollte Āsana nicht nur als bloße Körperübung ausführen, sondern als Mittel und Weg begreifen, unseren Körper zu verstehen und ihn dann in unseren Atem, in unseren Geist, in unsere Intelligenz, in unser Bewusstsein, in unser Gewissen und in unseren Wesenkern einzugliedern und alles zu einem Ganzen zusammenzuschließen. Auf diese Weise können wir echte Integration erfahren und die absolute Freiheit erlangen.

Die wahre Natur der Gesundheit

Die meisten Leute verlangen von ihrem Körper nur eines: dass er ihnen keine Scherereien macht. Die meisten Leute fühlen sich gesund, wenn sie nicht unter irgendeiner Krankheit oder Schmerzen leiden, und sind sich der Unausgewogenheiten in ihrem Körper und Geist, die schließlich zu Krankheiten führen werden, nicht bewusst. Yoga wirkt sich in dreifacher Weise auf die Gesundheit aus. Er erhält gesunde Leute gesund, er verhindert die Entwicklung von Krankheiten, und er unterstützt die Genesung von einem schlechten Gesundheitszustand.

Aber Krankheiten sind nicht nur ein physisches Phänomen. Alles, was unser spirituelles Leben und unsere spirituelle Praxis stört, ist eine Störung oder ein Leiden und wird sich schließlich in Form einer Krankheit manifestieren. Weil heutzutage die meisten modern lebenden Menschen ihren Geist vom Körper abgespalten und ihre Seele aus dem Alltagsleben verbannt haben, vergessen sie, dass das Wohlbefinden aller drei (Körper, Geist und Seele) aufs innigste verwoben ist, so wie unsere Muskelfasern.

Gesundheit fängt bei der Stabilität des Körpers an, vertieft sich zu emotionaler Stabilität, führt dann zu intellektueller Klarheit, zu Weisheit und schließlich zur Enthüllung der Seele. Tatsächlich kann man die Gesundheit in vielerlei Kategorien einteilen. Da ist die uns allen vertraute physische Gesundheit, aber dann gibt es auch die moralische Gesundheit, die mentale Gesundheit, die intellektuelle Gesundheit und auch die Gesundheit unseres Bewusstseins, die Gesundheit unseres Gewissens und schließlich die göttliche Gesundheit. Sie alle stehen in Relation zum Bewusstseinszustand, in dem wir uns befinden, und hängen von ihm ab; ein Thema, mit dem wir uns in Kapitel 5 befassen werden.

Aber ein Yogi vergisst nie, dass die Gesundheit beim Körper anfangen muss. Unser Körper ist das Kind der Seele. Wir müssen unser Kind nähren, hegen, pflegen und schulen. Physische Gesundheit ist keine Ware, mit der sich Handel treiben lässt. Auch kann sie nicht in Form von Medikamenten und Pillen geschluckt werden. Man muss sie sich durch Schweiß erwerben. Sie ist etwas, das aufgebaut werden muss. Wir müssen in uns selbst die Erfahrung von Schönheit, Befreiung und Unendlichkeit erschaffen. Das ist Gesundheit. Gesunde Pflanzen und Bäume bringen Blüten und Früchte in Fülle hervor. Und ganz ähnlich strahlt eine Person Lächeln und Glück aus wie die Sonne ihr Licht.

Die Yogāsana-Praxis um der Gesundheit willen, um sich fit zu halten oder um geschmeidig zu bleiben, ist die äußerliche Yoga-Praxis. Damit anzufangen ist völlig legitim, doch ist dies noch nicht das Ende. Der Geist taucht in dem Maße, wie man den inneren Körper tiefer durchdringt, in das Āsana ein. Die äußere Praxis bleibt eine trockene und periphere Angelegenheit. Hingegen badet die intensivere Praxis bzw. die praktizierende Person buchstäblich in Schweiß und bringt sie dahin, die tieferen Auswirkungen des Āsana anstreben zu wollen.

Unterschätzen Sie nicht den Wert des Āsana. Auch bei ganz einfachen Āsanas erfährt man die drei Ebenen der Suche oder Pilgerreise: die Suche auf der äußeren Ebene, die die Stabilität des Körpers herbeiführt; die Suche auf der inneren Ebene, die Stabilität und Stetigkeit der Intelligenz herbeiführt; und die Suche auf der innersten Ebene, die die Güte und das Wohlwollen der Seele herbeiführt. Wenngleich Anfänger sich im Allgemeinen beim Ausführen des Āsana dieser Aspekte nicht bewusst sind, so sind sie doch vorhanden. Oft bekommen wir von Menschen zu hören, dass sie, wenn sie auch nur ein bisschen Āsana-Praxis machen, aktiv bleiben und sich leicht und unbeschwert fühlen. Wenn ein blutiger Anfänger einen solchen Zustand des Wohlbefindens erlebt, sind das nicht bloß die äußeren oder anatomischen Auswirkungen des Yoga. Es hat auch mit den inneren physiologischen und psychologischen Auswirkungen der Praxis zu tun.

Solange der Körper sich nicht in einem perfekten Gesundheitszustand befindet, sind wir allein im Körperbewusstsein gefangen. Das lenkt uns von der Heilung und Kultivierung des Geistes ab. Wir brauchen einen gesunden Körper, um einen gesunden Geist entwickeln zu können.

Der Körper wird sich als ein Hindernis erweisen, wenn wir nicht seine Beschränkungen transzendieren und seine Zwänge beseitigen. Deshalb müssen wir lernen, wie wir unsere Erforschungen jenseits der uns bekannten Grenzen durchführen, das heißt, wie wir unser Gewahrsein erweitern und innerlich durchdringen und wie wir uns selbst meistern können. Dafür ist die Āsana-Praxis ideal.

Die Qualitäten von Reinheit und Sensibilität sind die Schlüssel für das Erschließen unseres Potenzials. Bei der Reinheit oder einfach Reinlichkeit, wie sie in den Yoga-Texten oft bezeichnet wird, geht es primär nicht um eine moralische Angelegenheit. Es ist schlichtweg so, dass die Reinheit Sensibilität zulässt. Sensibilität bedeutet nicht Schwäche oder Verletzlichkeit. Sie bedeutet Klarheit der Wahrnehmung und ermöglicht wohlüberlegtes, präzises Handeln.

Im Gegensatz dazu entstehen Starrheit und Steifheit aus der Unreinheit, aus der Anhäufung von Giftstoffen, ob nun im physischen oder mentalen Sinn. In letzterem Fall sprechen wir von Vorurteil oder Engstirnigkeit. Rigidität ist Unsensibilität. Der Schweiß der Anstrengung und die Einsicht der Durchdringung lassen uns, durch einen Prozess der Eliminierung und Selbst-Kultivierung, sowohl Reinheit wie auch Sensibilität zukommen.

Reinheit und Sensibilität sind uns nicht nur für unsere Reise nach Innen von Nutzen, sondern auch in Bezug auf unsere äußere Umgebung, die Außenwelt. Die Auswirkungen der Unreinheit sind in höchstem Maße unerwünscht. Sie bringen uns dazu, uns eine harte Schale zuzulegen. Und wenn wir zwischen uns und der Welt außerhalb unserer Haut einen starren Panzer aufbauen, berauben wir uns der meisten Möglichkeiten, die das Leben bietet. Wir sind vom freien Fluss der kosmischen Energie abgeschnitten. Es wird in jeder Hinsicht schwierig, Nahrung hereinzulassen oder giftigen Abfall auszusondern. Wir leben in einer Kapsel, in einer »eitlen Zitadelle«, wie ein Dichter es einmal ausdrückte.

Als Säugetiere sind wir homöostatisch. Das heißt, wir bewahren uns in unserem Körper in bestimmten Dingen ein konstantes Gleichgewicht wie zum Beispiel in der Körpertemperatur, indem wir uns den Veränderungen und Herausforderungen der Umwelt anpassen. Stärke und Flexibilität erlauben uns, eine innere Balance zu wahren, aber der Mensch versucht mehr und mehr die Umwelt zu dominieren, statt sich selbst zu beherrschen. Zentralheizung, Klimaanlagen, Autos, die wir nehmen, um nur hundert Meter weit zu fahren, Städte, die die ganze Nacht über hell erleuchtet sind, und Nahrungsmittel, die außerhalb ihrer regulären Erntezeit aus der ganzen Welt importiert werden, sind alles Beispiele dafür, wie wir versuchen, uns unserer Pflicht zur Anpassung an die Natur zu entziehen, und stattdessen die Natur zwingen, sich uns anzupassen. Im Verlauf dieses Prozesses werden wir schwach und anfällig. Selbst viele meiner indischen Schüler, die nun alle bei sich zu Hause auf Stühlen sitzen, werden zu steif, um problemlos den Lotossitz einnehmen zu können.

Nehmen wir mal an, Sie verlieren Ihren Arbeitsplatz. Das ist eine von Sorgen begleitete äußerliche Herausforderung, Sorgen der Art, wie nun die Hypothek abbezahlt und die Familie ernährt und eingekleidet werden soll. Sie bedeutet zudem auch emotionalen Aufruhr. Doch wenn Sie sich im Gleichgewicht befinden, wenn es zwischen Ihnen und der Außenwelt eine Osmose gibt, dann werden Sie sich anpassen und überleben, indem Sie eine neue Arbeitsstelle finden. Reinheit und Sensibilität bedeuten, dass wir jeden Tag unseres

Lebens einen kosmischen Gehaltsscheck bekommen. Wenn durch die Übungspraxis Harmonie und Integration in unseren inneren Wesensschichten ihren Anfang nehmen, nehmen sogleich auch Harmonie mit der und Integration in die Welt, in der wir leben, ihren Anfang.

Auch für relative Anfänger besteht einer der großen Segen des Yoga im Glück, das er mit sich bringt, ein Zustand der in sich selbst gründenden Zufriedenheit. Glücklichsein ist für sich genommen gut und eine Grundlage für Fortschritte. Ein unruhiger, rastloser Geist kann nicht meditieren. Ein glücklicher, heiter gelassener Geist erlaubt uns, unseren Weg zu verfolgen und unser Leben mit Kunstfertigkeit und Geschick zu führen. Ist nicht in der amerikanischen Unabhängigkeitserklärung die Rede davon, dass Leben, Freiheit und das Streben nach Glück unveräußerliche Menschenrechte sind? Hätte ein Yogi sie verfasst, würde er Leben, Glück und Streben nach Freiheit geschrieben haben. Manchmal kann Glück zu Stagnation führen, wenn aber die Freiheit einem disziplinierten Glückszustand entspringt, ist echte Befreiung möglich.

Wie ich schon sagte, sollte der Körper weder vernachlässigt noch verhätschelt werden, denn er ist unser einziges Instrument und unsere einzige Ressource, die uns für unser Streben nach Freiheit gegeben ist. Es ist immer mal wieder Mode, den Körper als etwas Nicht-Spirituelles zu verachten. Doch niemand kann es sich leisten, ihn zu vernachlässigen. Zu anderen Zeiten ist es wieder Mode, den Körper zu verwöhnen und alles Nicht-Physische zu verachten. Aber niemand kann bestreiten, dass am Leben mehr dran ist als bloß physische Lust und physischer Schmerz. Wenn wir unseren Körper vernachlässigen oder verhätscheln, werden wir krank, und unser Anhaften am Körper nimmt zu. Er kann nicht länger als Vehikel für die Reise nach Innen dienen und hängt uns auf dem richtigen Königsweg zur Seele wie ein schwerer Mühlstein um den Hals. Wenn wir meinen, wir seien unser Körper, dann irren wir uns. Wenn wir meinen, dass wir nicht unser Körper sind, irren wir uns auch. Die Wahrheit ist, dass der Körper zwar etwas ist, das geboren wird, lebt und stirbt, aber dass wir auch nur durch den Körper einen Einblick in das Göttliche gewinnen können.

Der Yoga sieht den Körper ganz anders, als es der Sport im Westen tut. Dort wird er wie ein Rennpferd behandelt, zu immer mehr und mehr Schnelligkeit angetrieben und zum Antreten im Wettbewerb um Geschwindigkeit und Stärke mit allen anderen Körpern. In Indien werden heutzutage Yoga-»Olympiaden« abgehalten, bei denen Yoga-Praktizierende miteinander wetteifern können. Nicht dass ich es beklage. Ich habe im Bemühen, den Yoga populär zu machen, in meinem Leben viele Yoga-Demonstrationen überall auf der Welt gegeben. Das war Yoga zur Darstellung einer Kunst. Bei der Essenz des Yoga hingegen geht es nicht um eine äußerliche Vorführung, sondern um innere Kultivierung. Yoga ist wunderschön und auch etwas Göttliches. Letztlich sucht der Yogi nach dem inneren Licht und nach innerer Schönheit, nach Unendlichkeit und Befreiung. Einmal nannte mich ein Journalist den »Eisernen Iyengar«, und ich musste ihn korrigieren: Ich bin nicht hart wie Eisen, sondern hart wie ein Diamant. Die Härte eines Diamanten ist Teil seiner Nützlichkeit, sein wahrer Wert liegt im Licht, das durch ihn hindurchscheint.

Wie sollen wir also an die Āsana-Praxis herangehen und sie so praktizieren, dass sie zu Gesundheit und Reinheit führt? Welcher Weg ist es, der von der Flexibilität weiter zur Göttlichkeit führt? Die *Yogasūtras* des Weisen Patañjali liefern die Grundlage für das yogische Leben. Interessanterweise finden sich darin nur vier Verse, die sich speziell mit den Āsanas befassen. Deshalb ist jede Erwähnung umso kostbarer und des genauen Lesens und der tiefen Einsicht wert. Patañjali sagt, dass Āsanas zur Vollkommenheit des Körpers, zur Schönheit in der Form, zu Anmut, Stärke, Kompaktheit, Härte, und Leuchtkraft eines Diamanten führen. Seine grundlegende Definition von Āsana ist: *»Shtira-sukham āsanam.« Shtira* bedeutet fest, beständig, stetig, ausdauernd, dauerhaft, heiter, ruhig, gefasst, beherrscht. *Sukha* bedeutet Entzücken, Behagen, Linderung und Glückseligkeit. Die Ausführung eines Āsana sollte also auf allen Ebenen von Körper, Geist und Seele ungestört, ruhig und gelassen sein. Oder wie ich es schon vordem übersetzt habe: »Āsana ist vollkommene Festigkeit des Körpers, Stetigkeit der Intelligenz und Güte des Geistes.«

Wenn schließlich beim Ausführen des Āsana alle Hüllen des Körpers und alle Teile der Person zusammenpassen und aufeinander abgestimmt sind, werden Sie die Erfahrung machen, dass die Bewusstseinsschwankungen aufhören und Sie auch von Hemmnissen und Leiden frei sind. In der Āsana-Praxis müssen Sie den physischen Körper und alle Schichten des feinstofflichen emotionalen, mentalen und spirituellen Körpers fein aufeinander abstimmen und in Einklang bringen. Das ist Integration. Aber wie stimmt man diese Hüllen aufeinander ab und erfährt diese Integration? Wie findet man zu einer so tiefgreifenden Transformation in einer Übung, die sich von außen vielleicht nur wie ein einfaches Dehnen, Strecken oder Drehen des Körpers zu ungewöhnlichen Stellungen ausnimmt?

Es fängt mit dem *Gewahrsein* an.

Gewahrsein: Jede Pore der Haut muss zu einem Auge werden

Wir meinen, dass die mit Intelligenz und Wahrnehmung verbundenen Vorgänge ausschließlich in unserem Gehirn vonstattengehen, aber Yoga lehrt uns, dass Gewahrsein und Intelligenz den Körper durchdringen müssen. Es muss buchstäblich jeder Teil des Körpers von Intelligenz erfasst sein. Wir müssen zwischen dem Gewahrsein des Körpers und dem des Geistes eine Ehe stiften. Wenn die beiden Parteien nicht kooperieren, zieht dies ein Unglücklichsein auf beiden Seiten nach sich. Es führt zum Gefühl von Fragmentierung,

Zersplittertsein und Unwohlsein. Zum Beispiel sollten wir nur dann essen, wenn unser Mund spontan Speichel produziert, was nämlich bedeutet, dass uns unsere Körper-Intelligenz mitteilt, dass wir wirklich hungrig sind. Wenn nicht, dann zwangsernähren wir uns selbst, und das wird ganz sicher zu Unwohlsein und Krankheit führen.

Viele Menschen machen heutzutage von ihrem Körper so wenig Gebrauch, dass sie das Gespür für dieses Körpergewahrsein völlig verlieren. Sie bewegen sich vom Bett zum Auto, vom Auto zum Schreibtisch, von dort wieder zum Auto und vom Auto wieder zurück zum Bett oder zur Couch, aber in ihren Bewegungen steckt weder Gewahrsein noch Intelligenz. Da ist keine Handlung. *Handlung ist Bewegung in Verbindung mit Intelligenz.* Die Welt ist voller Bewegung. Was die Welt braucht, das ist mehr bewusste Bewegung, mehr Handlung. Yoga lehrt uns, wie wir unsere Bewegungen mit Intelligenz erfüllen und sie in Handlung umwandeln können. Tatsächlich sollte eine in ein Āsana eingeführte Handlung die Intelligenz wecken und anregen, wohingegen sich der Geist normalerweise bloß in der Bewegung verfängt und an ihr begeistert. Ein Beispiel für den letzteren Fall ist, wenn Sie sich ein Fußballspiel anschauen und davon leidenschaftlich gefesselt sind. Das ist kein Yoga. Yoga bedeutet, dass Sie in einem Āsana eine Handlung in Gang setzen und etwas anderes sich irgendwo anders in Ihrem Körper ohne Ihre Erlaubnis bewegt. Die Intelligenz hinterfragt dies. Sie fragt: »Ist das richtig oder falsch? Wenn es falsch ist, was kann ich tun, um es zu ändern?«

Wie entwickelt man diese Intelligenz im Körper? Wie lernen wir, unsere Bewegung in Handlung umzuwandeln? Āsana-Übung kann hier den Anfang machen, uns zu unterrichten. Wir entwickeln eine derart starke Sensibilität, dass jede Hautpore als ein inneres Auge fungiert. Wir werden für die Schnittstelle zwischen Haut und Fleisch empfindsam. Auf diese Weise breitet sich unser Gewahrsein durch die ganze Peripherie unseres Körpers aus und kann wahrnehmen, ob dieser in einem bestimmten Āsana richtig und harmonisch ausgerichtet ist. Mit Hilfe dieser Augen können wir von innen heraus Anpassungen vornehmen und den Körper sacht ausbalancieren. Das ist etwas anderes als das normale Sehen mit unseren zwei Augen. Wir fühlen stattdessen; wir erspüren die Stellung des Körpers. Wenn Sie mit in Schulterhöhe ausgestreckten Armen in der Krieger-Stellung *(Vīrabhadrāsana)* stehen, können Sie die Finger Ihrer Hand vor sich sehen, aber Sie können sie auch fühlen. Sie können ihre Position und Ausdehnung bis in die Fingerspitzen spüren. Sie können auch die Platzierung des zurückgesetzten Beines erspüren und, ohne zurückzuschauen oder in den Spiegel zu blicken, sagen, ob es richtig gestreckt ist oder nicht. Sie müssen mit Hilfe der Billionen Augen, über die Sie in Form von Zellen verfügen, die Körperstellung beobachten und korrigieren (von beiden Seiten her Anpassungen vornehmen). So fangen Sie an, ein Gewahrsein des Körpers aufzubauen und die Intelligenz von Gehirn *und* Muskeln zu vereinen. Diese Intelligenz sollte in Ihrem Körper und im Āsana durchgängig vorhanden sein. In dem Moment, in dem Sie dieses Gespür in der Haut verlieren, wird das Āsana dumpf, und der Fluss oder Strom der Intelligenz geht verloren.

Das empfindsame Körpergewahrsein und die Intelligenz des Gehirns und des Herzens sollten in harmonischer Beziehung sein. Das Gehirn mag den Körper anweisen, eine Stellung einzunehmen, aber das Herz muss sie auch fühlen. Der Kopf ist der Sitz der Intelligenz; das Herz ist der Sitz des Gefühls. Beide müssen mit dem Körper zusammenarbeiten.

Es handelt sich um eine Ausübung des Willens, aber das Gehirn muss willens sein, auf den Körper zu hören und zu erkennen, was im Rahmen der Fähigkeiten des Körpers vernünftig und klug ist. Die Körper-Intelligenz ist eine Tatsache. Sie ist real existent. Die Intelligenz des Gehirns ist bloß Vorstellungskraft. Die Vorstellung muss also verwirklicht werden. Das Gehirn mag davon träumen, heute eine schwierige Rückwärtsbiegung auszuführen, aber es kann auch einem willigen Körper nicht das Unmögliche aufzwingen. Wir versuchen immer Fortschritte zu machen, dabei ist aber die innere Kooperation entscheidend. Das Gehirn mag sagen: »Das können wir.« Doch das Knie sagt vielleicht: »Wer bist du denn, dass du mir etwas vorschreiben kannst? Ich habe das Sagen, ob ich es kann oder nicht.« Sie müssen also auf das hören, was der Körper sagt. Manchmal kooperiert der Körper mit Ihnen, und manchmal überlegt er sich es erst. Wenn nötig, dann setzen Sie Ihre Intelligenz ein und denken Sie nach. Es werden sich Lösungen anbieten, wenn zu Anfang auch nur durch Ausprobieren. Dann werden Sie zu einer echten Verständigung zwischen Körper und Geist kommen, aber das verlangt Demut des Denkorgans und auch Verständnisvermögen im Körper. Das Gehirn weiß nicht alles. Wenn der Körper dem Gehirn Erkenntnisse zukommen lässt, wird das Gehirn später die Körper-Intelligenz steigern können. Auf diese Weise fangen Körper und Gehirn an zusammenzuarbeiten, um das Āsana zu meistern.

Wenn die Hüllen oder Ebenen unseres Wesens in Harmonie zusammenarbeiten, ist das der Prozess der Vernetzung und gegenseitigen Durchdringung. Mit Vernetzung meine ich, dass alle Fäden und Fasern unseres Seins auf jeder Ebene dazu gebracht werden, miteinander in Kontakt zu treten und zu kommunizieren. So lernen Körper und Geist das Kooperieren. Die Haut liefert uns unsere äußerste Intelligenz-Schicht. Unserem Wesenskern wohnt unsere innerste Weisheit inne. In Ihren Stellungen sollten also immer das Wissen aus der äußeren Wahrnehmung und die innere Weisheit miteinander in Kontakt sein. Dann gibt es keine Dualität mehr; Sie sind eins; Sie sind zur Vollendung gelangt; Sie existieren ohne das Gefühl von Existenz. Die von der Haut-Ebene ausgehende Herausforderung sollte das Selbst, unsere Seele, anstupsen, und das Selbst muss die Frage stellen: »Was habe ich noch zu tun?« Das äußere Wissen stiftet das Selbst zum Handeln an.

Wie ich schon sagte, muss Ihnen beim Ausüben von Yoga der Körper und nicht das Gehirn sagen, was Sie tun sollen. Das Gehirn muss nach Maßgabe der vom Körper erhaltenen Botschaften kooperieren. Oft sage ich zu einem Schüler: »Du bist nicht mit deinem Kopf im Körper! Deshalb kriegst du das Āsana nicht hin.« Damit meine ich natürlich, dass seine Intelligenz im Kopf hockt und sich nicht in seinem Körper ausgebreitet hat. Es kann sein, dass Ihr Gehirn schneller vorgeht als Ihr Körper oder dass Ihr Körper die Anweisungen des Gehirns nicht ausführt, weil er von Ihrer Intelligenz nicht richtig angeleitet wird. Sie müssen lernen, das Gehirn ein bisschen langsamer vorgehen zu lassen, sodass es dem Körper folgt, oder Sie müssen den Körper dazu bringen, sich schneller zu bewegen, damit er mit der Intelligenz des Gehirns gleichzieht. Lassen Sie den Körper den Handelnden sein und das Gehirn den Beobachter.

Überdenken Sie nach dem Handeln Ihr Tun. Hat das Gehirn die Handlung richtig interpretiert? Wenn das Gehirn nicht korrekt beobachtet, führt das zur Konfusion beim Handeln. Es ist die Aufgabe des Gehirns, vom Körper Erkenntnisse übermittelt zu bekommen und dann den Körper anzuleiten, die Handlung weiter zu verbessern und zu verfeinern. Machen Sie zwischen jeder Bewegung eine Pause und denken Sie nach. Das ist das Fortschreiten in der Aufmerksamkeit. Dann können in der Stille und Reglosigkeit Gewahrsein und Bewusstsein in Sie einfließen. Fragen Sie sich: »Hat jeder Teil von mir seinen Job gemacht?« Das Selbst muss herausfinden, ob es gut gemacht worden ist oder nicht.

Wenn Sie eine Pause machen, um über Ihre Bewegung nachzudenken, bedeutet das nicht, dass Sie während der Bewegung nicht reflektieren. Es sollte im Verlauf der Handlung durchgängig eine Analyse stattfinden, nicht nur hinterher. Das führt zu echtem Verstehen. Der eigentliche Sinn von Wissen ist, dass Handlung und Analyse synchron ablaufen. Die langsame Bewegung erlaubt eine reflektierende Intelligenz. Sie ermöglicht dem Geist, die Bewegung zu beobachten, und führt zu geschicktem Handeln. Die Kunst des Yoga liegt in der scharfen, präzisen Beobachtung.

Wenn wir uns fragen: »Was mache ich da?« und »Warum mache ich das?«, öffnet sich unser Geist. Das ist Selbst-Bewusstheit und Selbst-Gewahrsein. Doch muss unbedingt darauf hingewiesen werden, dass Schüler und Schülerinnen dies nicht mit einem selbstkritischen Zustand verwechseln sollen, in dem sich ihr Geist selbstversunken nur mit permanenten Sorgen, Fragen und Zweifeln in Bezug auf sich selbst beschäftigt. Das ist dann so, als säßen Ihnen ein Teufel und ein Engel auf den Schultern, die sich ständig darüber streiten, was Sie tun sollen. Das erschöpft Sie nur. Und Sie werden auch Ihre Muskeln unnötig überanstrengen, weil Sie über das Āsana nachdenken und wie weit Sie sich strecken wollen und das Āsana und das Strecken nicht gemäß Ihrer Fähigkeit wahrnehmen und erleben.

Wenn Sie selbst-bewusst oder selbst-gewahr sind, sind Sie ganz und gar in sich selbst und schauen nicht von außen in sich hinein. Sie sind sich ohne Ego oder Stolz Ihres Tuns bewusst.

Wenn Sie den Körper nicht still halten können, können Sie auch Ihr Denkorgan nicht still halten. Wenn Sie die Stille des Körpers nicht kennen, können Sie auch nicht die Stille des Geistes erkennen und verstehen. Handlung und Stille müssen sich verbinden. Wenn da eine Handlung ist, muss da auch Stille sein. Wenn da Stille ist, kann es ein bewusstes Handeln und nicht bloß einfach Bewegung geben. Wenn sich Handlung und Stille verbinden wie die zwei Scheiben der Kupplung im Auto, dann bedeutet das, dass die Intelligenz in Gang gekommen ist.

Während Sie die Stellungen ausführen, sollte sich Ihr Geist in einem inneren Bewusstseinszustand befinden, der nicht Schlaf bedeutet. Er bedeutet Stille, Leere, Raum, der dann mit einem feinen, präzisen Gewahrsein von den durch die Stellung ausgelösten Empfindungen erfüllt werden kann. Sie beobachten sich aus dem Inneren heraus. Es ist eine vollkommene Stille. Bewahren Sie eine unbeteiligte Haltung gegenüber dem Körper, vernachlässigen Sie aber zugleich keinen seiner Teile. Zeigen Sie auch keine Hast, sondern bleiben Sie während der Ausführung des Āsana wach und aufmerksam. Ein hastiges Vorgehen kostet Kraft, gleich ob Sie in Delhi oder in New York sind. Machen Sie alle Dinge mit ruhigem Geist und Rhythmusgefühl.

Mit Worten über körperliche Erfahrungen zu sprechen ist schwierig. Sehr viel einfacher ist es, sie zu erleben und zu entdecken, wie sie sich anfühlen. Es ist, als ob die Lichtstrahlen Ihrer Intelligenz Ihren Körper durchstrahlten, durch die Arme zu den Fingerspitzen und die Beine hinab und hinaus durch die Fußsohlen. Während dies geschieht, wird der Geist passiv und fängt an sich zu entspannen. Es handelt sich um eine wache, keine dumpfe, leere Passivität. Dieser wache, aufmerksame Ruhezustand regeneriert den Geist und reinigt und läutert den Körper.

Während der Ausführung eines Āsana müssen Sie Ihr geistiges Gewahrsein fortwährend wieder aufladen; das heißt, der Strom der Aufmerksamkeit fließt ohne Unterlass. In dem Moment, in dem Sie kollabieren, setzen Sie das Wiederaufladen aus, und die Aufmerksamkeit zerstreut sich. Dann ist die Āsana-Praxis eine Gewohnheit und keine belebende und stärkende kreative Praxis. In dem Moment, in dem Sie Ihre Aufmerksamkeit einbringen, erschaffen Sie etwas, und Schöpfung beinhaltet Leben und Energie. Das Gewahrsein lässt uns sowohl während unserer Stellungen wie auch in unserem Leben Müdigkeit und Erschöpfung überwinden. Ermüdung und Erschöpfung nagen immer an Yogis, die alles tun, um denen zu helfen, die zu ihnen kommen. Das gehört zu den Berufsrisiken eines Yoga-Lehrers. Wir müssen also die Erschöpfung akzeptieren und das intensive Gewahrsein auch auf uns selbst richten, um den Körper zu regenerieren und die Energie zurückzugewinnen. Gewahrsein in Aktion bringt die Energie zurück und verjüngt Körper und Geist. Gewahrsein bringt Leben. Das Leben ist dynamisch, und deshalb sollten es die Āsanas auch sein.

Dynamische Ausdehnung: Aus der Mitte Ihres Seins

Das Ziel aller Āsana-Praxis besteht darin, die Āsanas aus Ihrem Wesenskern, aus der Mitte Ihres Seins, hervorgehen zu lassen und sich dynamisch bis zur Peripherie des Körpers auszudehnen. Wenn Sie sich dehnen, übermittelt die Peripherie wiederum Botschaften zurück zum inneren Kern. Sie müssen, vom Scheitel bis zu den Fersen, Ihre Mitte finden, und von dieser Mitte aus müssen Sie sich in der Länge und Breite dehnen und weiten. Geht die Dehnung ursprünglich von der Intelligenz des Gehirns aus, so entsteht die Weitung aus der Intelligenz des Herzens. Beim Ausführen eines Āsana müssen sich die intellektuelle und die emotionale Intelligenz begegnen und zusammenarbeiten. Ausdehnung bedeutet Aufmerksamkeit, und Ausweitung bedeutet Gewahrsein, wie ich oft sage. Es meint, dass Sie die Aufmerksamkeit und das Gewahrsein bis zu den Spitzen Ihres Körpers bringen und Ihr Gespür für die Haut aktivieren.

Beim Praktizieren des Āsana ist das Entwickeln eines feinen Gespürs für die Haut sehr wichtig. Sie müssen zwischen der Haut und der darunter liegenden Gewebeschicht Raum schaffen, sodass keine Reibung zwischen beiden entsteht. Das Gewebe enthält die motorischen und die Haut die sensorischen Nerven. In einem Āsana müssen beide im wechselseitigen Verständnis füreinander funktionieren, damit die Intelligenz frei und ununterbrochen im Körper zirkulieren kann. Das ist ein bisschen wie beim Otter, der im Innern nur durch seine Nase, seine vier Pfoten und seinen Schwanz mit seiner Haut verbunden ist und sich in ihr frei zu bewegen scheint.

Dehnung und Weitung sind immer fest in der eigenen Mitte verwurzelt. Sie haben ihren Ursprung in unserem Wesenskern. Die meisten Leute dehnen und strecken sich einfach nur *bis* zu dem Punkt, den sie zu erreichen versuchen, vergessen aber, sich von ihrem inneren Standort her zu dehnen und zu weiten. Beim Dehnen und Weiten dehnen und strecken wir uns aber nicht nur *bis zu*, sondern auch ausgehend *von*. Probieren Sie es einmal aus, heben Sie den Arm zur Seite und strecken Sie ihn aus. Hat sich Ihr ganzer Brustbereich mitbewegt? Versuchen Sie jetzt zentriert zu bleiben und Ihren Arm bis zu den Fingerspitzen zu strecken. Haben Sie den Unterschied bemerkt? Haben Sie den Raum wahrgenommen, den Sie geschaffen haben, und auch wie Sie das Strecken und Dehnen von Ihrer Mitte her ausführten? Versuchen Sie jetzt, Ihren Arm in alle Richtungen zu strecken, indem Sie einen Kreis beschreiben. Dieser Vorgang sollte Ihnen ein Gespür dafür und die Erfahrung vermitteln, wie Sie Raum in alle Richtungen schaffen.

Ein Überdehnen tritt dann ein, wenn man den Kontakt mit der eigenen Mitte, mit dem göttlichen Kern des Seins verliert. Stattdessen möchte das Ego sich, ungeachtet seiner Fähigkeiten, einfach weiterstrecken, den Boden erreichen, statt sich allmählich von der Mitte her auszudehnen. Jede Bewegung muss ein Akt der Kunst sein. Eine Kunst mit dem Selbst als einzigem Zuschauer. Halten Sie Ihre Achtsamkeit im Innern, richten Sie sie nicht von außen auf sich, machen Sie sich keine Sorgen darüber, was andere sehen, sondern achten Sie auf das, was das Selbst sieht. Fixieren Sie sich nicht darauf, wie weit Sie sich dehnen und strecken wollen, sondern darauf, dass Sie die Dehnung korrekt ausführen. Konzentrieren Sie sich nicht auf das Wohin, zu dem Sie gelangen wollen, sondern darauf, dass Sie mit der dynamischen Ausdehnung so weit gehen, wie Sie können.

Weder sollte man sich überdehnen noch »unterdehnen«. Wenn etwas überdehnt ist, wird etwas anderes zu wenig gedehnt. Wenn das Überdehnen von einem aufgeblasenen Ego herrührt, dann das zu wenige Dehnen von mangelndem Selbstvertrauen. Wenn Überdehnen Exhibitionismus ist, dann ist zu geringes Dehnen Eskapismus. Sowohl das Überdehnen wie das zu geringe Dehnen ist falsch: Dehnen Sie sich immer vom Ursprung, vom innersten Kern und der Grundlage eines jeden Āsana ausgehend. Das ist die Kunst dynamischer Ausdehnung. Nicht der Yoga führt zu Verletzungen, sondern die Art und Weise, in der man Yoga ausführt. In dem Moment, in dem der Raum eng wird, fügen Sie sich Schaden zu. Beim korrekten Āsana gibt es keine Enge. Selbst wenn Ihr Körper steif ist, müssen Sie Raum herstellen.

Versuchen Sie immer, den Körper *auszudehnen und auszuweiten*. Ausdehnung und Ausweitung schaffen Raum, und Raum bringt Freiheit mit sich. Freiheit bedeutet Präzision, und Präzision ist etwas Göttliches. Aus der Freiheit des Körpers entsteht die Freiheit des Geistes und dann die absolute Freiheit. Die absolute Freiheit, auf die Yoga hinarbeitet, kann schon einmal im eigenen Körper vorgekostet werden, wenn jedes Glied Bewegungsfreiheit, Flexibilität und Unabhängigkeit von seinen angrenzenden Gliedern gewinnt. Steifheit und Rigidität des Körpers kommen ja doch einer Zwangsjacke oder einem Leben im Gefängnis gleich.

Die Bewegung der Haut führt zum Verstehen des Āsana. Sie müssen die Dehnung bis zu den Grenzen Ihrer Haut spüren. Wie ich schon sagte, ist die Haut das Gehirn des Körpers, sie sagt uns, was überall passiert. Die Haut reflektiert wie ein Spiegel den eigenen mentalen Zustand, gleich ob sie nun angespannt, schlaff, lasch, geschwollen, zittrig oder blockiert ist. Achten Sie also bei Ihrer Praxis auf die Eigenschaften der Haut.

Wenn Sie sich bis zur Haut ausdehnen, dehnen Sie auch Ihre Nervenenden aus. Diese öffnen sich durch das Dehnen und können so die in ihnen eingelagerten Unreinheiten ausstoßen. Deshalb lehre ich Ausdehnung und Ausweitung. Die Nerven sondern aus und entspannen sich. Sie haben das Gefühl, die Haut, die Muskeln und sogar die Knochen Ihres Körpers auszudehnen. Üben Sie Āsanas, indem Sie Raum in den Muskeln und in der Haut schaffen, sodass der Körper in das Āsana passt. Dafür muss der ganze Körper agieren. Um einen Teil zu dehnen, müssen Sie das Ganze dehnen.

Wenn die Dehnung gleichmäßig durch den ganzen Körper erfolgt, entsteht absolut keine Überbeanspruchung. Das heißt nicht, dass da keine Anstrengung ist, aber diese Anstrengung bedeutet eine Freude, ein Hochgefühl. Da ist kein Stress, keine falsche Belastung. Man empfindet eine innere Hochgestimmtheit. Wenn sich eine Überbelastung einstellt, ist die Yoga-Praxis rein körperlich, was zu Ungleichgewicht und Fehleinschätzungen führt. Man fühlt sich erschöpft und müde und wird gereizt und unruhig. Wenn man dieser Überbeanspruchung ein Ende setzt und das Gehirn sich in einem passiven Zustand befindet, wird es spiritueller Yoga. Wenn Sie die Dehnung bis zum Äußersten ausgeführt haben, dann leben Sie in diesem Āsana und erleben Sie in ihm die Freude der Freiheit. Beim Dehnen müssen Sie immer Raum schaffen und von Ihrer Mitte ausgehen. Kompression, das Zusammendrücken, ist Knechtschaft, und Ausweitung ist Freiheit.

Horizontale Ausweitung und vertikale Ausdehnung sollten synchron verlaufen und aufeinander abgestimmt sein, sodass Sie sich in alle Richtungen ausdehnen. Freiheit in einer Stellung ist dann gegeben, wenn jedes Gelenk aktiv ist. Seien wir bei jeder Stellung, welche es auch sei, immer voll und ganz mit allem dabei, so wie wir es mit allem halten sollten, was wir im Leben tun. Wichtig ist, dass wir bei den Stellungen genau spüren, wie weit sich unser Gewahrsein von der Mitte her ausdehnt und wie weit es in seinem Durchdringen reicht. So wie der Fluss ohne Unterbrechung ins Meer fließt, sollte unsere Dehnung eine einzige, in einsgerichteter Aufmerksamkeit ausgeführte Handlung sein. Ihre Bewegungen sollten, wie beim Fluss, vom Anfang bis zum Ende in dieser einen einzigen Handlung erfolgen. Auf diese Weise strömt die Energie in unserem Nervensystem wie der Fluss. Schauen Sie, ob die Energie beim Dehnen ohne Unterbrechung fließt oder nicht. In welche Richtung die Dehnung auch erfolgt, sie läuft immer auf den Kosmos zu. Ihre Energie durchdringt die Haut und erstreckt sich darüber hinaus. Das ist das Geheimnis, dessen sich die Kampfsportkünstler bedienen, um außergewöhnliche Kraft zu erzeugen. Sie schlagen nicht auf einen Ziegelstein ein, sie schlagen durch ihn durch. Dehnen Sie die Energie über Ihre Extremitäten hinaus aus. Lassen Sie den Fluss durch sich hindurchströmen.

Ausdehnung ist Freiheit, und Freiheit ermöglicht Entspannung. Wenn Entspannung im Āsana vorhanden ist, gibt es keinen Erschöpfungszustand. Sie müssen aber den Unterschied zwischen Entspannung und Laschheit kennen. Bei der Laschheit herrschen Chaos, Achtlosigkeit und Gleichgültigkeit vor, und deshalb ist der Energiefluss unstet. Im Zustand der Entspannung werden sorgsam Anpassungen vorgenommen, von daher ist die Energie im rhythmischen Fluss. Beim Entspannen im Āsana bewegen wir uns nach außen, bleiben aber auch in unserer Mitte zentriert, wir dehnen uns nach außen hin aus und durchdringen nach innen hin. Das meint Patañjali, wenn er in seinem zweiten Sūtra über Āsana sagt: »Die Vollendung eines Āsana ist erreicht, wenn es mühelos ausgeführt wird und man über das unendliche Sein meditiert.«

Entspannung: Jede Stellung sollte eine Ruhestellung sein

In der richtigen Haltung liegt immer Entspannung, selbst wenn Sie sich voll dehnen und strecken. Das Ego ist ein unbarmherziger Zuchtmeister. Es weiß nicht, dass man im Āsana Aktivität und Passivität, Anspannung und Entspannung, ausbalancieren muss. Wenn man sich dehnt und entspannt, entstehen weder im Geist noch im Körper Schwankungen. Die Balance von Aktivität und Passivität verwandelt das aktive Gehirn in einen Beobachter. Dies beinhaltet, dass das Denkorgan passiv und die Körperzellen, ohne Übergriffe auf die Muskeln, aktiv gehalten werden. Wenn da nur Anspannung ist, sind die Muskeln einer ständigen Belastung ausgesetzt. Sie ermüden aufgrund der Überdehnung, und dann kommt es zu Verletzungen. Wenn Sie etwas erzwingen, nimmt der Geist keine Ausbalancierung vor.

Entspannung bedeutet, dass die unnötige muskuläre Spannung in Ihrem Körper abgebaut wird, was auch eine Festigkeit des inneren Körpers und heitere Gelassenheit des Geistes ermöglicht. Aber wie kommt man zu dieser Erfahrung von innerem Frieden, während man mit dem Körper ringt? Wie erfährt man diese heitere Gelassenheit, während man die Qualen und Schmerzen spürt, die mit dem Erlernen des Āsana einhergehen? Wir werden auf das Thema Schmerz später zurückkommen und darüber sprechen, wie man dahin gelangt, ihn mit Gleichmut, Standfestigkeit und heiterer Gelassenheit zu betrachten. Hier geben wir nun ein paar Hinweise, wie man sich in einem Āsana entspannt, wie man dem Körper mehr Leichtigkeit verleiht und Härte und Starrheit vermeidet.

Beginnen Sie Ihr Āsana mit einem Ausatmen, bis Sie das Gefühl haben, dass sich die Zellen und das Ich im Zustand der Ruhe und Stille befinden. Einatmen bedeutet Spannung, Ausatmen bedeutet Freiheit. Alle Bewegungen sollten vom Ausatmen begleitet sein. Ausatmen treibt Stress und Spannung aus dem Körper aus.

Wenn Sie nach dem Ausführen des Āsana tiefer gehend dehnen wollen, dann atmen Sie aus und dehnen Sie erneut. Das neuerliche Ausrichten und Anpassen des Āsana nach dem Ausatmen wirkt auf den inneren organischen Körper ein, wohingegen es sich in Verbindung mit dem Einatmen auf den äußeren physischen Körper auswirkt. Obwohl sich die endgültige Ausführung eines Āsana nur von außen objektiv beurteilen lässt, muss es aus dem Innern aufrechterhalten werden. Ist die endgültige Stellung erreicht, muss man lernen, die Anstrengung und Angespanntheit der Muskeln loszulassen und die Last auf die Bänder und Gelenke zu verlagern, sodass sie das Āsana stetig halten und der Körper durch nichts ins Wanken gebracht wird, auch nicht durch den Atem.

Konzentrieren Sie sich auf das Entspannen, während Sie die Dehnung halten. Krampfen Sie nicht, sondern entspannen und öffnen Sie sich. Das entspannt das Gehirn und den Körper. Sie müssen auch den Hals und den Kopf entspannen. Wenn Sie die Nackenhaut im passiven Zustand halten und die Zunge weich und locker ruhen lassen, entsteht im Gehirn keine Spannung. Das ist Stille in Aktion, Entspannung in Aktion. Sobald Sie Zunge, Rachen und Hals zu entspannen gelernt haben, wissen Sie auch, wie man das Gehirn entspannt, weil zwischen Zunge, Hals und Gehirn eine Verbindung besteht. Gemäß dem Yoga ist der Hals beziehungsweise der Kehlkopf die Region des *Vishuddha Chakra,* ein Rad der Reinigung und Läuterung. So lange der Halsbereich im Innern angespannt, nicht entspannt ist, ist es ein unreines Rad. Angespanntheit lässt auf eine Vergiftung schließen, die zur Unreinheit allgemeinerer Art führt. Blicken Sie auf die Seele, nicht auf das Ego. Wenn Ihre Kehle oder Ihr Hals beim Ausführen eines Āsana oder einer Prāṇāyāma-Übung verspannt ist, agieren Sie mit Ihrem egoistischen Gehirn statt mit Ihrem Körper. Beißen Sie nicht die Zähne zusammen, sonst verkrampft sich auch Ihr Gehirn. Solche Dinge können Sie sowohl wahrnehmen, wenn Sie im Büro sitzen und arbeiten, wie auch wenn Sie sich Ihrer Yogāsana-Praxis widmen.

Achten Sie auch auf die Augen, wenn Sie die Dehnung halten. Eine Angespanntheit der Augen wirkt sich ebenfalls auf das Gehirn aus. Sind sie ruhig und still, ist das Gehirn still und passiv. Es kann erst dann lernen, wenn es sich zu entspannen beginnt. Ist das Gehirn angespannt und nervös, setzt das Chaos ein, und es kapiert gar nichts. Die Augen befinden sich nahe beim Gehirn, und ihr Verhalten spiegelt dessen Zustand wider. Wenn wir verwirrt sind, ziehen wir die Augenbrauen zusammen, und unsere Augen zeigen Unsicherheit und verengen sich. Wenn die Augen zusammengepresst werden, blockiert das das Gehirn und steigert den Stress. Sind die Augen weit auf und blicken offen, ist das Gehirn wach und empfänglich. Wenn Sie die Augen anstrengen, heißt das, dass Sie in der Welt des Stresses leben. Sind die Augen angespannt, erfolgt die Ausführung des Āsana durch das Gehirn statt durch den Körper. Blicken wir mit angespannten Augen, heißt das, dass unsere Nervenkraft schon erschöpft ist, dass wir uns einer unnötigen

Überbelastung aussetzen, was zu Energieverlust führt. Wir versuchen in der Āsana-Praxis, Energie zu erzeugen, zu stabilisieren und zu bewahren, nicht, sie unnötig zu vergeuden. Entspannen Sie beim Schauen die Augen, sonst verschwenden Sie eine Unmenge Energie.

Die Augen sollten weich eingebettet liegen. Lassen Sie sie während des Übens offen und entspannt, während Sie zugleich quasi nach hinten blicken. Dieses Rückwärtsblicken erzieht die Augen zur Innenschau und ermöglicht Ihnen das Beobachten von Körper und Gehirn. Lassen Sie Ihre Augen wie aufblühende Blumen sein. Fühlen heißt schauen, schauen heißt fühlen. Sie müssen mit offenen Augen fühlen. Wenn die Augen nach außen statt nach innen gerichtet sind, gibt es keine Integration.

Wenn wir unseren Blick vom vorderen Schläfenrand ausgehend geradeaus auf unser normales Gesichtsfeld richten, arbeitet die vordere Gehirnregion mit dem analytischen Denken *(vitarka)*. Wenn wir aber das Gewahrsein unseres Gesichtssinns vom hinteren Schläfenrand nahe dem Ohr ausgehen lassen, wird die hintere Gehirnregion mit ins Spiel gebracht, und es wird mit Synthese *(vichāra)* gearbeitet. Die vordere Gehirnregion ist der Sitz eines kraftvollen Durchdringungsvermögens, das die Dinge zerlegen kann. In der hinteren Gehirnregion ist das holistische Vermögen zu Hause und die Fähigkeit zum Zusammensetzen. Wenn Ihnen diese Vorstellung Schwierigkeiten bereitet, dann denken Sie daran, was passiert, wenn Sie eine große mittelalterliche Kathedrale zum ersten Mal betreten. Ihre Augen konzentrieren sich vielleicht scheinbar auf das, was vor Ihnen liegt, auf den Altar zum Beispiel. Ihr wirkliches Gewahrsein aber nimmt das Gesamt des ungeheuren Raums in sich auf, der Sie umgibt, seine Erhabenheit und den Klang seiner uralten Stille. Das ist holistische meditative Schau.

Wenn beim Arbeiten im Āsana das Agieren ausschließlich von der vorderen Gehirnregion ausgeht, wird das reflektierende Agieren der hinteren Gehirnregion abgeblockt. Die Form eines jeden

Āsana muss dem Körper der Weisheit gespiegelt werden *(vijñānamaya kosha)*, damit Anpassungen und Ausrichtungen vorgenommen werden können. Wird ein Āsana nur mechanisch von der vorderen Gehirnregion gesteuert, wird die Aktion nur im peripheren Körperbereich gespürt und wahrgenommen, und es gibt keine innere Empfindung, kein leuchtendes inneres Licht. Wird das Āsana im ständigen Bezug zur hinteren Gehirnregion ausgeführt, findet auf jede Aktion eine Reaktion statt, und es ist Sensitivität vorhanden. Dann ist das Leben nicht nur dynamisch, sondern wird auch mit Lebenskraft aufgeladen.

Das Licht und Leben unserer Schau sollte überall leuchten. Und dann gibt es da noch das Auge der Seele, oft Drittes Auge genannt, das sich in der Mitte zwischen den Augenbrauen, aber ein bisschen darüber, befindet. Ist dieses Auge ruhig und still, ist auch Ihre Seele ruhig und still wie ein Zeuge, der alles beobachtet, ohne davon beeinflusst oder darin verwickelt zu sein. Also sollte auch die Stirnhaut entspannt sein.

Die Entspannung beginnt bei der äußeren Schicht des Körpers und durchdringt dann die tiefen Schichten unserer Existenz. Ein detailliertes und präzises Vorgehen des Körpers führt zur Meisterschaft in der Kunst des Entspannens. Wer sich auf die Kunst der Entspannung versteht, versteht sich auch auf die Kunst der Meditation. Ob wir nun im Osten oder Westen, im Norden oder Süden leben, alle haben wir unter Stress zu leiden und sehnen uns nach Ruhe und Entspannung. Wenn man sich vollständig dehnt, entspannt man sich vollständig. Schauen Sie sich eine Katze an, eine Meisterin im Dehnen und Strecken und eine Meisterin im Entspannen. Die mühelose Bemühung oder die »zu Mühelosigkeit gewordene Mühe«, von der Patañjali spricht, zeichnet sich auch noch durch eine andere wichtige Eigenschaft aus: durch Leichtigkeit.

Leichtigkeit: Lichtheit und Leichtigkeit im Denken und Fühlen

Wird ein Āsana korrekt ausgeführt, dann sind die Körperbewegungen glatt und weich, ist der Körper leicht und der Geist frei. Wird ein Āsana als etwas Schweres empfunden, dann ist es falsch. Sie müssen versuchen, dem ganzen Körper ein Gefühl von Leichtigkeit zu geben. Das können Sie erreichen, indem Sie sich von der Mitte Ihres Körpers mental nach außen ausdehnen, das heißt, indem Sie in großen Dimensionen denken und in großen Dimensionen handeln. Denken Sie daran, die Arme nicht nur einfach zu heben, sondern sie im physischen Sinn auszudehnen. Und wenn Sie sie dann still halten, dann denken Sie wieder daran, den Radius der Intelligenz noch weiter auszudehnen, indem Sie noch weiter in die Ferne ausgreifen. Halten Sie sich selber nicht für ein kleines zusammengedrücktes leidendes Ding. Stellen Sie sich vor, wie Sie sich in Anmut ausdehnen und ausweiten.

Wenn wir diese Leichtigkeit verlieren, schrumpft unser Körper in sich zusammen. Im Moment, in dem er schrumpft, wird unser Denkorgan schwer und dumpf, und wir sehen gar nichts. Die Pforten der Wahrnehmung sind geschlossen. Sie sollten dann sofort die dem Brustkörper innewohnende Intelligenz aufsteigen lassen und den Geist öffnen. Die Seiten des Brustkörpers sind wie Säulen: Sie sollten immer in stabiler Haltung sein. Eine krumme, schiefe, gebeugte Haltung wirkt sich wie ein Narkotikum auf den Körper aus. Wenn unsere Eltern uns mahnen, uns gerade zu halten, dann weil sie instinktiv wissen, dass ein eingeengter, zusammengedrückter Brustkasten das Selbst beugt und einengt. Weil Ihr Geist schrumpft, schrumpft auch Ihre Seele. Es ist die Aufgabe des Rückgrats, den Geist wach und aufmerksam zu halten. Dazu muss die Wirbelsäule das Gehirn in Position halten. Sie darf nie schlaff sein, sondern muss bis zum Selbst hinaufreichen. Ansonsten wird das Licht des Göttlichen in uns trüber und dunkler.

Wenn Sie in einem Āsana eine Dehnung ausführen, müssen Sie diese Leichtigkeit und Lichtheit bewahren. Deshalb sage ich stets, dass in allen Āsanas Emporsteigen Hinabsteigen und Hinabsteigen Emporsteigen bedeutet. Wenn wir zum Beispiel unsere Zehen berühren wollen, müssen wir uns zunächst nach oben strecken, damit sich die Gelenke der Körpermitte öffnen, und dann können wir uns hinabsenken. Und in ähnlicher Weise gehen wir hinab, um hinaufzusteigen. Wir versuchen einen Kreis zu beschreiben und auszufüllen wie bei Leonardo da Vincis berühmter graphischer Darstellung der harmonischen menschlichen Proportionen nach den Vorstellungen des Marcus Vitruvius Pollio. Wir versuchen nicht, ein Stück Faden zu zerreißen, indem wir in zwei verschiedene Richtungen zerren. Wir streben die Ausgewogenheit der Polarität an, nicht den Antagonismus der Dualität.

Wenn im Körper Weichheit und lichte Leichtigkeit im Geist herrschen, ist das Āsana korrekt. Härte und Schwere bedeuten, dass das Āsana falsch ist. Wo sich Verspannung findet, da ist das Gehirn am Überreagieren, und da sind Sie gefangen und sitzen fest; also gibt es da keine Freiheit. Eine sich durch Leichtigkeit, Festigkeit und zugleich Weichheit auszeichnende Ausführung, die vom Denken des Herzens ausgeht, bedeutet totales Strecken, totales Dehnen und totales Weiten. Ein vom Kopf her ausgeführtes Āsana macht uns schwer, und ein vom Herzen her ausgeführtes Āsana macht uns leicht.

Wann sollte ein Āsana weich und wann sollte es starr sein? Ein Muskel sollte, während er sich in Bewegung befindet, ganz und gar wie die Blütenblätter einer Blume sein, weich und offen. Seien Sie in der Bewegung niemals starr; werden Sie erst dann starr, nachdem Sie die Körperstellung erlangt haben. Wie ein Bauer das Feld pflügt und den Boden lockert und weich macht, »pflügt« ein Yogi seine Nerven, sodass sie aufkeimen und zum Ertrag eines besseren Lebens führen können. Bei dieser Yoga-Praxis geht es darum, das Unkraut aus dem Körper zu entfernen, damit im Garten etwas wachsen kann. Was an Leben soll denn, wenn der Boden zu hart ist, dort gedeihen können? Wenn der Körper zu steif ist und der Geist zu rigide, was für ein Leben können sie dann führen?

Spannung ist, im Gegensatz zur Starrheit, weder gut noch schlecht. Sie muss zum richtigen Zeitpunkt im richtigen Maß vorhanden sein. Sie gleichmäßig zu gewichten oder auszubalancieren bedeutet Leben. Es gibt nichts auf der Welt, bei dem Yogis sagen würden, dass es in diesem Fall gar keine Spannung geben sollte. Selbst in toten Körpern findet sich Spannung. Sie müssen in Ihrem Körper zum richtigen Maß an Spannung finden. Das richtige Maß sorgt dafür, dass all Ihre Energie im Körper bleibt. Zu viel Spannung bedeutet Aggression. Verletzungen entstehen durch Aggression, dadurch, dass man aggressive Bewegungen macht, und nicht durch das Ausüben von Yoga. Zu wenig Spannung bedeutet hingegen Schwäche. Der Körper sollte die richtige Spannung haben. Richtige Spannung ist gesunde Spannung. Sie müssen in Ihrem Körper alles zum Leben erwecken. Denken Sie daran: Seien Sie in der Bewegung niemals starr oder steif. Dehnung ist Spannung, die aber etwas anderes als Starrheit ist. Rigidität macht uns spröde und bringt uns dazu, die Balance zu verlieren. Balance muss auf jeder Ebene unseres Körpers und Seins erlangt werden.

Balance: Gleichmaß und Ausgewogenheit bedeuten Harmonie

Durch Yoga können wir auch damit beginnen, eine perfekte Balance zwischen unseren beiden Körperhälften herzustellen. Wir fangen alle mit Unausgewogenheiten an, bevorzugen die eine oder die andere Seite. Wenn eine Seite aktiver ist als die andere, muss die aktive Seite zum Guru für die inaktive Seite werden, um sie gleichermaßen aktiv werden zu lassen. Der schwächeren Seite müssen wir Aufmerksamkeit widmen und auch mehr Fürsorge angedeihen lassen. Wir sind stärker daran interessiert, einem Freund weiterzuhelfen, der ein bisschen langsam ist und Mühe hat, mitzukommen, als einem lernbegierigen und intelligenten Freund. Das gleiche Mitgefühl müssen wir auch für uns selbst aufbringen und etwas für die schwächere Seite unseres Körpers tun, während wir uns über die Leistungen der aktiven Seite freuen.

Wird der Herausforderung der einen Körperseite mit einer maßgleichen Gegenherausforderung durch die andere Seite begegnet, dann ist das Präzision in Aktion. Das entzündet das Licht der Erkenntnis. Sie müssen Ihr Gleichgewicht bewahren, indem Sie sich die Intelligenz des Körpers (ob nun Instinkt, Gefühl oder Fähigkeit) zunutze machen, aber nicht durch einen Kraftakt. Wenn Sie die Balance durch den Einsatz von Körperkraft halten, handelt es sich um eine körperliche Aktion; halten Sie sie durch den Einsatz der Intelligenz des Körpers, handelt es sich um Entspannung in Aktion. Gleichmaß und Ausgewogenheit bedeuten Harmonie, und nur in dieser Ausgewogenheit lernen Sie.

Streben Sie nach einer Balance des Gewahrseins in allen Stellungen, indem Sie die Unterschiede zwischen links und rechts beobachten und auch die Intensität der Dehnung von Ebene zu Ebene, Glied zu Glied, Muskel zu Muskel, Gelenk zu Gelenk, von unten nach oben, von Seite zu Seite und von hinten nach vorn. Stellen Sie ein Gleichmaß in der Dehnung, in der Stabilität, im Raumgeben und in der Intensität der Bewegung her. Um einen Teil des Körpers korrekt auszurichten, müssen Sie mit dem ganzen Körper arbeiten. Sie müssen mit jedem einzelnen Teil des Körpers arbeiten. Sie müssen bei jedem Āsana oder jeder Prāṇāyāma-Übung wissen, welche Funktion jeder Bereich und jeder Teil des Körpers hat oder in welchem Zustand er sein sollte, ob aktiv oder passiv, fest oder beweglich. Beim Ausführen von Āsanas sollte kein Teil des Körpers untätig bleiben, sollte keiner vernachlässigt werden. Wenn Sie zum Beispiel das rechte Bein strecken, sollte das linke Bein nicht vergessen werden. Ganz im Gegenteil, Sie müssen das linke Bein aktivieren, um stabil bleiben zu können. Diese ergänzende Aktion erlaubt dem rechten Bein, sich leicht und frei zu bewegen. Dehnen Sie da, wo der Körper sich nicht bewegt. Wenn Sie auf einer Seite schwitzen, sollten Sie das auch in gleichem Maße auf der anderen tun. Wenn Sie auf einer Seite stärker schwitzen, haben Sie die andere Körperhälfte nicht voll und ganz genutzt. Das Schwitzen sollte gleichmäßig, aber nicht exzessiv sein.

Für jedes Āsana gilt: Wenn der Kontakt zwischen Körper und Boden – dem Fundament – gut ist, wird das Āsana gut ausgeführt. Behalten Sie immer Ihre Basis im Auge: Achten Sie auf den Teil, der dem Boden am nächsten ist. Korrigieren Sie als Erstes von der Wurzel her. Die Steh-Stellungen sollen Ihnen allmählich diese Grundlage für Ihr Leben vermitteln. Sie kräftigen die Fußknöchel und Knie. Man kann die Beobachtung machen, dass mental gestörte oder deprimierte Menschen nicht fest auf ihren Beinen stehen können. Diese Stellungen lehren uns, wie man gerade steht, sodass das Gehirn frei beweglich ist. Die Füße sind den Wurzeln eines Baumes vergleichbar. Wenn man nicht richtig auf den Beinen stehen kann, entwickelt man dem Leben gegenüber eine negative Einstellung, und man wird auch in seiner Ausübung des Yoga unstet. Die Stellungen helfen uns, in schwierigen Zeiten und selbst bei Katastrophen Stabilität zu bewahren. Wird die Stabilität zur Gewohnheit, sind Reife und Klarheit die Folge. Stabilität erfordert Balance.

Balance bedeutet nicht nur Balance des Körpers. Ausgewogenheit im Körper ist die Grundlage für Ausgewogenheit im Leben. Gleich welche Stellung wir innehaben oder in welche Situationen das Leben uns stellt, wir müssen zur Balance finden. Balance ist der Zustand der Gegenwart: des Hier und Jetzt. Wenn Sie in der Gegenwart die Balance wahren, leben Sie in der Ewigkeit. Ist der Geist stabil, dann ist da keine Vergangenheit, keine Zukunft, sondern nur die Gegenwart. Leben Sie nicht in der Zukunft: Nur die Gegenwart ist real. Der Geist führt Sie ständig in die Zukunft mit seinem Planen, Sich-Sorgen, Sich-Fragen. Die Erinnerung führt Sie in die Vergangenheit mit Ihrem Wiederkäuen, Grübeln und Bedauern. Nur das Selbst bringt Sie in die Gegenwart, denn das Göttliche kann nur im Jetzt erfahren werden. Vergangenheit, Gegenwart und Zukunft werden in jedem Āsana zusammengehalten, da Gedanke, Wort und Tat eins werden.

Man muss die die Mitte bildende Linie eines jeden Āsana finden, sodass die Energie richtig verteilt ist. Weicht man von dieser Linie ab, begibt man sich entweder in die Vergangenheit oder in die Zukunft. Vertikales Aufsteigen ist die Zukunft, vertikales Absteigen die Vergangenheit. Das Horizontale ist die Gegenwart. Die Gegenwart ist das perfekte Āsana. Wenn Sie sich horizontal öffnen, begegnen sich Zukunft und Vergangenheit in der Gegenwart. Auf diese Weise lassen dynamische Ausdehnung und Erweiterung Sie zur Balance finden und durch Ihren Körper voller in der Gegenwart leben. Im Āsana finden wir in den drei Dimensionen des Raumes, aber auch in der vierten Dimension der Zeit Ausgewogenheit und Integration.

Die Weisen alter Zeit sagten, dass der Schlüssel zum Leben in der Balance zu finden ist, einer Balance in jeder Schicht unseres Seins, wie ich schon betont habe. Aber was sollen wir denn ausbalancieren? Die Antwort ist in den drei Grundqualitäten der Natur, den sogenannten *Gunas* zu finden. Diese drei Grundqualitäten müssen in Ihrer Āsana-Praxis, in Ihrem Körper, Ihrem Geist und in Ihrer Seele ausbalanciert werden. Man könnte sie grob mit den Begriffen Festigkeit, Dynamik und Lichtheit übersetzen.

Wir sahen, dass die Essenz der Natur Veränderung ist, ein nie endender sowie immer neuer Ausdruck ihrer selbst. Was, so müssen wir uns fragen, ruft diese fortwährende Veränderung hervor? Warum bleiben die Dinge nicht einfach so, wie sie sind? Der Grund dafür sind die Gunas, die drei komplementären Kräfte, die gemäß der indischen Philosophie im Moment der Schöpfung aus der Wurzel der Natur hervorgehen. Das Verständnis dieser drei Naturkräfte ist wichtig für eine erfolgreiche Yogāsana-Praxis und für die Reise nach Innen hin zur kosmischen Seele.

Sobald die Natur zur Manifestation gelangt, verlagern und verändern sich diese drei Kräfte. Sie verlieren ihre Balance und erzeugen Instabilität. Eine äußerst fruchtbare Instabilität. Die Mathematiker sagen, dass die Zahlen von eins zu zwei zu drei zum Vielen fortschreiten. Die Zahl drei erschließt die Möglichkeit grenzenloser Vielfalt. Der unendliche unmanifestierte Ursprung ist Eins. Dualität ist Zwei. Dualität ist der Gedanke oder die Vorstellung von Trennung, von Spaltung, von Unterteilung; aber allein für sich genommen kann sie sich nicht in Phänomenen manifestieren. Drei ist eine Welle, eine Sinuskurve, eine Schwingung wie Licht oder Ton. Wenn zwei Wellen kollidieren, entsteht ein neues Phänomen. Das ist die der Natur innewohnende Schöpfungskraft und Kreativität. Selbst auf der allersubtilsten Ebene von Schwingung und subatomaren Teilchen setzt das der Natur innewohnende Vibrieren einen endlosen Kreislauf von Schöpfung, Zerstörung und neuer Schöpfung in Gang. Aus der Drei entsteht das Viele.

Wie ich bereits sagte, bestehen die Gunas aus drei komplementären Kräften. Diese sind: *Tamas* (Masse oder Trägheit), *Rajas* (Energie, Tatkraft oder Dynamik) und *Sattva* (Leuchtkraft, Lichtheit, die Qualität von Licht).

Schauen wir uns ein praktisches Beispiel an. Im Āsana bemühen wir uns darum, die Masse unseres grobstofflichen Körpers, die Moleküle und deren Aufteilung in Atome aufzubrechen, damit wir mit unserer Sicht das Innere zu durchdringen vermögen. Dem setzt unser Körper Widerstand entgegen. Er ist störrisch. Er will nicht nachgeben. Warum? Weil im Körper Tamas vorherrscht. Das muss so sein. Der Körper braucht Masse, Knochen brauchen Dichte, und Sehnen und Muskeln brauchen Festigkeit und Stabilität. Die Festigkeit des Fleisches ist wünschenswert, schlaffe Muskeln sind es nicht.

Dichte in den Knochen ist von Vorteil, aber wenn sie sich als Begriffsstutzigkeit im Gehirn auswirkt, ist das ein Nachteil. Man sagt, »er ist dickköpfig« oder »sei nicht so engstirnig«, weil in unserem Gehirn und Nervensystem Rajas (Dynamik und Lebhaftigkeit) vorherrschen sollten und »Dichtheit« hier eine Belastung ist. Während der Geist seiner Natur nach von raschem, unbeständigem und unzuverlässigem Wesen ist, neigt der Körper zu Schwere, Trägheit und Schwerfälligkeit. Ein Übermaß ist unwillkommen. Ein mit allzu viel Muskelfleisch bepackter Körper ist wie ein sehr schwerer Wagen mit einem kleinen Motor: Er wird sich nur langsam bewegen. Mehr noch, die Trägheit zu überwinden erfordert mehr Energie, als das Tempo zu beschleunigen. Zum Beispiel ist es schwieriger, einen Wagen aus dem Stand so weit zu bringen, dass er die Geschwindigkeit von einem Stundenkilometer erreicht, als ihn von einem auf zwei Stundenkilometer zu steigern.

Für die Āsana-Praxis bedeutet das, dass wir uns anfangs mehr anstrengen müssen, weil der Widerstand größer ist. Was die beiden Aspekte des Āsana angeht, die körperliche Anstrengung und die Durchdringung des Geistes, ist Letzteres am Ende wichtiger. Die Durchdringung unseres Geistes ist das Ziel, aber um am Anfang die Dinge in Bewegung zu bringen, gibt es keinen Ersatz für den Schweiß. Doch sind Bewegung und Schwungkraft erst einmal vorhanden, kann die Durchdringung ihren Anfang nehmen. Wenn aus der Mühe Mühelosigkeit wird, hat das Āsana seine höchste Ebene erlangt. Das ist ganz unvermeidlich ein langsamer Prozess, und wenn wir unsere Praxis abbrechen, macht sich die Trägheit wieder breit. Unser eigentliches Tun besteht darin, dass wir der dichten Materie dynamische Energie einflößen. Deshalb bringt eine gute Praxis das Gefühl von Leichtigkeit und Vitalität mit sich. Obwohl unsere Körpermasse schwer ist, sollen wir auf dieser Erde leichten Schrittes gehen.

Es muss uns klar sein, dass es ganz entscheidend darum geht, dass die Gunas je nach dem gegebenen materiellen Phänomen im richtigen ausgewogenen Verhältnis zueinander stehen. Zum Beispiel ist es für einen Tisch richtig und angemessen, sehr *tamasisch* zu sein. Wenn wir wollen, dass er mehr *rajasisch* ist, bringen wir

Rollen an ihm an und nennen ihn einen Rolltisch. Tamas verleiht Dichte und Masse, und wenn diese Eigenschaften unsere Notwendigkeiten übersteigen, sprechen wir von Dumpfheit und Trägheit. Eine träge Masse ist eine Masse, die wir nicht mit Rajas energetisieren können.

Die negativen Aspekte von Rajas sind das Turbulente, Hektische und Aufgeregte. Wir wünschen uns einen flinken, aber keinen aufgeregten Geist. Wir möchten zudem einen ruhigen, klaren Geist, was uns zu Sattva führt. Mit diesem Begriff bringen wir eher einen Wert als eine explizite Realität zum Ausdruck. Die Wahrheit ist, dass wir zu wenig Erfahrungen mit Sattva machen, um es gut zu kennen. Die Festigkeit von Tamas und die unsere Blicke auf sich ziehende Bewegung von Rajas verdunkeln unsere Sicht. In einer Welt der Objekte und Sinnesreize haben Tamas und Rajas die Regentschaft inne. Aber wenn Sie sich dem Yoga im Wunsch zuwenden können, zu lernen, wie man sich wirklich entspannt und dabei wach und aufmerksam bleibt, dann sagen Sie im Grunde, dass es Ihnen lieb wäre, wenn Sattva eine herausragendere Rolle in Ihrem Leben spielte. Wir benutzen zur Beschreibung von Sattva die Begriffe Lichtheit und Leuchtkraft, die innere, heitere Eigenschaft des Lichtes. Diese Qualität ist es, die wir in uns zu heben und zu integrieren trachten. Lichtheit ist klar, wach und still.

Das Wechselspiel dieser drei Guna-Kräfte ist bei Ihrer Yoga-Praxis von entscheidender Bedeutung. Sie müssen lernen, sie zu identifizieren und zu beobachten, um sie, während Sie das Innere durchdringen, in ihren Verhältnissen richtig abstimmen und ausbalancieren und die Schönheit des Sattva zum Vorschein bringen zu können. Sie sind wie ein Maler, der drei Grundfarbstoffe auf seiner Palette hat, die er ständig immer wieder neu vermengt und vermischt, um auf der Leinwand die richtige Kombination von Farbe, Form und Licht zum Ausdruck zu bringen. Diese Fähigkeit und dieses Können erlauben Ihnen auch, Schmerz zu vermeiden und Krankheiten zu heilen, gleich ob diese sich nun in den mentalen, emotionalen oder physischen Stadien der Manifestation befinden. Da der Schmerz ein unvermeidlicher Bestandteil der Āsana-Praxis ist, müssen wir nun auf ihn zu sprechen kommen.

Schmerz: Finden Sie auch im Unbehagen zum Behagen

Viele Menschen konzentrieren sich auf die Vergangenheit oder Zukunft, um den Erfahrungen der Gegenwart auszuweichen, und das oft, weil die Gegenwart zu schmerzlich oder zu schwer zu ertragen ist. Im Yoga-Unterricht denken viele Schüler, dass sie einfach nur »die Zähne zusammenbeißen und es aushalten« müssen, bis der Lehrer sagt, dass sie aus dem Āsana herauskommen können. Das bedeutet, dass man Yoga als Gymnastik ansieht, und das ist die falsche Einstellung. Der Schmerz ist als Lehrer da, weil das Leben voller Schmerzen ist. Nur im Ringen und Bemühen finden sich Wissen und Erkenntnis. Nur wenn Schmerz da ist, werden Sie das Licht sehen. Der Schmerz ist Ihr Guru. Angenehmes und Vergnügliches erleben wir fröhlich und glücklich, doch müssen wir auch lernen, unseren Frohsinn nicht zu verlieren, wenn Schmerzen eintreten. So wie wir Gutes am Vergnügen sehen, sollten wir auch lernen, Gutes am Schmerz zu sehen. Lernen Sie, sogar auch im Unbehagen zum Behagen zu finden. Wir sollen nicht versuchen, vom Schmerz davonzulaufen, sondern uns durch ihn hindurch- und über ihn hinauszubewegen. Das bedeutet die Entwicklung von Beharrlichkeit und Ausdauer, und das ist eine spirituelle Haltung gegenüber Yoga. Desgleichen ist es eine spirituelle Haltung gegenüber dem Leben.

So wie die ethischen Grundregeln des Yoga unsere Handlungen in der irdischen Welt reinigen und läutern, reinigen und läutern die Āsanas und Prāṇāyāma-Übungen unsere innere Welt. Wir nutzen diese Praktiken und Techniken, damit wir mit ihrer Hilfe lernen, die Schmerzen und Qualen, die das Leben unvermeidlich mit sich bringt, zu ertragen und zu überwinden. Lassen Sie mich Ihnen ein Beispiel geben. Um einen möglichen Diabetes festzustellen, macht man einen Test, um zu sehen, wie gut Zucker im Körper toleriert wird. Ähnlich zeigen uns die Praxis-Übungen des Yoga, wie viel Schmerz der Körper aushalten und wie viel Qual der Geist ertragen kann. Da Schmerzen unvermeidlich sind, stellen die Āsanas ein Laboratorium dar, in dem wir herausfinden, wie wir den unvermeidlichen Schmerz hinnehmen und den nicht unvermeidlichen Schmerz umwandeln können. Wir suchen zwar nicht aktiv den Schmerz, rennen aber auch nicht vor dem unausweichlichen Schmerz davon, der Bestandteil allen Wachstums und aller Veränderung ist. Die Āsanas helfen uns, in Körper und Geist eine höhere Toleranzgrenze zu entwickeln, sodass wir Stress und Druck leichter aushalten können. Mit anderen Worten, die Mühen und Anstrengungen und die mit ihnen unvermeidlich verbundenen Schmerzen sind ein wesentlicher Bestandteil dessen, was die Āsanas uns lehren können. Rückenbeugen zum Beispiel lassen uns den Mut und die Beharrlichkeit eines Menschen erkennen, lassen uns sehen, ob er den Schmerz ertragen kann. Āsanas, bei denen man auf Armen und Händen balanciert, lehren und kultivieren Toleranz. Wenn Sie sich an eine Welt anpassen und in einer Welt balancieren können, die immer unsicher und ständig in Bewegung ist, dann lernen Sie, wie man der Beständigkeit von Veränderung und Verschiedenheit Toleranz entgegenbringt.

Um in einem Āsana verharren zu können, bedarf es der Ausdauer und des Durchhaltevermögens. Um ein Āsana zu meistern, brauchen Sie Geduld und Disziplin. Durch Grimassenschneiden kommen wir nicht zum Āsana. Wie lernt man also, den Schmerz erträglich werden zu lassen? Wir sahen schon, dass es in einer Stellung einen Ruhezustand herzustellen gilt. Man muss trotz des richtigen Maßes an Spannung Entspannung schaffen. Dieses Entspannen kann damit beginnen, dass man den in den Schläfen und Gehirnzellen sitzenden Stress beseitigt. Die Belastung im Gehirn wird durch ein Entspannen der Augen und Schläfen gemindert. Das wiederum nimmt die Stressbelastung von den Nerven und Muskelfasern. Und so können wir den unerträglichen Schmerz in einen erträglichen Schmerz umwandeln, was uns wiederum Zeit und Raum lässt, das Āsana schließlich zu meistern und allen Schmerz zu beseitigen.

Um zur Freiheit zu gelangen, müssen Sie den Schmerz ertragen. Das gilt auch für unser Leben. Eine Schülerin erzählte mir, dass ihr während der Prānāyāma-Übung die Füße eingeschlafen waren und ihre ganze Konzentration auf die stechenden Schmerzen in den Füßen gerichtet war. Ich erklärte ihr, dass sie damit auch gut praktiziert hatte. Sie hatte gedacht, sie hätte die Übung nicht gut gemacht, weil sie nicht von heiterer Gelassenheit begleitet war. Aber beim Praktizieren geht es nicht nur um angenehme Empfindungen. Es geht um das Gewahrsein, und das Gewahrsein bringt uns dazu, sowohl die Lust wie auch den Schmerz wahrzunehmen und zu verstehen.

Zu Anfang kann der Schmerz sehr stark und heftig sein, weil der Körper Widerstand leistet. Aber indem wir uns ihm ergeben, wird der Körper weicher, und nach und nach wird der Schmerz nachlassen. Sind wir hier erst einmal erfahrener geworden und kehrt ein akuter Schmerz zu einem Zeitpunkt zurück, wo er es an sich nicht tun sollte, dann sollten wir klugerweise das Āsana für eine Weile sein lassen und darüber nachdenken, was schiefläuft. Der Schmerz tritt nur ein, wenn der Körper nicht versteht, wie er das Āsana machen soll, was am Anfang der Fall ist. Bei der korrekten Stellung treten keine Schmerzen ein. Um aber die korrekte Stellung zu erlernen, müssen Sie sich dem Schmerz aussetzen. Eine andere Möglichkeit gibt es nicht.

Ihre Intelligenz sollte ein inniges Verhältnis zu Ihrem Körper haben. Sie sollte in engem Kontakt mit ihm sein und ihn gut kennen. Besteht kein inniges Verhältnis zwischen Geist und Körper, dann existiert Dualität, dann existiert Trennung, und es gibt keine Integration. Wenn Sie Schmerz erfahren, kommen Sie mit dem Teil, der schmerzt, in engen Kontakt, sodass Sie Anpassungen vornehmen, den Schmerz mindern und die Leichtigkeit spüren können. Der Schmerz ist ein großer Philosoph, weil er ständig daran denkt, wie er sich selbst abschaffen kann, und weil er Disziplin verlangt. Auf der anderen Seite der Gleichung des Schmerzes steht das Verständnis, wie der Schmerz den Brennpunkt der Aufmerksamkeit auf den betroffenen Bereich lenkt. Wenn wir die Verspannung des Gehirns lösen, zeigt uns diese Art von Aufmerksamkeit den Weg, wie wir den Schmerz mindern und später die Quelle des Schmerzes beseitigen können. So kann der Schmerz ein großartiger Lehrer sein, der uns beibringt, wie man mit ihm lebt und sich dann schließlich von ihm verabschiedet.

Es ist nicht einfach so, dass der Yoga all diesen Schmerz verursacht: Der Schmerz ist schon da. Er existiert im Verborgenen. Wir leben einfach mit ihm oder haben gelernt, uns seiner nicht gewahr zu sein. Es ist, als läge unser Körper im Koma. Wenn Sie mit dem Yoga anfangen, kommen die unerkannten Schmerzen zum Vorschein. Wenn wir unsere Intelligenz einsetzen können, um den Körper zu reinigen und zu läutern, werden die verborgenen Schmerzen aufgelöst. Solange noch Spannungen und Beklemmungen in Körper und Geist existieren, gibt es keinen inneren Frieden. Innere Fehler und Gewohnheiten, wie etwas zu erzwingen, ohne Beobachtung zu handeln, die Kehle zu verspannen und die Gehörorgane zu blockieren, schaffen mangelndes Gewahrsein, Verkrampfung, Schwere, Angespanntheit, Ungleichgewicht und Schmerz. Wenn zum Beispiel in atrophierte Muskeln wieder Leben kommt, entstehen die Schmerzen der Wiedergeburt. Es gibt nur zwei Möglichkeiten, dem Schmerz zu begegnen: Man lebt für immer mit ihm, oder man arbeitet mit ihm und sieht zu, dass man ihn beseitigen kann.

Zwar müssen wir die Existenz und Bedeutung von Schmerz anerkennen, dürfen ihn aber auch nicht glorifizieren. Wenn irgendwo Schmerzen auftreten, muss es einen Grund dafür geben. Ziel ist nicht, unter allen Umständen an einem Āsana, das schmerzhaft ist, festzuhalten oder es voreilig meistern zu wollen. So habe ich mir als junger Praktizierender geschadet, als mein Lehrer von mir verlangte, ohne richtiges Training oder angemessene Vorbereitung das *Hanumānāsana* auszuführen, das eine extreme Beinstreckung verlangt. Ziel ist es, das Āsana mit dem höchstmöglich kraftvollen Einsatz von Intelligenz und Liebe auszuführen. Und um das tun zu können, muss man den Unterschied zwischen »richtigem« und »falschem« Schmerz erkennen lernen.

Die richtige Art von Schmerz ist nicht nur konstruktiv, sie ist auch belebend und beinhaltet eine Herausforderung, wohingegen die falsche Art von Schmerz destruktiv ist und entsetzliches Leiden verursacht. Die richtige Art von Schmerz dient unserem Wachstum und unserer physischen und spirituellen Transformation. Sie wird gewöhnlich als die Empfindung einer allmählichen Dehnung und Kräftigung wahrgenommen, und muss von der falschen Art von Schmerz unterschieden werden. Diesen nehmen wir oft als heftiges und plötzlich zur Vorsicht mahnendes Gefühl wahr, dessen sich unser Körper bedient, um uns zu sagen, dass wir die Grenzen unserer gegenwärtigen Fähigkeiten bei weitem überschritten haben. Hinzu kommt, dass, wenn wir dauerhafte Schmerzen bekommen, die beim Arbeiten noch heftiger werden, es sich vermutlich um die falsche Art von Schmerz handelt.

Yoga fordert uns zum Überschreiten unserer Grenzen heraus – *innerhalb der Grenzen der Vernunft.* Wir erweitern ständig den Rahmen des Geistes, indem wir uns der Leinwand des Körpers bedienen. Das ist so, als würden wir eine Leinwand etwas mehr dehnen und strecken, um mehr Fläche für ein Gemälde zu erhalten. Aber wir müssen unsere gegenwärtige Körperform respektieren. Wenn wir auf einmal zu schnell oder zu stark daran ziehen, wird die Leinwand reißen. Wenn die Praxis von heute der Praxis von morgen Schaden zufügt, dann ist das keine korrekte Praxis.

Viele Yoga-Lehrer fordern Sie auf, die Āsanas problemlos und bequem durchzuführen, ohne irgendwelchen Stress oder echte Anstrengung. Das führt dazu, dass die Praktizierenden weiterhin in ihren geistigen Grenzen mit allen unvermeidlichen Ängsten, Anhaftungen und Kleinlichkeiten leben. Diese Lehrer und ihre Schüler haben das Gefühl, dass die Art von präziser und intensiver Praxis, wie ich sie beschreibe, schmerzhaft ist. Ja, es stimmt, dass wir manchmal beim Ausführen unserer Praxis, wenn wir uns anstrengen und unseren Willen bemühen, Schmerzen verspüren. Yoga soll der Reinigung und Läuterung des Körpers und zudem auch der Erforschung, Schulung und Kultivierung des Geistes dienen. Das erfordert Willensstärke. Wir brauchen Willensstärke, wenn wir den Schmerz beobachten und zugleich aushalten sollen, ohne ihn zu verstärken. Ohne ein bestimmtes Maß an »Stress« kann keine Erfahrung von echtem Āsana gemacht werden, und der Geist wird in seinen Beschränkungen verbleiben und sich nicht über seine bestehenden Grenzen hinausbewegen. Dieser beschränkte Geisteszustand kann als unser Kleingeist bezeichnet werden.

Ich erinnere mich an zwei Schüler, Balletttänzer der Spitzenklasse. Sie konnten jede Stellung ohne irgendwelchen Widerstand oder Stress ausführen, sodass die Reise zur Endhaltung sie gar nichts lehren konnte. Meine Aufgabe war es, sie wieder in die Stellungen zurückzuführen und ihnen zu zeigen, wie sie Beweglichkeit im Verein mit einem inneren Widerstand herstellen und auf diese Weise am Balancepunkt zwischen Bekanntem und Unbekanntem arbeiten konnten. Wenn wir unser Körperbewusstsein über seine gegenwärtigen Grenzen hinaus ausdehnen und ausweiten, arbeiten wir im Grenzbereich vom Bekannten hin zum Unbekannten, indem wir unser Gewahrsein auf intelligente Art erweitern. Balletttänzer haben im Gegensatz zu den meisten Leuten aufgrund ihrer übermäßigen Flexibilität das Problem, dass ihr physisches Können ihr intellektuelles Bewusstsein übersteigt.

Wenn wir mit dem Praktizieren von Āsanas beginnen, erleiden wir sowohl körperlichen wie mentalen Schmerz. Und so wie wir lernen müssen, den Unterschied zwischen der richtigen und falschen Art von körperlichem Schmerz zu erkennen, müssen wir dies auch in Bezug auf den mentalen Schmerz lernen. Die richtige Art von mentalem Schmerz sollte auch allmählicher Natur sein und uns erlauben, dass wir an Stärke gewinnen und keinen Knacks bekommen. Wenn wir um sechs Uhr morgens aufstehen, um vor dem Aufbruch zur Arbeit Yoga zu machen, mag das schmerzhaft erscheinen, ist aber konstruktiv und fordert uns zum Überschreiten unserer gegenwärtigen Grenzen heraus. Wir müssen aber auch dar an denken, unsere Praxis so zu halten, dass wir uns nach und nach fortentwickeln. Wenn wir versuchen, so früh aufzustehen, dass dieser Schmerz unseren Körper rebellieren lässt, sagen wir um vier Uhr morgens, dann werden wir die Praxis nicht durchhalten können. Hinzu kommt, dass wir nicht genug Schlaf bekommen und dann deshalb der Familie gegenüber gereizt sind. Wir werden egoistisch und übertragen unsere Leiden zudem noch auf andere.

Wir benutzen die richtige Art von Schmerz wie einen Impfstoff gegen den unvermeidlichen Schmerz und das Leiden, die uns das Leben immer schickt, aber die Dosis muss stimmen. Die Āsana-Praxis bietet uns die Gelegenheit, Hindernisse in der Praxis wie auch im Leben anzuschauen und herauszufinden, wie wir mit ihnen fertig werden können.

Viele intellektuell hochentwickelte Menschen sind auf der emotionalen Ebene immer noch unreif. Wenn sie sich mit Schmerzen konfrontiert sehen, versuchen sie ihnen zu entfliehen. Wenn sie von einer Stellung stark herangenommen werden, sind sie selten darauf vorbereitet, sich dem Schmerz zu stellen und sich durch ihn durchzuarbeiten. Diese Praxis konfrontiert sie direkt mit den Realitäten der Natur ihres Körpers. Wir müssen uns unseren Emotionen stellen und nicht vor ihnen davonrennen. Wir machen Yoga nicht einfach nur zu unserem Vergnügen. Wir machen ihn um der letztendlichen Befreiung willen.

Die meisten Menschen wollen die Freude ohne das Leiden haben. Ich nehme beides. Ich will sehen, wie weit das Leiden mich führt.

Wenn Sie sich dem Leiden nicht widersetzen, werden Sie mit anderen leidenden Menschen Freundschaft schließen. Ich habe in meinem Körper eine Menge gelitten. Wenn mir jetzt jemand von seinen Leiden erzählt, spüre ich in meinem Körper, was Leiden ist. Meine persönlichen Erfahrungen haben in mir ein großes Maß an Liebe und Mitgefühl entstehen lassen. So sage ich: »Mein Freund, lass mich den Versuch machen, etwas zu tun.« Der Schmerz kommt, um Sie zu führen und anzuleiten. Wenn Sie wissen, was Schmerz ist, werden Sie mitfühlend sein. Geteilte Freuden können uns das nicht lehren.

Mitgefühl bedeutet aber nicht Mitleid. Ein Chirurg operiert Patienten, was für die Patienten schmerzvoll wäre, wenn sie nicht anästhetisiert würden. Als Yoga-Lehrer muss ich operieren, während der Patient bei Bewusstsein ist. Und das ist ganz offensichtlich schmerzhaft. Aber wir lernen nur auf diese Weise, zu handeln, zu leben, zu wachsen und uns weiterzuentwickeln. Wir sind alle geistig da, wenn alles gutgeht, aber wir müssen auch geistig präsent sein, wenn etwas schiefläuft. Wenn wir uns dem Leiden stellen und es als etwas Notwendiges akzeptieren, verschwinden alle Angst und Sorge.

In Wirklichkeit ist jede Krankheit ein Teil von uns selbst; sie ist Teil unserer Manifestation. Gemäß der yogischen Philosophie sind Krankheiten und Leiden die Früchte unserer Handlungen in der Vergangenheit. In diesem Sinne sind wir für das, was wir geschaffen haben, verantwortlich. Wenn wir Kummer und Leiden mit Yoga begegnen, erwecken wir ein neues Bewusstsein für Toleranz, Geduld und Widerstandsfähigkeit sowie auch echtes Mitgefühl und Verständnis für andere in ihrem Leiden und Kummer. Diese Eigenschaften zeigen den von uns erreichten Entwicklungsgrad an. Warum also Not und Pein nicht positiv begegnen? Sicher sind sie ein Alarmsignal, aber sie enthalten in sich auch den Keim für die Lösung und Transzendierung der Situation.

Ich zähle meinen schlechten Gesundheitszustand in meinen jungen Jahren, meine Armut, meine mangelnde Ausbildung und die

Härte meines Guru zu den größten Segnungen in meinem Leben. Ohne diese Entbehrungen hätte ich vielleicht nie so getreulich am Yoga festgehalten. Wenn alles andere abgeschält und beseitigt wird, tritt das Essenzielle zutage.

Wenn man jung ist, ist es natürlich besonders schwer, zu wissen, an was man festhalten soll, und die Entschlusskraft und Ausdauer aufzubringen, es dann auch zu tun. Als ich mich als noch sehr junger Mann in Pune durchschlagen musste, klammerte ich mich an meine Yoga-Praxis. Wie ich schon sagte, hielt die allgemeine Gesellschaft damals einen jeden, der Karriere als Yoga-Lehrer machen wollte, für verrückt und einen Taugenichts. Man hielt es gemeinhin für akzeptabel, wenn jemand Priester wurde oder der Welt entsagte, aber Yoga als Beruf war schlichtweg indiskutabel. Und eine noch größere Quelle des Schmerzes war die Missbilligung und Ächtung, die mir von meiner Familie entgegengebracht wurden. Zum Beispiel hatte ich, mit meiner ultraorthodoxen Herkunft, selbstverständlich ein *Shendi,* eine vom Scheitel herabhängende lange Haarlocke auf dem ansonsten kahl geschorenen Haupt. Im modernen, westlich orientierten Pune war das völlig verpönt. Die Schüler in meinem Unterricht, die ach so starken, fitten und intelligenten Collegestudenten, zogen mich gnadenlos damit auf. Schließlich schor ich das Shendi und legte mir einen modernen Haarschnitt zu. Damit zog ich den Zorn meiner Familienmitglieder auf mich. Sie weigerten sich, gemeinsam mit mir zu essen oder mich in ihre Küche zu lassen.

Die Tradition verbot den Hindus auch, das Meer zu überqueren. Als ich 1954 von meiner ersten Lehrreise, die mich nach England geführt hatte, zurückkam, machte ich in Bangalore halt, um meinem Onkel mütterlicherseits meine Aufwartung zu machen. Er weigerte sich, mich überhaupt nur ins Haus zu lassen. Ist es da verwunderlich, dass ich mir als junger Mann einen Schutzschild der Arroganz zulegte? Die Zeit hat mich weicher gemacht, aber in meiner Jugend war Hochmütigkeit die einzige Methode, die mir einfiel, um mich in einer scheinbar feindseligen Welt zu behaupten. Und doch hat mich diese Feindseligkeit auch motiviert, dem Yoga mit Ausdauer treu zu bleiben.

Wir stecken alle manchmal in einem schrecklichen Dilemma, in dem jeder Handlungsweg und jegliche Verhaltensweise falsch zu sein scheinen. Im zweiten Kapitel der *Bhagavadgītā* steckt Arjuna in einer solchen Klemme. Nichts zu tun ist auch eine Handlung mit unausweichlichen Konsequenzen, und somit ist auch das kein Weg, um Schmerz und Leiden zu entkommen. Mit Krishnas Hilfe folgt Arjuna dem Weg des *Dharma,* der Wissenschaft der religiösen Pflicht, und versöhnt so das, was sich auf der menschlichen und materiellen Ebene nicht versöhnen lässt. In meiner Jugend schien es ein Ding der Unmöglichkeit zu sein, dass ich sowohl von meinen Schülern wie auch von meiner Familie akzeptiert wurde. Aber indem ich am yogischen Pfad festhielt und ihn fortsetzte, erlangte ich eine Ebene, auf der ich nunmehr von meinen Schülern und von meiner Familie nicht nur akzeptiert, sondern auch geachtet und geehrt werde. Das wäre ohne die Weiterentwicklung, die der Yoga möglich macht, nicht zu erreichen gewesen.

In einer Hinsicht haben sich meine Schwierigkeiten sehr rasch in einen großen Segen verwandelt. Da ich auch so vielen Frauen und Mädchen Unterricht erteilte, wurde allgemein angenommen, dass ich mich der Unmoral schuldig machte. Ich hatte sogar wegen dieser schmerzlich falschen Anschuldigung einen Streit mit meinem Guru. Aber das brachte mich zu dem Entschluss, zu heiraten, obwohl ich finanziell dazu gar nicht in der Lage war, und ich kann sagen, dass sich meine Ehe mit Ramamani in der Tat als größter Segen für mich erwies. Indem wir uns also den Widrigkeiten und Leiden stellen und sie als notwendige Mittel akzeptieren, finden sich Lösungen für unsere Ängste und Sorgen, und sie verschwinden. Sind wir dem Pfad treu, den wir gehen, wird unser Leben besser, und das Licht einer fernen Vollkommenheit wird auf unsere Reise scheinen und sie erhellen.

Perfektionieren: Seien Sie immer über jede kleinste Verbesserung glücklich

Setzen Sie sich zum Ziel, die Vollkommenheit zu erreichen, seien Sie aber mit ein bisschen Fortschritt an jedem Tag auf dem Weg dorthin zufrieden. Übermäßiger Ehrgeiz kann für den dauerhaften Fortschritt schädlich sein. Vollkommenheit gibt es letztlich nur bei Gott. Was ist dann also die Vollkommenheit wert, wenn sie nur bei Gott zu finden ist? Wir sind Geschöpfe, die von der Vollkommenheit träumen können, und dieser Traum inspiriert uns dazu, besser werden zu wollen. Dieser Traum entzündet in uns die Flamme des Bemühens, das für die Transformation nötig ist. Die Vision der Vollkommenheit erzeugt Interesse an der Kunst und am Leben. Der Instinkt, der uns zum Traum der Vollkommenheit hinzieht, ist im Grunde ein Verlangen nach Gott.

Manchmal ist das Fleisch willig, aber der Geist schwach. Er sagt: »Wir haben keine Zeit«, oder: »Vergiss es, es lohnt die Mühe nicht.« Manchmal ist der Geist willig, aber das Fleisch schwach. Es sagt: »Ich bin zu müde für all diese Anstrengung.«

Praktizierende müssen sich in ihrer Konzentration zwischen Geist und Körper positionieren, auf den Rat beider hören, aber die wahre Entscheidung letztlich von der Intelligenz und der Seele treffen lassen, denn hier finden sich wirkliche Willenskraft und wahres Hingegebensein. Machen Sie die Dinge entsprechend Ihrer Fähigkeiten, aber streben Sie immer eine Erweiterung Ihrer Fähigkeiten an. Heute zehn Minuten. Nach ein paar Tagen zwölf Minuten. Meistern Sie das, dehnen Sie dann weiter aus. Es ist besser, eine gute Stellung eine Mindestzeit lang, als eine schlechte Stellung so lange wie möglich zu halten.

Sagen Sie nicht, dass Sie von sich enttäuscht sind. Finden Sie jeden Tag irgendwie die Zeit und Möglichkeit, die Āsana-Praxis beizubehalten. Manchmal unterstellen sich Körper und Geist der Willenskraft, und dann wieder rebellieren beide. Haben Sie eine

Problemzone, die die Praxis für Sie schwierig macht? Ein verletztes Knie? Einen steifen Rücken? Das ist Ihr Problemkind. Lernen Sie damit umzugehen und sie zu pflegen, so wie Sie es mit einem Kind machen würden, das Probleme hat, die der besonderen liebevollen Zuwendung und Aufmerksamkeit bedürfen. Machen Sie sich auch über Misserfolge keine Gedanken. Sie führen uns im Leben zu Entschlossenheit und der notwendigen philosophischen Betrachtungsweise. Bleiben Sie distanziert. Schau mich an, ich habe keine Angst und weiß, dass es keine Möglichkeit gibt, mir Schwierigkeiten zu ersparen. Wenn sie gestern eintraten, umso besser. Wenn sie erst in zwanzig Jahren kommen, auch gut. Alles ist gut.

Haben Sie keine Angst. Haften Sie nicht an Ihrem Körper. Und wenn Ängste aufkommen, akzeptieren Sie sie und finden Sie den Mut, sie durchzustehen. Wenn Sie Angst haben, müssen Sie ohne Anhaftung an den Körper praktizieren und sich ihn ganz objektiv als sich anbietendes Medium für kreative Arbeit vorstellen. Kommt keine Angst auf, können Sie subjektiver an den Körper herangehen, ihn als Teil Ihrer selbst betrachten, der dennoch der Übung und Kultivierung bedarf.

Langes, ununterbrochenes, mit Gewahrsein ausgeführtes Praktizieren von Āsanas und Prāṇāyāma schafft ein festes Fundament und führt zu Erfolg. Die Jungen, die Alten, die Greise und sogar auch die Kranken und Gebrechlichen erlangen im Yoga durch ständiges Praktizieren Perfektion. Der Erfolg stellt sich bei denen ein, die praktizieren. Allein durch die Lektüre heiliger Schriften kommt man im Yoga nicht zum Erfolg. Diese sind zwar zunehmend wesentliche Hilfsmittel, aber ohne Praxis bleibt alles graue Theorie. Eine Philosophie lässt sich daran prüfen und bemessen, ob sie sich anwenden, und ganz besonders, ob sie sich jetzt auf unsere Lebensweise anwenden lässt. Sogar Patañjali, ein geborenes spirituelles Genie, sagt, dass Yoga nur mit Eifer und Entschlossenheit, nur durch langes, beharrliches, ununterbrochenes Praktizieren gemeistert werden kann.

Wenn der Gärtner das Samenkorn für einen Apfelbaum pflanzt, erwartet er dann sogleich Äpfel zu sehen? Natürlich nicht. Der Gärtner begießt das Samenkorn, hat jeden Tag ein Auge darauf und freut sich, das Wachstum zu beobachten. Gehen Sie mit dem Körper in gleicher Weise um. Wir wässern unsere Āsana- und Prāṇāyāma-Praxis mit Liebe und Freude und beobachten die kleinen Fortschritte. Wir kennen unser Ziel, konzentrieren uns aber nicht auf die Erleuchtung. Wir wissen, dass sie kommt, wenn die Früchte unserer Praxis reif sind. Geduld, gepaart mit disziplinierter Übung, führt zur Entwicklung der erforderlichen Willenskraft.

Willenskraft ist nichts Ätherisches, sondern etwas ganz Konkretes. Wenn Sie etwas tun, demonstrieren Sie Ihre Willenskraft, und beim nächsten Mal wird es Ihnen schon leichter fallen, die gleiche Willenskraft aufzubringen. Wenn Sie Ihr Āsana ausführen, ist das eine über die Muskeln ausgedrückte, körperliche Demonstration Ihrer Willenskraft. Diese hat ihren Sitz nicht nur im Geist, sondern auch im Körper. Ich bin bekannt dafür, dass ich durchaus auch mal einem Mann auf die Schenkel hauen konnte mit der Bemerkung: »Hier sitzt die Willenskraft.« Mit Willenskraft dehnen Sie die Muskeln und bringen es zur Eleganz. Diese Willenskraft ist es, die uns mit der Erweiterung unseres Bewusstseins inneren Frieden, Zufriedenheit und Freiheit von Körperanhaftung zum Ausdruck bringen lässt. Willenskraft ist nichts weiter als die Bereitschaft, es zu tun.

Sie müssen sich unter Einsatz Ihrer Intelligenz und Willenskraft fragen: Kann ich es noch ein bisschen besser machen? Das Licht kommt zu jenen, die ihr Gewahrsein noch ein bisschen mehr über das scheinbar Mögliche hinaus ausdehnen. Wenn wir uns mit etwas zufriedengeben, beschränken wir uns. Wir sagen: »Darüber will ich nicht hinausgehen, weil ich weiß, dass das hier gut ist.« Doch das heißt in unserem alten Bewusstsein leben. Fragen Sie sich, ob Sie noch ein bisschen mehr können. Dann werden Sie sofort erleben, dass sich die Bewegung einstellt. Wenn Sie sehr gewissenhaft sind, wird Ihnen Ihr Gewissen zuflüstern: »Versuch noch ein bisschen weiter zu gehen.« Wenn man immer auf das Maximum abzielt, wird sich Selbst-Erkenntnis einstellen. Das sage ich, weil sich Ihr Geist und Ihre Intelligenz immer tiefer auf den inneren Körper zubewegen und den Geist näher an das Selbst – den Kern des Seins – heranbringen. In dem Augenblick, in dem man ein bisschen weiter geht, als der Körper hinnehmen möchte, kommt man dem Selbst näher. In dem Moment, in dem man sagt, »Ich bin zufrieden«, schwindet das Licht des Gewahrseins und der Aufmerksamkeit.

Dem Gedächtnis kommt im Zusammenhang mit den Āsana-Übungen die Rolle zu, uns die Praxis von gestern mit der heutigen vergleichen zu lassen, damit wir sehen können, ob wir Fortschritte in die richtige Richtung machen. Aber viele Menschen wiederholen nur, was sie in der Vergangenheit gelernt haben, und ihre Ausführung der Āsanas wird mechanisch, was Körper und Geist zum Stagnieren bringt. Ein Āsana ist keine Stellung, die je mechanisch eingenommen werden kann. Es beinhaltet Denken und Fühlen und damit Innovation und Improvisation, an deren Ende dann das Erreichen einer Balance zwischen Bewegung und Widerstand steht. Enthalten Sie sich stets der bloßen Wiederholung. Sie macht den Geist dumpf. Sie müssen immer das Interesse an Ihrem Tun herstellen und beleben. Um diesen Punkt zu verdeutlichen, nehme ich manchmal vor meiner Unterrichtsklasse eine Steh-Stellung ein und sage, dass ich ein perfektes Āsana ausgeführt habe. Niemand kann sagen, dass irgendein Makel daran ist. Dem Anschein nach ist es perfekt, aber innerlich ist es tot; mein Geist befindet sich irgendwo anders. Dann führe ich das Āsana erneut aus, bin aber diesmal geistig völlig präsent. Ich stelle im Innern eine Einheit her, lasse die in den Beinen, im Rumpf, in den Wahrnehmungssinnen präsente Aufmerksamkeit erkennen. Der Unterschied ist wahrnehmbar.

Lassen Sie nicht zu, dass Erfahrungen der Vergangenheit sich wie ein Stempel in Ihr Bewusstsein einprägen. Führen Sie die Āsanas jedes Mal mit frischem Geist und mit frischer Herangehensweise aus. Wenn Sie nur wiederholen, was Sie davor gemacht haben, leben

Sie in der Erinnerung und damit in der Vergangenheit. Das bedeutet, dass Sie über die Erfahrungen der Vergangenheit nicht hinausgehen wollen. Wenn ich mich an meine Erinnerung halte, sage ich: »Gestern habe ich es so gemacht.« Wenn ich mich aber frage: »Ist da im Vergleich zu gestern etwas Neues?«, dann gibt es auch Fortschritte. Gehe ich vorwärts oder rückwärts? Dann verstehe ich, wie man in ein statisches Āsana Dynamik hineinbringt. Das Gedächtnis muss als Sprungbrett dienen, von dem aus man sich fragen kann: »Wie kann ich über das, was ich gestern gemacht habe, hinausgehen?« Das gilt für die Āsana-Praxis wie für das Leben allgemein. Wenn jemand ein Āsana gemeistert hat, wird es gewöhnlich für die betreffende Person uninteressant. Deshalb erleben wir, dass viele Menschen mechanisch immer und immer wieder das Gleiche machen, aber mit dem Geist ganz woanders sind. Dann entwickelt man blinde Flecken und kann das Āsana nicht auskosten. Das ist nicht der richtige Ansatz. Die Leute glauben, sie haben schon das Ende erreicht. Wie kann man das wissen? Vielleicht ist es erst der Anfang. Sie müssen immer zusehen, ob Sie die Linie der vergangenen Erfahrungen überschreiten können. Sie müssen in sich selbst das Gefühl von Schönheit, Befreiung und Unendlichkeit herstellen. Und diese Dinge lassen sich nur in der Gegenwart erfahren.

Wenn wir erfahrener und geschickter werden und uns die Āsanas leichter zukommen, wird es sehr verführerisch, mit unserer Praxis im Bereich eines selbstzufriedenen Könnens zu verbleiben. Ich nenne das »*Bhoga*yoga« oder Yoga ausschließlich zum Vergnügen. Nun nutzen wir nicht mehr den Spiegel reflektierender Intelligenz, um Unvollkommenheiten ausfindig zu machen und zu korrigieren; wir nutzen ihn zum Zwecke eitler Selbstbespiegelung. Die yogische Reise ist in eine Flaute geraten. Wenn kein Wind die Segel bläht, kommt man nur mit Rudern weiter. Das bedeutet, dass man sich wieder der eifrigen, bemühten, ausdauernden Praxis zuwenden, dass man sich eine neue Herausforderung setzen muss. Was ist falsch? Wo und wie kann ich etwas verbessern? An diesem Punkt entzündet das Feuer der Praxis *(tapas)* die Lampe der Intelligenz, und die Selbst-Erkenntnis *(svādhyāya)* dämmert herauf. Das Wort Tapas, wörtlich »Hitze«, beinhaltet in seiner Bedeutung eine heiße geistige Inbrunst, die unsere Unreinheiten herausbrennt.

Wenn wir je feststellen, dass wir uns durch den Yoga von anderen getrennt oder ihnen überlegen, uns reiner oder erhabener als andere fühlen, dann können wir sicher sein, dass wir in eine Flaute geraten sind oder sogar in einen Zustand der Ignoranz zurückdriften. Der Heilige und Philosoph Ramanuja prangerte schon vor über neunhundert Jahren die brahmanische irrige Vorstellung an, dass wir »über« anderen stehen können. Ganz im Gegenteil platzieren uns Praxis und Reinheit des Lebens »zwischen oder unter« die anderen, nicht über sie. Wie wir besprochen haben, muss in unserem Körper eine innere Integration stattfinden, und diese führt ganz natürlich zur Integration, zur Einswerdung mit allem anderen Leben. Integrität bedeutet eins. Eins ist die Zahl, die sich in alle anderen Zahlen einfügt. Das ganz und gar sensitive und sensible Wesen wird nicht zu einem »Jemand«, sondern zum gemeinsamen Nenner der Menschheit. Dies findet nur statt, wenn die Intelligenz des Kopfes durch Bescheidenheit und Demut transformiert wird und die Weisheit und das Mitgefühl des Herzens entfacht werden.

Wenn es ein Ende gibt, dann gibt es keinen Gott. Das Schöpfungswerk Gottes hat nie ein Ende, also hat auch das Erschaffen Ihrer Bewegungen kein Ende. In dem Augenblick, in dem Sie sagen, »Ich hab's«, haben Sie alles verloren, was Sie hatten. Sobald etwas kommt, müssen Sie einen Schritt weiter gehen. Dann ist da Evolution, ist da Weiterentwicklung. Der Moment, in dem Sie sagen, »Damit bin ich zufrieden«, bedeutet, dass Stagnation eingetreten ist. Das ist das Ende Ihres Lernens; Sie haben die Fenster Ihres Intellekts geschlossen. Machen wir also, was wir nicht können, nicht, was wir schon können. Wir müssen sowohl hinsichtlich der Qualität als auch der Quantität immer ein bisschen mehr tun, als wir meinen, tun zu können. Das ist es, was letztlich zu Schönheit und Größe führt.

Führen Sie, während Sie sich große Mühe geben zu lernen, das bereits Erlernte hingebungsvoll weiter fort. Lernen ist sehr schwer, aber doppelt schwer ist es, den schon gewonnenen Boden auch zu halten. Soldaten sagen, es sei leichter, eine Schlacht zu gewinnen, als das eroberte Terrain zu besetzen. Während ich ständig versuche, meine Praxis zu verbessern, gebe ich mein Bestes und bin zufrieden mit dem, was ich erreichen kann. Auch wenn der Körper altert und weniger zu tun vermag, gibt es doch Feinheiten, die sich enthüllen und für einen jüngeren oder athletischeren Körper nicht wahrnehmbar wären. Sie müssen Liebe und Zuneigung für Ihren Körper entwickeln, für das, was er für Sie tun kann. Die Liebe muss sich bis in die winzigste Pore der Haut, die winzigste Zelle des Körpers hinein inkarnieren, damit diese intelligent werden und in der großen Republik des Körpers mit all den anderen zusammenarbeiten kann.

Diese Liebe muss von Ihnen zu den anderen ausstrahlen. Leute, die nur Āsanas praktizieren, vergessen oft, dass Yoga Kopf und Herz kultivieren soll. Patañjali spricht über Freundlichkeit, Mitgefühl, Fröhlichkeit und Freude. Freundlichkeit und Anstand sind für Yoga-Schüler zwei ganz entscheidende Eigenschaften. Im Unterricht sehen die Schüler oft so ernst und voneinander so abgesondert aus. Wo ist die Freundlichkeit? Wo das Mitgefühl? Wo die Fröhlichkeit? Wo die Freude? Ohne sie sind wir nicht zum echten Yoga des Patañjali gelangt.

Wir müssen uns selbst läutern, bevor wir Fehler bei anderen finden. Wenn Sie bei einem anderen einen Fehler entdecken, versuchen Sie herauszufinden, ob Sie den gleichen Fehler machen. So fällt man ein Urteil über etwas und macht daraus eine Verbesserung. Betrachten Sie den Körper eines anderen nicht mit Neid oder Überlegenheitsgefühl. Jeder Mensch ist mit der ihm eigenen Konstitution geboren. Vergleichen Sie sich nie mit anderen. Die Fähigkeiten einer jeden Person sind eine Funktion ihrer inneren Stärke und Kraft. Lernen Sie Ihre eigenen Fähigkeiten kennen und verbessern Sie sie stetig.

Die Intensität, mit der man praktizieren kann, entwickelt sich mit der Zeit. Yoga kennt vier Praxis-Intensitätsebenen, die sich auf die Zwillingsaspekte von Anstrengung und Durchdringung beziehen. Anstrengung, oder unser Bemühen durch Praktizieren, erzeugt Energie, die wir für die Reise brauchen, um zum Wesenskern, zum Kern unseres Seins durchzudringen. Die erste Intensitätsebene ist uns allen bekannt: Wir strengen uns ein bisschen an, gehen vielleicht einmal in der Woche zum Unterricht und finden Gründe, zu Hause nichts zu tun. Wir müssen ja alle mit dem Yoga irgendwo anfangen. Eine derart gemäßigte Praxis ist keine schlechte Praxis, und besser ist es, das aufrechtzuerhalten, was wir tun können, als zusammenzubrechen und aufzugeben. Natürlich wirft diese geringe Investition keine großen Gewinne ab, und was die Durchdringung angeht, so bleibt unser Gewahrsein rudimentär und peripher. Wir wissen zum Beispiel, dass wir bis zu den Fußknöcheln hinunterreichen können, aber nicht bis zu den Zehen.

Wenn wir unser Übungsprogramm steigern und mehr Zeit und Mühe aufwenden, können wir uns als anständige Durchschnittspraktizierende betrachten. Wir sind nicht immer beständig, aber die innere Struktur unseres Körpers und unserer Organe wird sich uns allmählich enthüllen. Wir fangen an, Fasern und Sehnen zu spüren, die Streckung der Leber (wie zum Beispiel bei Rückenbiegungen) und die Ruhe des Herzens.

Die nächste Stufe ist eine der Entschlossenheit und Intensität. Unser nach innen gerichteter Blick verfeinert sich, paart sich mit Einfühlsamkeit, Klugheit und Unterscheidungsvermögen. Wir werden uns des Aufflackerns der Gedanken gewahr und wie die Atembewegungen das Bewusstsein aufrühren oder beruhigen. Unsere Intelligenz wird bis zu dem Punkt erweckt, wo wir die Dinge in ihrem wahren Licht erkennen und im Leben wie auch in unserer Praxis unzählige bedeutsame Entscheidungen treffen können.

Die höchste Ebene zeichnet sich dadurch aus, dass man sich selbst unaufhörlich, unerbittlich, total in die Praxis einbringt. Es kommt fast nie vor, dass man sich gleich von Anfang an auf diese Ebene einlassen kann. Die Lebensumstände würden es zu Anfang wahrscheinlich gar nicht zulassen, aber mit der Zeit kann man dahin gelangen. Unser Erkenntnis- und Einsichtsvermögen kann nun schließlich all die raffinierten Feinheiten des gerissenen Ego durchdringen, unsere Weisheit reift, und wir berühren den Kern des Seins.

Eine solche Skala oder Stufenleiter der Intensität soll in uns keine Minderwertigkeitsgefühle aufkommen lassen, sondern einen Bezugspunkt liefern, damit wir ganz ehrlich und wahrhaftig sehen können, wo wir stehen. Sie ist jenem Gleichnis in der Bibel vergleichbar, in dem ein Herr Silbertalente an seine Diener verteilt. Wer diese voller Energie und weise investierte, konnte seinem Herrn das Silber zehnfach zurückerstatten und wurde entsprechend geehrt. Der Diener, der sein Silber bloß in der Erde vergrub und versteckte, konnte nur das zurückgeben, was er erhalten hatte. Sein Herr war darüber nicht erfreut. Wir erhalten alle von Gott gegebene Talente, und es ist unsere Pflicht, sie in ihrem vollen Potenzial zu verwirklichen, sonst wäre das so, als ob wir hochnäsig über die Geschenke des Lebens hinwegblickten. Aber mehr noch, wenn wir unsere Talente, wie sehr sie sich auch von Individuum zu Individuum unterscheiden mögen, vollkommen verwirklichen, stellen sie das Verbindungsglied dar, das uns schließlich zu einer Wiedervereinigung mit dem Göttlichen zurückbringen wird.

Göttliches Yoga: Führen Sie das Āsana mit Ihrer Seele aus

Wir sollten sowohl bei der Āsana- wie auch bei der Prāṇāyāma-Praxis den Eindruck haben, dass wir an der äußeren Realität arbeiten, um an die innere Realität unserer Existenz näher heranzukommen.

Und das stimmt. Wir arbeiten uns von der Peripherie bis zum Kern durch. Der materielle Körper ist von einer praktikablen, uns zugänglichen Realität. Er befindet sich im Hier und Jetzt, und wir können etwas mit ihm tun. Doch dürfen wir nicht vergessen, dass auch der innerste Teil unseres Seins versucht, uns zu helfen. Er möchte zum Vorschein kommen und sich zum Ausdruck bringen.

Bei der Dreiecks-Stellung *(trikonāsana)* zum Beispiel stellen wir fest, dass wir aufgrund der Beziehung der Stellung zu unserer Anatomie alle in die gleiche Falle gehen. Unser Körper scheint nach vorne zu Boden stürzen zu wollen. Er will sich nicht so öffnen, wie wir es in einem perfekt ausgeführten Āsana dargestellt sehen. Also üben wir uns und lernen die Anpassungen vorzunehmen, die den ganzen Körper dazu bringen, sich zu öffnen. Wir dehnen den Arm und balancieren ihn aus, wir dehnen den Brustraum und öffnen den Beckenbereich. Aber beim Lernen durch den konkreten Übungsprozess öffnen wir auch unseren Geist und unsere Intelligenz. Eine Öffnung ist wie ein Durchgang, und es gibt keinen Durchgang, der sich nur von einer Seite her passieren lässt. Ja, wir versuchen nach innen vorzudringen, aber was versucht da herauszukommen und uns zu begegnen? Es ist das Licht der innersten Hülle der Glückseligkeit *(ānanda)*, das nach außen scheinen möchte. Normalerweise kann man uns mit einer bedeckten Laterne vergleichen; unser Licht im Innern ist unsichtbar. Aber wenn wir eine Öffnung schaffen, wird die Bedeckung zurückgeschoben, und das Licht der Lampe scheint hervor.

In diesem Zusammenhang sollten wir auch bedenken, dass das Herz der Natur *(prakriti)* ebenfalls bereit ist, uns zu helfen. Die Lebenskraft der Natur ist eine initiierende Kraft *(prerana)*, eine Triebkraft, ein Schöpfungsimpuls. Sie hört unseren Ruf und reagiert im Verhältnis zum Mut und entschlossenen Vorsatz, mit dem sie angerufen wird. Sie reagiert auf das Ausüben unserer Willenskraft, und so werden intensiv hingegebene Aspiranten höhere Unterstützung erfahren als sehr gemäßigte. Es gibt den Spruch: »Gott hilft denen, die sich selber helfen.« Das gilt auch für die Natur.

Wenn Sie das Āsana korrekt ausführen, öffnet sich das Selbst von allein: Das ist göttlicher Yoga. Hier führt das Selbst das Āsana aus, nicht der Körper oder das Gehirn. Das Selbst beteiligt jede Hautpore. Wenn die Flüsse des Geistes und des Körpers im Meer des Wesenskerns versinken, nimmt die spirituelle Disziplin ihren Anfang. Es gibt keine spezielle spirituelle Disziplin. Hat der Zustand von Passivität, Nachdenklichkeit und ruhiger Gelassenheit in Körper und Geist eingesetzt, dann bleiben Sie nicht dabei stehen, sondern machen Sie weiter. Hier beginnt die spirituelle Erfahrung im Yoga. Man kann zweifellos sagen, dass das Lesen heiliger Schriften eine spirituelle Praxis ist. Ich aber lehre spirituelle Praxis in Aktion. Wie ich schon zu Beginn dieses Kapitels sagte, nutze ich den Körper, um den Geist zu disziplinieren und die Seele zu erreichen. Āsanas, die mit der richtigen Absicht ausgeführt werden, helfen dem Individuum bei seiner Transformation, indem es das nur auf den Körper gerichtete Gewahrsein der Person zum Bewusstsein von der Seele führt. Wie ich oft sage, ist der Körper der Bogen, das Āsana der Pfeil und die Seele das Ziel.

Ein Āsana muss rechtschaffen und lauter sein. Mit rechtschaffen meine ich, dass es echt und aufrichtig sein muss. Man darf nicht betrügen oder so tun, als ob. Sie müssen jeden Millimeter Ihres Körpers mit dem Āsana erfüllen, von der Brust, den Armen und den Beinen bis hin zu den Finger- und Zehenspitzen, sodass das Āsana von der Mitte Ihres Körpers ausstrahlt und Leib und Glieder durchmisst und in vollem Umfang ausfüllt. Sie müssen Ihre Intelligenz, Ihr Gewahrsein und Ihr Bewusstsein in jedem Millimeter Ihres Körpers spüren und wahrnehmen.

Mit lauter meine ich, dass es mit der richtigen Absicht ausgeführt werden muss, nicht um des Ego willen oder um Eindruck zu schinden, sondern um des Selbst willen und um Gott näherzukommen. Auf diese Weise wird das Āsana zur geheiligten Opfergabe. Wir ge ben unser Ego hin. Das ist die höchste Gott-Ergebenheit *(īshvara pranidhāna)*.

Es darf nicht so sein, dass einfach nur Ihr Geist oder nur der Körper das Āsana ausführen. Sie müssen sich in es hineingeben. Sie müssen das Āsana mit Ihrer Seele ausführen. Wie macht man das? Das können wir nur mit Hilfe des Körperorgans tun, das der Seele am nächsten steht – das Herz. Ein lauteres Āsana wird vom Herzen und nicht vom Kopf her ausgeführt. Dann machen Sie es nicht einfach nur, sind auch in ihm. Viele Menschen versuchen, sich ihren Weg in ein Āsana hineinzudenken, aber wir müssen durch Liebe und Hingabe unseren Weg in es hineinfühlen.

Auf diese Weise machen Sie sich vom Herzen und nicht vom Gehirn her daran, Harmonie zu schaffen. Heitere Gelassenheit im Körper ist das Zeichen für spirituelle Ruhe und Gelassenheit. Solange Sie nicht im Körper, in jedem Gelenk, diese heitere Gelassenheit empfinden, besteht keine Chance zur Befreiung. Sie befinden sich in Knechtschaft. Lassen Sie also, während Sie schwitzen und unter Schmerzen leiden, Ihr Herz licht und leicht sein und es den Körper mit Fröhlichkeit erfüllen. Sie werden nicht nur frei, Sie sind auch frei. Was gibt es da, worüber man nicht froh und glücklich sein könnte? Der Schmerz geht vorüber. Die Freiheit ist von Dauer.

Im nächsten Kapitel gehen wir tiefer, gehen wir vom Körper zum Atem über, vom Fleisch zur Lebenskraft. In diesem nächsten Stadium der Reise nach Innen erfahren wir mehr über die Rolle, die unsere Energie und unser Atem spielen. Der Energie-Körper *(prānamaya kosha)* ist die Hülle, in der wir unsere Atmung und auch unsere Emotionen zu kultivieren beginnen. Wir müssen die menschlichen Gefühle und Emotionen, die wir alle erleben, ebenso meistern wie den bis jetzt besprochenen menschlichen Körper, mit dem wir geboren sind. Bevor wir hoffen können, den Geist zur Ruhe zu bringen und Einblick in die Seele zu nehmen, müssen wir Atemtechniken erlernen und uns mit den sechs emotionalen Störungen befassen – Begierde, Wut, Gier, Besessenheit, Stolz und Hass –, die so oft zu immer wiederkehrenden Hindernissen auf unserer Reise werden.

Kapitel 3

VITALITÄT
Der Energie-Körper *(prāna)*

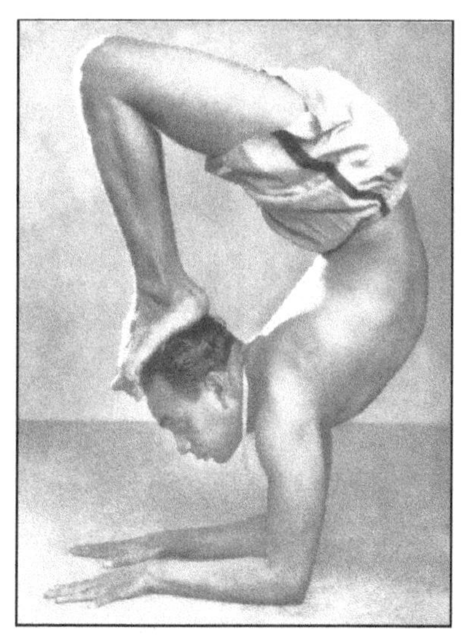

Vrishchikāsana

Jedermann wünscht sich mehr Lebensenergie. Wenn Energie abgefüllt und im Laden verkauft werden könnte, wäre das das erfolgreichste Handelsunternehmen aller Zeiten. Schon allein das Reden über Energie erregt und belebt die Leute. Wo kriegen wir sie her, wollen sie wissen. Nun, nicht abgepackt und auch nicht im Laden, weil sie erstens überall und zweitens umsonst ist.

Wir geben Gott viele Namen, obwohl er das Eine ist. Das Gleiche gilt für die Energie. Es gibt nukleare Energie, elektrische Energie, muskuläre Energie und mentale Energie. Alles das ist Lebensenergie oder Lebenskraft, im Sanskrit *pranische* Energie oder einfach *Prāna* genannt. In China wird Prāna als *Chi* oder *Qi,* und in Japan als *Ki* bezeichnet. Manche sind der Ansicht, dass im Westen der Heilige Geist des Christentums dem Konzept von Prāna am nächsten kommt, eine heilige, sowohl immanente wie transzendente Kraft. Prāna wird auch oft als Wind, als Lebenshauch bezeichnet. In manchen Bibelversionen beginnt die Schöpfungsgeschichte mit dem Satz: »Und der Atem Gottes schwebte über den Wassern.« Prāna ist der Atem Gottes. Prāna ist die Energie, die das Universum auf allen Ebenen durchdringt. Prāna ist physische, mentale, geistig intellektuelle, sexuelle, spirituelle und kosmische Energie.

Alle pulsierenden, schwingenden Energien sind Prāna. Alle physikalischen Energien wie Hitze, Licht, Schwerkraft, Magnetismus und Elektrizität sind ebenfalls Prāna. Er ist die verborgene und potenzielle Energie in allen Wesen, die als eine Reaktion auf jegliche Bedrohung ihres Überlebens im vollen Ausmaß freigesetzt wird. Er ist das, was alle Aktivität ursprünglich in Bewegung setzt. Er ist die Energie, die erschafft, schützt und zerstört. Hindus sagen oft, dass Gott das Generierende, Ordnende und Todbringende ist. Das Einatmen ist die generierende, die erzeugende Kraft; das Halten ist die ordnende, strukturierende Kraft; und das Ausatmen, wenn es sich um eine unheilsame, vernichtende Energie handelt, ist die todbringende, zerstörende Kraft. Das ist wirkender Prāna. Tatkraft, Macht und Kraft, Vitalität, Leben und Geist sind allesamt Formen davon.

Gewöhnlich übersetzt man Prāna mit Atem, aber das ist nur eine seiner Manifestationen. Den *Upanishaden* zufolge ist er das Prinzip des Lebens und Bewusstseins und wird mit der Seele *(ātman)* gleichgesetzt. Er ist der Atem des Lebens aller Wesen im Universum. Durch ihn werden sie geboren, durch ihn leben sie, und wenn sie sterben, löst sich ihr individueller Atem im kosmischen Atem auf. Er ist das essenziellste, realste und gegenwärtigste Merkmal eines jeden Augenblicks unseres Lebens und bleibt doch das mysteriöseste. Es ist die Aufgabe des Yoga, und speziell des *Prānāyāma*, ins Herz dieses Mysteriums vorzudringen.

Prāna in der Form von Atem ist unser Ausgangspunkt. Das Suffix *āyāma* bedeutet Streckung, Ausdehnung, Erweiterung, Länge, Breite, Regulierung, Verlängerung, Zurückhaltung und Beherrschung. Auf den einfachsten Nenner gebracht, meint Prānāyāma somit Verlängerung und Beherrschung des Atems. Da Prāna Energie und Lebenskraft ist, bedeutet Prānāyāma die Ausdehnung und Erweiterung unserer gesamten Lebensenergie. Es muss klar sein, dass man nicht einfach das Volumen von etwas so Instabilem, Flüchtigem und Explosivem wie reine Energie erhöhen kann, ohne Maßnahmen zu ergreifen, um sie in Grenzen halten, zügeln und dirigieren zu können. Wenn Sie die Spannung des elektrischen Stroms in Ihrem Haus plötzlich um das Dreifache verstärkten, würden Sie auch nicht meinen, dass nun das Wasser im Elektrokocher dreimal schneller kocht und die Glühbirnen dreifach heller leuchten. Sie wüssten, dass alle Sicherungen sofort durchbrennen würden, es zu einem Kurzschluss käme und Sie ohne Strom dastehen würden. Warum sollte unser Körper anders reagieren? Patañjali sagt ganz klar und deutlich, dass es von der Āsana-Praxis zum Prānāyāma eine weitere Stufe nach oben ist. Im Kreislauf des

Körpers müssen durch das Beherrschen der Āsanas Stärke und Stabilität hergestellt worden sein, damit man der erhöhten Stromstärke, die die Prāṇāyāma-Praxis mit sich bringt, standhalten kann.

Im Laufe der Jahre sind viele Leute voller Nöte an mich herangetreten, die sie befielen, weil sie diese grundlegenden Vorsichtsmaßnahmen nicht beachtet hatten. Oft wussten sie gar nichts von der Notwendigkeit des Aufbaus eines soliden Fundaments und hatten sich in der Hoffnung, mit einem Satz in eine mühelose Spiritualität springen zu können, für verschiedene Kurse angemeldet. Dann ließen sie ihr Körper und Geist aufgrund ihrer Schwäche im Stich und verstärkten ihre Probleme. Patañjali selbst warnt, dass Kummer, Verzweiflung, Instabilität des Körpers und unstete Atmung die Folge sind, wenn die Basis nicht gefestigt ist. Depressionen und solche Begleiterscheinungen wie körperliches Zittern sind eine ernste Angelegenheit. Das sind extreme Erscheinungen, und Patañjali sagt in seinem dritten Sūtra über Āsana explizit, dass die Āsana-Praxis uns vor den Gefahren und negativen Auswirkungen der Extreme schützt. Er bezeichnet die Extreme als Dualitäten. In diesem Zusammenhang heißt das, dass wir in Körper und Geist genügend Stärke aufgebaut haben müssen, um uns auf vernünftige Weise unter Kontrolle halten zu können. Sich den einen Tag den Bauch total vollzuschlagen und am nächsten Tag zu fasten ist nicht vernünftig. Wenn ein unfreundliches Wort im Büro reicht, um uns in den Zustand der Depression, der Wut oder des tiefen Grolls zu versetzen, dann ist das nicht vernünftig. Wenn wir auf der emotionalen, der geistigen und der Verhaltensebene immer noch zwischen den Extremen hin- und herpendeln, sind wir für Prāṇāyāma nicht bereit. Verfügen wir über ein passables Ausmaß an Körper- und Nervenstärke und an emotionaler und geistiger Stabilität, dann sind wir dafür bereit.

Für die Reise nach Innen brauchen wir eine Menge Energie, eine sehr subtile, hochqualitative Energie noch dazu. Diese nie endende Erkundung, Beschäftigung und Erhellung bedarf der speziellen

Prāna-Energie. Diese ist deshalb etwas Besonderes, weil sie Trägerin des Gewahrseins ist. Sie ist das Vehikel des Bewusstseins. Wenn Sie Ihr Gewahrsein in die alleräußerste Zelle Ihres großen Zehs schicken wollen, wird Prāna es dort hinexpedieren. Wenn Sie über ein ausreichendes Maß an Prānafluss verfügen, können Sie Ihr Bewusstsein überall in Ihrem Innern ausbreiten. Dazu müssen Sie eine Menge Prāna erzeugen. Und um Prāna zu erzeugen, müssen Sie das Ausdehnen, Erweitern, das Kontrollieren und Anhalten Ihrer normalen Atmung kultivieren. So wie wir im letzten Kapitel diese Begriffe auf unsere Praxis in Bezug auf die physische und äußerste Hülle unseres Seins, den *Annamaya Kosha,* angewandt haben, bedienen wir uns ihrer jetzt im Zusammenhang mit der zweiten Hülle, dem Energie-Körper oder *Prānamaya Kosha.* Nachdem wir das uns bekannte Ich durch Āsana gestärkt und gekräftigt haben, fügen wir jetzt durch das Kultivieren der Atmung unserem Bogen eine zweite Sehne hinzu. Auf diese Weise erzeugen wir Energie. Mit einem Mehr an Energie können wir mit unseren Erkundungen weiter und tiefer nach innen durchdringen.

Ob wir nun über die äußerste oder diese mehr innere Hülle sprechen, immer bringen wir das Licht des Gewahrseins ein. Prāna hat immer mit dem Übertragen und Transportieren dieses Gewahrseins-Lichtes zu tun, nur dass wir es jetzt bewusst erzeugen und dirigieren. Der Yoga-Philosophie zufolge gehen sowohl die Energie *(prāna)* wie auch das Bewusstsein *(chitta)* direkt aus der kosmischen Intelligenz *(mahat)* hervor. *Mahat* ist die universale Intelligenz der Natur. Steine und Felsen verfügen über sie, und auch jedes Blatt und jede Zelle eines jeden Geschöpfes. Sie ist grenzenlos und alldurchdringend. Der Genius der Intelligenz der Natur ist Selbstausdruck oder Selbstentfaltung. Daher ist die Natur so unendlich vielfältig, so grenzenlos erfinderisch. Prāna ist unser Verbindungsglied zu dieser unendlichen, grenzenlosen Intelligenz. Was für ein Jammer, dass wir über einen solchen Zugang verfügen und es verabsäumen, ihn zu nutzen und zu entwickeln. Wir sind wie jemand, der ein gewaltiges Vermögen auf einem Nummernkonto gebunkert hat, die Zahl vergisst und in Armut über die Runden kommen muss. Wir leben in den Grenzen unseres individuellen Bewusstseins mit seiner beschränkten Intelligenz, fühlen uns oft einsam, klein und schwach, wo uns doch ein direkter Kanal zum kosmischen Bewusstsein und zur kosmischen Intelligenz offensteht. Durch diesen Kanal fließt Prāna und verbindet jedes Individuum unter uns mit dem höchsten Ursprungsprinzip der Natur. Im Prānāyāma geht es um die Wiederherstellung dieses Zugangs, sodass die Intelligenz, die die Energie des Makrokosmos in sich birgt, unseren Mikrokosmos erhellen kann.

Atem und *Prānāyāma*

Bevor ich 1944 mit der Prānāyāma-Praxis begann, hatte ich schon einige Jahre lang Yogāsana unterrichtet. Sie können sich mit der Tatsache trösten, dass, ganz gleich wie armselig es um Ihr eigenes Prānāyāma bestellt sein mag, es kaum schlechter sein kann, als es das meine in den ersten paar Jahren war. Ich pflegte gegen vier Uhr morgens aufzuwachen und mit meiner Frau Kaffee zu trinken. Oft legte ich mich gleich danach wieder zum Schlafen nieder. Wenn nicht, fing ich schon nach drei oder vier Minuten Praxis zu keuchen an und musste aufhören. Meine Lungenkapazität war immer noch von meiner Tuberkuloseerkrankung in der Kindheit beeinträchtigt, und dazu hatte ich mich stets beim Üben der Rückwärtsbeugen überanstrengt. Dadurch hatte ich zwar an Geschmeidigkeit, nicht aber an Widerstandskraft gewonnen. Irgendwie hielt ich durch. Aber mein Brustbereich war verspannt, und meine Muskeln schmerzten. Selbst wenn ich mich mit dem Rücken an die Wand lehnte, atmete ich schwer und mühsam. Allmählich wurde mir klar, dass die Rückwärtsbeugen die inneren Muskelstränge der Wirbelsäule, und die Vorwärtsbeugen deren äußere Muskelstränge kräftigen. Also machte ich Vorwärtsbeugen mit dem Ziel, an Ausdauer und Durchhaltevermögen zu gewinnen. Die Schmerzen waren extrem, so als würde mein Rücken mit einem Vorschlaghammer bearbeitet, und der Schmerz hielt noch Stunden danach an. Ich konzentrierte mich auch auf Drehungen, um die lateralen Muskeln aufzubauen. Es war alles ziemlich frustrierend, und obwohl ich nicht der Depression anheimfiel, die eine Folge des Praktizierens sein kann, war ich doch schrecklich ruhelos. Und mit einem aufgeregten, verstörten Geist kann man kein Prāṇāyāma machen. Manchmal fühlte ich mich frisch, dann aber war ich wieder missgestimmt und angespannt, da ich nie wusste, wie man beim Einatmen das Gehirn entspannt, oder die Kunst des Anhaltens ergründete, die für den Ausatmungsvorgang nötig ist. Dabei geht es um die Fähigkeit, die Prāṇāyāma-Stellung so beizubehalten, dass die innere Flexibilität gewährleistet ist und die Stellung nicht durch die Bewegung der Luft gestört wird. Glücklicherweise hatte ich den wiederholten Fehlschlägen die Pluspunkte von Mut und Entschlossenheit entgegenzusetzen.

Mein Guru hatte mir anfänglich kategorisch kundgetan, dass ich für die Prāṇāyāma-Praxis untauglich sei. Damals betrachtete man das spirituelle Wissen als esoterischen Gegenstand, der von den Meistern eifersüchtig gehütet wurde. Diese waren kurz angebunden und nicht der Ansicht, dass ihre Schüler würdig genug seien. Man konnte nicht so offen und frei mit ihnen reden, wie das heute der Fall ist. Selbst Ramana Maharshi behielt seine Philosophie einem inneren Kreis hochqualifizierter Gelehrter vor. Wenn Indien auch zu jener Zeit auf der politischen Ebene um die Demokratie kämpfte, so kann ich Ihnen versichern, dass es sie auf der spirituellen Ebene nicht gab. Da ich als strenger, autoritärer Lehrer gelte, ist den Leuten nicht klar, wie sehr ich mich tatsächlich vom harten und geheimnistuerischen Regime abhebe, unter dem ich aufwuchs. Ich gebe alles offen weiter, was ich gelernt habe, und meine Strenge ist im Grunde eine Leidenschaft für Präzision, damit meine Schüler und Schülerinnen nicht unter den Fehlern und Härten zu leiden haben, die ich zu erdulden hatte.

Schließlich gab mein Guru so weit nach, dass er mir das tiefe Einatmen, das Anhalten des Atems und das tiefe Ausatmen gestattete. Jedoch gab er mir keine technischen Instruktionen. Folglich neigte ich zu einer Instabilität des Körpers und zum unregelmäßigen und mühevollen Atmen, vor dem Patañjali warnt. Wie ich schon sagte, blieben mir gnädigerweise die Verzweiflung oder Hoffnungslosigkeit erspart, die sich auch als Ergebnis einstellen können, aber ich war ruhelos und instabil. Jeder braucht für Prāṇāyāma einen Lehrer. Ich hatte keinen und fiel in eine Kluft zwischen »Wissen« und »Tun«. Ich *wusste,* dass ich einen tiefen, langsamen Atemzug machen musste, aber es passierte nicht. Ich konnte es nicht *tun*.

Meine Āsana-Praxis hielt mich auf der Spur. Ich fuhr fort, meinen Körper so einzustellen und zu transformieren, dass ich Prāṇāyāma machen konnte, und kam schließlich im Verlauf von vielen langen Jahren dahin, es zu meistern. Unter dem Gesichtspunkt meiner Lehrbefähigung erwies sich dieser Prozess des Ausprobierens, des Herausfindens durch Versuch und Scheitern, als gewaltiger Pluspunkt, dennoch möchte ich diese Methode niemandem anempfehlen. Meine frühen Misserfolge kamen durch mangelnde Anleitung und durch meine eigene Schwäche zustande. Sie hingegen sind in der Lage, in nur zwei oder drei Jahren eine gute Praxis aufzubauen, vorausgesetzt, Sie halten wenigsten zehn Minuten am Tag an ihr fest und haben einen guten Lehrer oder eine gute Lehrerin. Sie werden ebenso wie ich durch Aktion und Beobachtung die aufsteigenden und absteigenden Energien der Intelligenz verstehen lernen und die Kunst erlangen, die Intelligenz und Willenskraft vom Sitz im Kopf an den Sitz im Herzen zu übergeben. Indem Sie durch Āsana das Dehnen und Strecken lernen und wie man das Nervensystem elastisch und lebendig erhält, werden Sie imstande sein, jegliche Last zu tragen, und es wird überhaupt keinen Stress geben.

Prāṇāyāma ist kein normales Atmen und auch nicht einfach tiefes

Atmen. Es ist die Technik, durch ein Verschmelzen der antagonistischen Elemente von Feuer und Wasser kosmische Lebensenergie zu erzeugen. Feuer ist die Qualität des Geistes, und Wasser ist das Element, das dem physiologischen Körper oder Energie-Körper entspricht. Wasser löscht Feuer, und Feuer verdampft Wasser, weshalb sich die beiden nicht leicht zusammenbringen lassen. Luft ist die Schnittstelle, deren Fluss in den Lungen den dynamischen Strom liefert, die Wasser und Feuer vereinigt und einen Strom von Prāna-Energie erzeugt. Dieser breitet sich im Nervensystem und Blutkreislauf aus und wird so im ganzen Körper verteilt und verjüngt jede Zelle. Das Erdelement in Form des Körpers stellt den physischen Ort für die Erzeugung von Energie bereit, und das fünfte und subtilste Element, Raum oder Äther, bietet den für die Verteilung der Energie erforderlichen Raum. Aus der Notwendigkeit eines harmonischen und symmetrischen Raums erklärt sich die wesentliche Bedeutung der Wirbelsäule und der sie stützenden Muskulatur, denn sie ist die zentrale Säule des Nervensystems. Indem wir die dreiunddreißig Wirbel der Wirbelsäule anheben und separieren und die Rippen vom Rückgrat her gleichsam wie Tigerklauen öffnen, vertiefen und verlängern wir die Atmung.

Der Vergleich mit der Energieerzeugung durch hydroelektrische Antriebskraft mag uns hier eine Hilfe sein. Stagnierendes Wasser kann keine Energie erzeugen, was heißt, wenn Sie das Atmen einstellen, sind Sie tot. Wenn Sie normal atmen, dann ist da ein gewisser Fluss, und Sie erzeugen gerade genug Energie für die Erfordernisse des Augenblicks. Aber es gibt keinen Überschuss, der sich in andere Projekte investieren ließe. Nur durch die Techniken des Prānāyāma, die den Fluss so weit regulieren, kanalisieren und (beim Anhalten der Atmung) dämmen, dass sich seine inhärente Kraft herausholen und nutzbar machen lässt, können wir ausreichend Energie erzeugen, um das ganze System zu vitalisieren. Bevor wir sterben, müssen wir unser Dasein voll und ganz leben. Wir müssen genügend Energie erzeugen, um unser ganzes Potenzial verwirklichen zu können. Die Reise zum unendlichen Kern unseres Seins ist anstrengend und beschwerlich. Nur die pranische Energie kann uns dorthin bringen.

Die Beobachtung unseres Atemflusses lehrt uns auch Stabilität des Bewusstseins, was zu Konzentration führt. Es gibt keine bessere Methode. Die Kraft der Konzentration lässt Sie Ihre neue Energie klug investieren. Aus der yogischen Sicht der Dinge findet die höchste Form der Anwendung dieser Konzentration und Visionskraft in der Meditation statt. Indem wir den Atem wertschätzen lernen, lernen wir das Leben selbst wertschätzen. Das Geschenk des Atems ist das Geschenk des Lebens. Durch Prāṇāyāma lernen wir für das Leben und für die unbekannte göttliche Quelle des Lebens dankbar zu sein. Schauen wir uns nun die Atembewegungen und deren Implikationen und Auswirkungen genauer an.

Yogische Atemtechniken sind ihrem Ursprung nach und in ihrer Auswirkung meditativer Natur. Sie bestehen im Wesentlichen aus vier Teilen. Einatmen *(pūraka)*, Anhalten des Atems nach dem Einatmen *(antara kumbhaka)*, Ausatmen *(rechaka)* und Anhalten des Atems nach dem Ausatmen *(bāhya kumbhaka)*. Das Einatmen sollte lang, subtil, tief, rhythmisch und gleichmäßig sein. Die energetisierenden Ingredienzien der Atmosphäre sickern in die Lungenzellen ein und verjüngen das Leben. Durch das Atem-Anhalten wird die Energie vollständig absorbiert und über den Blutkreislauf im ganzen System verteilt. Das langsame Ausstoßen der Luft beim Ausatmen befördert die angesammelten Giftstoffe nach draußen. Durch das Atem-Anhalten nach dem Ausatmen je nach Leistungsfähigkeit werden wir von allem Stress befreit. Der Geist bleibt ruhig und still. Wenn Sie diese Atempause allzu lange ausdehnen, werden Sie von einem plötzlichen Panikgefühl ergriffen und die Luft gieriger einsaugen. Das ist unser instinktives Anhaften am Leben, das sich hier behauptet. Einatmen ist Ausdehnung und Ausweitung des Selbst *(ātman)*. Mit der Hilfe des Einatmens umarmt das Selbst seine Hüllen bis hin zur Körperhaut, so wie ein Liebender seine

Geliebte umarmt. Das Atem-Anhalten nach dem Einatmen ist die Vereinigung des Liebenden mit seiner Geliebten. Beim Ausatmen nimmt das Selbst mittels des Ausatmens die Geliebte mit sich nach Hause, wo nun die Geliebte ihren Geliebten, das Selbst, umarmt. Das Atem-Anhalten nach dem Ausatmen ist die Vereinigung der Liebenden in totaler Hingabe an das Höchste. Somit ist Prāṇāyāma mehr als nur eine physiologische Atemübung. Weil der Atem Leben ist, ist die Kunst des klugen, wohlüberlegten, ungierigen Atmens ein Dankgebet, das wir dem Leben selbst darbringen.

Wenn wir unsere Aufmerksamkeit auf die innere Atembewegung richten, können wir unsere Sinne unmöglich gleichzeitig für das Außen nutzen. Wir können nicht auch noch daran denken, dass wir auf dem Nachhauseweg nach der Arbeit beim Supermarkt haltmachen müssen. Prāṇāyāma ist der Anfang des Abziehens des Geistes und der Sinne von den äußerlichen Beschäftigungen. Deshalb bringt es inneren Frieden. Es ist der Angelpunkt zwischen dem Zustand von Extravertiertsein und Introvertiertsein. Wenn Sie mit der Āsana-Praxis anfangen, gewinnen Sie zunehmend an Selbstvertrauen, Haltung und Selbstsicherheit und strahlen Gesundheit aus. Schließlich ist Energie für sich genommen eine anziehende Eigenschaft. Genießen Sie bei Ihren Kontakten mit der Welt unter allen Umständen diese Vorteile. Aber Yoga fordert uns auf, auch etwas von dem, was wir gewonnen haben, ins Innere zu investieren. Das ist Introvertiertheit im positiven Sinne. Das ist kein Zurückscheuen vor der Welt aufgrund von Unzulänglichkeitsgefühlen, sondern der Wunsch, die eigene Innenwelt zu erkunden. Der in der Hülle des Energie-Körpers wirkende Atem dient als Brücke zwischen Körper und Geist.

Sie können nicht mit Ihren Augen in den Geist hineinsehen. Bei der Āsana-Praxis sollten die Augen aktiv sein, um bei den Übungen Anpassungen vorzunehmen. Beim Atmen aber sind die Ohren wichtig, um auf den Ton der Schwingung des Geistes zu hören und ihn in seiner Harmonie richtig einzustellen. Auch der Geist ist eine Schwingung im Raum. Der Ton oder Klang der Schwingung des

Geistes kann nur von den Ohren wahrgenommen werden. Das ist das Durchdringen durch Innenschau. Es bringt uns nicht der lärmenden Denkfähigkeit des Gehirns näher; ganz im Gegenteil wird das Denkorgan befriedet und beruhigt. Es bringt uns dem Intuitionsvermögen des Geistes näher. Im Prānāyāma kann nichts erzwungen werden. Deshalb lehrt es Demut und Bescheidenheit. Es müssen also der Prāna selbst und seine natürliche Gefährtin, das höhere intuitive Gewahrsein *(prajñā)*, eingeladen und umworben werden. Wenn die Umstände günstig sind, kommen sie herbei. Der schon erwähnte Vergleich mit dem Einfangen eines Pferdes ist hier angebracht. Sie fangen es nicht ein, wenn Sie auf der Weide hinter ihm herrennen. Wenn Sie aber stillstehen und ihm einen Apfel hinhalten, kommt es zu Ihnen.

In einer Hinsicht ist im Prānāyāma Willenskraft vonnöten. Nämlich der Wille zum Praktizieren, der Wille, sich von der Eintönigkeit nicht unterkriegen zu lassen. An sich ist Prānāyāma faszinierend, aber es bietet weniger Vielfalt als Āsana, und es handelt sich, wie ich schon sagte, um eine introvertierte Praxis. Doch wenn Sie auch ein noch so vehementer Praktizierender sein sollten, so wie ich es war und bin, sollen Sie nie versuchen, den Atem durch Willenskraft anzuhalten. In dem Augenblick, in dem das Gehirn in einen angespannten Zustand gerät, das Ohrinnere sich verhärtet und die Augen schwer werden oder gereizt sind, erzwingen Sie etwas über Ihr Leistungsvermögen hinaus. Seien Sie sich der Haut an Ihrem Rumpf gewahr, die sich in Richtung innerer Körper bewegt. Wenn Sie die Ausdehnung und Ausweitung des Körpers kennen, kennen Sie die Ausdehnung und Ausweitung des Geistes. Wenn die Nerven des Körpers überbelastet werden, zieht sich das Gehirn zusammen. Empfindungsvermögen, Sitz und Dehnung der Haut sollten sich wie ein wohlerzogenes Kind verhalten, das wagemutig und vorsichtig zugleich ist. Atem und Intelligenz sollen sich simultan bewegen. Wenn sich die Intelligenz zuerst bewegt, gehen Sie gewaltsam vor.

Physisch gesehen beinhalten die Bewegungen des Prānāyāma ein vertikales Aufsteigen, ein horizontales Erweitern und eine umfängliche Ausdehnung des Brustkorbs, der Brustwand und der Lungen. Wenn sich die Haut beim Einatmen auf der Brustbeinmitte vertikal auf und ab bewegen und rundum seitwärts ausdehnen kann, zeigt das an, dass die Lungen bis zu ihrem Kapazitätsmaximum gefüllt sind.

Unsere normale Atembewegung ist nicht rhythmisch. Jedes willentliche Einatmen ist eine anstrengende Handlung, und jedes Ausatmen ist nicht anstrengend. Das normale unwillkürliche Einatmen erfolgt nicht durch die Lungen, sondern durch das Gehirn und den ganzen Körper. Man kann leicht erkennen, dass ein normales Einatmen den ganzen Körper in Bewegung versetzt. Die Muskeln blähen sich auf, und beim Ausatmen kann man ganz deutlich spüren, wie sie sich zusammenziehen. Mit anderen Worten, bei der normalen Atmung atmet der ganze Körper ein und atmet der ganze Körper aus. Beim yogischen Atmen bleiben das Gehirn und die Körperextremitäten passiv, und es werden nur die Lungen aktiviert. Die Rolle des Brustkorbs, des Zwerchfells, der Rippen, der Interkostalmuskeln, des Unterleibs und der Lungen ist somit eine andere, da der Atem empfangen und nicht eingesogen wird. Da die physiologische oder organische Hülle Körper und Geist miteinander verbindet und vereint, muss sie mit der richtigen Blut- und Energiemenge versorgt werden. Und um das zu bewirken, wird das Atemsystem vollständig genutzt, ohne aber das Nervensystem zu belasten.

Beim normalen Einatmen zieht das Gehirn nicht nur die Energie, sondern auch das Blut in sich hinein. Beim Ausatmen gibt es sie wieder frei. Bei dieser Art der Atmung wird lediglich Blut ins Gehirn hinein- und wieder hinausgepumpt. Das englische Wort *inspiration,* das sowohl Einatmen wie auch das Erfassen eines Gefühls in Form einer Vorstellung bedeutet, bringt zum Ausdruck, wie das Gehirn beim Einatmen aufgeladen wird. Aber diese Form der Einatmung baut im Gehirn Stress auf, da seine Zellen ständig aufgepumpt und wieder entleert werden. Statt also mit Energie aufgeladen zu werden, geben Körper und Gehirn die verfügbare Energie ab. Prānāyāma beginnt damit, dass man die Bewegungen der normalen Atmung beobachtet und sie dann ruhig und weich werden lässt, sodass die Gehirnzellen nicht belastet werden. Um das bewerkstelligen zu können, müssen Sie lernen, das Zwerchfell entspannt zu lassen. Das Zwerchfell ist der Mittler zwischen der physiologischen und der mentalen Hülle und verspannt sich folglich beim Verzeichnen von Stress und Spannungen, die im Alltagsleben auftreten.

Sie müssen in die Vorgänge des Einatmens und Ausatmens und in die Natürlichkeit des Atem-Anhaltens eintauchen, ohne in den Gehirnzellen Stress oder bei den lebenswichtigen Organen und Nerven unnötige Turbulenzen oder Zuckungen auszulösen. Schließlich sind unsere Nerven flüssige Halbleiter und reagieren, genau wie Ihr Computer, nicht besonders gut auf wilde Stromschwankungen. Sie müssen Ihren Atem zähmen, um Ihr Gehirn zu zähmen. Leben Sie von Augenblick zu Augenblick, versunken im ruhigen Fluss der Kreislaufbewegungen von Ein- und Ausatmen. Diese Flussströmung sollte einem breiten, tiefen, majestätischen Strom gleichen, dessen Bewegungen unsichtbar sind.

Wenn der Geist beim Einatmen die Vorherrschaft innehat, machen Sie egoistisches Prānāyāma. Wenn der Geist hinabsteigt und das Herz vorherrscht, machen Sie echtes, bescheidenes Prānāyāma. Wenn Sie verstehen, wie der Prāna zu verteilen ist, können Sie die Vereinigung der Energien von Individuum und Kosmos herbeiführen. Das Einatmen umfasst den ganzen Körper, dehnt sich von der Mitte zur Peripherie hin aus. Beim Ausatmen zieht sich die Flut zur Mitte hin zurück. Das Einatmen ist eine Bewegung hin zum peripheren Bewusstsein. Das Ausatmen ist eine Bewegung hin zum Kern des Bewusstseins.

Wir sahen, dass unser Geist sich mit dem Atem bewegt, so wie Blätter sich im Wind bewegen. Wenn der Atem befriedet und reguliert ist, hat das eine neutralisierende Auswirkung auf den Geist. Und wenn wir unseren Atem halten, halten wir unsere Seele. Indem wir die eingeatmete Luft voll und ganz in uns zurückhalten, behalten wir das göttliche Unendliche und Grenzenlose in uns. In diesem Augenblick sind wir zum vollen Potenzial unserer Individualität gelangt, aber es ist eine göttliche Individualität und nicht das kleine, selbstsüchtige Geschöpf, für das wir uns normalerweise halten. Beim Ausatmen geben wir unser individuelles Ich großzügig hinaus an die universelle Welt. Auch beim Sterben atmen wir ein letztes Mal aus, und der Atem verlischt. Was stirbt, ist das vertraute Ich-Gefühl, dass sich leidenschaftlich an seine Identität und Existenz klammert. In der Atempause nach dem Ausatmen machen wir die Erfahrung vom Leben nach dem Tod. Hier findet die Konfrontation mit der schlimmsten Angst des Ego und ihre Überwindung statt. Der Schleier der Illusion, der das *»Ich«* umhüllt, hebt sich.

Das Einatmen überschüttet und durchtränkt den ganzen Körper mit Leben. Das Ausatmen gibt dieses Leben der Quelle des Lebens hin – dem Leben Gebenden. Der Körper bewegt sich nach innen auf den Kern des Seins zu, wie ein Junges, das sich an seine Mutter kuschelt, voller Vertrauen und im Gefühl der Sicherheit. Wenn das Atem-Anhalten zu Verspannungen oder Schmerzen im Kopf führt, dann kommt dieses Anhalten vom Gehirn her und nicht von den Lungen. Das ist egoistisches Halten. Der Schlüssel für das Atem-Anhalten ist Natürlichkeit. Natur ist Energie. Sie versorgt uns mit allem, was wir brauchen. Das Ego ist endlich. Die Energie der Natur ist unendlich. Wenn wir uns der Natur verweigern, verweigern wir uns unserer eigenen Energie. Lassen Sie diesen Ozean der Energie die Lungen unterstützen, den Körper reinigen und das Bewusstsein läutern und verfeinern.

Der große Yogi Svatmarama kommt in der *Hathayoga Pradīpikā* aufgrund der in der Beziehung zwischen Prāna und *Chitta* (Bewusstsein) vorhandenen Möglichkeiten zum Schluss, dass der Atem der Schlüssel zur letztendlichen Befreiung ist. Dazu kommt, dass der Atem die gewaltige Kraft aufbaut, die Praktizierende brauchen, wenn die Gnade heraufdämmert und sie sich dem grenzenlosen Licht gegenübersehen. Das Atem-Anhalten bringt dadurch, dass es den Geist von den Wahrnehmungssinnen und Organen der Handlung zurückzieht, das Bewusstsein dazu, sich im Schoß der Seele auszuruhen. Das Atem-Anhalten nach dem Einatmen ist die Erfüllung des in der Einzelperson existierenden Potenzials zur Göttlichkeit. Dieser nunmehr »volle Kelch« steigt auf, um mit der kosmischen Energie zu verschmelzen. Das Ausatmen und Atem-Anhalten danach entleeren den Kelch von diesem persönlichen Göttlichkeits-Potenzial in einem Akt der Hingabe an die kosmische Kraft. Dieser noble Akt des Selbst-Verzichts lässt die Identität des Yogis mit seinem göttlichen Ursprung total eins werden. In diesem Sinn fungiert Prānāyāma für mich als *Bhakti Mārga,* das ist der große yogische Pfad der Hingabe, Liebe und Selbst-Übergabe. In den Annalen der Geschichte steht vermerkt, dass nur wenige Individuen durch einen einzigen unvergleichlichen Akt der Selbst-Entsagung diesen Sprung in den egolosen Zustand zu erreichen vermochten. Doch bin ich sicher, dass im Kontext unserer heutigen Zeit, wo die Gesellschaft von frühester Kindheit an die Ausbildung einer egoistisch gesinnten Persönlichkeit unterstützt, ein solcher Übergang ohne eine lange harte Lehrzeit durch das lebendige Gebet des Prānāyāma unmöglich ist.

In der *Hathayoga Pradīpikā* heißt es, dass die Sinne vom Geist, der Geist vom Atem und der Atem von den Nerven regiert werden. Unsere Sinne informieren unseren Geist und lassen uns Informationen über unsere Umwelt zukommen, aber wenn wir nicht aufpassen, können sie auch unseren Geist und uns kontrollieren und beherrschen. Der Yogi lernt, den Geist zur Beherrschung seiner Sinne, und den Atem zur Beherrschung des Geistes einzusetzen. Doch sind unser Geist und Atem nicht immer beruhigt und unter Kontrolle. Ja, angesichts der Erfahrungen von Belastungen und Stress in unserem Leben geraten sie nur allzu oft in

Erregung. Und oft lässt uns dieser Stress kurzatmig werden, wenn sich der Unterleib durch die Ängste zusammenzieht und verkrampft. Dieser Stress stoppt den Atemfluss und zieht uns unsere Lebensenergie ab.

Stress

Leben zu bekommen und Leben zu spenden war schon immer mit einigem Stress verbunden, aber heute leiden wir unter so viel gesellschaftlich und persönlich erzeugtem Stress. Das »Rattenrennen« hat sowohl in unserem Innern wie auch rings um uns herum viel Spannung erzeugt. Aufgrund dieser Schnelllebigkeit vernachlässigen wir Körper und Geist. Diese fangen an, einander in entgegengesetzte Richtungen zu zerren, und lassen so unsere Energie versickern. Wir wissen nicht, wie wir unsere Energiebatterien wieder aufladen sollen. Als Folge davon werden wir gedankenlos, nachlässig und gefühllos. Ganz ohne Zweifel haben Industrialisierung und Verstädterung zu einem schnelleren Lebenstempo geführt. Wissenschaft und Technologie haben uns die Segnungen von physischem Komfort und Muße verschafft. Aber wir lassen unseren Geist nicht Pause machen und nachdenken. Wir stürzen uns von einer Unternehmung in die andere und glauben, dass rasante Geschwindigkeit und Bewegung alles im Leben sind. Deshalb sammelt sich im Körper Stress an und erzeugt psychosomatische Leiden, vom Magengeschwür bis hin zum Herzinfarkt. Formen von emotionalem Stress brennen sich in den physischen, organischen und neurologischen Körper ein, so wie Musik einer CD eingebrannt wird. Sogar Tiere erkranken und sterben an emotionalem Stress.

Stress und Anspannung lassen sich nicht aus unserem Leben verbannen. Darum geht es auch gar nicht. Das Leben an sich ist stressig. Die Menschen gehen ins Kino, um sich zu entspannen; aber sich den Film anzusehen ist auch stressig. Und im Schlaf haben wir ebenfalls

Stress, weshalb wir uns von einer Seite auf die andere wälzen und unsere Schlafstellungen wechseln. Beim Sitzen in Meditation gibt's auch Stress. Wenn wir beim Meditieren unser Rückgrat in sich zusammensacken lassen, schlafen wir ein. Also müssen wir die Wirbelsäule gerade aufgerichtet halten, und das ist stressig. Gehen, essen, lesen – alles ist Stress. Bis zum Tode gibt es nichts auf der Welt, das stressfrei wäre. Statt zu fragen, »Kann ich von Stress ganz frei sein?«, müssen wir fragen: »Welchen Grad hat der Stress?« Letztlich zählt, wie er sich auf unser Nervensystem auswirkt. Positiver Stress ist eine gemäßigte Reaktion auf die Herausforderungen der Natur. Er ist konstruktiv und schädigt nicht die Nerven. Sobald er sich aber destruktiv auswirkt, wird er zum negativen Stress, der in der Tat schädlich ist. Kurz gesagt, unser Ziel besteht darin, mit dem Stress umgehen zu können, sowie er entsteht, und ihn sich nicht in die verschiedenen Körpersysteme, einschließlich unseres bewussten und unbewussten Erinnerungsspeichers, einprägen und dort ansammeln zu lassen.

Der Schlüssel zum Bewältigen von Stress liegt ganz offensichtlich im Beruhigen und Stärken des Nervensystems. Die Augen sind dem Gehirn so nahe, dass sich an ihrer Anspannung und Nervosität ablesen lässt, wie sehr die Nerven durch die Überbelastung ramponiert worden sind. Ganz gleich, ob Sie nun einfach nur Gesundheit oder Gesundheit als Auftakt zur Meditation anstreben, diese Störungen verursachenden Energiemuster, die wir Stress nennen, müssen beruhigt und aus dem Körper eliminiert werden. Sonst tritt kein Fortschritt auf dem Weg zu den höheren Ebenen des Yoga und einer harmonischeren Lebensweise ein.

Die Hauptursachen für die negative Art von Stress sind Wut und Zorn, Angst, hohes Tempo, Gier, ungesunder Ehrgeiz und Konkurrenz, die zu schädlichen Auswirkungen auf Körper und Geist führen. Wenn wir ohne egoistische Beweggründe gute Arbeit leisten, ist das positiv, selbst wenn wir dabei unter Arbeitsstress stehen. Sie führt nicht zu diesem weitaus größeren Stress, der der Habsucht und Gier entspringt. Die Āsana- und Prāṇāyāma-Praxis befreit uns nicht nur von Stress, sondern stärkt und energetisiert auch die Nerven und den Geist, sodass wir den aus den Launen des Lebens entstehenden Stress handhaben können.

Ziehen wir einmal folgenden Vergleich heran: Wenn es sehr heftig regnet, sickert das Wasser nicht unbedingt in den Erdboden ein. Ist die Oberfläche hart und trocken, wird sie vom Regenwasser überflutet, das dann darüber hinweg- und fortfließt. Wenn es aber viele Tage lang ständig mäßig regnet, ist der Boden feucht, und das Wasser sickert tief ins Erdreich ein, was für das Wachstum und Leben gut ist. Ganz ähnlich müssen wir durch das Dehnen und Weiten in den verschiedenen Āsanas unsere Muskeln und Nerven »befeuchten«. Auf diese Weise wird der das Gehirn belastende Stress im Rest des Körpers verteilt, wird das Gehirn vom Druck befreit und kann sich ausruhen, während der Körper Stress und Druck über die Bewegung freisetzt. Ähnliches geschieht, wenn wir die verschiedenen Arten von Prānāyāma ausführen. Der ganze Körper wird mit Energie benetzt, die Nerven werden besänftigt, das Gehirn wird beruhigt, und Härte und Starrheit der Lungen werden gemildert. Die Gesundheit der Nerven bleibt erhalten. Es existiert da eine gewisse Schwingung, die Sie in Ihrer Āsana- und Prānāyāma-Praxis ohne Anstrengung oder Stress subtiler machen und der Sie Rhythmus verleihen können. Sie sind eins mit sich selbst, und das ist für sich genommen ein meditativer Zustand.

Dieses Streben nach innerem Frieden und Zufriedenheit durch Yoga ist die Lösung für das Problem der Anhäufung von Stress, das wir in unserem Dasein erfahren. Dafür sind diese beiden wesentlichen Praxismethoden, Yogāsana und Prānāyāma, eine enorme Hilfe, doch hat Yoga eine noch umfassendere Lösung für das Stressproblem anzubieten. Das Heilmittel im Kampf gegen Stress, Druck und Tempo kann in folgenden drei Dingen gefunden werden: in der Arbeit der hingebungsvollen Praxis, in der Weisheit, die dem Verstehen des Ichs und der Welt entspringt, und in der Andacht, Verehrung oder Anbetung. Durch unser Sich-Ergeben in das, was wir nicht kontrollieren können, kann sich das Ego entspannen, und die Angst des unendlich winzigen Ichs verliert sich in der Unendlichkeit des Göttlichen.

Das hohe Tempo, der Stress und die Belastungen des modernen Lebens bringen den menschlichen Organismus aus dem Lot. Der menschliche Körper ist die wunderbarste, am besten ausgeklügelte Maschinerie, die Gott erschaffen hat. Millionen Zellen werden jede Sekunde erzeugt und sterben ebenso rasch ab. Die Zellen verfügen über ihre eigene Intelligenz. Sie verleihen Stärke, Fitness und mentale Ruhe. Das Orchester von Knochen, Muskeln, Gewebe, Nerven, Blutgefäßen, Gliedern und Organen in den Systemen von Kreislauf, Atmung, Verdauung und Hormondrüsen ist auf einen wahren Tanz eingestimmt, der von der Prāna-Energie aufrechterhalten und von unserem Bewusstsein choreographiert wird. Yoga mag vielleicht beim Körperkult seinen Anfang nehmen, führt aber zur Kultivierung unseres Bewusstseins. Wenn wir unseren Geist kultivieren, können wir den Stress vermeiden, der sich ansonsten in unserem Körper einnisten und Krankheit und Leiden verursachen würde.

Wie ich schon sagte, dürfen Sie nicht meinen, dass die Meditationspraxis allein vom Stress befreit. Nur indem man das Gehirn entspannen lernt, kann man den Stress beseitigen. Dieser steht mit unseren Nerven und Zellen in Beziehung. Wir müssen lernen, die Zellen zu beruhigen und abzukühlen, wenn sie sich im Zusammenhang mit angstvollen und verstörenden Gedanken übermäßig erhitzen. Das Gehirn in einem empfänglichen Zustand zu halten ist die Kunst, die Yoga lehrt. Vielen Menschen wurde beigebracht, dass die Meditation eine Methode zur Befreiung von Stress ist. Im Yoga muss man erst mit dem Stress fertig werden, bevor man wirklich anfangen kann zu meditieren. Echte Meditation *(dhyāna)* findet dann statt, wenn Wissender, Wissen und das Gewusste eins werden. Und das ist nur möglich, wenn man sich in einem stressfreien Zustand befindet.

Meditation *(dhyāna)* ist ein wesentlicher Bestandteil des Yoga und potenziell in jedem seiner Aspekte oder Blütenblätter enthalten. Jeder dieser Aspekte erfordert eine kontemplative oder meditative Gestimmtheit. Meditation ist mit der höheren mentalen Kraft und Fähigkeit verbunden und bedarf der Vorbereitung. Hier ist das Erlernen von Āsanas gewiss hilfreich. Wenn ich sage, »Entspanne dein Gehirn«, können Sie es nicht. Wenn ich Sie in ein bestimmtes Āsana bringe, entspannt sich Ihr Gehirn, und Sie werden still und ruhig. Das ist die Schönheit des Yoga. Wenn Sie das *Halāsana* (Pflug-Stellung) ausführen, wird Ihr Gehirn ganz beruhigt und still. Wenn Sie deprimiert sind, können Sie zehn Minuten lang *Setu-Bandha-Sarvāngāsana* (eine Stellung, bei der der Körper eine Brücke bildet) machen, und Ihre Depression verschwindet, ohne dass Sie wissen, wie sich diese Transformation vollzogen hat. So wird der Körper zur Kultivierung des Geistes genutzt. Wenn das Leiden, wenn der niedergedrückte Geist geheilt sind, kann das strahlende Licht der Seele an der Oberfläche unseres Seins zum Vorschein kommen.

WENN SIE EMOTIONAL VERSTÖRT SIND, werden die im Bewusstsein vorhandenen Unsicherheiten und Ängste in Inhalte des Unterbewussten oder Unbewussten umgewandelt, die sich im Herzen und nicht im Gehirn verbergen. Furcht vor der Zukunft, Ungewissheit darüber, ob den Notwendigkeiten des Lebens Rechnung getragen, ob die Erfordernisse des Daseins erfüllt werden oder nicht, und die Angst vor dem Verlust der Habseligkeiten sind Sorgen, die die Menschen überall auf der Welt umtreiben. Sorgen, die im Zusammenhang mit Geld, Wohnung, Arbeit, Freunden, Verwandten und der Gemeinschaft entstehen mögen. Wir alle sehen uns, ob es nun um Rang und Ansehen (Arbeit) oder die Lieben und Nahestehenden (Familie) geht, mit den gleichen Problemen und Schwierigkeiten konfrontiert. Wir Menschen widersetzen uns von Natur aus der Veränderung, weil wir uns mit dem Vertrauten sicher fühlen und die mit dem Neuen einhergehende Unsicherheit fürchten. Wir neigen zu einem Leben in den festen Bahnen einer vertrauten Routine und sind bemüht, das, was jenseits des Bekannten liegt, möglichst nicht akzeptieren oder auch nur spüren zu müssen. Doch das Leben pendelt und schwankt unausweichlich hin und her, verändert und bewegt sich zwischen Bekanntem und Unbekanntem. Und wir sind allzu oft nicht bereit, den Fluss des Lebens anzunehmen. Wir streben nach Freiheit, klammern uns aber an die Knechtschaft. Wir lassen nicht zu, dass sich das Leben »ereignet« und seine eigene Gestalt annimmt. Konflikte, Opposition, Kollisionen der Interessen und Vorstellungen, Zusammenprall der (persönlichen und kollektiven) Egos und ein beschränktes Verständnis sind allesamt unvermeidlicher Bestandteil des Lebens.

Die yogische Lösung für all diese Unbeständigkeiten und Launen des Schicksals liegt darin, zu studieren, wie wir uns anpassen und aufbauen können. Der wesentliche Punkt ist, dass wir die emotionalen Störungen und Hemmnisse und die mentalen Schwankungen unter Kontrolle bekommen. Eine bewusste Selbstbeherrschung wird in vielen Situationen die Rettung sein. Haben wir alles getan, was getan werden kann, dann sind wir bereit, der Zukunft furchtlos entgegenzublicken, und können mit allem umgehen, was sie bringen mag. Auch können wir die in unserem Innern existierenden Dualitäten und Konflikte beherrschen. Das wiederum gestattet uns, all unsere Energie dafür zu reservieren, dass wir mit immer mehr Gleichmut und immer weniger emotionalem Aufruhr mit den unvermeidlichen Herausforderungen, Aufs und Abs, Leiden und Freuden des Lebens umgehen können.

Im *Prānamaya Kosha* oder Energie-Körper arbeiten wir nicht nur mit dem Atem, hier arbeiten wir auch mit unseren Emotionen. Zweifellos haben Sie schon beobachtet, dass unsere Atmung von unseren Gefühlen und Emotionen zutiefst beeinflusst wird. Das Weinen ist vielleicht das augenfälligste Beispiel für die Veränderung der Atmung durch unsere Gefühle. Wer ernsthaft mit dem Atem und der Körperenergie arbeiten will, muss sich den sechs emotionalen Störungen stellen.

Die sechs emotionalen Störungen

Yoga ermöglicht uns, die so viel Leid verursachenden sechs emotionalen Störungen zu mindern: Lüsternheit oder Begierde, Stolz, Besessenheit, Wut oder Zorn, Hass und Gier. Die westliche Psychologie bezeichnet sie als negative Gefühle oder Emotionen, und die Christenheit als Todsünden. Und tatsächlich sind diese emotionalen Reaktionen, wenn sie außer Kontrolle geraten, die Feinde des spirituellen Wachstums. Doch hat jede dieser Emotionen einen bestimmten Sinn und Zweck und kann klug eingesetzt werden. So werden sie zum Beispiel auch in den Kompositionen des klassischen indischen Tanzes durch Formen der Gefühlsbekundungen, durch Gesten und Posen zum Ausdruck gebracht und transformiert. Unsere Gefühle haben eine Menge Energie, die sich, wenn sie nicht auf die Außenwelt gerichtet wird, für unsere Reise nach Innen kultivieren lässt.

Die Religionen ermahnen uns, diese Emotionen loszuwerden, aber das können wir nicht. Es handelt sich um menschliche Gefühle, die wir nun mal empfinden, ob wir wollen oder nicht. Unterdrückung funktioniert nicht. James Watt erfand die Dampfmaschine, weil er beobachtet hatte, wie der Dampf von kochendem Wasser den Deckel des Topfes anhob. Es war eine unwiderstehliche Kraft. Im Yoga geht es darum, diese Energie für höhere Zwecke zu kanalisieren und zu transformieren, so wie Stephenson die Dampfenergie nutzte, um Lokomotiven anzutreiben. Es gibt einen Spruch, wonach der Krieg die Fortsetzung der Diplomatie mit anderen Mitteln ist. Zu sagen, dass der Krieg Gier oder Stolz ist, die auf der Bühne der Menschheitsgeschichte ausagiert werden, käme der Wahrheit näher. Da die Emotionen Bestandteil der physiologischen Schnittstelle zwischen Körper und Geist sind, schauen wir uns nun diese sechs Störungen detaillierter an.

Neunundneunzig Prozent aller menschlicher Kommunikation sind emotionaler und nicht intellektueller Natur. Emotionen dirigieren weitaus mehr als Gedanken den Großteil des Verhaltens auf dieser Welt. Sie übermitteln nicht nur das, was wir fühlen und empfinden, sondern auch den Wert, den wir den Dingen beimessen. Das menschliche Leben ist in überaus großem Maße mit Austausch befasst. Wenn wir über den Wert dessen, was wir austauschen, uneins sind, können Missverständnisse und Disharmonie die Folge sein. Um die Emotionen verstehen zu können, müssen wir die Rolle kennen, die das Ego dabei spielt. Das werde ich später erläutern. Die meisten Menschen verfangen sich in diesen emotionalen Störungen und prallen wie Billardkugeln von der einen in die andere. Yoga hilft uns, von diesem emotionsgeladenen Billardtisch herunterzukommen. Er lehrt uns, unsere Emotionen unter Kontrolle zu bringen, sodass nicht sie uns unter ihrer Kontrolle haben. Auf diese Weise können wir sie sublimieren und Meister über unsere Umstände werden, statt deren Sklaven zu sein.

Auf unserem spirituellen Weg wird von uns verlangt, unseren Körper so zu entwickeln, dass er nicht länger ein Hindernis, ein Hemmschuh ist, sondern unser Freund und Komplize wird. Ganz ähnlich müssen unsere Emotionen und unser Intellekt so entwickelt werden, dass sie göttlichen Zwecken dienen können. Da wir alle unter ihnen leiden, werden sie im Yoga eher als Krankheiten des Geistes betrachtet, als inhärente, sich aus der menschlichen Bedingtheit herleitende Probleme. Schließlich macht man Bewohnern von tropischen Sumpfgebieten auch keinen Vorwurf, wenn sie Malaria bekommen. Man sucht einfach nach Möglichkeiten, sie zu heilen. Die Erkrankten sind keine bösen Menschen, die Moskitos tun nur, was Moskitos zu tun pflegen, und das Sumpfgelände bietet wahrscheinlich eine Fülle von Nahrung und Leben, sonst würde niemand dort leben. Es geht also nicht um Vorwürfe und Schuldzuweisungen, sondern um die Suche nach Lösungen.

Nehmen wir mal an, Sie besitzen ein Auto, das sich, wenn es morgens sehr kalt ist, nur schwer in Gang setzen lässt. Sie können sich kein besseres Auto leisten, wissen aber, dass das Auto am Morgen perfekt funktioniert, wenn Sie sich die Mühe machen, es in kalten Nächten mit einer Plane zuzudecken. Mit anderen Worten, Ihr Auto hat eine Schwäche, einen Defekt, aber wenn Sie ein bisschen Voraussicht und Mühe walten lassen, wird es keine Probleme machen. Die gleiche Einstellung sollten wir gegenüber den sechs emotionalen Störungen haben. Wie ein moderner Spruch besagt, sollten wir mit der Lösung und nicht mit dem Problem leben.

Die meisten Westler versuchen ihre Probleme über das intellektuelle Verstehen zu lösen. Doch emotionale Probleme lassen sich nur über emotionales Verstehen bereinigen. Die Emotionen haben physisch gesehen ihren Sitz in den Organen des physiologischen Körpers – auf der Ebene des Prānamaya Kosha. Denken Sie an den reizbaren Oberst in der Armee, dem ständig eine »Laus über die Leber läuft«, weil er dieses Organ mit allzu viel Chili und Brandy malträtiert. Und ebenso haben unsere positiven, heilsamen Emotionen ihren Sitz in gesunden Organen. Die Gesundheit des physiologischen Körpers stellt die primäre Verbindung zwischen essenzieller Gesundheit und Erlösung her. Schauen Sie sich die Kinder an: Sie sind unschuldig, weil sie organisch gesund sind. Beides geht Hand in Hand. Weltverdrossene Organe frönen weltverdrossenen Lastern.

Ich sagte, dass die Emotionen ihre Wurzeln im organischen Körper haben, aber dort bleiben sie nicht immer. Sie dringen ins Gedächtnis ein und okkupieren es. Ein Hund kann Wut empfinden, aber nur wir Menschen können sagen, »Ich habe eine solche Wut auf meinen Chef«, und es in unserem Gedächtnis speichern. Wenn wir sagen, dass wir wütend sind, ist das eine mentale Wahrnehmung des Zustandes, in dem wir uns befinden. Und nachdem wir diese Wahrnehmung zur Kenntnis genommen haben, speichern wir sie im Gedächtnis, wo sie zum Bestandteil unseres geistigen Inventars wird. Der Hund mag in der Folge wieder auf den Sinnesreiz stoßen, der die Wut oder Angst oder welche Emotion auch immer aufs Neue auslöst, aber es handelt sich hier um das zellulare Gedächtnis, um einen bedingten Reflex, der nicht eintritt, wenn der ihn in Gang setzende Auslöser nicht aktiviert wird. Wir hingegen tragen auch in Abwesenheit des auslösenden Reizes unseren Groll, unsere Feindseligkeit, unseren Hass, unsere Gier und unsere Begierde im Erinnerungsspeicher unseres Geistes mit uns herum. Wenn der Chef im Urlaub ist, hassen wir ihn weiter. Ihm tut das gar nichts, aber uns verunreinigt und vergiftet es ganz gewiss. Es blockiert unsere Lebensenergien und lässt sie versickern. Und wer ist schon so reich, dass er sich diese Verschwendung leisten kann? Wer ist rein genug, um ein solches systemisches Gift aushalten zu können?

Fühlen ist ein Verb; es ist etwas, das geschieht. Wir alle fühlen. Emotion ist ein Substantiv, ein Ding. Fühlen ist wunderschön und gehört zur Bedingtheit des Tieres wie auch zu der des Menschen. Wenn wir zulassen, dass sich unsere Gefühle verhärten und zu Emotionen verdichten, die wir dann wie mit übermäßigen Bürden belastete Sklaven herumtransportieren, verweigern wir uns selbst die Frische des Lebens, sein stets gegenwärtiges Potenzial für Erneuerung und Transformation. Wir vergeuden so viel Energie dadurch, dass wir uns von unseren Emotionen beherrschen lassen. Gefühle, die wir wahrnehmen, noch bevor sie im Kopf angekommen sind, nennen wir »Bauchgefühle« und respektieren sie, weil sie dem Instinkt entspringen. In einem gesunden Organismus sollten die Gefühle wie Wolken vor der Sonne vorüberziehen. Werden sie durch das Denken in unserem Gedächtnis verankert, wandeln sie sich zu Emotionen, die sich nicht länger auf den Augenblick, sondern auf die Vergangenheit beziehen. Sie ziehen sehr viel mehr Dichte und Dunkelheit auf sich, wie Gewitterwolken, die die Sonne ganz verdecken. Diese stagnierenden Emotionen vergiften uns und halten uns davon ab, zu sehen, was wirklich ist.

Schauen Sie sich Ihren Hund an. Wenn Sie ihn verlassen, ist er traurig; sein Herz ist schwer. Und wenn Sie heimkommen, grollt er Ihnen dann? Nein, er ist überglücklich, Sie zu sehen. Sind nun Sie der Wirklichkeit näher oder Ihr Hund?

Normalerweise finden wir, dass das Leben voller Druck, Schmerz, Spannung, Stress und Anstrengungen ist. Aber wenn wir diese sechs emotionalen Störungen, die die Menschheit quälen und plagen, verstehen, dann haben wir die Chance, sie und auch uns selbst zu transformieren.

Lüsternheit und Begierde

Nichts zerstreut den Geist mehr als die sexuelle Begierde. Und doch ist sie der Anreiz zur Fortpflanzung. Sie ist der Klebstoff, der das Familienleben zusammenhält. Mit der sexuellen Unzufriedenheit beginnen die Probleme in der Ehe. Geduld und Toleranz sind nötig. Es gibt eine ganz natürliche Entwicklung in der Ehe, wonach der Stellenwert der Leidenschaft an Bedeutung abnimmt. Sie wird nicht unwichtig, aber weniger wichtig, und an ihre Stelle treten zunehmend mehr die Liebe und Freundschaft. Ich glaube, dass sich der Zugang zur göttlichen Liebe, so habe ich es erfahren, durch die persönliche Liebe ergibt – die Liebe zu einer anderen inkarnierten Seele. So wie wir nicht zur Erleuchtung gelangen können, wenn wir je nach Lust und Laune von einem Guru zum anderen hüpfen, können wir auch nicht zur größeren und umfassenderen Liebe Gottes finden, wenn wir in bestimmten Geschöpfen permanent Unvollkommenheiten entdecken. Zwar erkenne ich die Gegebenheit kultureller Unterschiede an, aber im Großen und Ganzen hat es doch seine Vorteile, bei dem zu bleiben, was man angefangen hat. Ich habe eingeräumt, dass Prānāyāma langweilig sein kann. Für einen zerstreuten Geist kann eheliche Treue auch langweilig sein. Aber in der Liebe zum Einen findet sich der Zugang zu Allen. Vertrauen und Treue binden uns nicht nur aneinander, sondern auch an das Universelle und Absolute. Wenn der Atem sanft zum Herzen hin ausgeatmet wird, wird das Herz von den Begierden und Emotionen, die es verstören und beunruhigen, gereinigt. Die Liebe, die die

Besonderheit individueller Attraktion transzendiert und die Seele im Innern des anderen wahrnimmt, ist der große Weg zu Gott.

Natürlich lässt sich das leicht sagen, wenn man sechsundachtzig ist. Als junger Mann musste ich um die Bewahrung meiner Integrität kämpfen. Die Tugend ist ein Ideal. Die Integrität ist eine Realität. Ich wollte mich nicht spalten. Die Wurzelsilbe *»dī«* im Sanskrit impliziert Zersplitterung und Verlust des Ichs, so wie sich auch aus der indogermanischen Wurzelsilbe *»der«* die Wörter trennen, abspalten und auch Teufel herleiten. Mir war klar, dass ich, wenn ich als junger Mann den Versuchungen einer Prostituierten nachgegeben hätte, sie hätte heiraten müssen oder aber meine Integrität verloren hätte. Das schrieb ich sogar in einem Augenblick des Zorns meinem Guru, als man mich fälschlicherweise der Unmoral bezichtigte. Ramakrishna, der große Heilige des neunzehnten Jahrhunderts, fiel in den *Samādhi*-Zustand, als man ihn zu einer Prostituierten führte, da er in ihr ausschließlich die Göttin wahrzunehmen vermochte.

Als ich dann später verheiratet war und im Ausland unterrichtete, war ich Versuchungen ausgesetzt. Es ist ganz normal, dass Schülerinnen ihren Lehrer in jeglichem Bereich auf ein Podest heben, aber zu jener Zeit war ich schon ein bisschen welterfahrener und entwickelte so meine Art, sie abzuschrecken und auf Distanz zu halten. Meine imposanten buschigen Augenbrauen und mein scharfer Blick kamen mir da zu Hilfe.

Wenn sich sinnliches Begehren mit der Liebe vereint, ist das ein wichtiger Bestandteil der Ehe. Ich hatte eine leidenschaftliche Ehe, und wenn meine Frau Ramamani heute noch am Leben wäre, wäre die Intensität unserer Gefühle nach wie vor ungemindert. Oft widmet sich ein Ehepartner dem Yoga oder einem anderen spirituellen Weg und lässt den anderen Partner hinter sich. Das sollte nicht sein. Er oder sie müssen alles tun, um den anderen Partner auf den Weg zu bringen und mitzunehmen oder immer zu ihr oder ihm zurückzukehren. Nur so kann man die Ehe stabil halten.

Die Sexualität ist etwas Natürliches und Geheiligtes, so wie die ganze Welt der Natur. Unsere Art und Weise, wie wir sie nutzen, kanalisieren, dirigieren, macht den Unterschied aus zwischen dem Geheiligten und dem Profanen, zwischen dem Mehren der Hingabe und dem, was Shakespeare in einem seiner Sonette so beschrieb:

»Des Geistes Sturz in unermess'ne Schmach,
Das ist die Tat der Lust.«

Der Begriff »Macht« wird im Yoga nicht sehr oft gebraucht. Doch ist er in jeder Erwähnung des Ego implizit enthalten. Das Ego strebt nach Macht, weil es nach fortwährender Selbsterhaltung strebt. Es versucht unter allen Umständen seinen unvermeidlichen Abgang zu verhindern. Und um dieses unmögliche Ziel zu erreichen, erfindet es tausend Kniffe und Tricks. Sexualität ist im Grunde die Schönheit im Frühling nistender Vögel. Ist das die Freude der Natur, oder ist das Sünde? Aber was hat das Ego aus der Fortpflanzung gemacht, aus der harmonischen Vereinigung von Gegensätzen? Es hat sie zu einem Akt egoistischer Selbstbestätigung verzerrt. Sexuelle Begierde ist Selbstbestätigung durch Konsumierung. Kontrolle durch die Ausübung von Macht. Als das menschliche Ego in der Welt auftauchte, veränderte es den Akt der Fortpflanzung. Es wandelte ihn um zum existenziellen Beweis des eigenen Seins mittels eines Akts der Konsumierung statt eines Akts der Erfüllung.

Stolz und Besessenheit

Alle sechs emotionalen Störungen werden dann zu einem Problem, wenn das Ego involviert ist. Ohne Ego können Sie die Ungerechtigkeit hassen, so wie Gandhi es in Südafrika tat. Yehudi Menuhin war in Demut seiner Kunst hingegeben, so wie ich in Demut vor der meinen stehe, aber das nimmt uns nicht das Recht, auf Leistungen stolz zu sein. Wir machen es nur einfach nicht am Ego fest. Es ist eine Gabe, und uns wurde die Gnade zuteil, sie mit anderen zu teilen. Besessenheit kann man auch als Vernarrtheit oder Sucht ansehen – alles Zustände, in denen sich das Ego in Knechtschaft befindet. Fanatismus ist ebenfalls ein anderes Wort für Besessenheit. Yehudi Menuhin und ich haben beide unsere Kunst fanatisch praktiziert. Aber waren wir Fanatiker? Nicht gegenüber anderen Leuten. Unser Ego haftet nicht daran, anderen etwas aufzuzwingen und sie zu beherrschen. Die Leidenschaft für Exzellenz ist eine Sache; anderen Menschen die eigenen Überzeugungen und Übungspraktiken mit aller Macht aufzuzwingen ist eine andere. Das ist Ego, das ist Stolz.

Der Weg des Yoga ist nicht leicht und verlangt ein Engagement, das vielen extrem vorkommen mag. Ich bin fanatisch, wenn es um mich und meine eigene Praxis geht. Das stimmt. Sie sollten in Bezug auf sich selbst fanatisch sein, aber nicht in Bezug auf andere. Mein Guru war allen gegenüber fanatisch, meine Person eingeschlossen. Er wandte seine eigenen Maßstäbe auf alle an. Ich versuche, die Fähigkeiten meiner Schüler auszuloten und ihnen zu helfen, dass sie ihr höchstes Potenzial erreichen, und nicht das meine. Ich werde mich in Kapitel 5 noch eingehender mit dem Ego und dem Stolz befassen, da sie Bestandteil der fünf Leid verursachenden Hemmnisse *(klesha)* sind, die für das Verständnis des Yoga eine so zentrale Rolle spielen. Kapitel 4 behandelt umfassend die Besessenheit im Sinne von Sucht-Verhaltensmustern.

Ärger, Wut und Zorn

Wir haben alle schon Situationen miterlebt, in denen Wut und Zorn außer Kontrolle gerieten und destruktiv wurden. Mann und Frau schreien sich im Schlafzimmer an; Autofahrer brüllen sich auf der Straße an. Wut und Zorn geraten außer Kontrolle, wenn sie wie ein

Feuer in uns aufflammen, über das wir keine Gewalt mehr haben, und das noch lange vor sich hin schwelt, auch wenn die Flammen schon erstickt sind. Wutentbrannt schreien wir Leute an und beschimpfen sie und sagen Dinge, die wir vielleicht gar nicht so meinen. Und noch lange danach hegen wir Groll ob der Kränkung, die uns widerfahren ist, und grübeln immer wieder über sie nach. Diese Verärgerung und Wut entspringen unserem Ego. Ein anderes Auto nimmt uns die Vorfahrt, und wir fühlen uns beleidigt. »Er hat *mir* die Vorfahrt genommen!«, sagen wir uns. Das hat er *mir* angetan. Er hat *mich* beleidigt. Er hat mein Ego verletzt.

Wenn wir Yoga praktizieren und mit dem Meditieren anfangen, entwickeln wir Gleichmut. Wir lassen dieses Ego los. Wir erkennen, dass das meiste im Leben nichts Persönliches ist. Der andere Autofahrer hat uns nicht die Vorfahrt genommen, weil er keinen Respekt vor uns hat. Wir merken, dass es nichts mit uns zu tun hatte. Und wenn unser Geist ruhiger und gelassener wird, kommt nicht als Erstes der Gedanke in uns auf: »Dieser Idiot!« Wir denken vielmehr, dass er vielleicht zum Krankenhaus eilt, ans Sterbebett seines Vaters oder seiner Mutter. Im Westen nehmen die Leute alles sehr persönlich, und so kommt es vor, dass Autofahrer aufeinander losgehen und sogar aufeinander schießen. Wir haben in Pune und auch im Großteil Indiens immer noch keine Verkehrsampeln, und unsere Straßen sind gepackt voll mit Autofahrern, Fußgängern und zuweilen auch Tieren, die allesamt aneinander vorbeizukommen trachten und zuweilen nur knapp einem Zusammenstoß entgehen. Autofahrer hupen ständig, um einander darauf aufmerksam zu machen, dass sie auch da sind und unbedingt weiterkommen wollen, aber wir nehmen das weitaus weniger persönlich. Wir wissen, so ist das nun mal auf den Straßen, und Millionen von Menschen versuchen ihr Leben zu leben und an ihr Ziel zu kommen. Das heißt nicht, dass wir keine Streitigkeiten haben oder bei einem Zusammenstoß nicht vor Gericht gehen. Nicht alle Inder sind Yogis, aber unsere Kultur erinnert uns daran, dass das Leben zuweilen unpersönlicher Natur ist. Wir sind alle unpersönlichen Kräften unterworfen wie zum Beispiel dem Verkehr.

Die Leute sagen oft, dass ich reizbar bin, weil ich Schüler anschreie, wenn ich sehe, dass sie sich gefährden oder umgekehrt nicht ihr Bestes geben. Aus diesem Grund hieß es, ich sei ein strenger und harter Lehrer. Ich bin streng, aber nicht hart. Ich setze meinen Ärger ein, um einen Schüler von seinem eingefahrenen Muster zu befreien. Ein Schüler sprach immer wieder über seine Angst beim *Shīrshāsana,* bis ich schließlich brüllte: »Vergiss die Angst. Du fällst allenfalls auf den Boden und nicht durch ihn durch. Angst, die gibt es in der Zukunft. In der Gegenwart gibt es keine Angst.« Er war verdattert, aber er kapierte, worum es ging. Ein Kommandant, der in die Schlacht zieht, kann nicht immer sanft mit seinen Soldaten sprechen. Manchmal muss er sie anschreien, um sie rasch zu motivieren, und manchmal muss er behutsam mit ihnen reden, um ihnen Mut zuzusprechen. Im Yoga kämpfen wir mit dem Körper und dem Ego. Wir müssen unser Ego, unser Ich oder kleines Selbst besiegen, damit wir unsere Seele, unser großes Selbst, den Sieg davontragen lassen können.

Einmal wurde ein Junge von seinen Eltern zu mir gebracht. Er befand sich seit Wochen in einem Zustand der Benommenheit, gleichsam wie in Trance. Ich schickte die Eltern fort und fragte ihn, was los sei. Er erzählte mir, die göttliche *Kundalinī-Energie* sei in ihm erweckt worden. Die Erweckung der Kundalinī-Energie ist etwas sehr Heiliges und Seltenes. Das war so, als hätte er gesagt, dass er erleuchtet worden sei. Ich gab ihm eine Ohrfeige. Ich wusste, dass er, aus welchen Gründen auch immer, sich und seinen Eltern etwas vormachte. Zunächst war er erschrocken, aber ich hatte seine Aufmerksamkeit. Dann zeigte ich ihm einige Āsanas, die ihm helfen würden, sich zu erden und wieder zu sich zu kommen. Damit will ich nicht vorschlagen, dass Lehrer ihre Schüler oder Eltern ihre Kinder ohrfeigen sollten. Dergleichen passiert nur allzu oft, weil die Lehrer oder Eltern die Beherrschung verloren haben, und das ist eine zerstörerische Wut. Ich will nur sagen, dass es Momente für einen gerechtfertigten Zorn – nicht selbstgerechten Zorn – gibt, den wir geschickt so einsetzen, dass er anderen hilft und sie nicht schädigt. Ich war nicht auf den Jungen wütend. Ich war auf seine Verblendung wütend. Die Ohrfeige sollte ihn aus seiner gefährlichen Fantasterei wecken. Das einfachste und vielleicht häufigste Beispiel ist hier die Mutter, die ihr kleines Kind packt, das gerade auf die Straße laufen will. Der Ärger der Mutter ist konstruktiv, und vielleicht schimpft sie das Kind aus, damit es lernt, sich nicht in Gefahr zu begeben. Wenn die Mutter aber ärgerlich bleibt und das Kind weiterhin den ganzen Tag über anschreit, ist das nicht konstruktiv. Das Kind denkt dann, der Ärger gelte ihm ganz persönlich und nicht einfach dem, was es getan hat.

Hass

Hass und seine Verwandten, Boshaftigkeit und Neid, sind die letzten der von Patañjali erwähnten emotionalen Störungen. Das destruktive Wesen des Hasses zeigt sich überall in Intoleranz, Gewalt und Krieg. Aber dergleichen gibt es auch in unserem persönlichen Leben, wenn wir anderen Böses wünschen oder sie um das beneiden, was sie haben. Wenn sie kleiner sind, fühlen wir uns größer. Da gibt es die Geschichte von dem Bauern, der einem großen Zauberer begegnet. Der Zauberer sagt zu ihm, dass er alles haben kann, was er sich wünscht. Und der Bauer antwortet, dass er möchte, dass die Kuh seines Nachbarn stirbt. Die Praxen westlicher Psychiater sind voll von Erwachsenen, deren Eltern ein Kind mehr liebten als das andere und damit Hass und Geschwisterrivalität in der Familie schürten. Wenn wir uns dieses Beispiel ansehen, erkennen wir, dass sich sogar Elternliebe zerstörerisch auswirken kann. Wir müssen im Hinblick auf alle unsere Emotionen, nicht nur in Bezug auf die negativen, Intelligenz walten lassen.

Und doch gibt es am Hass auch einen positiven Aspekt. Als ich Sex- und Drogensüchtige einlud, in meinem Haus zu leben, damit sie von ihrem Problem geheilt werden konnten, hasste ich ihre Sucht. Ich hasste, was diese ihnen antat und wie sie ihr Leben ruinierte. Ein weiser Lehrer kann seinen Hass auf die Fehler seiner Schüler nutzen, um diese zu korrigieren und seinen Schützlingen zu helfen. Unsichere oder deprimierte Schüler können vielleicht zunächst nichts Konstruktives darin erkennen und denken: »Mein Lehrer hasst mich.« Aber mit der Zeit werden sie merken, dass der Lehrer, wenn er seine Intelligenz genutzt hat, ihnen zu helfen versuchte.

Gier

Ich war immer ein Mann mit reichlich Appetit und Enthusiasmus. In meiner Jugend war ich oft hungrig, einmal aber machte ich bei einem gloriosen *Jalebī*-Wettessen mit und gewann. Jalebīs sind ein in *Ghī* frittiertes, fettes und reichlich gezuckertes Gebäck, und ich vertilgte sechsundsiebzig Stück. Zwar kann ich immer noch zwanzig Minuten lang Kopfstand machen, doch glaube ich nicht, dass ich noch sechsundsiebzig Jalebīs verzehren kann. Appetit aufs Leben ist wunderbar – Appetit auf Gerüche, Anblicke, Geschmäcker, Farben und menschliche Erfahrungen. Man muss ihn nur zu kontrollieren wissen. Qualität ist wichtiger als Quantität. Nehmen Sie die Essenz des Lebens in sich auf, so wie Sie den Duft einer Blume aufnehmen würden, zart, tief, mit Empfindsamkeit und dankbarer Wertschätzung.

Wenn der Appetit ein Geschenk ist und Gier eine Sünde, dann ist Verschwendung ein Verbrechen. Wir verschwenden unsere Nahrung, unsere Energie, unsere Zeit, unser Leben. Wir streben nach Macht durch die Ansammlung von Überschuss. Wir sind gierig nach mehr, als uns fairerweise zusteht. In einer endlichen Welt suchen wir nach unendlicher Sättigung. Verlängert denn mehr Geld, als wir in einem Leben ausgeben können, dieses Leben? Können wir eine Speisekammer voller Nahrungsmittel leer essen, wenn wir tot sind? Der Bösewicht ist das Ego. Es hat das Gesetz der Intensivierung studiert, welches besagt, dass mehr besser ist, und im nächsten Kapitel werden wir noch mehr über seine Tricks erfahren. Unser Planet stöhnt unter der Last dieser Gier.

Wie zerstörerisch sie sich auf unsere Welt auswirkt, lässt sich leicht erkennen. In welcher Weise sie sich destruktiv auf unser eigenes Leben auswirkt, ist weniger leicht zu erkennen. Wenn wir gierig sind, sind wir nie befriedigt und nie zufrieden. Wir haben immer Angst, dass nicht genug da sein könnte, und werden geizig. Statt unseren Reichtum zu sehen und großzügig anderen zu geben, werden wir zu nichts weiter als reichen Bettlern, die immer noch mehr verlangen. Im Yoga minimieren wir unsere Bedürfnisse ganz bewusst. Damit wollen wir nicht zeigen, wie heilig wir sind, weil wir von ein paar Reiskörnchen leben können. Wir reduzieren unsere Bedürfnisse auf ein Minimum, damit wir unsere Anhaftungen minimieren und unsere Zufriedenheit maximieren können. Und durch diesen Prozess können wir auch unsere Gier mindern. Eine Mahlzeit nimmt sich für den einen kärglich, für den anderen wie ein Festmahl aus. Im Leben verhält es sich ebenso. Je weniger Forderungen wir ans Dasein stellen, desto besser sind wir fähig, seine Fülle zu erkennen.

Einmal wurde ich während eines Aufenthalts in Europa gebeten, einem sehr weisen Mann Yoga-Unterricht zu erteilen. Er wurde überall in der Welt für seine Weisheit und Heiligkeit verehrt. Doch dieser Mann hatte eine Schwäche für Autos. Und ungeachtet der Tatsache, dass er von der Großzügigkeit anderer lebte, war er bereit, das Geschenk eines seiner Anhänger anzunehmen, einen Rolls-Royce-Sportwagen, einen Zweisitzer. Jemand fuhr mich einmal darin herum, und daher weiß ich, dass es ein hübsches Gefährt war, aber auch sehr teuer. Der Anhänger dieses Mannes erzählte mir, dass er sein Heim verkauft hatte, um dieses Auto zu erstehen. Da ich aus meinen Gefühlen keinen Hehl mache, sagte ich dem Mann, dass es meiner Ansicht nach falsch sei, dieses Geschenk anzunehmen. Ich sagte, dass ich mit meinen Baumwollhemden glücklich sei, er aber brauchte seine Seidenhemden. Das macht mich nicht heiliger als ihn. Es mindert nur meine Bedürfnisse und steigert meine Fähigkeit, zufrieden zu sein. Ich sah zu, wie dieser so verehrte Mann jeden Tag sein Auto höchstpersönlich zwei Stunden lang polierte, weil er es niemand anderen berühren lassen wollte. Seine Liebe zu Autos und sein Bedürfnis nach diesem Gefährt waren eine Falle, die ihn gierig machte.

Doch gibt es nicht nur die Gier nach Besitztümern. Wir können ebenso leicht auch nach Zuneigung oder Aufmerksamkeit gierig sein. Einige Zeit, nachdem dieser erwähnte Mann seinen Zweisitzer bekommen hatte, kaufte ihm ein anderer seiner Anhänger einen Mercedes-Sportwagen, einen Viersitzer. Dieser Schüler wollte verzweifelt gerne seinem Lehrer näher sein und dachte, wenn das Auto mehr Sitze hätte, könnte er auch mit ihm mitfahren. Ich sage meinen Schülern, dass, wer immer denkt, dass er mir näher sei als ein anderer, von Yoga nichts verstanden hat. Unsere Gier entsteht aus der Angst, dass wir nicht genug bekommen könnten – ob es nun Geld oder Liebe ist, wonach wir greifen. Yoga lehrt uns, unsere Ängste aufzugeben und die Fülle rings um uns und in uns zu erkennen.

DENKEN SIE DARAN, YOGA VERLANGT NICHT, dass wir uns des Vergnügens enthalten. Nehmen Sie den köstlichen Duft der Blume in sich auf. Yoga ist gegen Knechtschaft. Knechtschaft heißt, an Verhaltensmuster gefesselt zu sein, aus denen wir uns nicht zurückziehen können. Wiederholung führt zu Langeweile, und schließlich wird die Langeweile zu einer Art Tortur. Yoga sagt daher, bewahre die Frische, bewahre das Ursprüngliche, bewahre die Jungfräulichkeit der Sensitivität. Und wie ich schon sagte, behalten Sie unter allen Umständen das launische Ego im Auge, aber darüber hinaus gibt es noch andere Techniken. Das Ziel des Atem-Anhaltens *(kumbhaka)* ist es, den Atem zu bezähmen. Während der Atem angehalten wird, befinden sich Rede, Wahrnehmung und Gehör unter Kontrolle. In diesem Zustand ist das Chitta (Bewusstsein) frei von Leidenschaft, Hass, Gier und Begierde, Stolz und Neid. Prāna und Chitta werden im Kumbhaka eins. Chitta schwankt mit dem Atem, während das Atem-Anhalten es von Verlangen befreit. Patañjali beschreibt auch noch andere Methoden für den Umgang mit den emotionalen Störungen und anderen Hemmnissen, denen wir auf der Reise nach Innen begegnen und die wir nun erkunden werden.

Zunächst einmal muss hinsichtlich dieser emotionalen Störungen oder inneren Konflikte ein wichtiger Punkt angesprochen werden. Ohne Unterscheidungsvermögen *(vivechana)* können diese nicht überwunden werden. Um aber über die sechs Ursachen der Verblendung oder der emotionalen Störungen siegen zu können, muss man sich der sechs Speichen des Rades des Friedens bedienen. Diese sind: Unterscheidungskraft und Vernunft, Praxisübung und Nicht-Anhaften, vertrauensvoller Glaube und Mut. Um zwischen angenehmen vorübergehenden Empfindungen und dauerhaften spirituellen Freuden unterscheiden zu können, bedarf es der Unterscheidungskraft, Vernunft und Einsicht (*viveka* und *vichāra*). Sie müssen durch Übung und Wiederholung, durch die Praxis *(abhyāsa)*, und durch Nicht-Anhaftung *(vairāgya)* entwickelt werden. Die Praxis beinhaltet *Tapas* (das läuternde Feuer des Handelns). Tapas ist nichts weiter als die Schulung des Geistes durch die acht Glieder des Yoga. Diese Praxis ist ohne Glauben und Vertrauen *(shraddhā)* und Mut und Beherztheit *(vīrya)* nicht vollständig. Diese sollten mit dem Studium der heiligen Schriften und des eigenen Verhaltens *(svādhyāya)*, mit Entschlossenheit *(dridhatā)* und Meditation *(dhyāna)* verbunden werden. Und was das Erlangen von Ruhe und Klarheit des Geistes angeht, so hat hier vor allem der Prānāyāma die

Kraft, den aufgerührten und umherschweifenden Geist zu beruhigen.

Wie gesagt kurieren wir uns von unseren inhärenten Mängeln durch das anhaltende Praktizieren der acht Blütenblätter des Yoga. Kenntnisse über den Yoga sind kein Ersatz für das Üben. Da die Schwierigkeiten in unserem Innern liegen, sind dort auch die Lösungen zu finden. Doch hat uns Patañjali in seinem Mitgefühl und seiner Weisheit eine Reihe spezifischer Hilfs- und Heilmittel angeboten, die auf eine sehr subtile und durchdringende Weise auf das von Plagen befallene Bewusstsein bessernd einwirken. Sie beruhen auf einer Art verfeinertem gesundem Menschenverstand. Diese gesunden und heilsamen Qualitäten *(vrittis)* sind wie Balsam, mit dem wir unsere Haut einreiben können; ein Balsam, der allmählich die Haut, die Muskeln und die Gewebefasern durchdringt und den tiefen Schmerz im Innern lindert.

Die heilsamen *Vrittis*

Den ersten spezifischen Rat, den uns Patañjali hinsichtlich dieser Störungen gibt, werde ich sehr frei übersetzen: »Wenn du dich anderen gegenüber fröhlich, freundlich und selbstlos verhältst, werden sich die Hindernisse verringern. Wenn du emotional knickrig bist und geistig vorschnell urteilst, werden die Hindernisse wachsen.« Genauer gesagt meint Patañjali Folgendes: Wenn wir einen heiter gelassenen Bewusstseinszustand erlangen wollen, müssen wir willens und bereit sein, unser Verhalten und unsere Herangehensweise an die Außenwelt zu verändern. Das ist zu unserem eigenen Besten. Bestimmte innere Einstellungen und Verhaltensweisen, die als die gesunden und heilsamen Bewusstseins-Qualitäten bekannt sind, kultivieren den Geist und glätten den yogischen Weg. Diese sind:

1. *Maitrī* – Das Kultivieren von Freundlichkeit gegenüber denen, die glücklich sind.
2. *Karunā* – Das Kultivieren von Mitgefühl gegenüber denen, die Kummer und Leid erfahren.
3. *Muditā* – Das Kultivieren von Mitfreude mit denen, die tugendhaft sind.
4. *Upekshā* – Das Kultivieren von Gleichmut oder Neutralität gegenüber denen, die voller Laster sind.

Diese vier scheinen so einfach, dass es sich schon banal ausnimmt. In Wirklichkeit aber sind sie subtil und tiefgreifend. Wie Sie sich erinnern werden, eröffnete ich unser Gespräch über die emotionalen Störungen damit, dass ich sie als sich natürlich ergebende Mängel oder Defekte behandelte, durch die wir unsere Energien versickern lassen. Mit anderen Worten, die Energie muss dazu verleitet werden, im Innern zu bleiben, sie muss durch Techniken der Erzeugung gesteigert, muss im Innern bewahrt, verteilt und investiert werden. In Wirklichkeit aber lecken wir energetisch wie ein Sieb. Wann immer Sie auf das Glück und den Reichtum eines anderen eifersüchtig sind, lassen Sie Energie abfließen. »Ich sollte derjenige gewesen sein«, sagt man sich. »Warum hat er im Lotto gewonnen und nicht ich?« Eifersucht, Neid und Groll führen dazu, dass der Mensch, der solche Gefühle hegt, nicht nur moralisch, sondern auch energetisch verarmt. Sie lassen uns buchstäblich schrumpfen. Wenn man sich am Wohlergehen anderer erfreut, heißt das, dass man an den Reichtümern der Welt teilhat. Wenn wir unseren Becher in das Unendliche und Grenzenlose tauchen, werden wir bereichert, doch das Unendliche und Grenzenlose wird dadurch nicht geschmälert. Wenn wir auf den Sonnenuntergang schauen, erfüllt uns seine Schönheit, aber der Sonnenuntergang bleibt so schön wie eh und je. Wenn wir uns über das Glück anderer ärgern, verlieren wir auch noch das wenige, das wir haben.

Wenn wir, schlimmer noch, gegenüber den Mängeln und Fehlern, die wir an anderen wahrnehmen, eine puritanische Einstellung haben, wenn wir die, die dem Laster zum Opfer gefallen sind, verurteilen und verachten und ihr Unglück dazu benützen, uns überlegen zu fühlen, dann spielen wir ein gefährliches Spiel. »Das könnte auch ich sein«, sollte unsere Haltung sein. Ansonsten kann es passieren, dass wir einen Absturz erleiden. Abgesehen davon ist es anstrengend, seine Zeit mit der Missbilligung anderer zu verbringen. Es führt dazu, dass sich unser Ego eine harte Schale des falschen Stolzes zulegt, und hat zudem ganz sicher keine reformierende Wirkung auf das Objekt unserer Missbilligung. Mitgefühl für das Leiden anderer bedeutet mehr als bloßes Mitleid. Das oberflächliche Mitleid, das wir zum Beispiel für die Not und den Kummer anderer zum Ausdruck bringen, wenn wir uns die Abendnachrichten im Fernsehen ansehen, meint oft nicht mehr als den Wunsch, uns selber gut zu fühlen und unser Gewissen zu beruhigen. »Ich bin ein sensibler und empfindsamer Mensch«, sagen wir uns. Doch wenn wir nicht auch handeln, bedeutet es bloße Selbstverzärtelung.

Heutzutage hängt man der Illusion an, dass positive Emotionen, Mitempfinden, Mitleid, Freundlichkeit und ein allgemeiner, aber diffuser guter Wille das Äquivalent von Tugenden sind. Doch können diese »weichen« Emotionen als eine Form narzisstischer Selbstverzärtelung fungieren. Oft bleiben sie ohne Wirkung. Sie geben uns ein gutes Gefühl, so wie wenn wir einem Bettler eine Münze geben. Sie erzeugen die Illusion von Gesundheit und Wohlbefinden. Aber Verständnis und Empfindsamkeit sollten als Werkzeuge der Diagnose eingesetzt werden und nicht als Spiegel für unsere Eitelkeit. Wirkliches Mitgefühl ist machtvoll, da es die Frage impliziert: »Was kann ich tun, um zu helfen?« Das Mitgefühl, das Mutter Teresa für die Sterbenden und Besitzlosen empfand, war stets ein Antrieb zum Handeln, zur Fürsorge, zum intelligenten Eingreifen.

Positive Emotionen sind nicht das Gleiche wie Tugenden. Tugend, das bedeutet Wagemut, moralischen Mut, Beharrungsvermögen unter widrigen Umständen und Schutz der Schwachen vor der

Tyrannei der Starken – nicht händeringendes Mitleid. Mitgefühl beinhaltet die Einsicht in unsere Gleichheit, unsere Verwandtschaft mit anderen. Sie ist wirkungsvoll und praktisch. Alkoholiker, Drogen- und Sexsüchtige waren eingeladen, mein Haus als sicheren Hafen zu nutzen, bis sich ihr Verlangen auf eine handhabbare Ebene heruntergeschraubt hatte. Über fünfzig Jahre lang habe ich den hartnäckigsten Fällen mehrmals in der Woche medizinischen Unterricht erteilt. Ich freue mich über den Nutzen, den er meinen Patienten gebracht hat. Und ich freue mich gleichermaßen über den Nutzen, den er mir gebracht hat – die Gelegenheit, der Gottheit in jedem Mann, jeder Frau, jedem Kind zu begegnen und sie zu grüßen, und zu versuchen, mit Offenheit, Energie und Erfindungsreichtum ihr Leiden und ihren Kummer zu lindern. Auch ist die Tugend anderer kein an unsere Unzulänglichkeit gerichteter Vorwurf, sondern ein uns erhebendes Beispiel. Nicht nur die Großen, wie Gandhi, erfüllen dieses Rollenvorbild. Ist denn nicht das Verhalten eines Sportlers, der einen Pokal gewonnen hat, und den wir mit Bescheidenheit, Dankbarkeit und Großmut gegenüber seinen Konkurrenten über seinen Sieg sprechen sehen, auch für uns ein Fest? Diese heilsamen Qualitäten sind Juwele, die unser Bewusstsein und unser Leben mit Gnade und Anmut erfüllen.

Prānāyāma – unser Atem – kann ebenfalls helfen. Durch das Anhalten des Atems nach dem Ausatmen können wir Ruhe und Stille in Geist und Gefühle bringen. Wie ich schon sagte, macht das Ausatmen das Gehirn leer und befriedet das Ego, bringt es zu stiller Bescheidenheit und Demut. Wenn wir das Gehirn leer machen, entleeren wir es auch von den Giften der Erinnerung. Mit dem Ausatmen und Anhalten des Atems lassen wir Groll, Ärger und Wut, Neid und Verbitterung ziehen. Das Ausatmen ist ein geheiligter Akt der Ergebung, der Selbst-Hingabe. Gleichzeitig geben wir alle diese eingelagerten Unreinheiten auf, die sich ans Ich klammern – unsere Bitterkeiten und Frustrationen, unsere Verärgerungen, unser Bedauern, unseren Neid, unsere Wünsche und Begierden, Überlegenheits- und Minderwertigkeitsgefühle und auch die Hindernisse, die uns am Bewusstsein überhaupt festhalten lassen. Wenn das Ego wegfällt, fallen auch diese Dinge weg. Natürlich kommen sie wieder, aber die Erinnerung an diese Erfahrung des inneren Friedens dient dem Beweis, dass diese Hindernisse nicht unüberwindlich sind. Man kann sich von ihnen lösen und sie beseitigen. Letztlich sind sie keine dauerhaften und integralen Bestandteile des Bewusstseins, sondern Leiden, die kuriert werden können. Wir schleppen in unserem Gedächtnis so viele Gifte mit uns herum, Gefühle, die wir weggesteckt und gespeichert, stagnieren und vor sich hin gären haben lassen. Wir sind so daran gewöhnt, diesen Sack voller Müll mitzuschleppen, dass wir sogar daraus schließen, dass er Bestandteil unserer Wesensart ist.

Es gibt etwas, das sich »Echo«-Ausatmung nennt und das diesen Punkt noch unterstreicht. Atmen Sie langsam und vollständig aus. Pause. Atmen Sie dann nochmals aus. Da ist immer noch ein kleiner Rest in den Lungen übrig. Und in diesem Rest findet sich der giftige Klärschlamm von Erinnerung und Ego. Lassen Sie ihn mit diesem kurzen weiteren Ausatmen gehen und machen Sie die Erfahrung eines noch tieferen Erleichterungszustandes: der Befreiung von der Last und von innerem Frieden und Leerheit. Beim Einatmen machen wir die Erfahrung vom vollständigen »Ich«. Erfülltes menschliches Potenzial, wie ein randvoll gefüllter Kelch, der sich dem Kosmischen Göttlichen entgegenhebt und als Opfergabe darbringt. Beim Ausatmen machen wir die Erfahrung des leeren »Ich«, der göttlichen Leere, eines Nichts, das vollkommen und perfekt ist, eines Todes, der nicht das Ende des Lebens ist. Versuchen Sie es. Atmen Sie langsam und vollständig aus. Pause. Atmen Sie dann nochmals aus.

Wie das Ausatmen uns hilft, innere Tumulte zu beruhigen und Kummer zu überwinden, können wir ganz praktisch daran sehen, dass wir in solchen Fällen oft zu jemandem sagen: »Atme tief durch.« Das tiefe Einatmen führt zum tiefen vollständigen Ausatmen, und das hat die angestrebte beruhigende und befriedende Wirkung.

Ein anderes von Patañjali empfohlenes Heilmittel ist die Betrachtung eines Objekts, das die Stetigkeit des Geistes aufrechtzuerhalten und das Bewusstsein zu beruhigen hilft. Aus yogischer Sicht kann man diese Technik als eine Art heilsame Meditation ansehen. Ich werde Ihnen nichtyogische Beispiele dafür geben, damit Sie erkennen, dass sie im gesunden Menschenverstand begründet liegt. Wenn Sie krank im Bett liegen und sich elend fühlen und ein gutes, ernsthaftes, interessantes und fesselndes Buch lesen, führt die Konzentration zu einer Stetigkeit des Geistes, die Ihre Schmerzen und Ihr Unbehagen lindert und den Heilungsprozess unterstützt. Die Krankheit löst sich auf, und so heilt auch alles, was der Integration dienlich ist. Es ist ein Grundsatz des Yoga, dass Krankheiten ihren Ursprung im Bewusstsein haben. Das Kultivieren des Selbst nimmt im Grunde erst mit dem totalen Vertieftsein ins Selbst seinen Anfang. Von daher wird alles, was die Konzentration, Betrachtung und das nach innen gewandte Vertieftsein fördert, einen Heilungsprozess der Probleme des zersplitterten, unausgewogenen Ichs in Gang setzen.

Ein weiteres Heilmittel ist die Kontemplation des leidfreien inneren Lichts. Eine Form der Meditation, die bei Todkranken fast spontan auftreten kann. Eine solche Schau des Ortes, wohin sie gehen, kann Erleichterung und eine Aussöhnung mit dem akuten Leiden herbeiführen.

Ein traditionelles Heilmittel ist die Kontemplation spirituell verwirklichter oder erleuchteter weiser Wesen. Der westlichen Gesellschaft mag dies als äußerst merkwürdiges Mittel zur Heilung oder Linderung von Qualen erscheinen, aber früher bestand die einzige Zuflucht der Kranken oft darin, sich in Gebet und Hingabe an Heilige zu wenden wie zum Beispiel an die heilige Bernadette von Lourdes. Mögen die kulturellen Ausdrucksformen auch unterschiedlich sein, so wirkt hier doch eine universelle, ewige Weisheit. Wenn wir uns der Betrachtung jener hingeben, die über die von uns angestrebten Qualitäten verfügen, rücken wir an diese Qualitäten näher heran.

Das letzte empfohlene Heilmittel besteht darin, sich im Wachzustand in die Erinnerung an einen ruhigen traumlosen oder traumerfüllten Schlaf zu versetzen. Der Punkt hier ist, dass alle Methoden Formen der Autosuggestion sind. Gegenstand der Kontemplation ist ein vielversprechendes Objekt, das ruhiger, gelassener, geduldiger, beständiger und erhabener ist als wir, und durch die Kontemplation bringen wir unseren Geist mit diesem friedlicheren, gesammelteren Bewusstseinszustand in Einklang.

In dem Maße, wie wir unser Ego und unsere Anhaftung von den uns aufrührenden und verwirrenden Gefühlen abziehen und uns der heilsamen Qualitäten bedienen, um Geist und Herz zu besänftigen und zur Ruhe zu bringen, beginnen wir, uns auch von den Launen des Schicksals abzuwenden. Dieses Abziehen oder Abwenden wird *Pratyāhāra* genannt. Es ist wichtig für die Erfahrung von innerem Frieden.

Pratyāhāra

An früherer Stelle haben wir Prāṇāyāma, das vierte Blütenblatt des Yoga untersucht. Wir sahen, dass es Energie erzeugt und den Körper mit seinen Organen und Funktionen reinigt. Und es befriedet die sechs emotionalen Störungen. Ich erwähnte auch, dass, wenn wir unsere Aufmerksamkeit ganz und gar auf die innere Bewegung des Atems richten, unsere Sinne die Schärfe verlieren, mit der sie sich der Außenwelt zuwenden. Das ist ganz so, wie wenn wir uns darauf konzentrieren, eine Arbeit für die Schule oder Universität zu schreiben, und uns dabei nicht einmal mehr des Lärms bewusst sind, der draußen durch irgendwelche Straßenarbeiten verursacht wird. Zwar führt die Āsana-Praxis unseren Geist dahin, Einblick ins Körperinnere zu nehmen, aber erst im Prāṇāyāma lernen wir allmählich, Sinne und Geist von ihrer Beschäftigung mit dem Außen abzuziehen. Dadurch werden Gewahrsein und Energie im *Innern* investiert. Das ist das Gegenteil von dem, was passiert, wenn wir einen hektischen Tag im Büro verleben.

Das fünfte Blütenblatt des Yoga *(pratyāhāra)* beinhaltet eine Fortführung und Intensivierung dieses Prozesses, der zur Meisterung von Geist und Sinnen führt. Ich sagte, dass bei Anfängern die schweißtreibende Anstrengung größer ist als ihr Vordringen in den eigenen Wesenskern und dass im Prānāyāma das Durchdringen an Schwungkraft gewinnt. Ich nannte das einen Dreh- und Angelpunkt. Ebenso wird auch Pratyāhāra als ein Dreh- und Angelpunkt auf dem Weg des Yoga betrachtet. Hier müssen nun die von der Praxis *(abhyāsa)* erzeugten Energien durch die Besonnenheit des Nicht-Anhaftens *(vairāgya)* aneinander angepasst und ausbalanciert werden. Die Praxis erzeugt eine zentrifugale Kraft, eine wirbelnde und sich ausdehnende Energie. Die Schwierigkeiten und Probleme treten dann ein, wenn diese unwiderstehliche Energie außer Kontrolle »wirbelt«. Die militärische Ausbildung funktioniert auf die gleiche Weise, weshalb Soldaten auf Urlaub und Matrosen an Land so oft in Schwierigkeiten geraten. Ihre Schutzvorrichtungen sind die militärische Disziplin und der Ehrenkodex. Die disziplinierende Schutzmaßnahme der Yoga-Praktizierenden ist das Nicht-Anhaften. Das ist eine Zentripetalkraft, die mit unbeirrter Zielgerichtetheit die Stärken, Kräfte und Fähigkeiten reinvestiert, die wir auf der Suche nach dem Kern unseres Seins gewonnen haben. Pratyāhāra hat die Rolle dieser freiwilligen Selbstdisziplin inne. Ohne sie werden Yoga-Praktizierende, deren Körper, Geist und Psyche nunmehr gestärkt sind, ihre Bemühungen vergeuden und sich in die größere Anziehungskraft, die sie nun haben, oder die größere Aufmerksamkeit, die ihnen nun von der Außenwelt zuteilwird, verlieben.

Das Sanskrit-Wort Pratyāhāra bedeutet wortwörtlich »zum Gegenteil hinziehen«. Normalerweise richten sich die Sinne in ihrem Bewegungsfluss nach außen, wo sie auf die Objekte der Welt stoßen und diese mit Hilfe des Denkprozesses benennen und deuten. Die damit verbundenen Gedanken werden wahrscheinlich auf Erwerb (ich möchte) oder Ablehnung (ich möchte nicht) oder Resignation (da kann ich nichts tun) ausgerichtet sein. Regen zum Beispiel wird zu unterschiedlichen Anlässen alle drei Reaktionen hervorrufen. Pratyāhāra impliziert also ein Vorgehen »gegen den Strich«, eine schwierige Reaktion, weshalb man hier oft den Vergleich mit einer Schildkröte anführt, die sich mit Kopf, Schwanz und Beinen in ihren Panzer zurückzieht. Der Yogi beobachtet einfach nur die Tatsache. »Es regnet«, denken oder sagen sie vielleicht, ohne Wünsche damit zu verbinden oder ein Urteil darüber zu fällen.

Wie schwierig das ist, können Sie mit Hilfe einer einfachen Übung erkennen. Unternehmen Sie einen Spaziergang und versuchen Sie dabei, das, was Sie sehen, hören oder riechen, weder zu kommentieren noch zu beurteilen noch zu benennen. Sie werden feststellen, dass Ihnen vielleicht beim Anblick eines Autos die Worte »neu«, »schön«, »teuer« oder »protzig« ungebeten ins Bewusstsein springen. Und auch bei einem Spaziergang auf dem Lande werden Sie sich vielleicht noch von Kommentaren wie »schön« oder »hinreißend« abhalten können, aber es wird Ihnen schier unmöglich sein, die Gegenstände nicht zu benennen – Linde, Kirschbaum, Veilchen, Hibiskus, Dornenstrauch und so weiter. Dieser geradezu unaufhaltsame taxonomische Drang zeigt deutlich, wie wir uns immer nach außen wenden, um den Dingen zu begegnen. Wir sind nicht von Natur aus empfänglich und höflich. Wir lassen den Sonnenuntergang nicht zu uns kommen, um ihn mit weichem, empfänglichem Blick zu begrüßen. Unsere Augen blicken hart, glänzend und auf Erwerb bedacht, als ob das Leben ein nie endender Einkaufsrausch wäre. Paradoxerweise raubt uns unser Verlangen, über das Beschreiben, Interpretieren und Konsumieren Kontrolle auszuüben, viel vom Geruch, Geschmack und von der Schönheit des Lebens. Die Fähigkeit, die Sinne abzuziehen und so den lärmenden Geist unter Kontrolle zu bringen, mag sich wie ein Spaßverderber ausnehmen, aber in Wirklichkeit stellt sie die ursprünglichen Geschmäcker, Aromen, Strukturen, Konsistenzen und Entdeckungen wieder her, die wir mit der Unschuld und Frische der Kindheit assoziieren. Dies ist wahrlich ein Beispiel für »weniger ist mehr«, da das Übermaß die Sinne nur einlullen, trüben und erschöpfen kann.

Der yogische Sinn und Zweck von Pratyāhāra besteht darin, den Geist verstummen zu lassen, damit wir uns konzentrieren können. Solange uns die Sinne »nerven«, damit wir ihnen Befriedigung verschaffen, werden wir nie einen Augenblick für uns selber oder, im Sinne unserer inneren Reise und Suche, für unser Selbst haben. Es ist eine lange Lehrzeit im Nicht-Anhaften, die viel Geduld erfordert. Ein geistreicher Mann witzelte einmal, dass man eine Versuchung nur loswerden kann, indem man ihr nachgibt. Wir wissen alle theoretisch, dass das nicht stimmt, aber ein Wunsch oder Verlangen verschwindet auch nicht einfach dadurch, dass man ihm nicht nachgibt. Die meisten von uns reden sich ein, dass wir mit einer gewissen Selbstbeherrschung das Verlangen auch überwunden haben. Das ist Wunschdenken. Die Abwesenheit von Laster ist ein Schritt hin zur Tugend, aber noch nicht die Tugend selbst. Yoga siedelt das Organ der Tugend *(dharmendriya)* oder des Gewissens im Herzen an, und dieses muss rein sein. Das Alter mag zum Beispiel unsere Fähigkeit zum bösen oder gemeinen Handeln mindern, nicht aber die zu bösen oder gemeinen Gedanken oder Absichten. Kriege mögen von jungen Männern ausgefochten werden, aber angezettelt werden sie von alten Männern.

Auch der Rückzug in eine Höhle im Himalaya bringt Wünsche und Begierden nicht zum Verschwinden. Weit gefehlt. Es macht nur deren Befriedigung zum außerordentlichen Problem. Einsamkeit und ein einfaches Leben lassen uns gewahr werden, dass das Verlangen ein mentales Phänomen ist, unabhängig davon, ob die Objekte sensorischer Befriedigung sichtbar oder verfügbar sind. Der frühchristliche Heilige Antonius war seinen größten Versuchungen in der ägyptischen Wüste ausgesetzt. Sie quälten ihn. Kargheit und Askese führten ihn zur direkten Konfrontation mit der ureigenen Wurzel des Verlangens. Diese Art extremer Praxis war auch in Indien schon immer üblich. Patañjali erkannte, dass man, je höher man aufsteigt, umso härter fällt. Versuchungen von der Art, dass man sie geradezu als himmlisch beschreiben könnte, sollten für schon höher entwickelte Praktizierende weder eine Überraschung sein, noch sollten sie ihnen mit Anhaftung begegnen. Die Sirenen geben ihren Gesang nicht so leicht auf. Je näher der Sieg, desto erbitterter der Kampf. Sinne, die auf Gier trainiert sind, werden schließlich unter Verdauungsbeschwerden leiden. Also müssen wir sie einer Fastenkur unterwerfen, um sie wieder zu verjüngen. So zähmen wir Sinne und Geist und verbessern im Grunde ihre inhärenten Eigenschaften. Und weil wir uns keinen Extremen hingeben, beschwören wir auch keine Gegenreaktion herauf. Es handelt sich um eine allmähliche Involution der Sinne und Beruhigung des Geistes mit Hilfe des Atems, um den Praktizierenden für Konzentration und Meditation wirklich tauglich zu machen. Involution bedeutet wörtlich einrollen oder einfalten. Es findet kein Bruch statt. Einer meiner Schüler rezitierte einmal folgende Gedichtzeile: »Als sollte eine Rose sich schließen und eine Knospe wieder sein.« Das ist eine passende Beschreibung von Pratyāhāra.

Aus diesem Grund spielt der Atem eine entscheidende Rolle. Bewusstsein *(chitta)* und Lebensenergie *(prāna)* befinden sich in ständiger Verbundenheit. Wo das Bewusstsein fokussiert ist, muss auch die Energie des Prāna sein, und wo Sie die Prāna-Energie hinlenken, dahin folgt auch das Bewusstsein. Das Bewusstsein wird von zwei mächtigen Kräften getrieben, Energie *(prāna)* und Verlangen *(vāsanā)*. Es bewegt sich in die Richtung der jeweils stärksten Kraft. Wenn der Atem *(prāna)* dominiert, befinden sich Wünsche und Begierden wie auch die Sinne unter Kontrolle, und der Geist ist befriedet. Wenn die Kraft des Verlangens die Oberhand gewinnt, wird die Atmung unregelmäßig und der Geist erregt. Das sind Dinge, die man konkret beobachten und auf die man achten kann, so wie man im Āsana auf das richtige Maß und die Balance achtet, weshalb die Yoga-Praxis dann auch Selbst-Erkenntnis und Selbst-Kenntnis *(svādhyāya)* mit sich bringt. Ohne diesen Prozess der Selbst-Erkenntnis zu durchlaufen, werden Sie nicht zur Erkenntnis des göttlichen Selbst gelangen. Ihre Praxis ist Ihr Laboratorium, und Ihre Methoden müssen immer noch durchdringender und feiner werden. Wenn Sie ein Āsana oder eine Prānāyāma-Übung ausführen, erstreckt sich das Körper-Gewahrsein nach außen, aber die Sinneswahrnehmungen, der Geist und die Intelligenz sollten nach innen gerichtet sein.

Das ist Pratyāhāra, bei dem sich hingebungsvolle Schulung *(tapas)* und Selbst-Erforschung oder -Erkenntnis *(svādhyāya)* vereinen. Herkömmlicherweise beginnt die Selbst-Erforschung mit dem Le sen von Schriften, mit der Kenntnis ihrer Bedeutung und damit, dass man ihre Wahrheiten im eigenen Leben gespiegelt sieht. Dies beinhaltet auch die Unterweisungen durch einen weisen Meister oder Guru. Das erfährt dann eine Fortsetzung und Vertiefung durch die eigene Weiterentwicklung der Āsana- und Prānāyāma-Praxis, bei der man in der Lage sein muss, mit Fingerspitzengefühl Unterschiede in den Handlungen zu verifizieren und Anpassungen vorzunehmen. Später lernt man, den Geist selbst und seine Bewegungen zu beobachten und ihn schließlich stabil und ruhig zu halten. Aber auch hier lauert Gefahr, denn wenn Geist und Sinne der Kontrolle unterworfen sind, erhebt das Ego selbst sein Haupt, einer zischenden Kobra gleich. Das Ego kann sich ob seines Könnens im Bereich der Geisteskontrolle gewaltig aufblähen, ja es kann sich geradezu daran berauschen. Nur das nächste Blütenblatt, die Konzentration *(dhāranā)*, auf die ich in Kapitel 5 zu sprechen kommen werde, wird das Wissen freisetzen, das wahrlich Weisheit genannt werden kann.

Ich sagte an früherer Stelle, dass im menschlichen Leben vieles vom Austausch abhängt. Wir tauschen Arbeit, Geld, Güter, Emotionen und Zuneigung aus. Dieses Austauschsystem ist auch in unserem Innern am Wirken. Man könnte diese Art innerer Kooperation als Feedback-System bezeichnen oder auch als wechselseitiges Durchdringen der Ebenen oder verschiedenen Körpersysteme, die einander bedingen, voneinander abhängig sind und einander unterstützen. Der ganze Körper, den wir in Kapitel 3 die physische Hülle *(annamaya kosha)* nannten, ist in Wirklichkeit auch von Energie und Geist durchdrungen, von der zweiten und dritten Hülle. Alle drei Ebenen sind abhängig von der Nahrung, die wir zu uns nehmen, vom Wasser, das wir trinken, und von der Luft, die wir atmen. Schauen wir uns zum Beispiel die Leber an. Sie ist ein lebenswichtiges Organ, also nähren wir es mit Nahrung, aber wir reichern es auch mit Prāna an, vorausgesetzt, wir manipulieren es richtig durch Dehnen, Zusammenziehen und Verdrehen.

Dieser der Verjüngung dienende Vorgang kann nicht stattfinden, wenn nicht auch der Geist sich dorthin begibt. Und wenn wir handeln, indem wir den Geist einsetzen, treten auch Veränderungen im Blutkreislauf ein. Durch Prāna können sich sogar die chemischen Eigenschaften des Blutes verändern. Daher sollten Sie nicht meinen, dass Āsana nur die physische Hülle betrifft. Es sind alle drei Hüllen von Körper *(annamaya kosha)*, Energie *(prānamaya kosha)* und Geist *(manomaya kosha)* absolut beteiligt.

Die Yoga-Techniken verschaffen uns die Möglichkeit, Energie von außen wie auch von innen einzufangen und sie für unsere persönliche Weiterentwicklung zu nutzen. Die Āsana-Praxis reinigt die inneren Kanäle, damit der Prānastrom frei und ununterbrochen fließen kann. Wie soll er zirkulieren können, wenn die Nerven aufgrund von Stress zermürbt und blockiert sind? Die Āsana- und Prānāyāma-Praxis beseitigen die zwischen Körper und Geist bestehende Trennwand. Gemeinsam vertreiben sie die Dunkelheit und Unwissenheit. In gewisser Hinsicht ist es die Āsana-Praxis, die die Pforte zur Perfektion öffnet. Sie bricht die Starrheit und Härte des inneren Körpers. Dadurch kann die unrhythmische Atmung rhythmisch, tief, langsam und besänftigend werden. Prānāyāma wiederum besänftigt und klärt das fiebrige Gehirn, macht den Weg frei für Vernunft und Klarheit des Denkens und erhebt den Geist in Richtung Meditation.

Die anhaltende Prānāyāma-Praxis befreit uns von Angst, auch von der Angst vor dem Tod. Wenn der Körper von Sorgen und Angstgefühlen befallen ist, zieht sich das Gehirn zusammen. Wenn das Gehirn sich entspannt und entleert, lässt es seine Wünsche und Ängste ziehen. Es verweilt weder in der Vergangenheit noch in der Zukunft, sondern rein in der Gegenwart. Freiheit heißt auch, die Fesseln der Angst und des Verlangens abzustreifen. Wenn die Freiheit eintritt, gibt es weder Angst noch Nervosität. Das heißt, es liegt keine Last auf den Nerven oder vermittels ihrer auf dem Unterbewusstsein. Indem wir die Spannung von den inneren Schichten des Nervensystems nehmen, versetzen wir sie in einen Zustand der Freiheit. Bei unserem Blick auf Pratyāhāra sahen wir, dass Freiheit uns eine Wahl ermöglicht: entweder so weiterzumachen wie vorher, getrieben von äußeren Kräften und dem Streben nach Befriedigung unserer Wünsche und Begierden, oder aber uns nach innen zu wenden, um mit Hilfe unserer sanfteren Kräfte zum Selbst zu finden.

Als ich als junger Mann in Pune lebte, pflegte die christliche Gemeinde ein an einen Psalm angelehntes Kirchenlied zu singen: *»As pants the hart for cooling streams, when heated in the chase, so pants my soul, oh Lord, for Thee, and Thy refreshing grace.«* (Wie der Hirsch von der Jagd erhitzt nach kühlendem Wasser lechzt, so lechzt meine Seele, Gott, nach dir und deiner erfrischenden Gnade.) Dies beschreibt die Motivation und Inspiration für die Hinwendung zum Pratayāharā.

Viele fragen mich, ob Prānāyāma, die Atemkontrolle, das Alter hinauszögert. Warum sich darüber Sorgen machen? Der Tod ist gewiss. Lassen Sie ihn kommen, wann er kommt. Arbeiten Sie nur einfach immer weiter. Die Seele ist alterslos. Sie stirbt nicht. Nur der Körper verfällt. Und doch dürfen wir nie den Körper außer Acht lassen, da er der Garten ist, den wir hegen und pflegen und kultivieren müssen. Wie wir im nächsten Kapitel über den Geist sehen werden, ist sogar etwas so Subtiles wie er von Gesundheit und Energie abhängig, und diese nehmen im Garten des Körpers ihren Anfang.

Prāna ist die große Lebenskraft des Universums. Wir alle haben einen Zeugen in uns, den wir den Seher oder die Seele nennen. Um im Körper verweilen zu können, hängt auch der Seher vom Atem ab. Beide kommen sie gemeinsam mit der Geburt an und gehen gemeinsam mit dem Tod davon. In den *Upanishaden* heißt es, dass sie die Einzigen sind, die für das Leben unentbehrlich sind. Das stimmt. Dies erinnert mich an einen alten Mann, der dreißig Jahre oder länger auf der Hauptstraße von Pune saß und Schuhe putzte. Er war schrecklich verkrüppelt und saß auf einem kleinen Holzwägelchen mit zusammengefalteten Beinen, die wie verdorrte Stöckchen aussahen. In seiner Jugend war er völlig mittellos und verzweifelt. Er schien unmöglich überleben zu können. Dann begann er eines Tages Schuhe zu putzen. Er hatte einen gutgeformten Brustkorb, und seine Arme wurden allmählich kräftiger. Nicht nur war er der beste Schuhputzer in der Stadt, er war auch geachtet, und die Passanten pflegten einen freundschaftlichen Umgang mit ihm. Die Zeitungen brachten Artikel über ihn, und im Alter fand er sogar noch eine passende Frau als Gefährtin. Er hatte nichts weiter als einen guten Brustkorb, Prāna, funkelnde kluge Augen, die den inneren Seher widerspiegelten, und seine Schuhputzausrüstung. Die *Upanishaden* haben recht. Nur mit Atem, Seele und Mut brachte es dieser Mann zu einem bewundernswerten Leben.

Es ist das Geschnatter des Geistes, das uns mit längst überholten Zweifeln und mit Verzweiflung plagt und nervt, das uns so oft davon abhält, ein bewundernswertes Leben zu leben. Unser Geist ist wahrlich eine der großartigsten Schöpfungen in Gottes Welt, aber er ist auch sehr leicht desorientiert und gerät schnell ins Trudeln. Im nächsten Kapitel erkunden wir, wie er funktioniert, und wie der Schlüssel zu unserer Befreiung auch darin liegt, dass wir unser Bewusstsein durch Verständnis und Umlernen zu kultivieren lernen.

Kapitel 4

KLARHEIT
Der Mental-Körper *(manas)*

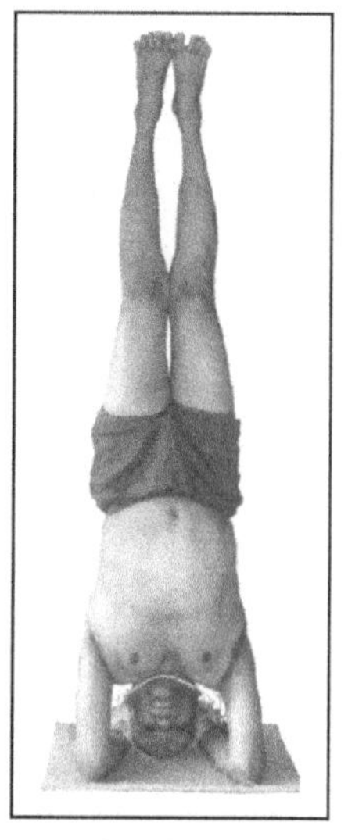

Shīrshāsana

Solange Sie nicht die Mechanismen Ihres Geistes oder ganz allgemein die des menschlichen Bewusstseins verstehen, können Sie nicht hoffen, inneren Frieden oder Freiheit zu erfahren. Alles Verhalten, das konstruktive wie das destruktive, hängt von unseren Gedanken ab. Indem wir verstehen, wie unser Denken funktioniert, entdecken wir nichts Geringeres als die Geheimnisse menschlicher Psychologie. Haben wir die richtige Wahrnehmung und das richtige Verständnis von unserem Geist, dann öffnet sich die Tür zu unserer Befreiung, dann durchschreiten wir den Schleier der Illusion und treten in den strahlend hellen Tag der Klarheit und Weisheit. Deshalb gehört das Studium des Geistes und Bewusstseins zum Wesenskern des Yoga.

Ganz offensichtlich sind Geist und Bewusstsein an jeder Ebene unseres Seins beteiligt, doch sollen sie, der Blaupause des Menschen aus der Sicht des Yoga zufolge, aufgrund ihrer Subtilität in der dritten und vierten Hülle unseres Seins angesiedelt sein. Der Yogi unterscheidet zwischen *Mental-Körper (manomaya kosha),* wo sich die unaufhörlichen Gedanken über das menschliche Leben abspielen, und dem *Körper der Weisheit (vijñānamaya kosha),* wo sich Intelligenz und Unterscheidungsvermögen finden lassen. Dieses Kapitel befasst sich im Einzelnen mit dem Mental-Körper und wie das Gehirn als Denkorgan, das Gedächtnis, das Ego und die Sinneswahrnehmung auf Gedeih und Verderb in unserem Leben zusammenarbeiten. Ich werde die yogische Definition von Intelligenz vorstellen: das Fällen selbst-bewusster Entscheidungen aufgrund von informierter Urteilskraft und Willensausübung. Im nächsten Kapitel werde ich dann auf Intelligenz und Weisheit zurückkommen. Durch Intelligenz leiten wir Veränderung und Wandel ein, befreien uns von eingewurzelten Verhaltensmustern und steuern in winzigen Schritten Erleuchtung und Freiheit an. Doch wir können erst dann auf eine Entwicklung dieser Intelligenz hoffen, wenn wir verstehen, warum wir so oft veranlasst sind, ohne ihr Mitwirken zu handeln.

Patañjali entschied sich in seinen *Yogasūtras* dazu, die Funktionsweisen und Mechanismen von Geist und Bewusstsein, sowohl in ihrem Erfolg wie in ihrem Scheitern, zum zentralen Thema der Yoga-Philosophie und Yoga-Praxis zu machen. Tatsache ist, dass aus der Sicht des Yogis Praxis und Philosophie gar nicht voneinander zu trennen sind. In Patañjalis erstem Sūtra heißt es: »Nun werde ich den Kodex ethischen Verhaltens darlegen, welches der Yoga ist.« Mit anderen Worten, Yoga ist etwas, das man *tut*. Und was tut man? Das zweite Sūtra sagt uns: »Yoga ist das Aufhören aller Bewegungen und Schwankungen im Bewusstsein.« Alles, was wir im Yoga tun, ist darauf angelegt, dass wir diese unglaublich schwierige Aufgabe bewältigen. Wenn wir sie bewältigen, so sagt Patañjali, dann befinden sich Ziel und Frucht des Yoga in unserer Reichweite.

Mein Lebenswerk bestand darin, zu zeigen, dass man sich schon vom allerersten *Samāsthiti* (gerade, aufrecht und unbewegt stehen) oder *Tādāsana* (Berg-Stellung) in der allerersten Unterrichtsstunde an diese Aufgabe heranwagt. Wenn man durchhält und an sich arbeitet, Kraft und Klarheit gewinnt und immer von der anfänglichen Praxis ausgehend durchdringt, dann werden uns die Körper- und Atemtechniken, die Yoga anzubieten hat, dazu führen, dass wir das von Patañjali gesetzte großartige Ziel erreichen. Ein konzeptuelles Verständnis dessen, was wir da zu tun versuchen, ist absolut wichtig, solange wir uns nicht einbilden, dass es ein Ersatz für die Praxis wäre. Es ist eine Hilfe für die Praxis. Der Bauplan des Architekten ist nicht dasselbe wie das Gebäude selbst, doch ist er sicherlich ein wichtiges Element, um dessen Realisierung herbeizuführen.

Im Yoga gibt es präzise Definitionen von Geist und Bewusstsein, deren Sanskrit-Begriffe sich aber nicht immer problemlos in andere Sprachen übertragen lassen. Ich werde diese Begriffe im weiteren

Verlauf erklären und möchte hier nur anmerken, dass im Deutschen wie im Englischen Geist und Bewusstsein oft synonym gebraucht werden. In der präzisen Sprache des Sanskrit wird Geist – im Folgenden auch zuweilen individueller Geist genannt – unter dem Aspekt von Denkfähigkeit, Verstand, Gemüt und Herrscher der Sinne als ein Aspekt oder Teil des Bewusstseins beschrieben. Der individuelle Geist bildet die äußere Schicht des Bewusstseins *(chitta)*, ganz so wie der Körper aus Gebein und Muskeln die äußere Hülle bildet, die den inneren Körper der lebenswichtigen Organe und des Kreislauf- und Atemsystems beherbergt. Bewusstsein meint unsere Fähigkeit, sowohl äußerlich wie auch innerlich gewahr zu sein, die Fähigkeit zu Selbst-Gewahrsein und Selbst-Erkenntnis. Ein gutes Bild für das Bewusstsein ist der See. Die reinen Wasser des Sees spiegeln die Schönheit der Umgebung wider (äußerlich), und man kann auch durch das klare Wasser direkt bis zum Grund sehen (innerlich). Ebenso kann ein reiner Geist die Schönheit der ihn umgebenden Welt widerspiegeln, und ist er still, so sieht man in ihm die Schönheit des Selbst oder der Seele widergespiegelt. Aber wir wissen alle, was Stagnation und Verunreinigung einem See antun. So wie man das Wasser eines Sees sauber halten muss, ist es die Aufgabe des Yoga, die Gedanken-Wellen, die unser Bewusstsein und Gewahrsein stören und beeinträchtigen, zu reinigen und zu beruhigen.

Was hat man sich nun unter den von Patañjali erwähnten Bewegungen und Schwankungen des Geistes vorzustellen? Wenn wir beim Bild des Sees bleiben, so sind es die kleinen und großen Wellen auf seiner Oberfläche und die Strömungen und Bewegungen in seiner Tiefe. Wir alle kennen aus eigener Erfahrung, wie plötzlich irgendwelche Gedanken die Oberfläche unseres Geistes aufrühren: »Oh, ich habe vergessen, die Karotten zu kaufen«, oder: »Mein Chef kann mich nicht leiden.« Wir bemerken, wie Störungen im Außen innere Störungen erzeugen: »Ihr geistloses Geschwätz macht es mir unmöglich, mich zu konzentrieren.« Aus yogischer Sicht bedeutet geistloses oder sinnloses Geschwätz, sei es unser eigenes oder das von anderen, eine Menge ablenkender Wellen. Und so brechen auch unsere Wünsche und Begierden, Abneigungen, Eifersüchteleien, Zweifel und Ängste aus dem individuellen Geist und dem Bewusstsein zur Oberfläche durch. Aus dem Gedächtnis aufsteigende Gedanken werden als eine Art von Welle angesehen, ebenso der Schlaf oder das Tagträumen. Sogar die Unwissenheit oder Dummheit wird als eine Art von Bewegung im Bewusstsein betrachtet. Wir werden uns diese Dinge später anschauen. Im Moment geht es darum, dass sehr viele Kräfte den See ständig in Unruhe versetzen, das Wasser verschmutzen und die Oberfläche aufrühren. Daraus lässt sich ersehen, was für ein gewaltiges Unterfangen es ist, den See wieder in einen Zustand der kristallklaren Reinheit und Ruhe zu versetzen. Wir sollten daher zunächst einen sehr sorgfältigen Blick auf unser Bewusstsein werfen und sehen, aus welchen Elementen es sich zusammensetzt, und analysieren, wie diese zusammenarbeiten.

Die inneren Mechanismen des Bewusstseins

Fast in jedem Buchladen finden sich ganze Regale voll mit Büchern über Selbsthilfe, mit Ratgebern zu persönlichen Problemen und für die persönliche Weiterentwicklung, mit Werken über Psychologie und spirituelle Wege und Praktiken. Doch nur sehr wenige von diesen Büchern kommen mit dem Dauerproblem zurande, das den Kernpunkt des menschlichen Dilemmas bildet, nämlich unser Geist oder Bewusstsein. Und damit ist nicht nur die Natur unseres Bewusstseins gemeint, sondern vor allem auch die Funktionsweise unseres Geistes.

Stellen Sie sich ein Handbuch für ein Auto vor, das sich ausführlich und eloquent mit den Eigenschaften von Karosserie, Design, Farbe, Beschleunigung, Bequemlichkeit und Sicherheit befasst, aber nie darauf zu sprechen kommt, wie ein Verbrennungsmotor funktioniert. Mit einer solchen Beschreibung könnte kein Mensch die Mechanik seines Autos verstehen, es warten oder reparieren. Glücklicherweise können wir unser Auto zur Werkstatt bringen, wo man sich mit den Motoren perfekt auskennt und diese repariert werden können. Aber zu wem gehen wir, wenn unser ganz persönliches Oberstübchen repariert werden muss? Wir können uns von einem Psychologen beraten lassen, aber am Ende sind wir doch stets gezwungen, unseren Geist selbst in Ordnung zu bringen.

Yoga bietet uns sehr nützliche Methoden, um die mentalen Probleme in Ordnung zu bringen, die bei den meisten von uns so viel Leiden verursachen. Doch erst müssen wir die einfache Beschreibung des Bewusstseins verstehen, die uns die Philosophie des Yoga an die Hand gibt. Ich benutze hier ganz bewusst das Wort Philosophie und stelle es absichtlich in einen Zusammenhang mit dem Wort einfach. Wir haben die Vorstellung, dass Philosophie, was wörtlich »Liebe zur Weisheit« bedeutet, kompliziert, theoretisch und vermutlich unverständlich sein muss, um ihrem Namen gerecht zu werden. Die Philosophie des Yoga hat sich hier für andere Kriterien der Exzellenz entschieden: Sie ist einfach, direkt und unmittelbar; sie ist praktisch und – am wichtigsten – *jetzt* anwendbar.

Yoga macht drei Hauptbestandteile unseres Bewusstseins (*chitta* genannt) aus. Den individuellen Geist (*manas* genannt), das Ego oder Ich (*ahamkāra* genannt) und die Intelligenz (*buddhi* genannt). Wie ich schon sagte, bildet der individuelle Geist oder Manas die äußere Schicht des Bewusstseins. *Manas* ist seiner Natur nach launisch, unstet und unfähig, produktive Entscheidungen zu treffen. Es kann nicht zwischen Gut und Schlecht, Recht oder Unrecht, Richtig oder Falsch unterscheiden. Diese Rolle kommt der Intelligenz zu, die die innere Schicht bildet. *Ahamkāra* oder das Ego ist die allerinnerste Schicht des Bewusstseins. Ahamkāra bedeutet wörtlich »Ich-Gestalt«. Es stellt sich uns als unsere Persönlichkeit dar und nimmt vorgeblich die Identität des wahren Selbst an. Es ist der Teil von uns, der nach allem verlangt, was anziehend ist. Die jeweils gerade aktive Schicht des Bewusstseins dehnt sich aus und bewirkt, dass die anderen sich zusammenziehen. Yoga beschreibt die Beziehung zwischen diesen Teilen und ihr proportionales Verhältnis zueinander und erklärt dann, wie sie bei einer Begegnung mit der Welt reagieren, die natürlich dauernd stattfindet. Des Weiteren wird dargelegt, wie wir im Allgemeinen auf die Außenwelt reagieren, nämlich indem wir eingewurzelte Verhaltensmuster bilden, die uns dazu verurteilen, endlos die immergleichen Ereignisse zu durchleben, mögen sie auch oberflächlich gesehen in ihren Formen und Kombinationen variieren.

Jeder kann das bestätigen, der einen Blick auf die Geschichte wirft oder sich die Litanei des Jammers, des Leids und der Kriege in den täglichen Nachrichten anhört. Lernt die Menschheit denn nie etwas?, fragen wir uns aufgebracht. Der historische »Wandel« vom Töten mit Knüppeln zum Töten mit Schwertern, mit Gewehren, mit Atomwaffen stellt eindeutig keine Veränderung dar und schon gar keine Evolution. Die Konstante ist das Töten, und die Wahl der Mittel ist lediglich das Ergebnis technischen Erfindungsgeistes oder von »Cleverness« auf ihrer selbstzerstörerischsten Ebene.

Das Wort Cleverness impliziert exponentiell wachsende technische Möglichkeiten und Geschicklichkeit, wohingegen Intelligenz auf Klarheit der Vision deutet, so wie die reinen Wasser eines Sees, die ohne Verzerrung widerspiegeln.

Dennoch besteht die Chance, dass wir uns aus diesem Kerker der Vergangenheit befreien und uns persönlich darauf trainieren können, diese reaktiven Mechanismen so unter Kontrolle zu haben, dass die alten Muster nicht wiederholt werden. Wirklich neue Dinge können passieren, und echte Veränderungen können stattfinden. Diese aufdämmernde Klarheit ist im Kern der Pfad des Yoga.

Der von mir eben beschriebene evolutionäre Prozess lässt sich auf persönlicher Ebene so zusammenfassen: »Mehr von dem bekommen, was ich mir echt wünsche, und weniger von dem, was ich mir nicht wünsche.« Der Trick besteht darin, dass wir erkennen, was was ist, und dann danach handeln. Wenn wir uns darin üben, dies zu erreichen, entsteht zunächst die paradoxe Situation, dass wir anfangs eine ganze Menge tun müssen, was wir nicht tun wollen, und weniger von dem tun können, was wir unserer Meinung nach tun wollen. Yoga nennt dies *Tapas,* was ich als anhaltende mutige Schulungspraxis übersetzt habe. Der französische Philosoph Descartes sagte, dass das Glück nicht darin besteht, dass wir die Dinge erwerben, die uns unserer Meinung nach glücklich machen, sondern dass wir lernen, die Dinge gerne zu tun, die wir ohnehin tun müssen. Probieren Sie das einmal aus, wenn Sie auf einen verspäteten Zug warten oder den Abwasch machen.

Wenn Sie lernen wollen, wie man ein Auto repariert, müssen Sie erst einmal wissen, aus welchen Teilen es besteht. Ähnlich müssen wir jetzt über die drei Bestandteile des Bewusstseins sprechen und uns das vom Yoga angebotene Handbuch zur menschlichen Bedingtheit im Einzelnen ansehen.

Der Yoga-Philosophie zufolge gibt es drei Hauptbestandteile des Bewusstseins, die man als Evolution der Natur ansieht. Wir bewundern alle die Unzahl komplexer und vielschichtiger Phänomene innerhalb der langen Evolutionsgeschichte der Natur – der entgegenstehende Daumen, das Auge des Fisches oder Adlers, die Metamorphose des Frosches, der Flügel eines Vogels, das Radar einer Fledermaus oder, auf einer etwas subtileren Ebene, unsere eigenen linguistischen und grammatikalischen Fähigkeiten, eingebaut in die Gehirnzellen eines jeden gesunden menschlichen Wesens. Yoga fordert uns auf, sich die auf dem evolutionären Pfad entfaltenden Komplexitäten des Bewusstseins anzusehen, die noch subtiler sind: individueller Geist, »Ich-Gestalt« und Intelligenz. Wir sollen uns fragen, worin sie bestehen und wie sie funktionieren. Unser *individueller Geist* verarbeitet unsere Gedanken und erlebten Erfahrungen. Die *Ich-Gestalt* ermöglicht es uns, zwischen unserer eigenen Person und anderen zu unterscheiden, gleich ob es sich nun um unsere Mutter oder unseren Sitznachbarn im Bus handelt. Sie kommt vielleicht der Vorstellung der westlichen Psychologie vom Ego am nächsten. Abgesehen von dieser Ich-Gestalt oder dem Ego und der mentalen Aktivität des Geistes haben wir da noch die *Intelligenz,* mittels derer wir wahrnehmen, erkennen und Entscheidungen treffen. Das Bewusstsein setzt sich aus diesen dreien zusammen, und doch ist es größer als die Summe seiner Teile. Schauen wir sie uns nun nacheinander genauer an.

Individueller Geist: Der menschliche Computer

Der individuelle Geist *(manas)* ist nach yogischem Verständnis sowohl physischer wie auch feinstofflicher Natur. Er erstreckt sich über den ganzen Körper, angefangen beim Gehirn und der Wirbelsäule mit den damit verbundenen Nervensystemen, über die fünf Sinnesorgane (Gesichtssinn, Geruchssinn, Tastsinn, Gehörsinn und Geschmacksinn), von denen er den Großteil seiner Informationen bezieht, bis zu den fünf Organen der Handlung (Hände, Füße, Zunge, Geschlechts- und Ausscheidungsorgane), die er kontrolliert und durch die er agiert. Deshalb bezeichnet man ihn auch als den elften Sinn. Er ist beides, wahrnehmend und aktiv. Er ist ein Computer, Informationsspeicher und Informationsfilter, dem Prozessor im Computer auf Ihrem Schreibtisch vergleichbar. Er ist der Außenwelt zugewandt und befasst sich mit den alltäglichen Belangen von »Mein Knie tut weh«, »Mein Abendessen brennt an«, »Das sieht nach einem interessanten Film aus« oder »Ich habe vergessen, meine Hausaufgaben zu machen«. Er beherbergt das System, das uns in Musik hervorragend sein lässt, armselig in Mathematik, geschickt im Werken oder im Zeichnen begabt. Diese Eigenschaften und Begabungen sind unter den Menschen ungleich verteilt, und obwohl man sich in allen Bereichen verbessern kann, wird doch kein noch so hohes Maß an Übung einen durchschnittlichen Musiker in einen Yehudi Menuhin verwandeln. Diesen Talenten, die ihren Sitz im Gehirn und in den Sinnen haben, ist eine physische Realität eigen, die auf physische Weise durch Unfälle (zum Beispiel einen Schlag auf den Kopf), durch Krankheit oder einen durch Altern oder ungesunde Lebensweise bedingten allgemeinen Abbau Schaden erleiden kann. Was auch immer der individuelle Geist ist und tut: Er stirbt mit uns. Durch ihn lassen wir uns auf die Welt ein, nehmen wir sie wahr, erleben und interpretieren wir sie. Die Sinne nehmen wahr, und der Geist stellt sich vor, plant und entwirft. Je nach ihrer gesundheitlichen Verfassung und Vitalität erfreuen wir uns in höherem oder geringerem Maße des Geschenks des Lebens.

Vor allem aber ist der individuelle Geist clever, so clever wie eine Bande Affen, heißt es. So wie die Affen ruhelos von einem Ast zum anderen springen, hüpft der individuelle Geist von Gegenstand zu Gegenstand, von Gedanke zu Gedanke. Er ist persönlich orientiert, aktiv, nach außen gewandt und vergänglich. Er ist gut im Filtern und Sortieren, aber nicht gut im Fällen von Entscheidungen.

Das Gedächtnis oder Erinnerungsvermögen, ohne das wir nicht funktionieren können, ist ein Aspekt des Geistes. Die Einprägungen der Erfahrungen und Empfindungen werden vom Gedächtnis in der Bewusstseinsstruktur gespeichert. Das erlaubt dem individuellen Geist, Selektionsvorschläge zu machen wie zum Beispiel: »Ich mag die blauen, malven-, orange- und rosafarbenen Hemden, aber denk daran, dass Blau mir am besten steht.« Was wir die Wahl des Konsumenten nennen, ist keine Wahl, sondern ein Auswählen. Es bietet nur die Illusion von Freiheit. Die Wahl, zu konsumieren, ist bereits getroffen worden. Der individuelle Geist allein kann bei Fragen wie »Kann ich mir dieses Hemd leisten?« oder »Brauche ich denn noch eines?« keine Rolle spielen. Er kann auswählen, welches gekauft werden soll, aber für sich genommen nicht die binäre Frage beantworten: »Kaufe ich ein neues Hemd oder nicht?« Der individuelle Geist spürt und versteht Anblick, Geruch, Berührung, Hören und Geschmack, aber ohne seinen Speicher an vergangenen Eindrücken ist er machtlos. Deshalb bezieht sich ein Kind, wenn es gebeten wird, das rote Ding in die Hand zu nehmen, auf den Eindruck von Rot im Gewebe des Bewusstseins.

Dafür gibt es einen völlig vernünftigen historischen Grund. Der individuelle Geist ist in allen Fällen, gleich ob es sich nun um einen brillanten oder stumpfinnigen Geist handelt, mit einem einfachen, instinkthaften Überlebenswerkzeug ausgerüstet, welches besagt: »Wiederhole Lust und meide Schmerz.« Das befähigt uns, unsere Hand nicht zum zweiten Mal in ein Feuer zu halten oder nicht ständig zu versuchen, unseren Durst mit Meerwasser zu löschen. Wenn »böse« und »scheußlich« Gefahr impliziert, dann impliziert »nett« oder »angenehm« das Gegenteil, was einen Vorteil für das Überleben bedeutet. Das kann man besonders deutlich an der sexuellen Fortpflanzungsmethode erkennen. Wenn der sexuelle Akt etwas Unangenehmes wäre, würde er kaum die Fortpflanzung und Verbreitung unserer persönlichen Gene oder der Spezies im Allgemeinen begünstigen.

Wenn wir uns die Tiere in freier Wildbahn ansehen, können wir erkennen, dass dieser Mechanismus im Kontext ihres Daseins fast ausschließlich zu ihrem Vorteil funktioniert. Denken Sie an den Braunbären, der im Herbst, wenn die Lachse flussaufwärts zu ihren Laichplätzen schwimmen, genüsslich einen Fisch nach dem anderen verschlingt. Er braucht die Fettreserven, die er sich anfrisst, um durch den Winterschlaf zu kommen, und seine Völlerei, weit davon entfernt, zu den sieben Todsünden zu zählen, ist eine unentbehrliche Tugend. Aber lässt sich der Kontext unseres Lebens, so entfremdet, wie wir der Natur in zunehmendem Maße sind, mit dem des Bären vergleichen? Setzen Sie für den Bären den Menschen ein, und für den Lachs Fast Food. Würde sich hier Völlerei als optimale Überlebenstechnik erweisen? Nicht, wenn das bedeutete, dass wir alle schon mit vierzig an verstopften Arterien sterben würden. Das System, das den Vogel, den Bären, die Fledermaus oder das menschliche Gehirn regiert, funktioniert auf der Ebene der Einzelperson nun nicht mehr so eindeutig zu unserem Vorteil, wie es das in früheren Evolutionsstadien oder im Kontext einer natürlicheren Lebensweise tat oder noch tut.

Mit anderen Worten, etwas, das in unser Gehirn einprogrammiert ist und in der fernen Vergangenheit sehr gut funktionierte, bringt uns nicht mehr den Nutzen wie einst. Ein möglicher Grund dafür ist im Ausdruck »der Kontext unseres Lebens« zu finden. Tiere sind durch »kurzfristige Zeitspannen« eingeschränkt. Ihre Aktionen tragen, sei es zum Guten oder Schlechten, schon nach kurzer Zeit Früchte. Eine Gazelle, die beschlösse, mit »Fast Food« zu experimentieren, würde schon bald als Mittagessen eines Löwen enden.

Beim Menschen aber ist die Spanne zwischen Handlung und Konsequenzen oder Ursache und Wirkung immer länger und länger geworden. Kein Tier hat je die Saat im Frühjahr ausgestreut, dann sechs Monate auf die Ernte gewartet, sie dann eingelagert und über das folgende Jahr hinweg verzehrt. Das ist eine lange Zeitspanne. Wenn wir einem Kind sagen, dass es sich beim Lernen anstrengen soll, damit es die Prüfungen besteht, dann wissen wir, dass die Konsequenzen daraus seine Lebensqualität siebzig Jahre lang bis zum Tag seines Todes radikal verändern können. Das Kind allerdings hat das Gefühl: »Ich hasse Mathematik, ich will lieber fernsehen.« Damit sind wir wieder bei »nett« und »scheußlich« und der angeborenen Neigung des individuellen Geistes angelangt. Das ist das Problem mit den »langen Zeitspannen«, ein Problem, das Yoga schon vor über zweitausend Jahren ausmachte. Wenn das Le ben uns nicht schnell genug auf die Finger klopft, um als Abschreckungsmittel zu dienen, oder wenn die Belohnung nicht schnell genug eintrifft, um als Antrieb wirksam zu sein, fühlen und handeln wir eher wie Kinder. Wir wollen sofortige Befriedigung.

Nehmen wir mal das Beispiel Krankheit. Bis vor kurzem bestand die größte Gefahr für die Gesundheit in Krankheiten wie Cholera oder Typhus. Bei ihnen läuft alles sehr rapide ab. Trinke verseuchtes Wasser am Montag, am Dienstag bist du krank, am Mittwoch tot. Als die Verbindung zwischen Wasser und diesen Krankheiten erst einmal hergestellt war, lernten wir mit Hilfe der Intelligenz sehr rasch, das Trinkwasser sauber zu halten. Kurze Strecken oder rasche Abläufe zwischen Ursache und Wirkung lassen sich relativ problemlos ausmachen, und Korrekturen vorzunehmen fällt leichter. Wenn Sie sich mit dem Hammer auf den Daumen hauen, wird Sie niemand davon überzeugen können, dass der Schmerz seine Ursache in irgendetwas anderem hat. Das nächste Mal werden Sie besser aufpassen.

Aber was ist mit den Krankheiten, die uns heute zu schaffen machen? Sind Sie nicht über sehr lange Zeit hinweg degenerativ am Wirken? Und haben wir nicht große Probleme, sie zu vermeiden oder aber zu heilen?

Fast allen von uns ist klar, dass eine Verbindung zwischen unserer Lebensweise und solchen Krankheiten wie Krebs, Herzleiden und Arthritis besteht. Weil aber der Verschlechterungsprozess so allmählich erfolgt und die tödliche Quittung so lange auf sich warten lässt, fällt es uns schrecklich schwer, die notwendigen Umstellungen in unseren Lebensgewohnheiten vorzunehmen, selbst dann, wenn wir uns auf einer bestimmten Ebene sogar nach ihnen sehnen.

Nehmen wir den Fall von Aids. Ich habe in meinem Medizinunterricht seit Beginn des Ausbruchs der Seuche viele Aids-Patienten behandelt und kenne daher diese Krankheit und ihre allmählich eintretenden verheerenden Auswirkungen gut. Würde der Tod einen Tag später, nachdem wir uns den Virus eingefangen haben, eintreten, gäbe es keine Aids-Epidemie. Alle würden das Risiko oder die Gefahr scheuen. Aber weil die Krankheit erst fünf, zehn oder fünfzehn Jahre später zum Ausbruch kommt, erweist sich die Anziehungskraft einer unmittelbaren Befriedigung für viele Menschen als zu stark, als dass sie ihr widerstehen könnten. Es fällt uns sehr schwer, unsere Verhaltensmuster zu ändern, wie selbstzerstörerisch sie auch sein mögen, und zwar wegen der Art und Weise, in der individueller Geist, Sinne, Organe der Handlung und äußere Umwelt zusammenarbeiten.

Uns aus diesen eingefahrenen Verhaltensgleisen herauszukatapultieren scheint uns ein Ding der Unmöglichkeit zu sein. Doch wie wir gleich sehen werden, lassen sich durch die vom Yoga angebotene Einsicht in das Bewusstsein und durch die in der Yoga-Praxis gewonnene Beherrschung oder Meisterung des Ichs eine anhaltende, progressive Reformierung und Veränderung erreichen.

Die Aussage, dass sich die ererbten Neigungen und Veranlagungen des Geistes und der Sinne oft zu unserem Nachteil auswirken, bedeutet in keiner Weise eine Verurteilung dieses wundervollen Instrumentariums, über das wir hier verfügen. Uns muss nur klar sein, wie schnell, wie kraftvoll und wie trickreich es ist, impulsiv wie ein wilder Hengst. Die Informationen, die es uns übermittelt – »Feuer brennt« oder »Reis ist gut für die Ernährung« –, haben sich für unser Überleben als ganz entscheidend erwiesen und sind es immer noch. Der chinesische Philosoph Laotse sagte: »Erkenne dich selbst. Wisse, was gut ist. Wisse, wann du aufzuhören hast.« Yoga ist damit befasst, uns diese Ziele erreichen zu lassen. Atomenergie ist auf der Erde reproduziertes solares Feuer. Ausreichende Wärme ist etwas Wünschenswertes. Wenn wir uns aber diesen ungestümen Drang zur Verbreitung von Atomwaffen anschauen, müssen wir uns doch fragen, ob wir auch im Geringsten wissen, wann wir aufzuhören haben. Eine Schale Reis ist gut. Ein gesättigter Magen ist wünschenswert. Aber sollten wir vierundzwanzig Stunden am Tag voll gesättigt sein? Wollen wir wirklich, dass »Mehr ist besser« das Motto der Menschheit ist?

Wir kämpfen in unserem persönlichen Dasein meist mit zwei Handlungsarten. Die eine ist: Mach jetzt etwas »Nettes und Angenehmes«, und irgendwann später in der Zukunft taucht dann etwas »Hässliches und Unangenehmes« auf. Wiederhole das oft genug, und das »hässliche Ding« wird mit einem Zinseszins daherkommen, auf den wir gut verzichten könnten. Man könnte das auf den Nenner von »Vom ersten Kater bis zur Leberzirrhose« bringen. Die andere Art ist: Mach jetzt etwas, das nicht zu tun dir leichter fallen würde (zum Beispiel die Mathematikhausaufgaben statt fernzusehen oder für ein bisschen Yogāsana-Praxis eine Stunde früher aufstehen), und ernte die Früchte ein bisschen später. Wiederhole das oft genug und streiche in der sich entfaltenden Zukunft den Zinseszins ein. Je länger die Zeitspanne zwischen primärer Aktivität/Inaktivität und deren sekundärer Auswirkung, desto stärker sind wir versucht, uns ausweichend zu verhalten, uns etwas vorzulügen, nicht über unseren Schatten zu springen und den Weg nach unten zu nehmen. Ehrlichkeit ist also von ganz entscheidender Bedeutung, denn ohne sie ist das »Erkenne dich selbst« ein Ding der Unmöglichkeit. So lehnen wir ab, was gut ist, und lernen nie, wann wir aufhören müssen.

Lassen wir nun diesen Aspekt unseres Geistes/Gehirns – das Sammeln und Speichern von Informationen und Erleben und Erforschen der Welt – beiseite und untersuchen wir das zweite Element des Bewusstseins.

Ich-Gestalt: Gestalt und Form des kleinen Selbst

Dies ist unser individuelles Gewahrsein von und unsere Identifikation mit dem Ich, mit mir, mit meiner Einzigartigkeit und meinem Unterschied zu dir, meine Gesondertheit, mein Gefühl, irgendwie im Zentrum aller Dinge zu stehen oder der Nabel der Welt zu sein, und dass alles, was nicht ich ist, in irgendeinem Maße einem Anderen zugehört. Dieses Andere ist nichts Feststehendes, ist aber auch nicht unsere Ich-Gestalt.

In der Tat gehört es zu den Aspekten dieses Ichs *(ahamkāra)*, dass sich diese ewig schrumpfende und ausdehnende Ich-Gestalt fortwährend verändert. Vielleicht fühlen wir uns beim Anblick des großen weiten Nachthimmels über uns klein und einsam, aber dann kann uns ein schöner Sonnenaufgang das Gefühl geben, aufs innigste Teil eines größeren Ganzen zu sein, der Fürsorge eines gütigen Universums anheimgegeben. Ein andermal mag uns der Anblick der Sterne und tiefen Dunkelheit fast dahin bringen, die Unendlichkeit selbst zu erfassen, die Quelle aller unserer Hoffnungen und Schrecken. Die Beziehung zwischen dem Ich und Nicht-Ich ist also eine fließende. Keines von beiden ist eine feststehende Quantität. Manchmal sind wir anderen Leuten nahe und innig verbunden; dann wieder mögen uns die gleichen Leute wie unsere Feinde vorkommen. Doch jedes Mal, wenn wir das Wort »ich« sagen, fühlen wir etwas Hartes und Monolithisches in uns, so wie ein großes steinernes Götzenbild.

Wie immer die Gestalt unseres »Ich« auch aussehen mag, wie schutzlos und durchlässig wir uns auch werden lassen, in unserem normalen Bewusstsein besteht die Trennung zwischen dem Ich und Anderen weiterhin fort. Selbst in unserem Verzücktsein über die Schönheit der Natur wissen wir, dass wir *nicht* der leuchtende Sonnenuntergang sind. Da ist Bewunderung, aber kein Verschmelzen.

Die frühen Philosophen des Yoga machten zwischen dem Ich und dem Nicht-Ich eine Grauzone aus, etwas, das eines von beidem oder beides sein kann, eine Schnittstelle zwischen der »Ichheit« und der Außenwelt. Diese ist mein Körper. Aus seiner paradoxen Stellung leitet sich die große Aufmerksamkeit her, die Yoga und auch andere Praxismethoden dem Körper widmen. Bei unserem Tod können wir ihn nicht mitnehmen, und im Leben können wir ihn nicht zurücklassen. Wie kann er, wenn ich ihn nicht mitnehmen kann, denn wirklich ich sein? Und warum sollte ich mir die Mühe machen und mich um ihn kümmern, wenn er mich im Tode im Stich lässt? Aber wenn ich mich nicht um ihn kümmere, fange ich schon im Leben an zu verfallen und erleide einen langsamen vorzeitigen Tod. Yoga bezeichnet den Körper als das Vehikel der Seele, aber keiner wäscht je einen Mietwagen, wie man so sagt. Yoga weist uns darauf hin, dass es in unserem höchsten Interesse liegt, uns auf jeder Ebene um dieses arme Beförderungsmittel zu kümmern, angefangen bei der Gesundheit über den Geist und das Ich bis hin zur Seele. Das Rätsel des Körpers ist der Ausgangspunkt im Yoga, von dem aus das Mysterium der menschlichen Existenz zu enträtseln ist.

Was für einen Sinn hat es, dass wir über eine individuelle Ich-Gestalt verfügen? Könnten wir, wie zum Beispiel beim Blinddarm, auch ohne sie leben? Warum ist dieses evolutionäre Merkmal mehr oder weniger im ganzen Tierreich anzutreffen? Und warum vor allem im Menschen?

Die sich am natürlichsten ergebende Antwort ist ganz einfach die, dass die Singularität des Körpers eine Singularität des Gewahrseins oder Bewusstseins erfordert. Stellen Sie sich ein Auto mit zwei voneinander unabhängig agierenden Lenkrädern und zwei Fahrern vor. Es könnte sich nie auf der Fahrbahn halten. Die eigenständige Fortbewegung bedingt ein einzelnes »Ich«-Bewusstsein, das über den Geist, die Sinne und den Körper mit der Umwelt verbunden ist, welche Nahrung, Luft und Wasser liefert. Da sich jede biologische Entität auf subtile oder drastische Weise von anderen unterscheidet und dies in sich selbst erkennt, muss sie auch in anderen Unterschiede erkennen. Auf der elementarsten Ebene verlangt die sexuelle Fortpflanzung, dass wir zwischen männlich und weiblich unterscheiden. Eine Bestäubung durch den Wind macht dies nicht erforderlich. Es mag kein Sandkorn einem anderen genau gleichen, aber da sich Sandkörner nicht aus eigenem Antrieb bewegen, nicht nach Nahrung suchen und sich auch nicht fortpflanzen, ist das Letzte, was sie brauchen, ein hochentwickeltes Ego.

Ich sagte, dass unsere Ich-Gestalt etwas Fließendes ist. Wenn wir uns einem großen Ideal oder einer großen Sache verschreiben, oder wenn wir auch nur als Fans unsere Nationalmannschaft bei der Olympiade anfeuern, gehen wir in einer größeren Identität auf und legen für einen Moment die Last des persönlichen Ichs ab. Aber diese Kollektivität ist parteiisch und vorübergehender Natur. Es handelt sich immer noch um Ich-Bewusstsein und ist bestenfalls ein armseliger Ersatz für die Ureinheit.

Unsere »Ichheit« ist ein Identifikationsmoment. Wir müssen uns mit einer bestimmten Besonderheit identifizieren, um die biologische und mentale Integrität bewahren zu können. Alles das dient unserem Wohl. Warum also haben die Worte Ego und egoistisch derart negative Mitbedeutungen?

Der Grund dafür ist, dass die Oberfläche unserer Ich-Gestalt mit einem Superklebstoff behaftet ist. Erinnerungen, Besitztümer, Wünsche, Erfahrungen, Faibles, Errungenschaften, Meinungen und Vorurteile kleben am »Ich« wie Entenmuscheln an einem Schiffsrumpf. Der Kontakt der Ich-Gestalt mit der Außenwelt geschieht über den Geist und die Sinne. Alle Schätze und die ganze Herrlichkeit und das ganze Elend dieses Kontakts werden an das Ego zurück übermittelt, das alles ansammelt und verkündet: »Diese Gesamtheit bin ich.« Mein Erfolg, meine Frau, mein Auto, mein Arbeitsplatz, meine Nöte, meine Wünsche, mein, mein, mein. Und die reine einzelne Identität ergibt sich in diese Krankheit der Elefantiasis, in der unser Ich unförmig anschwillt, sich verhärtet und verkrustet.

Es gibt einen reizenden indischen Mädchennamen – Asmitā. Er bedeutet »Ichheit«. *Aham* bedeutet »ich«. *Asmi* bedeutet »bin«. Diese Ich-bin-heit ist *Asmitā*. *Aham* bedeutet Ich, und *Ākāra* bedeutet Gestalt, Form. Wenn ich mich mit meinen Besitztümern, Merkmalen und Eigenschaften identifiziere, ist das *Ahamkāra*. Davon leitet sich »mir, mein, meines« her. Wenn ich mich mit dem »Ich« identifiziere, ist das die *Asmitā* – die »Ichheit«. Sie spiegelt die Schönheit des Geschenks der Einzigartigkeit und Einmaligkeit wider, die allem Lebenden eigen ist. Sie bedeutet aber auch Stolz. Sie können die Verbindung erkennen – übersteigerter Stolz ist das Symptom eines erkrankten Ichs. Unser Körper kann krank werden, unser Geist auch. Ebenso das Ich. Die Antwort auf unsere frühere Frage, warum die Menschheit für dieses Sich-Aufblähen des Ego so anfällig ist, ist wahrscheinlich in unseren außergewöhnlichen mentalen Fähigkeiten für Sprache und Gedächtnis zu finden. Diese Kommunikations- und Erinnerungsfähigkeit gestattet dem Ego, sich ständig von den Erfahrungen zu nähren, die ihm vom Geist übermittelt werden. Natürlich wird es dickleibig, wird es übergewichtig und krank.

Yogis untersuchten vor langer Zeit diese unbefriedigende Sachlage. Ihnen wurde einsichtig, wie die Vorliebe des Geistes für »wiederhole Lust, meide den Schmerz« trotz aller Nützlichkeit fürs Überleben zu Schwierigkeiten führen kann. Wo lag das Problem mit dem »Ich-Bewusstsein«? Der Nutzen ist klar – ein einzelnes Bewusstsein in einer einzelnen biologischen Entität. Wäre es möglich, so fragten sie sich, dass die Singularität des Bewusstseins, die Ichheit, nicht dasselbe ist wie mein wahres Selbst, die Essenz meines Seins? Dass sie es aus praktischen Gründen und für die Alltagszwecke nur imitiert und dann aufgrund der Macht der Gewohnheit schließlich an diese Imitation glaubt?

Das ist der springende Punkt. Das Ego wurde mit dem Glühfaden in einer Glühbirne verglichen, der, weil er Licht ausstrahlt, sich zur Quelle des Lichts erklärt, zur Elektrizität. In Wirklichkeit wird das Licht, das vom Ich-Bewusstsein ausgeht, aus einer anderen, tieferen Quelle gespeist und übertragen, einer, die im Alltagsleben nicht zu erkennen ist, deren Existenz die Menschheit aber schon immer intuitiv erfühlt hat. Wir bringen sie mit unseren Anfängen in Verbindung, mit einem ursprünglichen Einssein, aus dem wir hervorgegangen sind. Wir bringen sie mit unserem Ziel und Bestimmungsort in Verbindung, mit einem letztendlichen Ganzen, zu dem wir eines Tages zurückkehren. Wir bringen sie mit dem Himmel in Verbindung, unserem unsichtbaren Tor zur Unendlichkeit. In einer Welt der Mannigfaltigkeit und Vielfalt, der Unterschiede und Trennungen, des Gebens und Nehmens lebend, schaffen wir es aber nicht, diese Quelle und letztliche Einheit in uns selbst und in den Komplexitäten des Alltagslebens wahrzunehmen. Wir spüren vielleicht ihre Gegenwart und entsinnen uns ihrer dunkel wie des Gesichts einer schon lange verlorengegangenen Liebe, oder stellen sie uns ängstlich und schüchtern vor wie das Gesicht der Geliebten, nach der wir uns sehnen und der wir erst noch begegnen müssen.

Die üblichste Bezeichnung dafür ist Seele. Wenn sich das »Ich« am Bewusstsein festmacht, wird es zum Ego *(ahamkāra)*. Wenn das »Ich« ausgelöscht werden kann, strömt das Gewahrsein der Seele ins Bewusstsein ein. Dies ist nicht das echte Innewerden der Seele. Sie ist eine gesonderte Entität und sollte mit keiner Form von »Ich«-Bewusstsein verwechselt werden. Dennoch fühlt das Bewusstsein, wenn das Ego ruhig und still ist, die Wirklichkeit der Seele und bringt diese ihr Licht durch das lichtdurchlässige Bewusstsein zum Ausdruck.

Wir alle spüren bis zu einem gewissen Grad sowohl bei unseren Anfängen wie bei unserem Ende die Gegenwart der Seele. Beim Blick auf unsere Umwelt sind wir hin- und hergerissen zwischen dem Gefühl, dass »die Seele nicht darin sein kann«, und dem Wissen, dass »wenn die Seele überhaupt existiert, sie auch darin sein muss«. Aus unseren Vorstellungen von Zeit und Raum folgern wir, dass sie grenzenlos sein muss. Ihre Existenz wird durch die Spanne unserer Jahre zwischen Wiege und Grab weder definiert noch begrenzt. Diese kurzen Jahre sind die Domäne der Ich-Gestalt des Bewusstseins, die im Körper, die ihr Träger ist, geboren wird, wächst, gedeiht, dahinwelkt und stirbt. Die Seele ist demokratisch: Wenn sie in uns existiert, dann gleichermaßen auch in anderen. Sie ist nicht unser persönliches Eigentum; wenn überhaupt, dann sind wir es, die ihr zugehören.

Wenn wir dieses gesonderte, notwendige, aber befristete »Ich-Bewusstsein« oder »Ich-Gewahrsein« für unsere wahre und beständige Identität halten, wenn wir sie mit der Seele verwechseln, sitzen wir in der Klemme. Unser allergrößter und sehnlichster Wunsch ist es, zu leben und Teil des Lebens zu sein. Indem wir uns dazu entscheiden, uns mit dem Teil von uns zu identifizieren, der sterben muss, verurteilen wir uns zum Tode. Indem der Mensch eine falsche Identität umarmt und akzeptiert und diese Verwechslung für bare Münze nimmt, bringt er sich selbst in einen Zustand fast unerträglicher Spannung. Yoga bezeichnet diesen Zustand als »Unwissenheit« und betrachtet ihn als unser grundlegendes Leiden, als die Matrix des Irrtums, aus der alle anderen Verblendungen, Fehlwahrnehmungen und Irrtümer hervorgehen. Aus unserer ignoranten Identifizierung mit unserem Ego und seiner Sterblichkeit entstehen die Kreativität und die Zerstörungswut des Menschen, die Glanzleistungen der Kultur und die Schrecken und Gräuel seiner Geschichte.

Wir nehmen große und wunderbare Projekte in Angriff, um uns zu bestätigen, dass das egobezogene Ich nicht sterben wird. Was sind die Pyramiden von Ägypten anderes als der Versuch, den Tod auszutricksen? Sie sind ein Wunderwerk an Organisation, Technik, Geometrie und Astronomie, aber die dahinterstehende Triebkraft war des Pharaos Begierde nach persönlicher Unsterblichkeit und die Eitelkeit, zu glauben, dass es für sein menschliches, königliches Ego ein Mittel gäbe, dem Grab ein Schnippchen zu schlagen.

Eine innere Stimme flüstert uns stets zu, dass dies eine vergebliche Hoffnung ist, und dennoch sind wir auf zahllosen Wegen bemüht, einen Teil von uns, dessen Tage gezählt sind, fortdauern zu lassen oder uns im Voraus für den kommenden Verlust zu entschädigen. Worin sonst besteht die große Anziehungskraft des Luxus? Konsumdenken kann nicht das Tor zur Unsterblichkeit sein. Es ist ein unwirksamer und flüchtiger Balsam auf die Wunde der Sterblichkeit. Die Angst vor der Vergänglichkeit auszuhalten und gegen das Unvermeidliche anzukämpfen ist eine ermüdende Angelegenheit, der wir uns dennoch widmen, obwohl wir uns gleichzeitig und gleichermaßen von der Bürde des Ichs befreien möchten und uns nach dessen Auflösung sehnen. Wir dürsten geradezu nach dem Verschmelzen und völligen Eintauchen oder Aufgehen in etwas Transzendentem. Das egobezogene Ich ist ein anstrengender Reisegefährte, der ständig verlangt, dass man seinen Launen nachgibt, seinen Anwandlungen nachkommt (obwohl er nie zufrieden ist) und seine Ängste beruhigt (obwohl das gar nie möglich ist).

Die liebreizende Asmitā, das einzelne Gewahrsein und Bewusstsein in einem einzelnen Körper, wird so in einen unersättlichen, paranoiden, dünkelhaften Tyrannen verwandelt, obgleich wir dieses Phänomen normalerweise eher bei anderen Leuten wahrnehmen.

Der Grund für diese traurige Verwandlung ist die Unwissenheit, die Verblendung, durch die wir fälschlicherweise einen Teil von uns für das Ganze halten. Ein großer Teil der Yoga-Praxis und -Ethik befasst sich mit dem Zurechtstutzen des Ego und mit der Beseitigung des Schleiers der Unwissenheit, der seine Sicht verdunkelt. Dies kann nur durch das Eingreifen und mit der Unterstützung des dritten Bestandteils des Bewusstseins bewerkstelligt werden.

Intelligenz: Die Quelle der Vernunft und des Unterscheidungs- und Urteilsvermögens

Das ist die Intelligenz *(buddhi)*. Auch hier trifft Yoga wieder eine wichtige Unterscheidung zwischen Intelligenz und individuellem Geist *(manas)*. Dessen spezielle Eigenschaft ist Cleverness. Im Vergleich zu anderen Lebensformen sind alle Menschen clever. Yoga erklärt ganz klar, dass man nicht deshalb dumm ist, weil man weniger clever als der Nachbar ist. Dummheit ist die Abwesenheit von Intelligenz. Dummheit kann bedeuten, dass wir uns auf eine bestimmte Weise verhalten oder nichts aus unseren Fehlern lernen. Wir sind alle manchmal dumm. Und relativ gesehen sind wir alle immer clever. Ein Wissenschaftler, der eine Rakete baut, oder ein Linguistikprofessor kann dümmer sein als ein Bauer oder Fabrikarbeiter. Möglicherweise sind der Wissenschaftler oder der Professor sehr viel cleverer, aber das macht sie nicht unbedingt intelligenter. Lassen Sie mich Ihnen ein Beispiel geben. Wissenschaftlich fortgeschrittene Nationen erfinden viele komplizierte und schreckliche Waffen. Um das tun zu können, müssen sie clever sein. Dann verkaufen sie diese Waffen unterschiedslos auf der ganzen Welt, und diese landen dann in den Händen ihrer Feinde. Ist das clever oder dumm? Wenn es dumm ist, ist dann diese Dummheit auf einen plötzlichen Verlust von Cleverness oder auf die Abwesenheit von Intelligenz zurückzuführen? Der Geist ist sicherlich höchst erfindungsreich. Aber ist das dasselbe wie innovativ sein? Innovativ sein bedeutet, etwas Neues einzuführen, sich einem Veränderungsprozess zu widmen. Erfinden bedeutet das Produzieren einer Variation, einer anderen Form von etwas Altem. Das ist ein feiner und wichtiger Unterschied, und wir verwechseln beides oft. Wenn mich zum Beispiel etwas stets wütend macht, kann ich meinem Ärger auf tausenderlei verschiedene Art Ausdruck geben, kann ich dazu neue Worte oder Aktionen erfinden. An dem Tag, an dem ich mich dazu entscheide, nicht mit Ärger zu reagieren, hat etwas Neues stattgefunden. Das ist Innovation. Hier ereignet sich Veränderung. Yoga versucht uns zu helfen, wirklich innovativ zu sein und eine Intelligenz zu entwickeln, die uns gestattet, eine neue Beziehung zu unserem Ego und unserer Welt aufzubauen. Eine solche neue Beziehung ist abhängig davon, dass wir die Welt objektiv und wahrheitsgemäß wahrnehmen, Entscheidungen treffen und erkennen, was das Beste ist.

Die Intelligenz hat zwei vorrangige Wesensmerkmale. Zum einen ist sie reflektierend, denn sie kann sich außerhalb des Ichs stellen und objektiv wahrnehmen, nicht nur subjektiv. Wenn ich subjektiv bin, dann sage ich, dass ich meinen Job hasse. Wenn ich objektiv bin, dann sage ich, dass ich über das Können und die Fähigkeiten verfüge, um einen besseren Job zu bekommen. Diese erste Eigenschaft der Intelligenz macht deren zweite möglich. Sie kann eine Wahl treffen. Sie kann sich dazu entscheiden, eine neue, eine innovative Handlung vorzunehmen. Sie kann Veränderung einleiten. Sie kann beschließen, aus den alten eingefahrenen Gleisen herauszuhüpfen, in denen wir alle feststecken, und einen Pfad einzuschlagen, der sie in ihrer evolutionären Weiterentwicklung voranbringt. Die Intelligenz schwatzt nicht. Sie ist die stille, entschlossene klarsichtige Revolutionärin unseres eigenen Bewusstseins. Sie ist die stille oder schlafende Partnerin im Bewusstsein, aber wenn sie erwacht, ist sie die ranghöhere oder dominante Partnerin.

Wenn wir auf den individuellen Geist *(manas)* und die Ich-Gestalt *(ahamkāra),* die beiden getreuen konservativen Anhänger des Bewusstseins, zurückblicken, sehen wir, dass sie logischerweise von Mechanismen regiert werden, die sich der Veränderung widersetzen. Der individuelle Geist und die ihn informierenden Sinne sind bestrebt, Lust zu wiederholen und Schmerz zu vermeiden. Wir haben die Gründe dafür erkannt, müssen aber zugleich auch einräumen, dass es sich im Grunde um Verhaltensmuster handelt, die ihre Wurzeln in den Erfahrungen der Vergangenheit haben. Folglich wird er eher vor der Innovation zurückscheuen und so die Möglichkeit zur Evolution im Keim ersticken. Wir haben auch gesehen, dass sich die Ich-Gestalt oder das Ego als das Gesamt der Erfahrungen definieren, die ihr oder ihm in der Vergangenheit zugewachsen sind: meine Kindheit, mein Hochschulabschluss, mein Bankkonto. Die Ich-Gestalt, oder das Ego, ist die laufende Summe all dessen, was sich bis jetzt ereignet hat. Es ist in die Vergangenheit verliebt. Warum? Was fürchtet das Ego am meisten? Seinen Tod. Und wo ist der zu finden? In der Zukunft. Also ist das Ego natürlich mit den endlosen Variationen der Vergangenheit am glücklichsten. Es fühlt sich wohl damit, das immergleiche Mobiliar im immergleichen Zimmer umzustellen, dann einen Schritt zurückzutreten und zu sagen: »Sieht das nicht anders aus?« Sieht es denn anders aus? Ja. Ist es etwas anderes? Nein. Das Ego möchte keinesfalls das Mobiliar wegwerfen und den Raum verlassen. Das wäre das Unbekannte. Das Unbekannte erweckt alle seine panischen Ängste vor der eigenen Vergänglichkeit. Es hat Angst, dass eines Tages seiner Imitation des wahren Selbst, der unbekannten Seele, die Maske heruntergerissen wird und damit seine Existenz, so wie es sie bisher kannte, ein Ende hat.

Europäer, die in früheren Zeiten Indien bereisten, waren oft entsetzt, wenn sie entdeckten, dass das Ziel religiöser Praxis das Ende der Illusion von einer dauerhaften Realität des egobezogenen Ichs bedeutet. Sie reagierten darauf, als handle es sich um eine Art Selbstmord. Paradoxerweise hatten sie aber auch Respekt davor. Die Erfahrung des *Samādhi* offenbart uns, dass das Ego nicht die Quelle des Selbst ist. Wir transzendieren die Identifikation mit dem Ego. Nach dem Samādhi-Zustand kehren wir wieder zu unserem Ego zurück, nutzen es jetzt aber als ein nötiges Werkzeug für unser Dasein und nicht als Ersatz für die Seele. Es schränkt uns nun nicht mehr mit seiner Kleinlichkeit, seinen Ängsten und Begierden ein.

Darshana, das Sanskrit-Wort für Philosophie, bedeutet Schau oder Einsicht. Das ist die Schau unserer selbst, eine objektive Sicht oder Wahrnehmung, die dem Ich als Spiegel dient. Dies ist die reflektierende Eigenschaft der Intelligenz. Plato sagte, dass es nicht ausreicht, zu wissen (was subjektiver Natur ist). Wir müssen auch wissen, dass wir wissen. Das ist objektiv. Es ist das Bewusstsein darüber, bewusst zu sein, das uns zum menschlichen Wesen macht. Bäume haben auch Bewusstsein. Ein Hain von Eichen breitet sein Geäst auf harmonische Weise zum Nutzen eines jeden Blattes, eines jeden einzelnen Baumes in dieser Gruppe aus. Aber diese Bäume sind sich ihrer nicht bewusst. Das Bewusstsein der Natur ist unbewusst. Man könnte die Geschichte der Menschheit als eine Reise vom Unbewussten zum bewussten Bewusstsein oder zum Selbstbewusstsein beschreiben. Wenn das stimmt, dann muss es, da das Bewusstsein durchdringender und durchlässiger Natur ist, sowohl auf der Ebene des Individuums wie auch auf der der Spezies agieren.

Welchen Vorteil bringt dieser Spiegel der Intelligenz? Ganz einfach den, dass wir uns sozusagen aus der Distanz betrachten können. Plötzlich wird das egobezogene Ich zu einem Objekt. Normalerweise ist es das Subjekt und unfähig, die Dinge anders als aus seiner Warte zu sehen. Ein realer Spiegel erlaubt uns, uns selbst quasi von außen zu betrachten und deshalb auch wahrzunehmen, was wir ansonsten nicht bemerken würden, zum Beispiel Essensflecken auf der Krawatte. Und so können wir an unserem Erscheinungsbild Veränderungen vornehmen, wenn uns das Bild, das wir sehen, missfällt oder stört. Tatsächlich ist das Bewusstsein ein Doppelspiegel, der die Objekte der Welt oder aber die Seele im Innern reflektieren kann.

Wir können uns dazu entscheiden, die Krawatte abzunehmen und sie zu säubern. Wir können uns dazu entscheiden, mit der Āsana-Praxis zu beginnen und unseren Körper zu reinigen und zu läutern. »Wir können wählen.« Das ist der zweite Aspekt der Intelligenz. Auf der Grundlage objektiver Informationen können wir uns dazu entscheiden, unsere Krawatte zu säubern oder nicht zu säubern. Wir können mit der Āsana-Praxis anfangen oder morgens länger schlafen. Intelligenz beinhaltet also nicht nur einfach ein Nachdenken, sondern auch ein »Sich-Entscheiden zwischen«.

Ist Ihnen schon aufgefallen, dass wir, wenn wir ein Problem haben, sagen: »Psst! Warte, lass mich nachdenken«? Was wir aber eigentlich meinen, ist: »Psst! Warte, lass mich aufhören zu denken.« Wir wollen klar sehen und müssen deshalb den aus dem Geist unablässig hervorbrechenden Fluss pulsierender Bilder, Worte und damit verbundener unterschwelliger Assoziationen zum Stillstand bringen. Der Geist produziert fortwährend Gedanken und Bilder, so wie ein Fernseher, der keine Taste zum Ausschalten hat. Die Gedanken bewegen sich zu schnell, um sie einfangen zu können, und aus freien Stücken hört das Denken nie auf. Es ist eine endlose, unserem Gehirn entströmende analoge Welle, die sich in den Äther ergießt. Sie kann sich selbst nicht neu formieren oder umformen. Das Denken kann ebenso wenig durch Denken verursachte Probleme lösen, wie eine fehlerhafte Maschine sich ohne die objektive Betrachtung und das Eingreifen eines Mechanikers selbst reparieren kann. Das ist die Rolle der Intelligenz: innezuhalten, zu erkennen, zu unterscheiden, einzugreifen.

Die Intelligenz führt ihre Aufgabe zunächst mittels ihrer Fähigkeit aus, den Gedankenfluss anzuhalten, zum Stillstand zu bringen. Das nennen wir Kognition. Kognition ist der Erkenntnis- und

Wahrnehmungsprozess und beinhaltet sowohl Gewahrsein wie auch Beurteilung. Er lässt uns *im gegenwärtigen Augenblick* wahrnehmen, dass dem Kern einer Situation eine Wahl zugrunde liegt. Ohne das Geflimmere und Geflackere der Gedankenbilder sehen wir uns selbst objektiv in der Lage, uns fragen zu können: »Mache ich jetzt dies, oder mache ich jetzt das?« Die Zeit hält in einem Augenblick des Gewahrseins und der Reflexion inne, in dem wir plötzlich über unser Schicksal bestimmen können und sollen. »Esse ich jetzt noch eine Portion Eis, oder höre ich jetzt auf?« Die Wahl mag uns hart ankommen, aber wenigstens ist sie einfach. Wir stehen vor einer Weggabelung, vor einer Entscheidung, die, mag sie für sich genommen auch noch so trivial sein, für uns irgendwie gewichtig und folgenschwer ist.

Stellen Sie sich vor, Sie wachen eines Morgens früh auf und fragen sich: »Soll ich aufstehen und einmal ein bisschen Yogāsana-Praxis machen, oder soll ich mich umdrehen und noch ein Stündchen schlafen?« In gewisser Weise wollen wir beides, wissen aber, dass das unmöglich ist. Wir stehen vor einer Wahl, vor einem Scheideweg. Beide Richtungen haben etwas Anziehendes, aber offensichtlich ist der eine Weg leichter als der andere. Unsere kognitive Intelligenz hat uns dahin gebracht, dass wir diese Wahlmöglichkeit klar wahrnehmen, aber im Augenblick der Entscheidung stecken wir immer noch fest. Ist der schwerere Weg (aus dem Bett rauszukommen) wirklich eine Option?

Dank des zweiten Aspekts der Intelligenz ist er es, ja. Das ist die Domäne des freien Willens, manchmal auch als Wollen oder Streben bezeichnet. Daher sagen wir im Yoga, dass die Intelligenz sowohl kognitiver wie auch strebender Natur ist. Der Wille ist es, der uns aus dem Bett treibt und unser Gewahrsein von einer Wahl in Aktion übersetzt. Er bringt die schwierigere Option wirklich von der Möglichkeit zur Wirklichkeit. Ich habe Hathayoga oft als den Yoga des Willens bezeichnet.

Jetzt haben Sie sich also aus dem Bett geschwungen. Die Schlacht ist gewonnen, aber noch nicht der Krieg. Wäre es jetzt nicht schön, sich einen Kaffee zu machen und ein Stündchen lang die Morgenzeitung zu lesen? Das Aufstehen war eine Leistung, ein Schritt in die richtige Richtung … aber war es genug? Ein weiterer Augenblick der Kognition, der Wahl, der Willensausübung. Bald machen Sie um halb sieben Uhr morgens Yoga. Das ist neu, ein erstes Mal, eine Initiation, eine Innovation.

So wird Geschichte gemacht, Ihre persönliche Geschichte, dank des Spiegels und der Schere der Intelligenz – sieh, wähle, handle. Wenn Sie sich dann anschließend zur Arbeit aufmachen, werden Sie wahrscheinlich den Nutzen der Praxis an Ihrem physischen Wohlbefinden ermessen, einer gewissen Vitalität und auch Befriedigung über Ihre Aktivität und Selbstdisziplin. Neben den Bestandteilen Ihres Körpers haben Sie noch etwas geübt und geschult, nämlich jenen nur allzu oft schlafenden Bestandteil des Bewusstseins, die Intelligenz höchstselbst.

Und wenn morgen früh der Wecker klingelt, müssen Sie alles wieder durchexerzieren. Oder vielleicht doch nicht ganz und gar alles. Wenn ein gut durchtrainierter muskulöser Körper jeden Tag besser funktioniert, dann gilt dies ganz gewiss auch für eine gut geschliffene Intelligenz. Für den Körper wird die Frucht unseres anhaltenden intelligenten Bemühens Gesundheit im weitesten Sinne sein. Was wir aber auf anderer Ebene eigentlich gewinnen – und das ist der Grund für unsere Befriedigung –, sind Selbstbeherrschung und Selbstdisziplin.

Dies ist ein überaus bedeutsamer Punkt. Wenn wir gesund und selbstdiszipliniert sind, können wir logischerweise auch unser Leben in zunehmendem Maße lenken. Wir sind glücklich, wenn wir unser Leben im Griff haben, weil wir dadurch ein wachsendes Maß an Freiheit erfahren. Wir erkunden durch die Freisetzung und Verwirklichung unseres Potenzials die Möglichkeiten unseres Daseins auf Erden. Freiheit ist das innerste Begehren unser aller Herzen. Es ist das einzige Begehren, das uns zur Einheit und nicht zum Getrenntsein führt. Sie macht es möglich, dass wir danach streben können, zu lieben und geliebt zu werden. Sie berührt an ihrem fernsten Küstensaum jene Vereinigung mit der Unendlichkeit, die der Grund und das Ziel des Yoga ist. Wenn auch die Unendlichkeit noch äußerst fern zu sein scheint, so lasst uns doch eines nicht vergessen: Wenn wir durch einen Akt wirkungsvoller Intelligenz unsere Füße aus dem warmen Bett geholt und auf den kalten Boden gestellt haben, haben wir unseren ersten Schritt getan.

Wir haben damit einen raschen Blick auf den individuellen Geist, das Ego und die Intelligenz geworfen, die gemeinsam das Bewusstsein bilden. Dazu ist noch sehr viel mehr zu sagen und gibt es für Sie noch sehr viel mehr zu entdecken, wenn Sie sich dieses Modells als Richtschnur bedienen. Das Bewusstsein ist mehr als die Summe seiner Teile, und darauf werde ich noch später zu sprechen kommen. Ich habe ein paar dem individuellen Geist und dem kleinen Selbst (Ich-Gestalt) inhärente Mängel erwähnt, aber noch nicht die der Intelligenz. Unsere Aufgabe ist es zunächst, die Intelligenz zu wecken und zu beleben, bevor wir uns ansehen, was schiefgehen kann. Patañjali nennt dies *sattva shuddhi:* Reinheit oder Läuterung der Intelligenz.

Nun möchte ich beschreiben, wie individueller Geist (und die ihn informierenden Sinne), das Ego und die Intelligenz in einer banalen Alltagssituation zusammenarbeiten (oder auch nicht). Wir stellen uns geistig das Bewusstsein als Kreis vor, der in drei wechselseitig miteinander kommunizierende Segmente unterteilt ist. Dies ist das Bild von etwas Statischem, was die Welt ganz gewiss nicht ist. Und daher werden wir jetzt das Bewusstsein vor eine Herausforderung in Form eines äußeren Sinnesobjekts stellen. Dieses Objekt ist ein riesengroßer Becher Vanilleeis.

Sie sind spät und müde von der Arbeit nach Hause gekommen. Auf dem Heimweg haben Sie noch haltgemacht, um eine Pizza zu essen, und sind deshalb nicht mehr besonders hungrig. Nachdem Sie nun aber die Küche betreten haben, finden Sie sich wie durch

Zauberhand dabei, dass Sie die Kühlschranktür öffnen. Und im Innern steht da dieser Becher Vanilleeis.

Nun spielen sich folgende Ereignisse ab:

1. Ihre Augen (Sinnesorgane) entdecken das Eis, lesen das Etikett (Vanille) und transportieren die Information zum individuellen Geist, damit sie entschlüsselt und identifiziert wird. Eine Verbindung wird hergestellt: a) äußeres Objekt, b) Sinnesorgan, c) Geist.

2. Der Geist leitet (wie immer) diese Information an das egobezogene Ich weiter. Nun ergeben sich folgende Glieder in der Kette: a) + b) + c) + d) Ego.

3. Ego und individueller Geist beraten sich blitzartig, und das im Geist enthaltene Gedächtnis wird ins Spiel gebracht. Ihm wird automatisch die Frage vorgelegt: »Hat das Essen von Vanilleeis Lust oder Schmerz zur Folge?«

4. Das Gedächtnis erwidert, ohne zu zögern: »Lust.«

5. Das Ego sagt: »Okay, her damit.« Und der Geist koordiniert die Bewegungen der Hand (Organ der Handlung), die nötig sind, um den Eisbecher aus dem Fach zu nehmen, ihn zu öffnen und einen Löffel zu finden. Der Rest ist Geschichte.

Kehren wir nun zu Schritt 4 zurück und sehen wir, ob ein anderes Ergebnis möglich gewesen wäre, und wenn ja, wie.

5a) Geist und Ego sind sich vage einer Art ständigen Signaltons im Hintergrund des Bewusstseins gewahr, so als ob jemand versuchte, ihre Aufmerksamkeit auf sich zu lenken. Das verunsichert sie, und sie drehen sich um (weg vom offenen Kühlschrank) und sehen die Intelligenz auf und ab hüpfen. »Kann ich dem Gedächtnis eine Frage stellen?«, fragt sie.

6a) Individueller Geist und Ich treten von einem Fuß auf den anderen, sie wittern Probleme. Schließlich aber erwidern sie: »Uns wäre lieber, du tätest es nicht, aber wenn du darauf bestehst, können wir dir die Chance nicht verweigern.«

7a) »Danke«, sagt die Intelligenz. »Gedächtnis, sag mir doch bitte, was passiert, wenn du Abend für Abend Eis futterst? Welche *Konsequenzen* hat das?«

8a) Das Gedächtnis ist eine ehrliche Haut, wenn es auch gelegentlich Fehler machen kann. Es antwortet: »Du nimmst gewaltig zu, passt nicht mehr in die neuen Hosen, und deine Arthritis flammt auf.« Wenn es sich selbst überlassen bleibt, wird das Gedächtnis aufgrund des in der Vergangenheit erworbenen Geschmacks an der Sache den Fehler machen zu sagen: »Nur zu – iss, genieße es.« Durch das Eingreifen der Intelligenz ergibt sich nunmehr die komplexere Frage: »Leben wir, um zu essen, oder essen wir, um zu leben?«

9a) Die Intelligenz ergreift weiterhin das Wort. »Fassen wir mal unsere Lage zusammen«, sagt sie. »Wir alle genießen es, Eis zu essen, sogar im Übermaß. Wir alle hassen die Konsequenzen, die sich daraus ergeben. Vor allem du, Ego, wo du so eitel bist, was deine Figur angeht. Mir scheint, wir haben hier die Wahl: es zu essen oder sie nicht zu essen. Das muss uns allen klar sein« (Kognition + Wahl).

10a) Der arme individuelle Geist ist völlig durcheinander und hat eigentlich, entgegen der allgemeinen Meinung, keine eigene Meinung. Er rennt in jede Richtung, wie ein Hündchen nach dem Ball. Normalerweise lässt er das Ego die Anweisungen geben, und das Ego ist jetzt äußerst aufgebracht. »Ich esse *immer* Eis, wenn ich nach einem langen, anstrengendem Tag müde bin. Das ist mir ein großer Trost. Das schulde ich mir. Das ist es, was und wer ich bin.«

11a) Die Intelligenz (die sich auch wegen der Hosen ärgert, aber mehr wegen der idiotischen Geldverschwendung) äußert sich nun zum letzten Mal. »Jetzt werde ich hier mal Klartext reden (Wille). Ich habe euren alten Trott satt, immer dasselbe, tagaus, tagein, und dann das Gejammere über die Konsequenzen oder das Träumen, wie schön die Dinge doch waren oder eines Tages wieder sein werden. Es wird sich gar nichts ändern, wenn wir nichts ändern (Herausforderung). Geist, sag bitte der Hand, sie soll sich von dem Eis zurückziehen und die Kühlschranktür zumachen«, was diese auch tut.

12a) Am nächsten Tag fühlen sich alle aufgrund dieser Entwicklung der Dinge besser. Tatsache ist, dass das Ego ziemlich selbstgefällig ist und sich schon mehr oder weniger eingeredet hat, dass es seine Idee war, das Eis stehen zu lassen.

Wenn wir uns darauf trainieren können, alle Schritte dieser kleinen Geschichte auf eine Sekunde zusammenzudrängen und sie dann Dutzende Male jeden Tag in jeder Situation anzuwenden, dann haben wir einen disziplinierten Geist, ein fügsames (das heißt nicht rigides) Ego, eine scharfe, dynamische Intelligenz und als Folge davon ein reibungslos funktionierendes integriertes Bewusstsein. Ihnen ist vielleicht aufgefallen, dass es beim Beispiel vom frühen Aufstehen, um Yogāsana zu praktizieren, um das Annehmen von etwas Positivem ging, wohingegen die Sache mit dem Eis das Vermeiden von etwas Negativem zum Inhalt hatte. In beiden Fällen agiert die Intelligenz auf gleiche Weise. Sie ist wie das Steuerruder eines Bootes, das nach Backbord und nach Steuerbord steuern können muss. Wenn nicht, würde sich das Boot im Kreis drehen.

Dennoch ist die positive Formulierung vorzuziehen, wenn man alte eingewurzelte Verhaltensmuster zu verändern sucht. »Lass mich die richtige Art finden, meine Brust zu heben« ist besser als »Lass es mich nicht noch mal falsch machen«. Das können wir an Kindern beobachten. »Stell dich nicht dorthin« ist ein Befehl, der dem Kind nur sagt, dass es etwas Falsches macht. Das im jungen Menschen noch relativ stark agierende Unbewusste kann daraus nicht ableiten, wo der richtige Ort ist, sich hinzustellen. Das kann nur das rationale Bewusstsein tun. »Komm und stell dich hierhin« ist eine Anweisung, die für das Kind vollkommen einen Sinn ergibt. Andernfalls wird es dazu gebracht, immer Angst davor zu haben, etwas falsch zu machen, statt zu hoffen und zu erwarten, dass es die

Dinge richtig macht. Da tief eingefahrene Verhaltensmuster, die im Yoga als *Samskāras* oder unterschwellige Eindrücke bezeichnet werden, weitgehend im Unterbewusstsein und Unbewussten eingelagert sind, wie das Wort »unterschwellig« schon vermuten lässt, liegt es in unserem eigenen Interesse, das neue und positive Handeln zu betonen und nicht bei der negativen Vergangenheit zu verweilen. Bevor wir uns auf diesen neuen Weg begeben können, müssen wir verstehen, wie uns diese eingewurzelten Gewohnheiten und Verhaltensmuster oder bedingten Reflexe, die Samskāras, so oft beherrschen und kommandieren.

Samskāra: Sich von der Gewohnheit befreien

Wenn das Bewusstsein einem See vergleichbar ist, dann gibt es da die primären Wellen oder Schwankungen des Bewusstseins auf der Oberfläche des Sees. Diese lassen sich leicht erkennen. Ein Beispiel wäre, dass Sie von sehr lieben Freunden zum Abendessen eingeladen sind, die dieses dann aber in letzter Minute absagen, und Sie sind sehr enttäuscht. Das ist eine primäre Welle auf der Seeoberfläche. Sie sind enttäuscht, unglücklich, fühlen sich im Stich gelassen und befassen sich damit auf der Oberfläche. Sie müssen sich beruhigen, über Ihre Enttäuschung hinwegkommen. Das ist eine Herausforderung, in diesem Fall eine von außen kommende Herausforderung, die eine Welle auf der Oberfläche verursacht.

Die sekundären Schwankungen oder Wellen sind anders gelagert. Sie steigen vom Grund des Sees auf. Dieser ist mit Sand bedeckt, und wenn Sie eine ausreichende Anzahl von Enttäuschungen in Ihrem Dasein erleben, erzeugen die Kräuselungen an der Oberfläche eine Welle, die sich bis auf den Grund hinabsenkt und dort unmerklich eine kleine Sandbank erzeugt. Wir haben somit dort eine kleine Erhebung, einen kleinen Hügel der Enttäuschung. Die Folge davon ist, dass Sie sich häufig enttäuscht oder traurig fühlen, da diese Bodenerhebung auf dem Grund des Sees sekundäre Fluktuationen oder Wellen ausschickt.

Schauen wir uns ein weiteres weitverbreitetes Beispiel an. Wenn Sie ständig gereizt, durch irgendetwas verärgert sind – Ihre Frau, Ihre Kinder, Ihre Eltern oder was auch immer –, wird eine ausreichende Anzahl von gereizten Reaktionen unmerklich, nicht auf einmal, eine kleine Bodenerhebung der Reizbarkeit auf dem Seegrund des Bewusstseins erzeugen und Sie schließlich zu dem machen, was wir eine reizbare oder ärgerliche Person nennen. Wenn Sie, seit Sie sechzehn sind, geraucht haben, unterziehen Sie sich jedes Mal, wenn Sie sich eine Zigarette anzünden, auch einer Gehirnwäsche. »In dieser Situation rauche ich eine«, schickt eine kleine Welle durchs Bewusstsein hinab zum Grund, die zu diesem Hügel von »Rauch eine Zigarette« beiträgt. Deshalb ist es so überaus schwierig, das Rauchen aufzugeben. Abgesehen vom physischen Verlangen erzeugen wir auch ein mentales Verlangen, weil diese Gewohnheit einen so starken Wiederholungscharakter hat. Die Gewohnheit des Rauchens fügt sich in jede Situation ein. Die Auslöser dieser Situation sind derart viele, dass viele Raucher auch noch Jahre, nachdem sie mit dem Rauchen aufgehört haben, manchmal zur Zigarette greifen möchten, weil diese Bodenerhebung immer noch vorhanden ist.

Wenn Sie so einen Hügel der Wut und des Zorns, der Reizbarkeit oder Enttäuschung in sich haben, funktioniert der bedingte Reflex folgendermaßen: Nehmen wir mal an, Ihre Eltern gehen Ihnen auf die Nerven, machen Sie gereizt. Ihre Mutter kommt ins Zimmer. Vielleicht sagt sie nur: »Essen ist fertig«, aber Ihr Reizbarkeitsreflex ist schon sprungbreit. Sie hat nichts gesagt, um Sie zu reizen, aber der innere Hügel der Reizbarkeit bedeutet, dass jeder hereinkommende mit ihrer Mutter verbundene Stimulus eine Welle durch den See hinab schickt und auf diesen Hügel auftrifft. Somit erhalten wir eine verzerrte und sekundäre Welle schlechtgelaunter Gedanken, die prompt vom Grund des Sees aufsteigen. Die zum Hügel aufgehäufte Neigung zur schlechten Laune und Reizbarkeit wird aktiviert und sagt: »Oh, es ist meine Mutter; sie geht einem so auf die Nerven.« Und obwohl sie nur gesagt hat, dass das Essen fertig ist, antworten Sie: »In Ordnung, ich komme, ich komme ja schon.« In Ihrer Reaktion liegt eine ungerechtfertigte Gereiztheit. So etwas kommt häufig zwischen Ehepartnern vor. Dasselbe passiert auch, wenn wir es mit der Gewohnheit des Rauchens oder des Enttäuschtseins zu tun haben. Jemand, der eine Menge Enttäuschungen erlebt und diesen Haufen von Enttäuschungen in sich angesammelt hat, wird in jedweder Situation zu Enttäuschungen neigen. Wenn irgendetwas geschieht, wird er oder sie nicht sagen: »Oh, das könnte gut werden« oder »Schauen wir mal, wie es ausgeht«. Die Reaktion wird vielmehr sein: »Ach du meine Güte, ich weiß nicht, es wird schiefgehen.« Die Enttäuschungswelle sendet einen sekundären Reflexgedanken ungerechtfertigter Negativität aus.

Da sich diese Dinge mit der Zeit aufbauen, können sie auch nur mit der Zeit wieder abgebaut werden. Den Hügel auf dem Grund des Sees, der sich wahrscheinlich über Jahre oder Ihr ganzes Leben hinweg aufgetürmt hat, können Sie nicht dadurch beseitigen, dass Sie einen Tag lang das Rauchen aufgeben oder Ihre Zunge hüten und Ihre Frau nicht anfahren oder sich sagen: »Ja, ich will die sonnige Seite des Lebens betrachten.« Inzwischen ist aus dem Hügel ein Berg geworden, der machtvolle Wogen aussendet, die aber dennoch schwer zu orten sind.

Bei der Yoga-Praxis geht es darum, dass wir diese unterschwelligen Aufbauten in ihrem Umfang reduzieren und uns von diesen und anderen Fluktuationen oder Wellen im Bewusstsein befreien. Jedermann strebt danach, frei zu sein. Niemand möchte von unsichtbaren Kräften manipuliert werden, aber genau das tun diese Aufhäufungen von Samskāras in den dunkeln Tiefen des Unterbewussten und Unbewussten. Wenn sich Stimuli von der Bewusstseinsoberfläche rasch durch die Schichten des Sees nach unten bewegen, treffen sie auf unkartographierte Sedimentanhäufungen, die sekundäre Gedankenwellen auslösen. Diese wiederum aktivieren auf unser Verständnis- oder Kontrollvermögen übersteigende Art ein Verhalten, das sowohl reaktiv wie auch unangemessen ist. Unsere Reaktionen sind vorbedingt und damit unfrei. Wir können aus diesen alten Verhaltensmustern nicht ausbrechen, sosehr wir uns das auch wünschen mögen. Am Ende akzeptieren wir vielleicht die Situation und sagen nur: »Ich bin eben nun mal so«, »Das Leben würgt mir immer nur eins rein«, »Alles macht mich einfach immer so wütend«, oder »Ich habe eine Suchtstruktur«.

Wenn Sie einen Tag lang nicht rauchen, nehmen Sie von der Sandbank des Rauchens auf dem Grund des Sees etwas weg, die damit ein winziges bisschen kleiner wird. Doch am zweiten Tag, den Sie nicht rauchen, verspüren Sie immer noch das Verlangen danach, weil Sie eine Erhebung von einem Tag »Ich rauche nicht« und einen »Ich-rauche-Berg« von vierundzwanzig Jahren haben. Ganz offensichtlich reformieren wir uns Stückchen um Stückchen durch die stetige Praxis, Hügel von »Ich rauche nicht«, »Ich bin nicht enttäuscht« oder »Ich bin nicht gereizt« zu erschaffen. Wir reduzieren die Größe der negativen Erhebungen und verwandeln sie in positive Samskāras wie zum Beispiel »Ich bin Nichtraucher«, »Ich bin gutmütig« oder »Ich bin gleichmütig«. Dann errichten Sie Aufhäufungen von Gutmütigkeit, guter Laune, Offenheit, Nichtrauchen, was immer Sie wollen. Diese formen einen guten Charakter und machen Ihr Leben sehr viel leichter. Wer gute Lebensgewohnheiten hat, ist eine angenehme freundliche Person, fähig, ihren Weg im Leben zu machen. Das ist der Lohn für Praxis, Reinlichkeit, Zufriedenheit und für einen Selbstreformierungsprozess, den man auch ohne Yoga unternehmen kann. Yoga unterstützt ihn ganz offensichtlich, Yoga ist ein Weg dorthin, aber das bedeutet nicht, dass es keine Samskāra-Reformierung außerhalb des Yoga gibt. Doch ist er ein machtvolles Werkzeug, mit dessen Hilfe wir uns von unerwünschten, eingewurzelten Mustern befreien können. Durch ihn machen wir sie ausfindig, erkennen wir sie an und verändern wir sie nach und nach. Das Einzigartige am Yoga ist seine Fähigkeit, uns noch weiter zu bringen, zu einer nicht bedingten Freiheit, weil er sogar auch gute Gewohnheiten als eine Form von Konditionierung und Begrenzung ansieht.

Yoga vergisst nie, dass das Endziel nicht nur einfach in der Beseitigung von schlechten Samskāras besteht. Wir müssen auch gutes Handeln kultivieren, um gute Samskāras aufzubauen. Natürlich müssen wir erst das Schlechte ausjäten. Aber die yogische Kompassnadel zeigt immer wieder auf das Prinzip der Befreiung. Wir wollen also, dass der Grund des Sees glatt und eben ist, sodass von unten keine sekundären Fluktuationen hochschießen. Das ist Freiheit. Doch praktisch gesehen kann man nicht in einem Satz von einem schlechten Samskāra in die Freiheit springen. Man muss den Weg vom schlechten Samskāra über den guten Samskāra zur Freiheit nehmen. Es ist ein logisches Fortschreiten. Das ist machbar. Theoretisch könnten Sie vom Schlechten direkt zur totalen Erlösung gelangen, und es mag auch Fälle geben, in denen das geschieht, aber sie sind äußerst selten.

Konkret gesprochen haben die meisten von uns negative Gewohnheiten aufgebaut. Diese wollen Sie in positive Gewohnheiten umwandeln und dann in gar keine Gewohnheiten. Wenn der Fortschritt die feinstofflicheren Ebenen der *Koshas* erreicht hat, meiden Sie das Rauchen nicht mehr, weil Sie »Nichtraucher« sind oder weil Rauchen schlecht ist. Sie beschwören keine Dualität von Gut kontra Schlecht herauf. Und Sie müssen sich auch nicht auf die Zunge beißen, um Menschen, die Sie irritieren, keine ärgerliche Antwort zu geben. Sie sind nicht ganz bewusst und vorsätzlich ein guter Mensch. Frei zu sein wird Ihnen ganz einfach zur zweiten Natur. Sie mögen einer unhöflichen Person wütend oder auch höflich antworten, in beiden Fällen aber handeln Sie in Freiheit, handeln Sie angemessen, ohne durch die Vergangenheit konditioniert zu sein.

Beim Unterrichten besteht für mich manchmal die Notwendigkeit, in die Rolle des Zornigen zu schlüpfen. Ich muss »erbarmungslos erbarmungsvoll« auftreten, um Schüler vor sich selbst zu bewahren. Die zornige Reaktion ist angemessen. Aber ich hafte nicht am Zorn. Dieser Zorn rührt nicht den Grund des Sees auf, erzeugt keine Muster. Sobald ich mich von dem betreffenden Schüler abwende, lege ich den Zorn ab. Ich bin losgelöst, unbeteiligt und bereit, mich mit Freundlichkeit und Humor oder was immer sonst ihren Bedürfnissen entspricht dem nächsten Schüler oder der nächsten Schülerin zuzuwenden. Ich verfange mich nicht darin, kann mich aber völlig auf die Komödie und Tragödie des menschlichen Dramas einlassen.

Nehmen wir einmal an, Sie haben stets zu viel Schokolade gegessen, geben das dann auf und machen sich frei davon. Wenn Ihnen dann später jemand etwas Schokolade anbietet, können Sie »ja« oder »nein« dazu sagen, wissen aber, dass, wenn Sie ein Stück davon nehmen und es essen, Sie nicht anschließend den Vorrat eines ganzen Ladens aufkaufen müssen, um das noch immer in Ihnen schlummernde Verlangen zu befriedigen. Sie können das Stück mit leichter Hand nehmen und sagen, »Großartig, das ist genug«, werden aber nicht eingefangen. Sie handeln in Freiheit. Das schenkt Ihnen Mäßigung und Leichtigkeit, und Sie gehen mit der Situation so um, wie sie ist. Sie sind kein Gefangener von etwas Schlechtem oder Gutem in der Vergangenheit. Das hat bedeutsame karmische Implikationen.

Jedermann möchte lieber das, was man gutes Karma nennt, und nicht schlechtes, und deshalb versuchen wir die karmischen Konsequenzen weniger unerfreulich ausfallen zu lassen. Erfreuliche Auswirkungen ergeben sich aus positiven Samskāras. Bauen Sie sie auf, und sie erhalten gute Konsequenzen. Das macht das Leben für uns und andere angenehm, lebbar und akzeptabel. Und es entsteht ein wirklicher gesellschaftlicher Nutzen. Aber das yogische Ziel ist Freiheit, und daher sagt der Yogi: »Ich möchte von Konsequenzen frei sein; ich möchte von karmischer Kausalität frei sein. Lass mich in der Gegenwart auch nicht durch die guten Einprägungen bedingt handeln, die gute Resultate herbeiführen. Ich werde mich bemühen, Handlungen so zu kultivieren, dass sie reaktionsfrei sind.« Er wird weder an die Vergangenheit noch, durch eigennützige Motivation, an die Zukunft gebunden sein. Er wird einfach sauber in der Gegenwart handeln. Wenn wir die Beziehung zwischen Samskāra und *Karma,* zwischen Neigung, Handlung und Konsequenz, verstehen, können wir die Kausalitätskette durchbrechen. Der Vorteil einer langfristigen, anhaltenden und hingebungsvollen Praxis *(tapas)* ist der, dass sie dauerhafte Resultate erzeugt. Was wir über eine Zeit hinweg tun, entfernt das, was wir über eine Zeit hinweg erschaffen haben. Wir können nicht mit einem Satz oder einem einmaligen Eintauchen in einen heiligen Fluss in die Freiheit springen. Das ist ein Traum, eine Illusion. Das wieder hochkommende Ego wird uns immer wieder packen und sich uns greifen. Das Eintauchen ist ein Anfang und eine Erklärung des guten Vorsatzes. Im Verlauf vieler Minuten, vieler Stunden und vieler Jahre anhaltender, achtsamer Anwendung waschen wir dann unsere Befleckungen ab und heilen unsere Wunden und Schwächen. Dennoch können auch Anfänger sehr rasch vom Soll ins Haben gelangen, und die Lebensqualität kann sich ganz entscheidend verbessern. Geistesgegenwart, Selbstbeherrschung und kreative Führung werden uns eigen, und wir gewinnen die Stärke, auch angesichts verbleibender Widrigkeiten beharrlich weiterzumachen.

Ganz gleich, ob man nun mit den Einzelheiten des Prinzips der karmischen Kausalität einverstanden ist oder nicht, jedermann möchte die Latte seiner Intelligenz zunehmend höher setzen und die Früchte ernten. Dies ist so eine Art karmische Stufenleiter, ein Drang, sich hinaufzubewegen, und auch die Angst vor den Konsequenzen eines Abstiegs. Allerdings müssen wir aufpassen, dass uns die Vorstellung vom Fortschritt nicht in eine Zukunft projiziert, die nie eintrifft.

Wir versuchen an den Punkt zu gelangen, wo wir direkt in der Gegenwart handeln können. Direktes Handeln entspringt der direkten Wahrnehmung, der Fähigkeit, die Realität in der Gegenwart so zu sehen, wie sie ist, ganz ohne Vorurteil, und dann entsprechend zu agieren. Das bedeutet wahrhaft im gegenwärtigen Moment zu leben. Wenn wir in der Gegenwart wahrnehmen und handeln, kommen wir dem yogischen Ideal vom sogenannten Handeln ohne Makel oder ohne Farbe näher. Handlungen sind entweder schwarz, was bedeutet, dass sie ganz und gar in egoistischen Beweggründen wurzeln und zu schmerzhaften Konsequenzen führen; oder sie sind weiß, ohne Eigeninteresse und gut; oder sie sind, wie in den meisten Fällen, grau, das heißt, sie entspringen gemischten Beweggründen und führen daher auch zu gemischten Ergebnissen. Das ist der normale Gang der irdischen Dinge. Yogisches Handeln ist ein Handeln, das von vergangenen Gewohnheiten absolut unbeeinträchtigt und wunschfrei von persönlicher Belohnung in der Zukunft ist. Es ist das Richtige im gegenwärtigen Moment, einfach weil es richtig ist, und es ist farblos oder makellos. Sein großer Vorteil ist, dass man in der Welt agieren kann, ohne eine Reaktion zu erzeugen. Für einen Yogi ist dies im Hinblick auf die Freiheit insofern von Vorteil, als er versucht, sich vom karmischen Rad des Werdens zu befreien. Er möchte vom Karussell von Ursache und Wirkung herunterkommen. Er weiß, dass in einem endlosen Kreislauf Lust zu Leid und Leid zu Lust führt. Es ist eine berauschende Fahrt, und das Ziel der meisten Leute besteht darin, den Schmerz zu eliminieren und nur die Lust und das Vergnügen zu erleben. Der Yogi weiß, dass das unmöglich ist, und entscheidet sich für die radikale Lösung, diese endlose Kausalitätskette zu transzendieren. Er hört nicht auf, sich am Leben zu beteiligen, ganz im Gegenteil, aber er kann handeln, ohne befleckt zu werden. Deshalb sagen wir, dass seine Handlungen ohne Makel oder Farbe sind, und das ist nur möglich, wenn das auf dem Karussell herumfahrende Ego aufhört, sich für die Seele auszugeben. Die Seele steht immer außerhalb des Spiels des Lebens, sie ist ein Seher, nicht ein Spieler. Und wenn also das sich auf das Ego gründende menschliche Bewusstsein seine Identität in der

Seele verliert, kann es nicht länger in Lust und Leid verfangen sein. Dann begreift man, dass das Ego nichts weiter ist als eine Schauspielermaske, die das wahre Selbst darstellen soll.

Nur wenige Menschen haben diese Ebene der Nicht-Anhaftung erreicht. Die Menschheit lebt zumeist im grauen Handeln mit seinen gemischten Ergebnissen, nährt aber einen ethischen Entschluss, von Grau zu Weiß zu wechseln. Dieser Prozess der Selbstreformierung wird dadurch beeinträchtigt, dass wir uns der Gedankenwellen nur wenig gewahr und bewusst sind, die aus den Tiefen des Unterbewusstseins und Unbewussten aufsteigen, ganz zu schweigen davon, dass wir sie kontrollieren können. Nur wenige von uns verfügen über die Klarheit und Geschicklichkeit, die Strömungen aufzufangen, die aus den eingewurzelten Gewohnheiten und bedingten Reflexen hervorgehen. Doch wenn wir die komplexe Rolle des Gedächtnisses verstehen, können wir es sehr viel besser kunstfertig einsetzen und mit umfassenderem Gewahrsein und mit größerer Freiheit handeln.

Gedächtnis: Befreiung oder Knechtschaft

Wann immer Pawlow seine Glocke erklingen ließ und so den Hunden signalisierte, dass es Zeit für ihr Fressen war, begannen die Hunde zu sabbern, weil die Glocke in ihnen einen mit dem Gedächtnis assoziierten und eine Erinnerung auslösenden Mechanismus von »Glocke ist gleich Zeit zum Fressen« in Gang setzte. Die Glocke löste die »Zeit zum Fressen«-Reaktion aus, und sofort trat der Speichelfluss auf. Die Hunde sagten nicht: »Warte mal einen Moment, das ist eine sekundäre Welle. Das ist nur die Glocke.« Eine solche aus dem Unterbewusstsein an die Oberfläche steigende sekundäre Welle auszumachen ist für uns sehr schwierig. Wir sind mit dem Geschehen beschäftigt, das diese Welle heraufbeschwört, also zum Beispiel mit dem Sabbern, das sich sowohl auf der physischen wie sensorischen Ebene oder auf der Handlungsebene (Sabbern ist eine Handlung) ereignet. Noch bevor wir sie unterbrechen können, sind wir schon mit den Konsequenzen befasst.

Sex und Gewalt in Filmen wirken sich zum Beispiel in dieser Weise auf uns aus. Selbst wenn wir diese Dinge auf bewusster Ebene nicht mögen oder missbilligen, erzeugen sie doch aus unterbewussten Sandbänken des Sex oder der Aggression sekundäre Wellen, die die Wasser des Bewusstseins verschmutzen und verschlammen. Nur wer von Kausalität vollkommen frei ist, steht über diesen Gefahren der Verschmutzung. Die Werbung basiert weitgehend auf dem Trick, eine Reaktion im Unterbewusstsein der Kunden auszulösen. Unser Bewusstsein wird zunehmend zu dem, womit wir es füttern.

Es ist also ausgesprochen schwierig, sich des Aufsteigens dieser sekundären Wellen gewahr zu sein. Wir meinen immer, dass wir in einer gegebenen Situation auf den primären Reiz reagieren, auf das Gekräusel an der Oberfläche des Bewusstseins. Tatsache aber ist, dass wir weitaus häufiger, als uns klar ist, auf jene Neigung oder Anfälligkeit reagieren, die sich in dem Samskāra auf dem Grunde des Sees befindet. Konsumenten kaufen Produkte, ohne zu wissen, was sie unterbewusst gerade dazu veranlasst hat. Wir denken, dass wir frei handeln. Wir reden uns ein, dass es so ist, aber in Wirklichkeit werden wir von diesen Wellen manipuliert oder beeinflusst. Die deutschen Worte Einfluss und Gedankenfluss zeigen, dass unsere Sprache die Gedanken als Strömung oder Welle begreift. Der Yogi möchte direkt sehen und handeln, und deshalb braucht er einen ebenen Seegrund, um einzig nur in Reaktion auf den von außen kommenden und auf der Oberfläche befindlichen Reiz zu agieren.

Wie erwischen wir diese sekundären Wellen, die vom Grunde des Bewusstseins aufsteigen? Sagen wir, Sie sitzen am Steuer Ihres Autos, und die geringfügige Geistesabwesenheit oder Selbstsucht eines anderen Fahrers löst in Ihnen eine Welle des Ärgers und der Wut aus. Und schon drücken Sie unversehens wie wild auf die Hupe, fluchen und fahren selber aggressiv. Ist das irgendwie von

Nutzen? Fühlen Sie sich besser, nachdem Sie Ihre heitere Gelassenheit so schnell zu Bruch haben gehen lassen? Stellen Ihre Beschimpfungen des anderen Fahrers Ihren Geistesfrieden wieder her? Nein.

Wenn Sie das Aufsteigen der sekundären Welle verhindern wollen, brauchen Sie ein rasches und klares Wahrnehmungsvermögen, ein scharfes Selbst-Gewahrsein. Wenn Ihr See verschlammt und unrein ist, wenn eine Menge Gifte in Ihrem System Ihre Sicht verdunkeln und trüben, dann ist die Klarheit der Sicht ein Ding der Unmöglichkeit. Wenn Ihre Leber von Giften träge geworden ist, wird das Ihr Gehirn beeinträchtigen, weil die Leber den Blutstrom nicht mehr filtert. Ihr Nervensystem wird auf Gefahr langsam, aber auf den von ihm registrierten Stress unverhältnismäßig stark reagieren. Um Gesundheit zu erlangen, müssen Sie das Unterbewusstsein kennen, das sich im Nervensystem zum Ausdruck bringt. Wenn die Nerven in Unruhe versetzt und gestört sind, merken Sie das an der Schwäche des Geistes. Solange die Nerven stark, stabil und elastisch sind, ist auch der Geist stabil. Ist der Geist stabil, sinkt das im Auflösungszustand befindliche Sediment, das ihn trübt, zu Boden, und das Bewusstsein wird klar. Sauberkeit und Zufriedenheit sind miteinander verbunden. Wie wir sehen werden, sind dies die ersten beiden ethischen Gebote von *Niyama* in Bezug auf unser Verhalten uns selbst gegenüber. Da die Yoga-Praxis das System reinigt und die Nerven beruhigt, stellen sich Klarheit, Zufriedenheit und heitere Gelassenheit ein. Zufriedenheit meint, dass die Gedankenwellen im See des Bewusstseins weniger turbulent sind. Sie fangen an, Patañjalis Aussage »Yoga ist das Aufhören aller Bewegungen im Bewusstsein« in Realität umzusetzen.

Wessen Geist verdunkelt, vergiftet, träge, unzufrieden (anderen die Schuld zuweisen ist eine wesentliche Ursache für Unzufriedenheit) und nervös ist, der wird nie eine an die Oberfläche steigende sekundäre Welle erwischen. Diese hat sich schon durch Aktion zum Ausdruck gebracht, bevor man erst irgendetwas mitbekommt. Durch akutes Gewahrsein und schnelles Handeln, das wir in der

Āsana- und Prānāyāma-Praxis kultivieren, können wir uns reformieren und verbessern. Und wenn wir dazu noch bewusst atmen, bevor wir handeln, können wir unsere Reaktionen verlangsamen, Göttlichkeit einatmen und unser Ego beim Ausatmen hingeben. Dieses momentane Innehalten lässt uns Zeit für kognitive Betrachtung, korrigierende Reaktion und Neueinschätzung. Das momentane Innehalten im Prozess von Ursache und Wirkung ermöglicht uns den Einstieg in den Prozess der Freiheit.

Atem, kognitive Betrachtung, korrigierende Reaktion, Neueinschätzung und Handlung: Das ist der endlose Prozess. Schließlich gehen diese Vorgänge so ineinander über, dass wir merken, dass wir uns in den gegenwärtigen Augenblick versetzt haben, keine Vergangenheit, keine Zukunft, sondern Handlung und richtige Wahrnehmung zusammengelötet in einem unvergleichlichen Moment, und dann ein weiterer Moment und noch einer. Schließlich verfangen wir uns nicht mehr in der Bewegung der Zeit wie in einer Abfolge oder Strömung, die uns mitreißt, sondern erleben eine Reihe von gesonderten und gegenwärtigen Augenblicken. Keine aufsteigende Gedankenwelle kann der Schärfe eines solchen Blicks entgehen. Das nennen wir Geistesgegenwart. Große Sportler besitzen sie auf der Ebene der Körper-Intelligenz. Sie scheinen so viel mehr Zeit zum Handeln zu haben als andere Spieler. Es ist, als ob sich das Spiel um sie herum verlangsamte und sie es nach Belieben dominieren könnten.

Āsana und Prānāyāma lehren uns, wie uns ungebetene Gedanken aus dem Gleichgewicht bringen. Nehmen wir das *Ardha-Chandrāsana* (Halbmond-Stellung), bei dem wir auf einem Bein balancieren, während das andere Bein horizontal gestreckt und der Arm nach oben ausgestreckt ist. Wir kriegen die Balance hin, aber in dem Moment, in dem der Gedanke aufsteigt: »Oh, wunderbar, ich hab's!«, geraten wir ins Wanken oder fallen um. Die Stellung kann nur in der Stille des Geistes erfolgreich aufrechterhalten werden. Ähnlich sehen wir auch im Prānāyāma, wie Atem und Bewusstsein interagieren. Eine Störung oder Unregelmäßigkeit im einen erzeugt das Gegenstück im anderen. Wenn der Atem beruhigt und die Aufmerksamkeit auf seine innere Bewegung fokussiert ist, dann wird das Bewusstsein von äußeren Reizen nicht mehr herumgestoßen. Und ist das Bewusstsein stetig und stabil, bewegt sich der Atem im Rhythmus. In jedem Falle ist es empfänglich und passiv und strebt nicht mehr hungrig nach Ablenkung oder Unterhaltung. Das macht es frei, sich in seiner Aufmerksamkeit von der tiefgründigsten Ebene des Bewusstseins in den Tiefen des Sees anziehen zu lassen. Normalerweise tritt diese Ebene als unser Unbewusstes in Erscheinung, da kein Gewahrseins-Licht es durchdringt. Aber wenn der See klar ist, kann uns keine aufsteigende Welle überrumpeln. Daran ist nichts Rätselhaftes. Es geht um Schulung, um Selbsterziehung. Wenn wir das Betrachten und Korrigieren im Zustand des inneren Gleichgewichts erlernen, wo jede Bewegung oder Veränderung wahrnehmbar ist und deren Quelle sich enthüllt, dann haben wir uns das Verständnis und die Sensibilität erworben, das die Selbst-Erkenntnis mit sich bringt – die Schwelle zur Weisheit. Dann sind wir uns dessen bewusst, wenn wir direkt auf eine Herausforderung von außen reagieren oder wenn die versteckten Sandbänke vormaliger Konditionierung unsere Reaktion zu beeinflussen oder zu verzerren suchen. Nun können wir das Denken als abwägenden, nützlichen und notwendigen Prozess, als ein großartiges Geschenk und Talent erkennen und einsetzen, das sich abhebt vom Denken als sinnlose Störung, geistloses Geschwätz, als Radio, das wir nicht abschalten können, und auch vom Denken als subtile Form der Einmischung aus der Vergangenheit, als Mechanismus der Selbstsabotage, der in unserem unterbewussten Erinnerungsspeicher nistet.

Wir haben uns den Vorgang der Verwandlung von negativen Gewohnheiten in positive als Vorspiel zur größeren Freiheit einer ungetrübten Wahrnehmung und reinen Weisheit von Augenblick zu Augenblick angesehen. Nun könnte man aber zu Recht folgende Frage stellen: »Was passiert, wenn durch ein einziges Ereignis, wie zum Beispiel einen traumatischen Unfall vor zehn Jahren, im unterbewussten oder unbewussten Erinnerungsspeicher eine negative Sandbank geschaffen wurde? Es könnten doch spontane Erinnerungen in Form von latenten, verborgenen Eindrücken wieder an die Oberfläche steigen und in der Gegenwart weiterhin Probleme machen.« Wir können hier keine ausgleichende positive Sandbank aufbauen, und so könnte es den Anschein haben, dass wir von einem unabänderlichen Vorfall in der Vergangenheit, der sich ins Gedächtnis eingenistet hat, eingekerkert werden. Das ist nicht der Fall. Alles, was ich über die Stärkung des Nervensystems und die Stabilisierung des Geistes gesagt habe, gilt auch hier. Und dazu kommt das uralte Patentrezept von »Die Zeit heilt alle Wunden«. Das tut sie, wenn wir es zulassen. In der westlichen Psychologie betet man sich seine Probleme ständig vor und denkt immer wieder über sie nach. Dieses Grübeln verstärkt und verschärft das Problem. Während das Enthüllen uns helfen kann, den Samskāra zu sehen, bestärkt das Grübeln ihn nur immer weiter. Wir wissen alle, dass eine verschorfte Wunde, an der wir ständig herumzupfen, nicht heilen kann. Und ebenso müssen wir alte im Gedächtnis eingelagerte Wunden verheilen lassen. Das heißt nicht, dass wir etwas unterdrücken oder verdrängen. Es heißt, dass das, was wir nicht nähren, dahinschwindet. Eine Sandbank, zu der wir nichts beisteuern, wird allmählich erodieren. Die richtige Yoga-Praxis wird diesen Prozess beschleunigen, indem sie uns dazu befähigt, die aus den alten Eindrücken oder Einprägungen aufsteigenden Impulse zu identifizieren und die Mechanismen, die sie nähren, zu durchtrennen. Unterschwellige Impulse werden verstärkt, wenn man durch Handeln auf sie reagiert, und deshalb ist die Fähigkeit, eine aufsteigende Welle abzufangen, für sich genommen ein progressives Hilfsmittel. Wenn der aufsteigende Impuls gestoppt wird, bevor er eine Störung in unserem Bewusstsein verursachen kann, dann halten wir ihn davon ab, eine Welle auf der Oberfläche zu erzeugen, die ihrerseits wieder zur Sandbank auf dem Grund zurückkehrt und diese weiterhin verstärkt.

Ich kann hier mindestens ein kleines Beispiel aus meinem Leben anführen. Auf meinen frühen Reisen ins Ausland, zu denen ich als junger Mann eingeladen wurde, um das Yoga-Wissen zu verbreiten, war ich gelegentlich einer entwürdigenden und für mich schockierenden Rassendiskriminierung ausgesetzt. Man forderte mich in meinem kleinen Hotel in London auf, nicht im Restaurant zu essen, weil das die anderen Gäste in Aufruhr versetzen könnte; und auf den Flughäfen in den USA begegnete ich der hässlichen Fratze des institutionalisierten Rassismus. Obwohl mich das Thema Rassismus und Gleichberechtigung sehr stark bewegt, änderten diese Vorfälle nichts an meinem Verhalten oder an meiner Herzlichkeit gegenüber den Leuten in England oder in den USA. Die meinem jugendlichen Ich zugefügte Wunde hinterließ nur eine gesunde Narbe, keinen bleibenden Groll, keinen Entschluss, solche Situationen künftig zu meiden, indem ich mich ihnen erst gar nicht aussetzte. Und mit der Zeit veränderten sich die Gesetze und Einstellungen in diesen Ländern, sodass andere Menschen nun nicht länger in dieser Form von Arroganz und Vorurteilen entwürdigt werden.

Dieses Prinzip gilt auch für den Umgang des Yoga mit allen Süchten. Was wir nicht nähren, verdorrt. Wünsche und Begierden nähren weiterhin negative Eindrücke, auch wenn sie nur auf der mentalen Ebene zum Ausdruck kommen. Indem wir im Āsana und Prānāyāma unseren Geist nach innen wenden (was ganz automatisch geschieht) und uns die Kunst des konstruktiven Handelns im gegenwärtigen Moment beibringen, führt Yoga unser Bewusstsein weg von den Wünschen und Begierden und hin zum inneren, unerschütterlichen unbeirrbaren Kern. Hier schafft er einen neuen Weg, reflexartig wahrzunehmen, zu beobachten und das Herz *(antarlaksha)* zu erkennen. Auf diese Weise wird der vom Yoga geschaffene meditative Geist zum machtvollen therapeutischen Werkzeug, um menschliche Übel und Missstände zu beseitigen.

Das Gedächtnis ist keine Plattform, von der aus man die Welt überblicken kann. Es ist eine Leiter, deren Stufen wir Schritt für

Schritt erklimmen. Es ist für die Entwicklung von Intelligenz absolut notwendig. Nur wenn die Intelligenz *(buddhi)* das Gedächtnis zurate zieht, kann sie an die Informationen gelangen, die sie zur Ingangsetzung der angestrebten Transformation braucht. Der individuelle Geist reagiert auf das Gedächtnis, die Intelligenz hingegen befragt es. Sie kann eine gründliche Befragung des Gedächtnisses durchführen, um die Konsequenzen ausfindig zu machen und Verbindungen herzustellen, vor denen der Geist *(manas)* zurückscheut, weil sie zu unbequem sind. Die *Bhagavadgītā* stellt fest, dass die Intelligenz ohne das Gedächtnis nicht gedeihen kann und wir somit unsere Seele nicht erreichen können. Entscheidend ist, wie wir uns das Gedächtnis zunutze machen und welches Element des Bewusstseins das Interview in erster Linie durchführt. Es muss die Intelligenz sein mit ihrer Kraft, die Wahrheit herauszufiltern, zu betrachten, nachzudenken und innovativ zu handeln, ja sogar das sture, widerspenstige Ego zu überstimmen.

Das von der Intelligenz zurate gezogene Gedächtnis gibt völlig andere Antworten als das vom individuellen Geist befragte Gedächtnis. Wie wir sahen, wird das vom individuellen Geist und Ego befragte Gedächtnis immer sagen: »Gib mir mehr von dem, was mir gefallen hat, egal welche Konsequenzen es hat. Von dem, was mir nicht gefallen hat, gib mir nichts, egal welche Konsequenzen das hat.« Individueller Geist und Gedächtnis beschwören wieder vergangene Erfahrungen von Lust und Schmerz herauf und setzen sie mit der gegenwärtigen Situation gleich, wie unangemessen das auch immer sein mag. Wo die Intelligenz kreative Vergleiche anstellt, stellt der individuelle Geist destruktive Vergleiche an, destruktiv insofern, als sie uns in einem eingefahrenen Gleis, in einem einkerkernden Muster festsitzen lassen.

Die Erinnerung ist insofern hilfreich, als sie uns auf die Zukunft vorbereitet, uns wissen lässt, ob wir uns voranbewegen oder nicht. Nutzen wir sie, um uns zu entwickeln. Wenn sie nur eine Wiederholung der Vergangenheit herbeiführt, ist sie nutzlos. Wiederholung heißt in der Erinnerung leben. Findet eine Wiederholung statt, dann hemmt uns die Erinnerung auf dem Pfad der Evolution. Leben Sie nicht in der Erinnerung. Sie ist nur das Mittel, das uns wissen lässt, ob wir vollkommen gewahr und bewusst sind und uns weiterentwickeln. Denken Sie nie an gestern. Kehren Sie nur dann dahin zurück, wenn Sie das Gefühl haben, etwas Falsches zu tun. Nutzen Sie die Erfahrungen von gestern als Sprungbrett. Ein Leben in der Vergangenheit oder der sehnliche Wunsch, frühere Erfahrungen zu wiederholen, werden die Intelligenz nur zum Stagnieren bringen.

Aber was ist mit dem Gedächtnis des Körpers? Hat auch dieses, so wie sein Gegenstück im geistigen Bewusstsein, die Fähigkeit, uns zu versklaven oder zu befreien? Das hat es, und auch hier ist das Erwecken der Intelligenz wieder von entscheidender Bedeutung. Potenziell existiert in jeder unserer Körperzellen Bewusstsein, aber die meisten von ihnen befinden sich in einem komatösen Zustand. Das Nervensystem reicht überall hin. Und wo Nerven sind, muss auch Geist sein. Wo Geist ist, ist auch Gedächtnis. Jede sich wiederholende geschickte Handlung hängt von diesem Erinnerungsvermögen ab. Bei der Töpferin steckt es in ihren Händen. Wenn wir eine uns vertraute kurvenreiche Straße befahren, wissen wir instinktiv, wie wir die Kurven zu nehmen haben. Wir denken überhaupt nicht bewusst darüber nach. Im Haus eines Fremden finden wir nie die Lichtschalter. Im eigenen Haus tastet unsere Hand ganz automatisch danach. Gerüche und Geschmäcker lassen die Erinnerung an Szenen aus unserer Kindheit aufsteigen, ohne dass der Geist sich einmischt.

Das zellulare Gedächtnis beschwört auch Negativitäten herauf. »Das möchte ich nicht tun. Es macht zu viel Umstände.« »Ich mag ihn nicht. Er sieht aus wie mein Chef.« Auch hier bringen Übung und Schulung wieder das Licht der Intelligenz zu unseren Zellen, stöbern die Negativität auf und eliminieren sie. Wie ich schon in Kapitel 2 sagte, werden die Kanäle *(nāḍī)* des Nervensystems durch das Dehnen und Strecken von der Mitte zur Peripherie gebracht und dadurch gestärkt und entspannt. Durch diese Kanäle breitet sich das Gewahrsein aus. Gewahrsein ist Bewusstsein. Die Intelligenz ist ein Teil des Bewusstseins, und so erreicht ihr Licht auch jede Zelle in Bereichen, die vordem abgestumpft, dumpf und uns nicht bekannt waren. Wir hören eine Menge über die Erleuchtung der Seele. Dies hier ist Erleuchtung des Körpers. Jede Minute sterben Millionen unserer Zellen, aber wenn wir Leben in sie bringen, haben sie wenigstens gelebt, bevor sie sterben. Wenn die Intelligenz in die Zellen hineinscheint, verbindet sich die höhere Fähigkeit der Intuition mit dem Instinkt. Instinkt ist Gedächtnis und individueller Geist, die auf Gedeih und Verderb nur in Bezug zur Vergangenheit funktionieren, ein Gemisch von Lebensbewahrung und Lebenszerstörung. Wenn die Intelligenz in den Zellen erweckt wird, wird der Instinkt in Intuition umgewandelt, und die Vergangenheit hat nicht mehr diesen deterministischen Zugriff auf uns, da uns unsere innere Intelligenz sagt, was die Zukunft erfordert.

Auf der zellularen Ebene steht das Gedächtnis in Form von Intuition im Dienste der Intelligenz. Auf der bewussten Ebene dient es ihr zunächst als Referenzbibliothek, welche sie klug und mit wissenschaftlicher Distanziertheit konsultiert. Wenn sich die Intelligenz in jedem Moment spontan mit dem Gedächtnis berät, dann entsteht bewusste Intuition, die wir Weisheit nennen.

Das Gedächtnis beeinflusst unser Leben noch auf eine andere subtile Weise, ohne dass wir es merken. Die Erinnerungs-Eindrücke auf der unbewussten Ebene agieren als Filter für die Wahrnehmung. Die Intelligenz ist bestrebt, die Dinge so zu sehen, wie sie sind, aber individueller Geist und Gedächtnis neigen dazu, diese im Zusammenhang mit der Vergangenheit zu interpretieren. Das wirkt sich dahingehend aus, dass sich unmerklich Sandbänke des Vorurteils aufbauen. Uns ist allen bewusst, dass Vorurteile rückblicksorientiert wirksam sind. Man sieht etwas und belegt es mit einem verzerrten Werturteil. Aber Vorurteile projizieren sich auch in die Zukunft, womit ich meine, dass sie uns dazu bringen, nur die Dinge zu sehen und somit auch zu erleben, die bestätigen, was wir bereits denken. Deshalb sage ich, dass sie als Filter agieren, der alles beseitigt, was unsere eingewurzelten Überzeugungen und Glaubensvorstellungen in Frage stellt. Wenn Sie glauben, dass man keinem Ausländer trauen kann, dann steht fest, dass Sie vielen begegnen werden, auf die das auch zutrifft, weil sie andere gar nie zur Kenntnis nehmen werden. Yoga bezeichnet das als eine falsche Wahrnehmung, die sehr viel gefährlicher und schwerer zu beseitigen ist als die einfache falsche Wahrnehmung, die Sie zum Beispiel die Nummer Ihres Busses falsch entziffern lässt, weil Sie Ihre Brille vergessen haben.

Die von der Praxis unterstützte yogische Analyse der Mechanismen und Funktionsweisen des Bewusstseins befähigt uns, im Alltagsdasein in philosophischer, bewusster und kluger Weise zu leben. Und wenn uns das Leben außergewöhnliche Herausforderungen und Möglichkeiten präsentiert, dann sind wir darauf vorbereitet, auch diese zu handhaben. Im nächsten Kapitel werden wir unsere Erkundung der Intelligenz weiter fortsetzen und sehen, wie sie uns zu echter Weisheit führen kann.

Kapitel 5

EINSICHT
Der Körper der Weisheit *(vijñāna)*

Kandāsana

Dieses Kapitel befasst sich mit der vierten Schicht unseres Wesens, dem *Vijñānamaya Kosha,* dem Körper der Weisheit oder auch Körper des Intellekts. Sein durchlässiger äußerer Grenzbereich schließt an den Mental-Körper an und vermischt sich mit ihm. Während der individuelle Geist *(manas)* zum Denken führt, führt *Vijnāna,* der Intellekt, das unterscheidende Erkennen oder Unterscheidungsvermögen, zu Intelligenz und letztlich zu Weisheit. Yoga unterscheidet diese verschiedenen Bewusstseins-Aspekte im Verein mit den sie begleitenden Bewegungen und Schwankungen *(vrittis)* in der Art, dass wir sie sowohl nutzen können, um unserer Reise eine Richtung zu geben, wie auch dazu, dass sie in unsere Transformation münden. Auf diese Weise entdecken wir die Fähigkeit, Schokolade abzulehnen oder sie anzunehmen, aber dann in für uns unschädlichen Quantitäten. Wir entwickeln in zunehmendem Maße ein kluges Unterscheidungsvermögen, das uns im Verein mit der Selbstdisziplin dazu befähigt, die Segel zu setzen und in unkartographierte Gewässer aufzubrechen.

Im inneren Grenzbereich dieser vierten Hülle lässt sich die individuelle Seele *(jīvātman)* entdecken, der Funke der Gottheit, der uns allen im Körper der Glückseligkeit innewohnt. Innerhalb dieser beiden Grenzen von sich vertiefender Selbst-Erkenntnis und Kultivierung unserer höheren Intelligenz ruht die reine lautere Einsicht. Hier gelangen wir zum Gipfelpunkt der Erforschung unseres gesamten Wesens und Seins als Individuum.

Das ist nur dadurch zu erreichen, dass die Unreinheiten der Intelligenz ausgeräumt werden und das raffinierte Superego, das stets das unsichere Ego oder die unsichere Ich-Gestalt bleibt, in zunehmendem Maße unterjocht wird. Die yogischen Instrumentarien, die uns diese Etappe unserer Reise erleichtern, sind das sechste und siebte Blütenblatt des Yoga, Konzentration *(dhāranā)* und Meditation *(dhyāna)*. Alle anderen bisher studierten Blütenblätter, vom Āsana bis zum Pratyāhāra, sind ebenfalls stets gegenwärtig und unterstützen diese hohen, im großen Ausmaß von ihnen abhängigen Erlangungen. Wenn Sie zum Beispiel meditieren wollen, müssen Sie in einem Āsana sitzen. Sie müssen zudem den Geist und die Sinne von der Außenwelt abziehen und deren Energien nach innen lenken können *(pratyāhāra)*. Wenn Sie die Basis vernachlässigen, sind Sie wie einer, der in einem großen Baum sitzt und den Ast absägt, auf dem er sitzt.

Die Inhalte dieses Kapitels sind zweifellos subtiler, aber nicht komplizierter. Tatsächlich ist es oft schwieriger, Āsana oder Prānāyāma mit Worten zu beschreiben, als solche Konzepte wie Einsicht, Ego und Dualität. Das Problem besteht eher darin, dass das bewusste Gewahrsein von diesen Dingen meist außerhalb unserer alltäglichen Erfahrungen liegt und sie uns von daher abstrakt vorkommen mögen. Doch das sind sie nicht. Sie sind sehr real. Allerdings bedarf es der Bemühung der imaginativen Intelligenz, um sie aufzuspüren und sich mit ihnen auseinanderzusetzen.

Lassen Sie mich einen Vergleich anführen. In unserem System der Evolutionstheorie ist das mit der Hülle der Intelligenz korrespondierende Element die Luft, der wiederum auf der feinstofflichen Ebene die Berührung entspricht. Erkunden wir im Geiste, warum und wie das einen Sinn ergibt. Wir baden Tag und Nacht in Luft wie der Fisch im Wasser. Immer grenzt sie an unsere Haut. Mit jedem Atemzug durchdringt sie unser Körperinneres. Immer berührt sie uns innen wie außen.

Berührung ist nicht nur etwas Zartes, sondern auch sehr Intimes. Sagen wir denn nicht, wenn uns eine Erfahrung, ein Buch, eine Symphonie, ein Film oder eine Begegnung mit einem besonderen Menschen bewegt: »Es hat mich berührt«? Luft und Berührung reichen tief. Und so wie die Luft jeden Aspekt unseres Seins oder Lebens umgibt und durchdringt, ist dies und muss dies auch bei der Intelligenz der Fall sein. Schauen wir uns an, wie sie das macht.

Untersuchung der Intelligenz

Wir verfügen über unsere ganz persönliche Intelligenz *(buddhi)*. Das ist das selbstreflektierende Gewahrsein oder Bewusstsein, das, wie im letzten Kapitel besprochen, sinnvolle und der Freiheit förderliche Entscheidungen zu treffen vermag. Es darf nicht mit *Vidyā* oder mit dem Wissen verwechselt werden, das durch äußere Quellen erworben wird und im Zustand der Unentschiedenheit verbleibt. Dagegen ist die auf unserer eigenen subjektiven Erfahrung basierende Intelligenz immer eine innere und immer entschieden.

In diesem Kapitel müssen wir allmählich begreifen lernen, dass unsere individuelle Intelligenz, obschon ein ganz wesentliches Steuerruder für unsere Führung, lediglich ein ganz winziger Ableger der kosmischen Intelligenz *(mahat)* ist, dem Betriebssystem des Universums. Diese Intelligenz ist überall, und wie bei der Luft baden wir ständig in ihr oder saugen sie in uns ein. Natürlich errichten wir auch Barrieren gegen sie, weil wir auf unsere auch notwendige individuelle Intelligenz so stolz sind. So berauben wir uns des vollen Nutzens dieser grenzenlosen, universellen, nährenden Ressource, so wie wir uns auch durch armseliges Atmen der Prāna-Energie berauben. Wir haben gesehen, dass Atmung und Bewusstsein Hand in Hand gehen. Ganz ähnlich gehen auch individuelle und kosmische Intelligenz Hand in Hand. Die Intelligenz ist das Betriebssystem des kosmischen Gewahrseins und Bewusstseins.

Wenn wir einen Kopfsalat verspeisen, bringt jedes Blatt die Schönheit und Komplexität der kosmischen Intelligenz zum Ausdruck, die es geformt hat, und wir haben an dieser kosmischen Intelligenz teil, indem wir sie uns direkt einverleiben. Dasselbe gilt für jedes perfekte Reiskorn, jede üppige Frucht. Auf der biologischen Ebene sind sie unsere Beute, aber auf der Ebene der Intelligenz und des Bewusstseins arbeiten wir in einem heiligen Ritus mit ihnen zusammen, denn die Intelligenz, die ihre Form und Funktion entwarf und gestaltete, hat auch die unsere entworfen und gestaltet.

In diesem Kapitel geht es also darum, dass wir uns über die Trennung und das Getrenntsein hinausbewegen. Es geht um die Ausdehnung der Intelligenz und Ausweitung des Bewusstseins, sodass sich die Barriere um »meine« Intelligenz und »mein« Bewusstsein aufzulösen beginnt. Das bringt den Anfang vom Ende der Einsamkeit mit sich. Es ist eine Fusion – oder eher eine Transfusion –, denn wir bekommen die Reichtümer der natürlichen kosmischen Ressourcen übertragen. Während unsere normale Intelligenz »instinktiv« genannt werden kann, nennen wir diese höhere Intelligenz »Einsicht oder Intuition«. Sie durchdringt Barrieren. Der Kerker der Vereinzelung wird uns bald nicht mehr gefangen halten können. Die Zunahme an Universalität wird bald seine Mauern zum Einsturz bringen. Wie wir sehen werden, krönt die Meditation diesen Prozess, wenn die Dualität dem Einssein weicht. Kein Subjekt und Objekt, Dies und Das, Ich und Es mehr. An diesem Punkt wird die Totalität des eigenen Wesens und Seins erfahren, von jeder Zelle an aufwärts, alle eingegliedert in ein einzigartiges Einssein, aus dem sich die Schau der individuellen Seele ereignet. Alles, was mich ausmacht, ist nun erkannt, und ich lebe im Gewahrsein der Summe seiner Teile.

DER YOGI FRAGT Patañjali zufolge: »Welche Wirklichkeit würden wir sehen, wenn der menschliche Geist seine rastlosen Wellen nur für einen Augenblick zur Ruhe bringen könnte?« Wären wir bewusstlos oder überbewusst? Die Antwort darauf lässt sich nur in der persönlichen Erfahrung finden, was auch der Grund dafür ist, dass man zwar Vorbereitungen auf die Meditation durchführen, sie aber letztlich nicht lehren kann. Man kann alles bis dahin tun, aber es geschieht, wenn es geschieht. Du kannst ein Klavier bis in den dritten Stock hinaufschaffen, aber du kannst den fiebrigen Geist des Menschen nicht zwingen, ruhig und still zu sein. Du kannst ihn nur dahingehend schulen, dass er auf alles achtet, was sein Gleichgewicht stört. Deshalb verwendet Yoga so viel Zeit und Mühe auf das Ausfindigmachen des Negativen, des Unerwünschten und des Subversiven, weil diese Dinge das stille Gleichgewicht des Geistes stören. Und nun müssen wir die Natur des Bewusstseins aus der Sicht der Intelligenz erkunden.

Die Linse des Bewusstseins

Hathayoga hat die Bedeutung von Yoga, bei dem die Sonne *(ha)* die Seele und der Mond *(tha)* das Bewusstsein ist. Das Bewusstsein ist einer Linse vergleichbar. Die nach innen gerichtete Fläche wendet sich der Seele zu, und die nach außen gerichtete Fläche kommt mit der Welt in Kontakt. Ganz unvermeidlich haftet dieser äußeren Fläche eine gewisse Schmutzschicht an und verdunkelt unsere Sicht. Sie verhindert, dass wir klar sehen, was draußen ist, und auch, dass das Licht der Seele hinausscheint. Wenn in unserem Haus Düsternis herrscht, weil die Scheiben verdreckt sind, halten wir das auch nicht für ein Problem, das mit der Sonne zu tun hat; wir putzen die Fenster. Und so putzt Yoga die Linse des Bewusstseins, damit die Sonne (Seele) Zugang hat. Reinheit ist also kein Selbstzweck. Wenn eine Inderin sich wäscht und Gebete spricht, bevor sie sich ans Zubereiten einer Mahlzeit macht, reinigt sie sich nicht bloß um der Reinheit willen. Sie möchte auch sicherstellen, dass ihre Absichten klar und unverzerrt und nicht verdunkelt übermittelt werden. Hinter dem Kochen steht der liebevolle Vorsatz, andere zu versorgen, zu nähren und zu unterstützen. Und diese Absicht kann am besten durch ein reines oder sauberes Bewusstsein übermittelt werden. Sauberer Körper, sauberer Geist, saubere Hände und saubere Töpfe und Pfannen sind gleichbedeutend mit einer glücklichen, gesunden, liebevollen Familie.

Was der individuelle Geist ist und tut, das stirbt mit uns. Aber das Bewusstsein ist der Aspekt des Geistes, die Umhüllung des kontinuierlichen Gewahrseins, der – unserem Glauben nach – auch von Leben zu Leben überdauert und die Einprägungen der Vergangenheit sowie das Potenzial für die Zukunft auf Gedeih und Verderb mit sich trägt. Gedächtnis für die Vergangenheit, Imagination für die Zukunft. Zwischen den beiden eingeklemmt verlieren wir die Fähigkeit, uns der direkten Wahrnehmung von dem, was wirklich *ist*, zu bedienen: das heißt vom Jetzt, der Gegenwart.

Das führt uns zur Notwendigkeit, die Natur des Bewusstseins aus einem anderen Blickwinkel zu erforschen. Nicht unter dem Gesichtspunkt der verunreinigenden Einmischung der *Kleshas*, geistiger und emotionaler Störungsmuster oder Leid verursachender Hemmnisse, die wir uns im nächsten Kapitel anschauen werden, sondern unter dem der fünf natürlichen Zustände oder Modifizierungen des Bewusstseins, die wir alle erfahren, aber meist für selbstverständlich halten. Yoga besagt, dass man aus ihnen viel lernen kann, da auch sie Muster von Gedankenwellen sind, die den Geist und seine Fähigkeit zu wahrer Wahrnehmung beeinflussen. Sollten Sie, die Leser und Leserinnen, sich über dieses Beharren auf der Untersuchung dieser unzähligen, den See des Bewusstseins aufrührenden Gedankenwellen wundern, dann möchte ich Sie noch einmal an das zweite Sūtra Patañjalis erinnern: »Yoga ist das Aufhören aller Bewegungen im Bewusstsein.« Warum? Weil Yoga Meditation ist, und dieses Kapitel handelt von Konzentration und Meditation. Ein beunruhigter Geist kann nicht meditieren, weshalb wir alle Störungsmuster aufspüren und befrieden müssen. Das Bewusstsein muss zu einem passiv wachen Zustand gelangen: nicht friedlich wie eine wiederkäuende Kuh, sondern wach und sensibel wie ein wildes Reh im Wald, außer, dass dessen Sinne auf die Außenwelt gerichtet sind, während die des Yogis mit gleicher Schärfe aufs

Innere ausgerichtet sind. Das ist die im Gewahrsein inthronisierte Intelligenz auf dem Sprung ins Mysterium des Unbekannten. Doch unser Bewusstsein ist nicht immer wach, und deshalb müssen wir die Modifikationen unseres Geistes untersuchen, die uns daran hindern, über diese Schärfe zu verfügen.

Den Geist transformieren

Das Bewusstsein *(chitta)* hat drei Funktionen. Die erste ist *Kognition,* was Wahrnehmen, Wissen und Erkennen beinhaltet. Die zweite ist *Wille,* der Impuls, eine Handlung in Gang zu setzen. Die dritte ist *Bewegung,* die die feurige Natur des Geistes zum Ausdruck bringt, sich ewig transformiert und an verschiedenen Orten und in verschiedenen Verkleidungen emporlodert. Sie alle dienen uns, damit wir Wissen erwerben und die Wahrheit in Bezug auf die Stellung der Menschheit im Universum verstehen und dankbar zu schätzen wissen.

Schauen wir uns die feurige Natur des Geistes an. Feuer flackert und tanzt, und das tut der Geist auch. Tatsächlich modifiziert sich das Bewusstsein derart rasch, dass, bevor wir noch eine Schwankung erkennen und untersuchen können, es schon im Kuddelmuddel mit einer anderen steckt. Dieses Durcheinander an Veränderungen ist ein natürlicher Prozess. Es zeigt die Lebhaftigkeit und Munterkeit des Bewussteins. Alle unsere Aktivitäten hängen von diesen mentalen Fluktuationen ab.

Ich sagte, dass der Geist tanzt. Man könnte auch mit Recht sagen, dass der Geist uns zu einem fröhlichen Tanz führt. Wenn Sie aus einem feurigen Pferd das Beste herausholen wollen, müssen Sie es verstehen, zähmen und beherrschen. Dasselbe gilt für einen feurigen Geist, oder er wird mit Ihnen durchgehen. Da der Geist durch die Sinne immer nach außen zu den Attraktionen der materiellen Welt hingezogen wird, kann er nicht umhin, uns in einer Menge kniffliger Situationen landen zu lassen. Situationen, mit denen wir gar nicht gerechnet haben oder die zunächst gut aussahen, sich dann aber als für uns unvorteilhaft herausstellten.

Wie Patañjali es ausdrückt, können diese Bewusstseinsschwankungen schmerzhaft oder nicht schmerzhaft, sichtbar oder unsichtbar sein. Damit meinte er, dass manche Dinge unerfreulich, erschreckend, qualvoll aussehen und es auch sind. Für eine Prüfung zu pauken kann sehr hart sein. Die Vorteile einer bestandenen Prüfung bleiben verborgen, unsichtbar, zeigen sich erst später. Hingegen sind die Freuden des Tafelns außerordentlich lustvoll, und Schmerzen und Probleme, die sich aus der Völlerei ergeben, können lange Zeit verborgen bleiben. Wenn schließlich eine Krankheit oder Schwäche als Folge eintritt, ist das ein sichtbarer Schmerz. Wenn wir aber unsere ganzen Ressourcen, unseren Mut, Willen und Glauben einsetzen, um die Krankheit zu überwinden, tritt wiederum ein nicht schmerzhafter Zustand ein. Das ist eine Art Warnung für uns, die uns darauf hinweist, dass jede Münze zwei Seiten hat und dass wir achtsam und bedacht sein sollen, bevor wir uns auf etwas stürzen. Es gibt immer einen Preis zu zahlen oder einen Lohn zu ernten. Aber auf den Spruch »Wenn es sich gut anfühlt, dann mach's«, sollte man langfristig nicht als Motto bauen. Alle Philosophien vertreten die Erkenntnis, dass der Lust-Suchende als Schmerz-Findender enden wird. Für die alten Griechen war Mäßigung die größte Tugend. Yoga besagt, dass wir durch Schulungspraxis und Nicht-Anhaftung lernen, nicht immer zwischen den Extremen von Lust und Schmerz hin- und herzupendeln.

Dieser Doppelaspekt des schwankenden Geistes gilt für die so genannten Fünf Modifikationen des Bewusstseins (im Sanskrit *chitta vrittis* genannt). Diese sind richtiges Wissen *(pramāna)*, falsches Wissen oder falsche Auffassung *(viparyaya)*, Imagination oder Einbildung, Fantasie *(vikalpa)*, Schlaf *(nidrā)* und Gedächtnis *(smriti)*. Das sind natürliche psychologische Zustände, die bei je dem auftreten. Sie hängen vom Gehirn und Nervensystem ab und verschwinden beim Tod. Man könnte sich verzeihlicherweise fragen, was es für einen Sinn hat, sie zu studieren. Schlaf ist Schlaf, Einbildung ist Einbildung, und was die ersten beiden Punkte angeht, nun, manchmal habe ich recht und manchmal unrecht. Doch aus yogischer Sicht ist es von ungeheurem Wert, wenn man diese Verfassungen oder Zustände versteht. Werden sie missbraucht oder weisen sie Mängel auf, dann kann das zu endlosen Problemen und Schwierigkeiten führen. Sie wirken sich sowohl auf die Lebensqualität als auch auf die Handlungen aus, die wir in unserem Dasein ausführen. Die Konsequenzen unserer Handlungen haben Bestand, ihre Implikationen sind karmisch. »Wie du säst, so wirst du ernten.« Das ist eine allgemein gültige Erkenntnis. Yoga begrenzt die Konsequenzen nicht nur auf dieses Leben. Wie benimmt sich jemand, der sich in allem irrt, in Fantasien lebt, schlecht schläft und das Gedächtnis missbraucht? Hitler glaubte wirklich, dass die Juden Untermenschen seien, und handelte dem entsprechend. Das war eine falsche Auffassung oder falsche Wahrnehmung, totale Verblendung. Die sich zu seinen Lebzeiten ergebenden Konsequenzen waren sein Tod und die Zerstörung seines Landes und auch eines Großteils der damaligen Welt. Würde irgendjemand, wenn die Kette der Kausalität über das Grab hinausreicht, nunmehr mit Hitler tauschen wollen?

Es lohnt sich ganz entschieden, sich diese fünf Formen des Bewusstseins sowohl unter ihren nützlichen wie mangelhaften Aspekten anzuschauen. Ihr Studium kann uns helfen, einem bestimmten Lebensweg zu folgen und sich die richtige Denkweise und Anschauung zu eigen zu machen. Sie zeigen uns eine Richtung und befähigen uns zur Kanalisierung unserer Denkprozesse. Unser Ziel ist nicht, diese zum Stillstand zu bringen oder zu unterdrücken, sondern sie allmählich zu transformieren. Diese fünf Bewusstseinsformen existieren nicht getrennt voneinander, sondern sind ineinander verwoben wie Tuchfäden. Jede wirkt sich auf die anderen aus. Die Dumpfheit eines schlechten oder *tamasischen* Schlafes mindert die Klarheit der anderen vier Modifikationen. Die für die richtige Anschauung nötige scharfe Analyse wird unmöglich. Wenn man müde ist, fällt es schwer, sich an Dinge zu erinnern. Und wir sind auch vom Gedächtnis abhängig, um alle anderen Zustände aufrufen zu können. Es verbindet und untermauert sie.

Im letzten Kapitel haben wir uns die beiden Aspekte des Erinnerungsvermögens angesehen: den schädigenden und den befreienden. Wir sahen, wie die »schmerzliche« Form von Erinnerung zur Knechtschaft in der Dimension psychischer Zeit führt und uns dazu verdammt, die Vergangenheit immer wieder in endlosen, sinnlosen Schleifen zu durchleben. Wir sind wie ein Karren im Monsun, dessen Räder im Schlamm feststecken. Die »schmerzlose« Form des Erinnerungsvermögens ist Urteil und Unterscheidung *(viveka)*, die für unsere Weiterentwicklung unerlässlich sind.

Das Unterscheidungsvermögen ist die scharfe Klinge des Intellekts, die das Wahre vom Falschen, die Wirklichkeit von der Unwirklichkeit trennt und sich des Erinnerungsvermögens so bedient, dass Konsequenzen, die sich in der Vergangenheit ergaben, in unsere Entscheidungsprozesse einbezogen werden. Wenn wir die Konsequenzen erkennen können, verfangen wir uns nicht in der Falle von augenscheinlichem Schmerz kontra augenscheinlicher Lust. Beim Unterscheidungs- und Urteilsvermögen geht es darum, sinnvolle Vergleiche anzustellen wie zum Beispiel: »Wie ist meine heutige Praxis im Vergleich zu meiner gestrigen?« oder: »Wie ist die Dehnung meines linken Beins im Vergleich zu der meines rechten?« Sie stellen vielleicht fest, dass das rechte Bein schläft. Anfänglich ist dies ein Prozess des Ausprobierens, von Versuch und Scheitern. Später können wir lernen, Irrtümer und Fehler zu vermeiden. Der übliche Fehler beim Kopfstand zum Beispiel ist der, dass der Oberarm nachlässt. Unser Gedächtnis warnt uns, aufzupassen, damit das nicht geschieht. Auf diese Weise durchbrechen wir schlechte Gewohnheiten. Dies sind Unterscheidungen im nützlichen Sinn, die unser Gewahrsein wecken.

Das Gewahrsein, das mit dem Unterscheidungs- und Erinnerungsvermögen zusammenarbeitet, ermutigt den kreativen und nicht den mechanisch denkenden Geist. Der mechanisch denkende Geist stellt nur Fragen zu den äußeren Phänomenen, geht die Welt wie eine gigantische Maschine an und gelangt zu einem objektiven Wissen. Mit objektivem Wissen meine ich Wissen über die Welt rings um uns herum. Das kann nützlich oder gefährlich sein, je nachdem wie man es verwendet. Der Vergleich des neuen Autos Ihres Nachbarn mit Ihrem alten Wagen kann zu Neid und Begehrlichkeit führen oder aber zur Einsicht, dass das seine sicherer ist und weniger zur Umweltverschmutzung beiträgt. Ein kreatives Gehirn, wie ich es nenne, stellt sowohl das Äußere wie das Innere in Frage, was uns zu subjektivem und spirituellem Wissen führt. Mit subjektivem Wissen meine ich Selbstkenntnis, Wissen um sich selbst im Inneren der eigenen Haut. Wenn wir noch einmal das Beispiel vom Auto des Nachbarn heranziehen, so werden Sie, wenn Sie begriffen haben, dass Verschmutzung nichts Wünschenswertes ist, weder die Atmosphäre (das Äußere) noch sich selbst (das Innere) verunreinigen wollen. Die kreative Reaktion könnte somit darin bestehen, dass Sie sich einen anderen Wagen zulegen.

Wenn sich das Gewahrsein mit der Intelligenz verbunden hat, können wir mit absoluter Ehrlichkeit sehen und erkennen. Wenn Gehirn und Körper sich in harmonischem Einklang bewegen, dann ist Integrität gegeben. Das Gedächtnis unterstützt diesen Prozess, denn wenn es perfekt funktioniert, wird es eins mit der Intelligenz. Indem es seine Loyalität vom lustsuchenden Geist auf die unterscheidende Intelligenz verlagert, gräbt es keine Gruben alter Gewohnheiten mehr, in die wir fallen können, sondern wird ein echter Guru für uns, indem es uns zu vollkommenem Wissen und Verhalten führt.

Indem wir das Gedächtnis reinigen und läutern, reinigen und läutern wir unseren gesamten Geist. Für den Normalsterblichen besteht Erinnerung in einem der Vergangenheit angehörenden

Geisteszustand. Für den Yogi ist sie ein gegenwärtiger Geisteszustand. Wir sollten nicht vergessen, dass das Gedächtnis alles aufzeichnet. Erinnerung ist sinnlos, wenn sie zu einer Wiederholung der Vergangenheit führt, die den Prozess der Evolution beeinträchtigt. Aber sie ist nützlich, wenn sie uns hilft, uns auf die Zukunft vorzubereiten; und sie ist sogar notwendig, wenn wir sie zu unserer Weiterentwicklung nutzen. Das Erinnern ist ein ständiger Rechnungsbericht über Gewinn und Verlust, mittels dessen wir erkennen können, ob wir Rückschritte oder Fortschritte machen. Indem wir eine Auslese zwischen erwünschten und unerwünschten Erinnerungen treffen und die unerwünschten aussortieren, machen wir es möglich, dass neue Erfahrungen zum Vorschein kommen. Das Gesamt an Nutzen bringender Vergangenheit steht uns nunmehr zur gegenwärtigen Verfügung. Das Gedächtnis funktioniert jetzt nicht mehr als eine gesonderte Entität, sondern vereint sich mit dem Bewusstsein. Patañjali sagt, dass, wenn das Gedächtnis vollkommen gereinigt und geläutert ist, der Geist wie eine reife Frucht herabfällt und das Bewusstsein in seiner reinsten Form erstrahlt. Damit meine ich: Wenn das Gedächtnis als Antriebskraft für vollkommenes makelloses gegenwärtiges Handeln dient, dann agiert es in seiner intendierten Form. Ein gereinigtes und geläutertes Gedächtnis enthält keine unverdauten Emotionen aus dem Unterbewussten und Unbewussten, sondern befasst sich mit den Gefühlen in der Gegenwart, so wie sie aufsteigen.

Auch die Imagination kann entweder zu unserem Nutzen oder zu unserem Schaden arbeiten. Zweifellos ist sie das größte Geschenk an den Menschen. Aber das Sanskrit-Wort *Vikalpa* bedeutet auch Fantasterei, Täuschung, Wahnvorstellung. Ohne stetige Umsetzung müssen auch die in allerhöchstem Maße inspirierenden und begeisternden Flüge der Vorstellungskraft und Fantasie wirkungslos und realitätsleer bleiben. Wenn ein Wissenschaftler eine Idee hat, muss er sich vielleicht jahrelang plagen, muss er experimentieren, analysieren und überprüfen, um sie zur Reife zu bringen, um sie konkret werden zu lassen. Ein Schriftsteller mag die Handlung für einen neuen Roman ersinnen, aber wenn er sich nicht hinsetzt und schreibt, sind seine Ideen wertlos. Ein grüner Junge sagte einmal zu einem großen Dichter: »Ich habe eine wundervolle Idee für ein neues Gedicht.« Des Dichters schneidende Antwort war: »Bei Gedichten geht es um Worte.« Der echte Poet steht mit beiden Beinen auf dem Boden, bekümmert sich nicht weiter um den Gedanken, sondern schreibt ihn nieder.

Sie können sehen, wie die fünf Modifikationen sich gegen uns verbünden. Wenn wir tagträumen, vermischen wir Fantasie mit der Dumpfheit des Schlafes. Wenn wir uns Tagträumen über die Vergangenheit hingeben, fügen wir der Mixtur auch noch das Erinnerungsvermögen hinzu. Das mag angenehm und beruhigend sein, führt aber nirgendwo hin. Tatsächlich könnte es sein, dass wir bei der Rückkehr in die Gegenwart diese dann vergleichsweise ziemlich unerträglich finden. So geht ein schmerzlicher Zustand aus einem schmerzlosen hervor.

Wer es nicht schafft, aus seiner Traum- oder Fantasiewelt aufzutauchen, erwirbt sich nie Respekt; solche Personen bleiben Leichtgewichte. Wir behalten unseren größten Respekt jenen Menschen vor, die eine umfassende und durchdringende Vision in Realität verwandeln. Mahatma Gandhi stellte sich als junger Mann ein von der britischen Herrschaft unabhängiges und freies Indien vor, doch es bedurfte eines ganzen Lebens unablässiger Arbeit und Anstrengung, *Tapas,* um diesen Traum zu verwirklichen. Tapas ist hier der Schlüssel. Das Wort impliziert intensive, reinigende Hitze, ein Feuer, das wie das des Alchemisten unedles Metall in Gold verwandelt. Die Imagination ist die flackernde Flamme, der am wenigsten heiße Bestandteil des Feuers. Tanzende Flammen geben Licht, das die Gestalt oder Form enthüllt, weshalb diese in der Terminologie des Yoga das feinstoffliche Gegenstück von Feuer sind. Was ist eine Idee, ein Konzept, anderes als eine Form oder Gestalt im Geiste? Die anstehende Arbeit ist die, das Feuer mit dem Blasebalg von

Tapas anzufachen, sodass es sehr heiß wird und die Gestalten und Formen des Geistes in Realität umwandelt. Die Āsana-Praxis bringt Geist und Körper für diese Aufgabe in harmonischen Einklang. Der Geist eilt dem Körper immer voraus. Er bewegt sich in die Zukunft hinein, der Körper ist der Vergangenheit zugewandt, aber das Ich befindet sich in der Gegenwart. Die Koordination dieser drei, die wir im Āsana erlernen, befähigt uns, die Gestalt unserer Visionen in die Substanz unseres Lebens zu verwandeln.

Schlaf ist Schlaf. Ich stellte an früherer Stelle die Frage: »Was kann er uns lehren?« Schließlich sind wir nie Zeuge unseres Schlafes. Wir sind inaktiv und ohne Bewusstsein und haben auch keine direkte Erinnerung daran. Aber wir wissen immer, wie wir geschlafen haben. Was man sich erhoffen sollte, ist ein tiefer, traumloser, nährender Schlaf. Yogis träumen nicht. Entweder schlafen sie, oder sie sind wach. Es gibt drei Arten von Schlaf. Wenn man sich danach schwer und benommen fühlt, war es ein *tamasischer* Schlaf. Ein gestörter unruhiger Schlaf ist *rajasisch*. Und ein Schlaf, der lichte Unbeschwertheit, Aufgewecktheit und Frische bringt, ist *sattvisch*. Schlaf, um uns noch einmal dieser Metapher zu bedienen, ist wie eine geöffnete Rose, die wieder zur Knospe wird. Die Wahrnehmungssinne ruhen im Geist, der Geist im Bewusstsein, das Bewusstsein im Sein. Das klingt genau nach einer Beschreibung dessen, was wir durch Yoga zu erreichen suchen, also lässt sich sicherlich auch etwas daraus lernen. Wir kehren im Schlaf sogar zur Unschuld zurück. »Wer schläft, sündigt nicht«, so geht ein alter Spruch.

Weil Geist und Sinne ruhen, existiert ein negativer Zustand von Leere, ein Gefühl von Leerheit oder Abwesenheit. Man kann ihn insofern als negativ bezeichnen, als der sich durch Gegenwärtigsein und Gewahrsein auszeichnende Bewusstseinszustand abwesend ist. Das Ziel des Yoga-Übenden besteht darin, diesen Zustand während des Wachseins in einen positiven Geisteszustand umzuwandeln. Sinne und Geist schließen sich wie zu einer Knospe, aber der innere Zeuge bleibt wach. Dies ist ein reiner Zustand, in dem das Ich keine

Erfahrungen ansammelt. Die Bewusstseinsbewegungen sind zur Ruhe gebracht. Friedlicher tiefer Schlaf, der im Zustand von Aufmerksamkeit und Wachheit erfahren wird, ist *Samādhi*. Was bleibt, wenn der Geist still und unter Kontrolle ist, ist die Seele. Die Abwesenheit des Egos im Schlafzustand ist dem Samādhi ähnlich, aber es ist ein dumpfer Zustand ohne Gewahrsein. Samādhi ist egoloser Schlaf in Verbindung mit der lebhaften Dynamik der Intelligenz.

Wenn wir uns im Tiefschlaf befinden, verlieren wir unser Ego, unsere »Ichheit«. Wir vergessen, wer wir sind, und kehren zum kosmischen, ewigen Geist zurück. Beim Erwachen gibt es einen kurzen Moment, bevor das »Ich«-Bewusstsein wieder einsetzt, in dem wir einen kleinen Einblick in diesen gelassenen, ruhigen, egolosen Zustand nehmen können. Er sollte uns leiten. Es ist ein natürliches Fenster, das uns einen Blick auf den meditativen Geist gewährt und uns erkennen lässt, dass wir eins sind, und uns lehrt, dies zu akzeptieren. Wenn das Ego ruhig ist, mindert sich unser Gefühl von Stolz. Wir sind empfänglicher und verständnisvoller. Die Kränkungen des Lebens kränken uns nicht. Wir sind innerlich und äußerlich immun gegen Angst und Leid.

Die Yoga-Praxis lehrt, uns tagsüber mit jeder Aufgabe zu befassen, so wie sie entsteht, und sie dann ad acta zu legen. Dazu kann gehören, dass wir Briefe beantworten und Anrufe erledigen, den Abwasch machen und den Ärger von uns abfallen lassen, sobald der Augenblick vorüber ist. Es gibt den alten Bibelspruch: »Jeder Tag hat genug eigene Plage.« Damit ist gemeint, dass wir auch unerfreuliche Herausforderungen des Lebens an ihrem angemessenen Platz belassen und sie nicht den Rest unserer Zeit schwären und verpesten lassen sollten. Wenn wir das lernen, wird unser Schlaf nicht die giftigen Überbleibsel der ungelösten Sorgen und Ängste vom Tag mit sich führen. Auch sollten wir nicht schwer oder zu spät essen, sonst wird unser Schlaf turbulent (rajasisch) werden. Wir werden in einer unzufriedenen und gereizten Verfassung aufwachen. Wenn wir unseren Geist mit gewalttätigen Bildern, Gedanken und Worten füttern, wird unser Unterbewusstsein sie in verstörenden Träumen wiederkäuen. So wie die richtige Imagination den kreativen Geist weckt, belebt ihn der richtige Schlaf und bringt Wachheit und Aufmerksamkeit mit sich. Indem wir jeden Tag gegenwärtig und voll und ganz leben, erwerben wir uns ein reines und ruhiges Gewissen. Das ist die beste Vorbereitung für eine erholsame und friedliche Nacht.

Es heißt manchmal, dass ein Dummkopf, jemand, in dem völlige Leere herrscht, dem Beobachter den gleichen Anblick bietet wie jemand, der sich im Samādhi, im Zustand göttlicher Glückseligkeit befindet. Das kommt daher, dass weder im Geiste des Dummkopfs noch im Bewusstsein des Heiligen Regungen stattfinden. Der Unterschied besteht darin, dass der eine Zustand negativer, komatöser und unsensibler Natur ist, wohingegen der andere wacher, positiver und höchst bewusster und gewahrender Natur ist. Ich erwähne das deshalb, weil Anfänger einen schlafwandlerischen oder wohlig schläfrigen Zustand leicht mit dem meditativen Zustand verwechseln. Schüler, die *Shavāsana* (eine Stellung, bei der man wie ein Toter auf dem Rücken liegt, siehe Kapitel 7) ausführen oder eine Meditation versuchen, gleiten oft in einen angenehmen Zustand der Apathie, so als ob sie in Watte gepackt wären. Das ist kein Vorspiel zum Samādhi, sondern zum Schlaf. Im Wachzustand sind Dumpfheit und Trägheit des Schlafes nicht erwünscht. Und auch nicht die hektische Überaktivität, die aus turbulentem Schlaf resultiert. Wenn wir uns in der Nacht ruhelos umherwälzen und herumzappeln, werden wir auch am Tag ruhelos herumzappeln. Wir streben nach einem wachen, aufmerksamen, selbstgenügsamen, egolosen Zustand, der mit den belebenden Nachwirkungen einer guten Ruhephase korrespondiert. Die Erfahrung des Ruhezustandes in der Nacht gibt uns Hinweise auf den Ruhezustand des Geistes und der Sinne im meditativen Zustand. Ein guter Schlaf lässt das Bewusstsein erstrahlen. Ein schlechter Schlaf macht es trüb und glanzlos.

Eine schlechte Nacht lässt uns alles in schiefem Licht sehen. Falsches oder irriges Wissen führen zu falschem Denken, zu falschen Worten und Taten. Diese sind durchaus nicht harmlos. Beim Korrigieren unserer Irrtümer und falschen Wahrnehmungen sagen wir oft rückblickend: »Das hätte ich nicht sagen sollen« oder »Das hätte ich nicht tun sollen«. Wir haben Schuldgefühle und empfinden Bedauern oder Reue. Doch wenn es um ganz praktische Dinge geht, geben wir uns große Mühe, dass es gar nicht erst zu derartigen Situationen kommt. Wenn wir ein Haus kaufen, lassen wir Statik und Bausubstanz und die Sicherheit von Grund und Boden von einem Fachmann überprüfen; wir checken den Wasseranschluss und lassen den Besitz notariell beglaubigen und ins Grundbuch eintragen; und wir beauftragen die Bank mit der korrekten Durchführung der finanziellen Transaktionen. Wir prüfen die Schulen und die Verkehrsverbindungen. Wir wollen keinen Fehler machen. Doch die meisten Leute sehen, wenn sie auf ihr Leben zurückblicken, eine Unmasse von Fehlern.

»Wenn ich nur damals schon gewusst hätte, was ich heute weiß«, sagen wir. Jedoch scheint uns unser heutiges Wissen nicht von weiteren Fehlern abzuhalten. Die vom Yoga erstellte Blaupause besagt, dass das richtige Wissen und das falsche oder irrige Wissen zwei Modifikationen oder Zustände des Bewusstseins sind. Durch die Yoga-Praxis können wir falsche Wahrnehmung und irriges Wissen reduzieren oder ganz beseitigen und zu zutreffender und genauer Wahrnehmung und zu richtigem Wissen gelangen. Ich spreche nicht vom Ändern unserer Meinungen, obwohl das passieren kann, sondern davon, sie völlig aufzugeben. Eine Meinung ist das richtige oder falsche Wissen von gestern, das für die Situation von heute wieder aufgewärmt und aufgetischt wird. Meinungen wurzeln also in der Vergangenheit, und unsere Untersuchungen in Bezug auf das Gedächtnis haben gezeigt, dass die Vergangenheit ein Minenfeld sein kann. Der oder die Yoga-Praktizierende versucht immer in der Gegenwart zu sein, da, wo die Wirklichkeit ist, und somit ist sein oder ihr angestrebtes Ziel das perfekte gegenwärtige Gewahrsein in der gegebenen Situation. Das ist nicht mit einem Sprung zu erreichen. So mag zu den Dingen, die wir auf unserer Reise nach Innen an uns selbst beobachten, die Tatsache gehören, dass Meinungen, die sich auf falsche Wahrnehmungen oder Informationen gründen, nach und nach durch jene ersetzt werden, die auf einer stimmigeren Grundlage basieren. Das ähnelt der Situation, in der wir schlechte Gewohnheiten in gute umändern, bevor wir die bedingungslose Freiheit erlangen können. Schauen wir uns ein Beispiel an.

Vor dreißig oder vierzig Jahren vertraten die meisten Leute die Ansicht, dass Frauen keine Männerberufe ausüben können und sollen. Man war der Auffassung, dass sie mehr für untergeordnete Tätigkeiten geeignet sind und dass sie, wenn sie schon die Arbeit eines Mannes verrichteten, dafür weniger Lohn bekommen sollten. Die meisten Menschen glauben das heute nicht mehr. Das Meinungsklima hat sich gewandelt. Und man könnte sagen, dass die gegenwärtigen Entwicklungen diesen Meinungsumschwung bestätigen. Wir betrachten das als einen Fortschritt, weg von irrigem oder falschem Wissen. Er gründet sich auf den konkreten Beweis der Leistungen der Frauen am Arbeitsplatz und ist somit weniger anfällig für Vorurteile. Vorurteil bedeutet, dass man sich seine Meinung bildet, noch bevor man hingesehen hat.

Im Verlauf dieses Wandlungsprozesses wären Sie vielleicht, wenn sich ein Mann und eine Frau unter ansonsten gleichen Gegebenheiten und Bedingungen bei Ihnen um einen Job beworben hätten, geneigt gewesen, der Frau den Vorzug zu geben, um ganz bewusst die neue Ansicht über die Fähigkeiten von Frauen auszuagieren und vergangenes Unrecht wieder gutzumachen. Aber wenn die Kandidaten völlig gleichwertig sind und Sie die Frau begünstigen, handeln Sie nach wie vor aufgrund eines Vorurteils. Die Vergangenheit hat immer noch Zugriff. Sie haben eine schlechte Gewohnheit wirkungsvoll in eine »bessere« umgewandelt, aber wo bleibt das richtige Handeln, das auf dem richtigen

Wissen ohne vorherige Konditionierung basiert? Im Falle dieses Beispiels liegt die Lösung vermutlich darin, dass Sie imstande sind, beide Kandidaten mit einer derart klaren Sicht auf ihre Fähigkeiten und Geeignetheit zu befragen, dass sich daraus eine Entscheidung ergibt, aber ohne den Schatten eines Bezugs zu ihrer Geschlechtszugehörigkeit.

Das ist ein Beispiel aus der Außenwelt. Die Yoga-Praxis ist eine innerliche. Hier müssen wir uns ansehen, wie die Kultivierung und Fortentwicklung des eigenen Wesens zu einem direkten, richtigen Wissen führt, das unsere Beziehung zur Außenwelt reformiert und transformiert und uns zudem auf unserem inneren Weg fördert.

DER YOGA-PHILOSOPHIE ZUFOLGE basiert richtiges Wissen auf drei Arten von Beweiskraft: direkte Wahrnehmung, korrekte Schlussfolgerung und Bestätigung durch zuverlässige und maßgebende heilige Schriften oder weise erfahrene Personen. Daher sollte die individuelle Wahrnehmung zunächst durch Logik und Vernunft überprüft und dann nachgesehen werden, ob sie mit der Weisheitstradition übereinstimmt. Wir sind alle mit diesem Vorgehen vertraut. Wenn wir den Hauskauf als Beispiel nehmen, so sehen wir das Haus und gewinnen einen Eindruck davon (unsere direkte Wahrnehmung). Wir nehmen dann aufgrund dessen, was wir über das Haus erfahren haben, eine Einschätzung vor (die hoffentlich korrekte Schlussfolgerung). Der Gutachter ist unser erfahrener Weiser, und die von ihm zurate gezogenen technischen Unterlagen sind die Schriften. Auf diese Weise bestätigen die drei Beweisarten einander auf ideale Weise.

Die Fähigkeit, derer wir uns hier bedienen, ist die Intelligenz *(buddhi)*, die, wie wir im letzten Kapitel sahen, subtiler ist als das denkende, sensorische Gehirn *(manas)*. Sie befasst sich mit Fakten und Vernunft, nicht mit Eindrücken und Interpretationen. Sie wohnt jedem Aspekt unseres Seins inne, verbleibt aber eher in einem brachliegenden Zustand, weshalb unser erster Schritt darin besteht, sie anzustupsen und zu wecken.

Die Āsana-Praxis bringt die Intelligenz auf der Ebene des Zellularkörpers durch das Dehnen und auf der Ebene des Energie-Körpers durch das Aufrechterhalten des Āsana zum Vorschein. Ist sie erst einmal erwacht, kann der Körper seinen dynamischen Aspekt, seine Fähigkeit zur Unterscheidung, offenbaren. Er liefert hier eine subjektive, auf Tatsachen beruhende Wahrheit, während der Geist imaginierte Vorstellungen erzeugt. Durch das präzise, gründliche Maßnehmen und Anpassen in einer Stellung, die zu Ausgewogenheit, Stabilität und überall in gleichem Maße vorhandener Ausdehnung führt, wird dieses Unterscheidungsvermögen verfeinert und geeicht. Urteilen und Unterscheiden beinhalten einen Prozess des Abwägens und Gewichtens, der der Welt der Dualität angehört. Wenn das, was falsch ist, abgelegt oder aussortiert wird, muss das, was übrig bleibt, korrekt sein. Wenn sich die Intelligenz im Bewusstsein ausbreitet, ziehen sich individueller Geist und Ego auf die ihnen angemessenen Ausmaße zusammen. Sie sind nicht länger die Herrscher im Hühnerstall, sondern dienen der Intelligenz. Und ganz besonders das Gedächtnis arbeitet, wie wir sahen, nun mit der nach Freiheit strebenden Intelligenz zusammen und nicht mit dem nach Knechtschaft strebenden individuellen Geist.

Prajñā – Einsicht und Intuition

Dann gibt es noch eine weitere Stufe. Spirituelle Intelligenz, wahre Weisheit, dämmert erst mit dem Ende des Unterscheidens herauf. Weisheit vollzieht sich nicht innerhalb der Dualität. Sie nimmt nur Einssein wahr. Sie legt das Falsche nicht ab oder beiseite; sie sieht oder fühlt nur das Richtige. Wenn wir ein Haus kaufen, müssen wir uns der logischen, unterscheidenden Intelligenz bedienen. Ein Politiker, so edel seine Motive auch sein mögen, muss in einer relativen und zeitlich bedingten Welt eine Wahl treffen und seine Entscheidungen fällen. Die spirituelle Weisheit hingegen entscheidet nicht: sie weiß. Sie ist ganz und gar gegenwärtig und somit frei von Zeit, wie wir noch sehen werden, wenn wir weiter nach innen vordringen und der Seele näher kommen.

Für den Augenblick müssen wir uns damit zufriedengeben, dass wir den Himmel klar sehen und bei Sonnenschein sagen, dass er blau ist. Die Wissenschaft tut uns kund, dass die Atmosphäre letztlich farblos ist, so wie Wasser. Die Sinneswahrnehmung mag zwar fehlerhaft sein, aber zumindest zeigen uns ungetrübte, gesunde Sinne die wundervolle Farbenvielfalt am Himmel oder in den Gewässern von Flüssen und Seen. Dies ist kein perfektes, aber es ist gültiges Wissen. Es liefert eine vernünftige Grundlage. Ein gutes Nervensystem lässt uns rasch und sicher agieren. Ein gesunder Körper gibt uns die Stärke zu handeln; ein ungetrübter Geist bringt Stabilität und Entlastung von emotionalem Aufruhr. Eine erweckte Intelligenz wird uns helfen, zu wählen, zu entscheiden und Handlungen in Gang zu setzen. Wir beobachten hier ein Zusammenkommen, eine Integration, der von uns zu erkundenden Hüllen des Seins, damit sie in Harmonie und aus einer Quelle heraus agieren können, die dem Wesenskern immer näher rückt.

Ich beschreibe hier eine Reise vom schwatzenden Gehirn zum sauberen Instinkt, um zur Klarheit der Intuition zu kommen. Wenn Sie mit Yoga anfangen, leben Sie wahrscheinlich in Ihrem individuellen Geist und in Ihren Emotionen wie in einem endlosen Chat Room im Internet. Sie lesen Bücher und Artikel darüber, was man am besten essen und wie man sich körperlich fit halten sollte; Lesestoff, den jedes in der freien Wildbahn lebende Tier verächtlich von sich weisen würde. Aber Sie wissen nicht, wie Sie leben sollen, nur was Sie sich sehnlich wünschen. Der Instinkt ist abgestumpft. Bei der Āsana- und Prānāyāma-Praxis gehen wir zuerst vom individuellen Geist aus und reinigen und läutern den Körper, die Sinne und Organe. Der Instinkt wird wiederbelebt. Die neu erwachte

Körper-Intelligenz macht sich bemerkbar und sagt Ihnen ganz automatisch, welche Nahrung Ihnen guttut, wann und wie viel Sie essen, wann und wie Sie trainieren und wann Sie sich ausruhen oder schlafen sollen. Die Menschen vergessen, dass wir uns auf unserer Pilgerreise zur Seele als Erstes die ursprünglichen Freuden des Tierreiches wieder zu eigen machen: Gesundheit und Instinkt in aller Dynamik und Lebendigkeit. Gleichzeitig verwandeln wir Instinkt in Intuition. Die Intelligenz schärft sich an der Analyse und Synthese, an Vernunft und Schlussfolgerung. Sie bekommt Muskeln. Und allmählich beginnt, gleichsam wie das Licht am Himmel vor Sonnenaufgang, die höhere Intelligenz der Intuition heraufzudämmern. Instinkt ist die zum Vorschein kommende unbewusste Intelligenz der Zellen. Intuition ist suprabewusstes Wissen, bei dem wir wissen, bevor wir wissen, *wie* wir wissen.

Als junger Mann pflegte ich jedes Wochenende mit dem Zug von Pune nach Bombay zu fahren, um dort Unterricht zu geben. Der Zug, den ich nahm, war ein Sonderzug zu den Pferderennen in Bombay. Die Mitreisenden in den übervoll besetzten Wagons waren durchwegs Besucher dieser Pferderennen und nahmen an, dass auch ich dorthin wollte. Schließlich hatte ich es satt, zu erklären, dass dem nicht so war. Oft wollten Passagiere von mir wissen, wie ich über ein bestimmtes Rennen dachte, und zeigten mir die Liste mit den Pferden am Start. Ich nannte dann rasch den Namen eines Pferdes, und es war erstaunlich, wie viele Wetter bei der Rückfahrt auf mich zukamen und sagten: »Wissen Sie, das Pferd, das Sie da ausgesucht haben, hat gewonnen!« Es war wahrscheinlich Zufall, aber ich erzähle fröhlich diese Geschichte als Beispiel, um Ihnen zu zeigen, wie sich Intuition manifestieren kann. Kleinigkeiten erweisen sich spontan als korrekt. Wir stellen fest, dass wir runde Pflöcke in runde Löcher und eckige Pflöcke in eckige Löcher stecken. Wir sind weniger unbeholfen, sind geschickter und gewandter.

Anhaltende falsche Wahrnehmung und anhaltendes falsches Wissen führen zu einem Leben, bei dem wir ständig versuchen, eckige Pflöcke in runde Löcher zu hämmern oder, wenn wir beim Pferderennen bleiben wollen, immer auf Verlierer setzen. Wenn wir auf dem Hämmern beharren, kann das für uns und für andere katastrophale Folgen haben. Konfusion, Dinge durcheinanderzubringen oder zu verwechseln sind das Gegenteil von unterscheidendem Erkennen. Falsche Auffassungen schaffen eine Verzerrung der Realität, was wiederum falsche Gefühle erzeugt und das Bewusstsein befleckt. Indem wir die Intelligenz kultivieren und aus unseren Fehlern lernen, jäten wir aus, was falsch und verkehrt ist. Jeder Gärtner wird Ihnen sagen, dass das Unkraut wieder nachwächst, aber zumindest wird es sich leichter ausgraben lassen, wenn wir es zu fassen kriegen, bevor es völlig ausgewachsen ist.

Wir haben nun besprochen, wie wir in unserem Dasein die individuelle Intelligenz entwickeln. Wenn wir uns durch diese Hülle weiter nach innen begeben, entwickelt und verfeinert sich diese Intelligenz weiter bis zur Weisheit. Dabei werden wir sehen, welche wichtige Rolle Konzentration und Meditation im Zusammenhang mit der Kultivierung des Geistes spielen. Wir entfernen uns immer mehr von den verständlichen, aber oft kindischen Einflüsterungen des Ego und verlagern unsere Quelle des Wissens und der Einsicht vom Gehirn zum Herzen und vom Geist zur Seele. So wie unsere Seele Teil einer Kosmischen Seele ist, ist auch, wie wir sahen, unsere Intelligenz Teil einer Kosmischen Intelligenz. Wenn wir lernen, uns gleichsam wie eine Antenne auf diese uns umgebende natürliche Intelligenz auszurichten, gewinnen wir nicht nur eine Klarheit des Denkens, sondern auch Weisheit im Leben. In dem Maße, wie wir die richtige Wahrnehmung entwickeln lernen, können wir einen immer umfassenderen Zugang zu dieser Weisheit gewinnen. Auch werden wir diese sehr viel wahrscheinlicher wahrnehmen können, wenn wir lernen, den stumpfen, abgelenkten oder schwankenden individuellen Geist in einen aufmerksamen und disziplinierten yogischen Geist umzuwandeln.

Die fünf Qualitäten des Geistes *(bhūmis)*

Damit wir uns das Bewusstsein gleichsam als einen ständig von Wellenmustern überzogenen Ozean besser vergegenwärtigen können, hat Yoga fünf Ebenen oder Qualitäten des Geistes hervorgehoben, die den bereits besprochenen fünf Modifikationen entsprechen. Diese sind ein Zustand geistiger Dumpfheit, ein zerstreuter Geist, einem umherspringenden Affen gleich, ein schwankender wechselhafter Geist, ein einsgerichteter aufmerksamer Geist und schließlich die höchste Stufe, das gebändigte disziplinierte Bewusstsein, das im zeitlosen Versenkungszustand des sogenannten Samādhi erfahren wird.

Diese Bewusstseinsniveaus sollen Hilfen für die Selbstbeobachtung und Selbsterkenntnis sein und uns nicht der Geistesschwäche bezichtigen. Es herrscht der weitverbreitete Irrtum, dass Yoga nur für die etwas sei, die über ein hohes Konzentrationsvermögen verfügen. Aber damit sind nicht alle von uns ausgestattet. Yoga kann von jedermann praktiziert werden, ganz gleich in welchem Zustand sich Geist oder Gesundheit befinden. Durch das Praktizieren wird der zerstreute Geist auf einen Konzentrationspunkt (Knie, Brust, und so fort) gelenkt. Dies ist ein Trainingsprogramm, das uns in Richtung direkte Wahrnehmung führt. Auch der Humor hilft uns, von der Zersplitterung zur Ganzheit zu gelangen. Er hellt den Geist auf und macht es leichter, ihn zu führen und zu fokussieren. Ein stabiler Geist ist wie eine Radnabe. Die Welt mag um dich herumwirbeln, aber der Geist bleibt ruhig und stabil.

Humoristen haben einen scharfen Blick für das schwankende Bewusstsein. Oft haben sie stumpfsinnige oder dumme Leute zum Thema, oder Menschen, deren Geist ständig abschweift und umherirrt, unlogische Sprünge vollführt und aberwitzige Assoziationen produziert. Sie zeigen gewitzt und witzig auf, wie lächerlich das ist. Sie selbst aber bleiben beim Imitieren und Vorführen der Strohköpfe und Zerstreuten auf ihre Darbietung höchst konzentriert.

Und wir wiederum konzentrieren uns, während wir lachen und unser Gemüt sich aufhellt, auf jedes gesprochene Wort. Clevere Leute verdienen ein Vermögen mit ihrem Wissen um die Tricks des Geistes. Auch Künstler sind der Bewusstseinsebenen ihres Publikums gewahr. Ein englischer Schriftsteller sagte einmal vor zweihundert Jahren, dass es vier Kategorien von Lesern gibt. Die erste Kategorie verglich er mit einem Stundenglas: Ihr Lesen ist wie Sand, der rinnt und rinnt und keine Spuren hinterlässt. Die zweite Kategorie ähnelt einem Schwamm, der alles aufsaugt und es dann im fast gleichen Zustand wieder zurückgibt, nur ein bisschen schmutziger. Die dritte Kategorie gleicht einem Seihtuch, das alles Reine durchlässt und den Abfall und Bodensatz zurückbehält. Die vierte Kategorie verglich er mit den Sklaven in den Diamantminen von Golconda, die alles Wertlose wegwerfen und nur die reinen Edelsteine aufbewahren.

Zufälligerweise sind die Minen von Golconda nicht weit weg von meinem Geburtsort. Aber was meinen wir aus yogischer Sicht und im Kontext dieser zu untersuchenden vierten Ebene unseres Seins, wenn wir von Diamanten sprechen? Diamanten sind hart und klar. Diese Eigenschaft der Klarheit ist unser Anhaltspunkt. Klarheit ist auch das große Definitionsmerkmal der Weisheit. Wir sind bestrebt, Weisheit zu kultivieren, die mentale Geschicklichkeit oder Cleverness, die alle Menschen bis zu einem gewissen Grad besitzen, in das durchdringende klare Licht der Weisheit umzuwandeln.

Und um das zu erreichen, müssen wir in den Minen schuften, den Schrott, das Falsche, vom Kostbaren trennen. Das Kostbare, weil es das Wahre ist. Schauen wir uns diesen Aussonderungsprozess am Beispiel der Yoga-Praxis an.

Das Kultivieren der Intelligenz

Manchmal sage ich meinen Schülern, dass die Praxis, die sie im Yoga-Unterricht machen, streng genommen keine Yoga-Praxis ist. Der Grund ist der, dass man beim Unterricht zwar ganz zweifellos etwas »macht« und hoffentlich auch lernt, aber dem Lehrer untergeordnet ist. Die führende oder dirigierende Intelligenz geht von ihm aus, und die Schüler folgen nach bestem Vermögen. Zu Hause dagegen ist die eigene Intelligenz der Meister, und die Fortschritte, die man macht, sind die eigenen und werden auch beibehalten. Zudem ist auch der Wille, den man einsetzt, der eigene. Er leitet sich nicht von der Kraft, dem Charisma, der Stärke oder der Feurigkeit des Lehrers her. Er kommt aus der eigenen Person und ist von tiefgreifender Auswirkung. Dies ist nicht Yoga *des* Körpers *für* den Körper, sondern Yoga *des* Körpers *für* den Geist, *für* die Intelligenz.

Zwischen einfachem Praktizieren und *Sādhana* besteht ein gewaltiger Unterschied. Sādhana ist der Weg und die Methode, um etwas zu erreichen. Dieses Etwas ist durch die konkrete Durchführung und korrekte Ausführung das Erlangen des Wirklichen. Was wirklich ist, muss wahr sein und uns so zur Reinheit und Befreiung führen. Das ist *Yogasādhana* und nicht die bloß mechanische Wiederholung von Yoga-Positionen oder *Yogābhyāsa*. Am Ende des Yogasādhana steht die Weisheit. Man könnte Yogasādhana hier auch mit »Yoga-Pilgerreise« übersetzen, da es sich um eine Reise handelt, die zu einem Ziel führt, und nicht bloß um die Tretmühle gedankenlosen Übens.

Wenn ich Dinge sage wie »Die Weisheit entsteht aus der Kultivierung der Intelligenz«, nicken alle zustimmend, aber im Grunde laufen wir Gefahr, dass sich unser Geist allzu sehr aufbläht. Halten wir also einen Moment inne, um uns zu erden, so wie wir es im Āsana tun, und erforschen wir, was wir mit Intelligenz meinen.

Zum Beispiel bietet die Aussage, dass Intelligenz eine im Körper vorhandene und vom Bewusstsein und Gewissen wahrgenommene

Sensitivität ist, eine tiefreichende Möglichkeit, zu begreifen, was mit Intelligenz gemeint ist. Das Gewissen ist dem Selbst sehr nahe, wie wir in Kürze sehen werden. Die in der Āsana-Praxis gewonnene Sensibilität und Sensitivität erlaubt uns auch festzustellen, wo die Empfindung abwesend ist. Das ist die Funktion der Intelligenz, die die Erde in den Minen von Golconda durchsiebt. Ihre nächste Funktion besteht darin, das Empfinden dahin zu bringen, wo es nicht vorhanden ist, und dafür zu sorgen, dass auch das Gewahrsein dorthin fließt. Und wenn das Empfinden überall vorhanden ist, sind Sie ein empfindungsfähiges Wesen, was heißt, Sie sind lebendig – und das vielleicht zum ersten Mal seit Ihrer Geburt. Darüber hinaus müssen Sie feststellen, ob die Sensitivität überall gleichmäßig verteilt ist oder nicht. Intelligenz bedeutet hier den Willen, dort Änderungen vorzunehmen, wo sie Unvollkommenheiten vorfindet. Der flinke gewandte Geist arbeitet im Dienst der Intelligenz und schult sich selbst darin, seine zerstreuten Gedanken zusammenzusammeln und sich dem umfassenderen Wohl zu widmen, was gut für das Ganze ist.

Der Geist ist nötig, um die Grammatik, die Syntax und das Vokabular zu erzeugen, mit deren Hilfe wir Beziehungen mit anderen Lebensformen herstellen. Auch die höchste Form von Intelligenz sollte daran denken, für seinen fühlenden, sammelnden Geist dankbar zu sein, denn sie muss sich vor allem die Worte und Grammatik borgen, die ihr der Geist anbietet, um sich nach außen hin Ausdruck zu verleihen.

Auf dieser Ebene der Praxis, auf der die totale Aufmerksamkeit fast in unsere Reichweite gelangt ist und die totale Durchdringung reale Möglichkeit wird, gibt es so etwas wie eine Weggabelung in Bezug auf den freien Willen. Für die meisten Menschen impliziert freier Wille, auf Gedeih und Verderb tun und lassen zu können, was man will. Und dieses Potenzial hat unsere Yoga-Praxis auch bisher gefördert. Zunehmende Gesundheit, Vitalität, Aufgewecktheit und Selbstdisziplin werden uns in die Lage versetzt haben, mehr und andere Aktivitäten als zuvor aufzunehmen, die Qualität unserer Beziehungen zu verändern und natürlich das Vanilleeis wieder in den Kühlschrank zu verfrachten. Alles das entspricht der meisten Leute Vorstellung von Selbstverwirklichung und ist ein erfreulicher und wesentlicher Lebensaspekt unseres Daseins. Aber nun tut sich allmählich ein anderer Aspekt von freiem Willen kund, den man als »Wille, frei zu sein« bezeichnen könnte. Und obwohl sich das sehr anziehend anhört, handelt es sich für den Durchschnittsmenschen um eine einschüchternde Unternehmung. Impliziert sie doch das Vordringen ins Herz des Unbekannten, Nicht-Anhaften und den potenziellen Schmerz höchster Selbst-Erkenntnis. Das verlangt wirklich Entschlossenheit, und daher sollten wir uns einen Augenblick Zeit nehmen und uns die Quelle unseres Willens anschauen.

1944 hatte ich mit meiner Übungspraxis schrecklich zu kämpfen. Sie war trocken, ohne Leben, künstlich. Ich agierte vom Kopfwillen, vom Ego ausgehend und nicht von meinem Herzen, meiner Intelligenz her. Die schlichte Tatsache ist, dass der Wille des Ego endlich ist, weil unser Ego endlich ist. Er ist eine persönliche Eigenschaft, auf uns beschränkt. Er ist einfach die Summe aller unserer vergangenen Erfahrungen und Erwerbungen. Geht er vom Kopf aus, wird er sich immer gezwungen anfühlen. Da er einer endlichen Quelle entspringt, wird er schließlich immer versiegen.

Der Wille, der der Intelligenz des Herzens entspringt, ist im Gegensatz dazu mit einer unendlichen Quelle verbunden: der kosmischen Intelligenz *(mahat)* und dem kosmischen Bewusstsein. Eine Quelle, die niemals versiegen wird. Im Yoga nennt man den Willen, oder den Ansporn zum Handeln, der dem kosmischen Bewusstsein entspringt, *Prerana*. Drogensüchtige oder Alkoholabhängige werden darin bestärkt, keine »Selbstbeherrschung mit geballter Faust« anzuwenden, da deren dem Ego entspringende Quelle schließlich erschöpft sein und dann ein Zusammenbruch erfolgen wird. Ganz im Gegenteil ermuntert man sie dazu, »sich einer höheren Macht zu überantworten«, was heißt, dass ihr Wille jeden Tag durch den Kontakt mit der kosmischen Quelle intelligenten Handelns wieder aufgestockt wird. Prerana, das ich im zweiten Kapitel kurz erwähnte, ist der intelligente Wille des Bewusstseins der Natur, der sich durch uns zum Ausdruck bringt. Und er äußert sich durch das Herz, nicht über den Kopf. Indem wir die Quelle der grenzenlosen Willenskraft und der grenzenlosen Intelligenz anzapfen, entdecken wir in uns den Mut, die inneren Nischen und Winkel unseres Seins zu durchdringen.

Die Intelligenz, die wir nunmehr entwickeln, hängt von unserer emotionalen und moralischen Reife ab; von der Fähigkeit, die Wahrheit wertzuschätzen und auf ethisches Verhalten zu achten; vom Vermögen, Liebe in einem mehr universalen Sinn als Mitgefühl zu empfinden. Ich erwähnte in der Einleitung Sokrates mit seiner philosophischen Ermahnung, »sich selbst zu erkennen«. Aber was offenbart sich nun als der Wert dieses »Erkenne dich selbst«? Es muss ja einen tieferen Sinn und Zweck haben. Sokrates sagte ganz einfach, dass die Selbsterkenntnis es uns ermöglicht, *bewusst* und vorsätzlich aus einem Zustand der Freiheit heraus zu leben. Zur Erläuterung der Bedeutung des Wortes *bewusst* möchte ich hier folgenden Vergleich heranziehen: Die meisten von uns reisen so durchs Leben, wie ein Kleinkind von achtzehn Monaten geht. Der Grund, warum es immer weiter einen Fuß vor den anderen setzt, ist der, dass es hinfällt, wenn es das nicht tut. Sein Gang ist ein anhaltendes, von Plumpsern unterbrochenes Gestolpere. Bewusst zu leben heißt, wie ein Erwachsener zu gehen, im Gleichgewicht zu sein und Richtung und Ziel zu haben, und mit zunehmender Freiheit, Selbstsicherheit und Selbstvertrauen auf die absolute Freiheit zuzugehen.

Die Etymologie des Sanskrit wirft ein Licht auf den Punkt, den wir nun erreicht haben. Wie ich eben sagte, lernen wir, wie Erwachsene zu gehen. Nun, das Sanskrit-Wort *Mānava* bedeutet Mensch. In Verbindung mit Manas bedeutet es auch jemand, der einen Geist hat. Eine weitere Bedeutung von *Māna* ist, mit Ehre und Würde zu leben. Die Implikation ist klar. Wir sind mit Intelligenz begabte menschliche Wesen, die ihren Schritten Sinn und Richtung verleihen und nach einem ethischen Leben streben, das heißt nach einem Leben mit Ehre und Würde.

Die über dem Haupt der Menschheit schwebende Frage lautet: »Können wir die Freiheit tatsächlich erlangen?« Oft hegen wir die Auffassung, dass Menschen wie Gandhi oder Jesus oder Shri Aurobindo die Freiheit erlangten, wir selber aber dazu nicht imstande sind. Unsere täglichen Erfahrungen, unsere Fehlschläge und Enttäuschungen scheinen dieses Vorurteil uns selbst gegenüber nur zu bestätigen. Aber lesen Sie die Biographien von Gandhi oder Aurobindo. Ihre Leben waren voller Rückschläge, falscher Wege, die sie einschlugen, ja selbst Unmoral in jungen Jahren. Ich habe schon erklärt, dass die Grundlage meines dem Yoga gewidmeten Lebens Kränklichkeit, Ächtung und meine generelle Untauglichkeit für irgendeinen anderen Lebensweg waren.

Um dieses Paradoxon zu lösen, müssen wir unseren Blick noch einmal auf die Beziehung zwischen Natur *(prakriti)* und Seele *(purusha)* richten und zwischen Determinismus und Unausweichlichkeit unterscheiden. Wir sind von Natur aus biologisch auf unseren eigenen evolutionären Nutzen festgelegt. Und auf der biologischen Ebene ist dieser Determinismus so stark, dass er Unausweichlichkeit erzeugt – das heißt, wir haben alle zwei Arme, zwei Beine, einen Kopf und so weiter. Auf der Ebene des Bewussteins erzeugen die deterministischen Kräfte eine starke Neigung in uns; zum Beispiel dazu, Lust zu wiederholen, Schmerz zu meiden, zu fliehen, wovor wir uns fürchten, und Ego und Stolz sich aufblähen zu lassen. Aber das ist *nichts* Unausweichliches. Es ist nur ein unebenes Spielfeld. Yoga ist eine gründlich erprobte Technik und Methode, bei der uns der Wille von dieser Unausweichlichkeit befreien kann; der Wille, der mit einer Intelligenz, die wählen kann, und mit einem sich selbst erkennenden Bewusstsein arbeitet. Auf diesem Weg können wir ganz bewusst auf die individuelle Befreiung und, mit der Gnade des Himmels, auch auf die absolute Freiheit zugehen.

Es heißt, dass Adam und Eva in einem Zustand uranfänglichen oder ursprünglichen Einsseins lebten. Dem Yoga zufolge ist die höchste Erfahrung des Freiseins das Einssein, die höchste Wirklichkeit von Einheit. Wir Menschen befinden uns in der misslichen Lage, dass wir das Gefühl haben, in einem Niemandsland zwischen dem Anfang und dem Ende einer ungeheuerlichen Reise festzusitzen. Adam und Eva taten den ersten Schritt hin zur Individuation, indem sie von der verbotenen Frucht aßen und ihrer uranfängliche Einheit verloren. Wir führen immer noch ihre beschwerliche Reise fort. Wir können nicht zurück. Da, wo wir sind, ist es ungemütlich – also müssen wir weitergehen. Unterwegs werden wir sowohl die süßen wie auch bitteren Früchte der Individuation kosten, und diese werden in unsere Reise hin zu voller Bewusstheit einbezogen und integriert werden. Aber es spricht nichts dagegen, dass wir das Ziel des Einsseins, des wiedergewonnenen Paradieses, eine endgültige, nicht eine uranfängliche, Einheit erreichen können. Für eine so lange Reise brauchen wir Kraft. Tatsache ist, dass wir drei Kräfte *(shakti)* brauchen.

Kraft und Weisheit – *Shakti*

Nun ist es Zeit für eine Rückkehr zu unseren eigenen Anfängen in der Yoga-Praxis, um unsere innere Reise voranzubringen. Wir haben durch die Praxis die Kraft eines gesunden Körpers *(sharīra shakti)* aufgebaut, die wir nicht vernachlässigen dürfen. Doch ein Körper ohne Energie und Bewusstsein ist halb tot. In Kapitel 3, in dem es um Prānāyāma geht, haben wir festgestellt, wie lebenswichtig die Kraft der Prāna-Energie *(prāna shakti)* ist. Nun möchte ich eine weitere Kraft einführen, die des Gewahrseins *(prajñā)*. *Prajñā* ist das Gewahrsein des Bewusstseins. Etwas weiter oben erwähnte ich dies als sich selbst erkennendes Bewusstsein, führte aber nicht den entsprechenden Sanskrit-Begriff an. Die Kraft, Macht und

Fähigkeit des Selbst-Gewahrseins und Selbst-Bewusstseins ist die Prajñā Shakti. Prajñā wird auch mit Kenntnis der Weisheit übersetzt.

Diese drei Kräfte müssen erst in Übereinstimmung gebracht und dann mit der Kraft der Seele *(ātma shakti)* koordiniert werden, sodass sie sich mit ihr vereinen können. Körperkraft plus Energie können, wie ich bereits in Kapitel 3 warnte, das System überladen, wie wenn ein dafür nicht ausgelegter Schaltkreis mit einer zu hohen Spannung belastet wird. Diese gewaltigen Kräfte balancieren wir dadurch in uns aus, dass wir die Kraft des Bewusstseins-Gewahrseins hinnehmen. Dies ermöglicht eine Erweiterung auf jeder Ebene *(kosha)*, ohne Gefahr, ohne Druck oder Überlastung. Es obliegt dem Gewahrsein, die Lücken und Spalten zu füllen, die unvermeidlich zwischen der physischen (Knochen, Muskeln usw.) und organischen (zum Beispiel Organe) Hülle unseres Körpers existieren, wenn wir Āsana praktizieren. Auch beim Integrieren der verschiedenen Hüllen unseres Körpers gibt es Lücken und Spalten, die mit Gewahrsein und Energie auszufüllen wir verabsäumen. Das fortwährende, beständige Praktizieren aller Blütenblätter des Yoga wird diese dem menschlichen System inhärenten Mängel schließlich beheben. Die durch die Yoga-Praxis erzeugte Kraft muss zu einem kohärenten und unauflöslichen Ganzen werden. Yogasādhana soll die Fasern mit der Haut und die Haut mit den Fasern so verknüpfen, dass die äußeren Koshas in den *Ātma Kosha* hineingestrickt und -verwoben werden. Nur dann kann das Einssein der Kraft, die wir in uns erzeugen, auf die uns umgebende Kosmische Kraft abgestimmt und in sie integriert werden. Geschieht das nicht, bleiben unausweichlich Klüfte bestehen.

Ich habe in diesem Kapitel von Mahat (der Kosmischen Intelligenz) gesprochen, die uns als eine universale Ressource zur Verfügung steht. Prajñā Shakti, die Kraft des Gewahrseins und der Bewusstheit, ist nichts anderes als die Kosmische Intelligenz, die in die dunklen Räume unseres Seins einsickert und in sie einzieht, um sie mit Bewusstsein zu erhellen. Das Bewusstsein muss sich mit Klarheit, Helligkeit und heiterer Gelassenheit niederlassen. Dies verschafft dem Gewissen, das egolos und der Seele sehr nahe ist, eine erfreuliche Befriedigung.

Wie funktioniert das praktisch gesehen? Wir wissen bereits, dass die Kosmische Energie *(prāna)* durch das Vehikel des Atems in uns hineingetragen wird. Wie wird nun das Kosmische Gewahrsein in uns erzeugt? Wodurch wird es genährt? Der Brennstoff, die Nahrung, ist die Willenskraft oder die anhaltende, mit Aufmerksamkeit verbundene Absicht. Merken Sie, wie wir der Konzentration *(dhāranā)*, dem sechsten Blütenblatt des Yoga, näher rücken? Aber noch müssen Sie sich die Frage stellen: »Wie entzünde ich den Brennstoff meiner Willenskraft? Ich weiß, sie kommt aus dem Herzen und nicht aus dem Kopf, aber ich kann sie doch nicht so einfach aus dem Nichts oder aus der ›dünnen Luft‹, wie man im Englischen sagt, heraufbeschwören!« Doch, das können Sie. Es ist die Luft oder vielmehr Prāna, das den Brennstoff des Willens entzündet und es möglich macht, dass sich das Gewahrsein in unseren Systemen ausbreitet und in ihnen zirkuliert. Energie und Bewusstheit oder Gewahrsein (beides kosmische Entitäten) agieren als Freundinnen. Wo die eine hingeht, folgt die andere nach. Durch den Willen der Bewusstheit zur Durchdringung kann die Intelligenz in die dunkelsten, innersten Winkel unseres Wesens und Seins vordringen und sie besetzen. Diese Intelligenz ist die Klarheit, die die Dunkelheit zu erhellen vermag. Das ist das Heraufdämmern der Weisheit, der intuitiven Einsicht, die sieht, weil sie sieht, weiß, weil sie weiß, und unmittelbar und spontan handelt, weil sich die Kräfte von Körper, Energie und Gewahrsein vereint und sich mit dem von der Seele ausgehenden Licht in Übereinstimmung gebracht haben. Wir sagen, dass die Intelligenz über Einsicht verfügt. Dies sollte durch die Aussage ergänzt werden, dass die Seele über »Ausblick«, über Ausstrahlung verfügt. Sie ist ein Leitstern, ein Leuchtfeuer, das sein Licht aussendet. Wie ich schon zu Anfang des Buches sagte, wird, wenn unser Wille sich auf unserer Reise nach innen bewegt, unsere Seele hervorkommen, um uns zu begegnen.

Ich habe unter verschiedenen Gesichtspunkten sehr viel über Freiheit gesprochen. Raum gehört zu den Dingen, die wir alle mit Freiheit assoziieren. Die Amerikaner erinnern sich nostalgisch an den weiten Raum und die Freiheit des alten Wilden Westens. Raum bedeutet Freiheit, und wir schaffen, wie der Urknall, durch die Āsana- und Prāṇāyāma-Praxis Raum im Innern. Ein dunkler Raum bedeutet Unbekanntes und Unwissenheit *(avidyā)*. Aber wenn sich die Kraft der Energie und des Gewahrseins zusammenschließen, entsteht ein Blitz, der die Dunkelheit verbannt. Das werden wir erleben, wenn wir unserem Drang zur Bewusstheit Folge leisten. Es ist eine subjektive Offenbarung, die niemand sonst bezeugen oder bestätigen kann. Schließlich kann aber auch, wenn wir Zahnschmerzen haben, kein anderer unsere Schmerzen fühlen, und doch wird niemand auf der Welt uns davon überzeugen können, dass der Zahn nicht wehtut, oder?

Der Ausdruck »innere Reise« kommt in diesem Buch sehr häufig vor. Nunmehr befinden wir uns in einem Bereich, in dem das Innere sichtbar nach außen zu treten, sich Ausdruck zu geben versucht. Der von uns geschaffene Raum ist von der Art, dass der Kausalkörper, das Allerinnerste, beginnen kann, nach außen zu strahlen. Wenn unsere Praxis sich nur auf die physische Ebene beschränkt, wenn sie dort stehenbleibt, dann fehlt der Raum, der für die Befreiung des Inneren unentbehrlich ist. Dann gelangen wir nie zu der Einsicht, dass jede Zelle über ihre eigene Intelligenz verfügt, durch die sie ihre kurze Existenz zu erkennen vermag. Dann bleiben wir in der dunklen Dichte der Materie eingeschlossen, wo wir doch das innere Licht anstreben, das den Raum bestrahlt und erleuchtet. Es wäre eine Schande, Yoga in einem solchen Ausmaß und bis zu dieser Ebene zu praktizieren, und dann nach wie vor mit dem Ego belastet und durch das Ego behindert zu bleiben. Wir sollten ganz natürlich, wie ein glückliches, vertrauensvolles Kind sein. Die Seele strebt nichts mehr an, als sich auszudehnen und unser ganzes Sein zu erfüllen. Aber wir weichen weiterhin innerlich davor zurück, ducken uns, bewahren uns das Gefühl, dessen nicht würdig und wert zu sein, das wir dann oft hinter einer arroganten falschen Persönlichkeitsmaske verstecken. Das ist nur einer der inhärenten Mängel, die in der Intelligenz auch zu finden sind.

Unreinheiten der Intelligenz

Die ganze erzieherische Schubkraft des Yoga geht dahin, dass die Dinge in unserem Leben schließlich richtig laufen. Aber wir wissen alle, dass ein Apfel, der sich von außen gesehen perfekt ausnimmt, im Innern schon von einem unsichtbaren Wurm zerfressen sein kann. Beim Yoga geht es nicht um äußerliche Erscheinungen. Es geht darum, den Wurm zu finden und zu beseitigen, sodass der ganze Apfel, von außen bis ins Innerste, perfekt und gesund sein kann. Deshalb scheint Yoga, ja scheinen eigentlich alle spirituellen Philosophien so sehr auf dem Negativen herumzureiten – nach Begierden, Schwächen, Fehlern und Unausgewogenheiten zu greifen. Sie versuchen den Wurm zu erwischen, bevor er von innen her den ganzen Apfel verschlingt und verdirbt. Das ist kein Kampf zwischen Gut und Böse. Es liegt in der Natur der Würmer, Äpfel zu fressen. Im Yoga wollen wir nur einfach nicht der Apfel sein, der von innen her verdorben ist. Deshalb besteht Yoga darauf, wissenschaftlich und ohne Werturteil zu untersuchen, was falsch laufen kann und warum, und wie man dem Einhalt gebietet.

Bis zur vierten Hülle zu gelangen und sie zu durchdringen ist eine beträchtliche Leistung. Doch würde ich den Lesern keinen guten Dienst erweisen, wenn ich den Hinweis darauf unterließe, dass mit beträchtlichen Leistungen auch beträchtliche Gefahren einhergehen. Der Stolz ist ganz offensichtlich eine davon. Nicht die Befriedigung über eine gut erledigte Aufgabe ist hier gemeint, sondern das Gefühl, überlegen oder etwas Besonderes, außerordentlich und von herausragender Bedeutung zu sein.

Unsere moderne Gesellschaft ist besessen von der Fokussierung auf das äußere Erscheinungsbild, die Präsentation, die Verpackung. Wir fragen uns nicht: »Wie bin ich wirklich?«, sondern: »Wie sehe ich aus, wie sehen mich die anderen?« Wir fragen uns nicht: »Was sage ich?«, sondern: »Wie höre ich mich an?«

Da sind zum Beispiel jene, die ein geschliffenes, gut präsentiertes, äußerst attraktives *Yogāsana* ausführen. Sie sind damit und auch mit sich selbst ausnehmend zufrieden und werden vielleicht für dieses äußerlich exzellente Niveau finanziell reich belohnt. Als ich jung war und mich abrackerte, um meinen Lebensunterhalt zu verdienen, bemühte ich mich stets darum, Āsana in bestmöglicher Weise, symmetrisch, präzise und in stimulierenden, kohärenten Abfolgen zu präsentieren. Das tat ich, um das Ansehen des Yoga in der Öffentlichkeit zu heben und um mit meinem sichtbaren Körper die Kunst und ästhetische Schönheit des Yoga beispielhaft vorzuführen. Wenn die Situation es erforderte, war ich sowohl Darsteller wie auch Künstler. Das war mein Dienst an der Kunst des Yoga. Doch in meiner ganz persönlichen Praxis verfolgte ich einen anderen Gedanken. Ich war ausschließlich damit befasst, zu erforschen, zu lernen, mich Herausforderungen zu stellen und mich innerlich zu transformieren. Vor allem aber ging es um das Durchdringen. Yoga bedeutet ein inneres Durchdringen, das zur Integration, zur Einswerdung von Sinnen, Atem, individuellem Geist, Intelligenz, Bewusstsein, Sein und Selbst führt. Eine Reise, die ganz entschieden nach innen gerichtet ist, Evolution durch Involution, hin zur Seele, die ihrerseits danach verlangt, zum Vorschein zu kommen und uns in ihrer Herrlichkeit zu umarmen.

Sie brauchen einen guten Lehrer/eine gute Lehrerin, der oder die Sie anleitet, damit Sie sich nicht verletzen, sich überdehnen, Muskeln zerren oder innere Fasern, Sehnen, Bänder, Geist und Emotionen beschädigen. Dergleichen würde bedeuten, dass Yoga unzulänglich oder falsch praktiziert wird. Ich weiß es. Ich habe es getan. Wenn Yoga aber nur auf das Äußere abgestellt ist, dem Exhibitionismus und der eigenen Genugtuung dient, dann ist es überhaupt kein Yoga. Eine solche Einstellung wird sogar noch den Charakter, mit dem Sie eingestiegen sind, verunstalten und deformieren. Wenn beim Unterricht Stolz aufsteigt, oder sein Gegenstück, die Unsicherheit, wenn Sie sich umsehen und auf andere blicken, dann erkennen Sie es als das, was es ist, und lassen es dann seiner Wege gehen.

Sicher kann man dem Dasein viel Lust, Freude und Befriedigung abgewinnen. Patañjali sagt, dass die rechte Erfüllung von Lust und Vergnügen nicht nur wesentlicher Bestandteil des Lebens, sondern auch der Befreiung ist. Aber er sprach auch die Warnung aus, dass eine falsche Interaktion mit der Natur (wo uns noch immer die Leid verursachenden Hemmnisse oder Kleshas regieren) zu Verwirrung und Selbstzerstörung führen kann. Das Streben nach Lust und Vergnügen durch äußerliche Erscheinungen, das ich hier mit einer oberflächlichen Absicht in Verbindung bringe, ist schlichtweg der falsche Ansatz, um an die Dinge heranzugehen. Nach Lust streben heißt in gleichem Maße nach Schmerz streben. Wenn uns die äußere Erscheinung wichtiger ist als der Inhalt, dann können wir sicher sein, dass wir die falsche Richtung eingeschlagen haben.

Die Erlangungen der Intelligenz haben also auch so ihre Fallen, und sie sind schwieriger auszumachen als die Verlockungen durch die Sinne. Wir geben nur allzu bereit zu, Schokolade einfach nicht widerstehen zu können. Aber wie viele von uns würden sich eingestehen, dass sie, um eine Beförderung zu bekommen, bereit wä ren, jeden Kollegen hinterrücks zu erdolchen? Vor solcher Selbsterkenntnis schrecken wir zurück, da wir instinktiv fühlen, dass sich deren Hässlichkeit in größerer Nähe zur Seele befindet.

Die meisten von uns verfallen zumindest im Erwachsenenalter, mit oder ohne Yoga, in eine pflichtbewusste Routine, eine generelle Verhaltensweise des Bestrebens, »ein guter Mensch zu sein«, und haben Angst vor den Konsequenzen, wenn wir es nicht sind. Das ist weder eine Entscheidung noch eine Lösung, aber es ist ein lebbarer Zustand des Waffenstillstands oder der Anständigkeit durch Mäßigung. Unsere Wünsche und Begierden unter Kontrolle zu halten ist ein fortwährender Beschneidungsvorgang und weniger eine Bekehrung vom Saulus zum Paulus.

Yama und Niyama (der ethische Kodex) unterstützen uns bei dieser durchdachten Zurückhaltung und agieren als Brandschneise für unser Verhalten. Āsana ist ein Mittel der Reinigung und Läuterung, und Prāṇāyāma zieht unser Bewusstsein *(chitta)* allmählich von den Wünschen und Begierden weg und zum klugen Gewahrsein *(prajñā)* hin. Pratyāhāra ist die Stufe, auf der wir den vom Geist zu den Sinnen fließenden Strom umzukehren lernen, sodass der Geist seine Energien nach innen lenken kann. Dhāraṇā (Konzentration) bringt Reinheit in die Intelligenz *(buddhi)*, und Dhyāna (Meditation) löscht die Befleckungen des Ego.

Konzentration bringt »Reinheit« in die Intelligenz. Da muss Protest in Ihnen aufkommen, denn bisher wurde die Intelligenz in diesem Buch als etwas ungetrübt Gutes dargestellt. Sie hatte nicht die geringste schlechte Presse. Und das hat auch seine Berechtigung, solange wir uns die unteren Hänge des Yoga-Berges hinaufmühen. Der Aufstieg zu den Höhen der Intelligenz ist in höchstem Grade wünschenswert. Aber jetzt sind wir im Körper der Weisheit, dem Vijñānamaya Kosha, selbst angelangt und müssen uns darauf besinnen, dass die fünf Leid verursachenden Hemmnisse *(klesha)*, mit Ausnahme der ursprünglichen reinen Seele, jede Ebene unseres Seins beflecken.

Wir haben unsere Intelligenz geschliffen, kultiviert und verfeinert. Wir haben ihr Vermögen, zu unterscheiden und zu wählen, realisiert und wissen um ihr Vermögen, uns in winzigen Schritten in Richtung Freiheit zu lenken. Sie ist reflektierender Natur, sodass wir uns selbst beobachten können. Die hohe, unbedingte, reine Intelligenz ist ein enger und naher Nachbar der Seele. Warum also lasse ich eine Warnung vom Stapel? Eine Warnung, die da lautet: »So wie Feuer von Rauch eingehüllt, ein Spiegel von Schmutz bedeckt und ein Embryo vom Schoß umgeben ist, so ist die Erkenntnis vom Verlangen verhüllt. Dies ist der beständige Feind der Weisen, gierig und unersättlich« (*Bhagavadgītā* 3.38). Das bedeutet, dass auch hier die Unvollkommenheiten durchgesiebt werden müssen und nur die Diamanten zurückbehalten werden dürfen.

Hohe Intelligenz bringt das Geschenk der Macht mit sich, und wir wissen alle, dass Macht korrumpiert. Wenn die Intelligenz korrumpiert ist, bringt sie Leid über uns und die Welt. Ihre Unreinheiten enthüllen sich in niedrigen oder gemischten Motiven, selbstsüchtigen Intentionen, Stolz und Machtstreben, Übelwollen, Berechnung und Manipulation, Heuchelei, Schikane, Verschlagenheit, Gerissenheit, Arroganz, Verlogenheit und heimlicher Freude über das Unbehagen und die Unannehmlichkeiten anderer. Diese Unreinheiten entstammen eher dem Willensaspekt der Intelligenz (Wille, Streben, Absicht) und weniger ihrer kognitiven und reflektierenden Seite. Sie beinhalten ein instinktives biologisches verzerrendes Moment, das in einem »Was ist drin für mich und die Meinen?« und in der Verachtung anderer in Form der Einstellung von »Ich habe recht, du hast unrecht« zum Ausdruck kommt.

Wie ich schon sagte, kann die Intelligenz, indem sie das Gedächtnis zurate zieht, Konsequenzen erkennen und einbeziehen. Sie ist aber nicht besonders gut darin, ihre eigenen Beweggründe zu bemerken, die still und leise vom Ego her einfließen. Wenn Sie sich ein Bild von den Unreinheiten der Intelligenz machen wollen, dann kaufen Sie sich einfach mal an einem Tag sechs verschiedene Zeitungen oder sehen Sie sich die Nachrichten auf verschiedenen Fernsehkanälen an. Achten Sie darauf, wie verschieden die Berichterstattungen über die gleichen Ereignisse ausfallen. Vielleicht handelt es sich dabei nur um irrige Wahrnehmungen, aber sehr viel wahrscheinlicher haben wir es mit einer etwas zurechtgebogenen oder leicht verdrehten Interpretation zu tun, die den Interessen der

Zeitungseigentümer oder der Fernsehsender dient. Diese mögen nationalistischer Natur sein, weil Verbindungen zur Regierungspartei bestehen, oder es mag auch ein heimliches ökonomisches Interesse im Spiel sein. Schließlich sind die meisten Zeitungseigentümer reiche Männer und darauf aus, noch reicher zu werden. Achten Sie darauf, was ausgelassen und was hereingenommen wird. Wir sehen uns gezwungen, daraus zu schließen, dass die vielgepriesene Objektivität der Medien nur allzu häufig ziemlich oberflächlich oder heuchlerisch ist. Das kommt nicht daher, dass der Verstand der Journalisten nicht gut funktioniert. Das tut er. Es kommt daher, dass es in ihrer Intelligenz subversive Elemente gibt. Man nennt sie Unreinheiten, und sie lassen sich in uns nur sehr schwer entdecken. Wenn wir nach außen hin ein tugendhaftes Leben führen, können wir uns leicht einreden, dass mit uns auch sonst alles stimmt. Oft ist das ein Gewohnheitslaster des Puritaners oder religiösen Fanatikers. In unserem persönlichen Leben unterdrücken wir oft die Wahrheit und geben auch etwas Falsches vor. Das Ego unterstützt und begünstigt alle Makel der Intelligenz.

Diese Unreinheiten der Intelligenz sind die hochrangigen Verbrechen der Menschheit, und wir können sie nicht verleugnen. Aber wir können uns ihrer mit Hilfe jenes Teils des Bewusstseins entledigen, der unserer Seele am nächsten ist.

Gewissen

Die Intelligenz kann sich weitgehend selbst überwachen, da sie über die Fähigkeit verfügt, Handlungen zu initiieren und deren Konsequenzen abzusehen und mit einzubeziehen. Eine bewusste Anstrengung, Fehler (in uns selbst, nicht in anderen) wahrzunehmen und auszumachen, zahlt sich aus. Eine solche Selbsterforschung bildet einen integralen Bestandteil des Studiums und der Erziehung des Ichs *(svādhyāya)* und ist der vierte Abschnitt des ethischen Kodex des Niyama. Aber nach wir vor brauchen wir eine Yoga-Technik und einen unabhängigen Schiedsrichter. Mit Letzterem werde ich mich zuerst befassen. Die Funktion des unabhängigen Schiedsrichters, des Zeugen des Zeugen sozusagen, wird vom Gewissen *(antahkarana)* wahrgenommen. Dies ist die der Seele zugewandte Seite der Linse des Bewusstseins. Sie wird weniger wahrscheinlich durch die Berührung mit der Welt verunreinigt als die Seite der Linse, die über unsere Sinne mit der Umwelt in Kontakt steht. Wenn dieser Aspekt des Bewusstseins makellos ist und nur das Licht der Seele reflektiert, dann ist er im Sanskrit als *Dharmendriya,* als das Organ der Tugend bekannt.

Das Kosmische Bewusstsein kann in gewisser Weise als die Seele der Natur angesehen werden, grenzenlos wie das Universum und allumfassend. Der Teil des kosmischen Bewusstseins, der sich in uns befindet, ist das individuelle Gewissen. Es befindet sich in nächster Nähe zur Seele *(purusha)* und hat daher eine ganz besondere Beziehung zur Seele. Es ist der für uns erfahrbare nächstgelegene Kontaktpunkt zwischen natürlicher Welt und spiritueller Welt. Aus diesem Grund könnte man sagen, dass das Gewissen die Wahrnehmung der Konsequenzen aus der Sicht der tiefsten Ebene ist: der der Einheit. Hier durchtränkt die Seele die Materie, dies ist eine Brücke zwischen Seele und Natur. So wird Ihnen das Gewissen auch immer nur *eines* sagen, Ihnen nur *einen* Handlungsweg anbieten, eben weil es dem Einssein entstammt. Das Gewissen ist Bewusstsein, das sich auf die Wellenlänge der Stimme der individuellen Seele oder des Selbst *(ātman)* einstellen kann.

Guter Rat kann aus vielen Quellen kommen und mag jeweils auf seine Weise stets hilfreich sein, führt aber nur durch die Analyse und Synthese einen Entschluss herbei, was die Arbeit des Gehirns ist. Die Intuition manifestiert sich oft als eine innere Stimme, die von der fein gestimmten und sensiblen Intelligenz ausgeht. Sie sagt Ihnen vielleicht, dass Sie einen bestimmten Job nicht annehmen sollen, obwohl er nach außen hin sehr attraktiv erscheint, oder dass Sie eine Reise unternehmen sollen, die Sie gar nicht geplant hatten. Sie muss geachtet und respektiert, wenngleich auch mit Vorsicht behandelt werden, zumindest so lange, bis die Intelligenz die Stufe der reinen Weisheit erreicht hat. Die Intuition transzendiert die Rationalität und kommt aus dem Herzen.

Wo liegt denn dann der Unterschied zum Gewissen? Der Unterschied besteht darin, dass das Gewissen wehtut; es verursacht Schmerzen. Wir sagen, dass uns das Gewissen quält. Die Intuition souffliert uns, bewirkt vielleicht ein bisschen Verwirrung, weil wir nicht wissen, woher die Eingebungen kommen. Aber das Gewissen tut weh. Es tut weh, weil es sich im Kern des Paradoxons dessen befindet, was es heißt, ein in einem physischen Körper, in einer materiellen Welt lebendes, spirituelles Wesen zu sein. Das Gewissen weist uns an, das zu tun, was schwieriger und härter ist, weil es uns immer zur Einheit, zur Ganzheit hinzieht. Unsere Wünsche und Begierden, unsere Selbstsucht, unsere intellektuellen Fehler und Mängel zerren uns immer hin zur Welt der Vielfalt, wo wir eine Angelegenheit beurteilen, uns durchlavieren und versuchen, das kleinere Übel zu wählen. Das Gewissen, wenn es rein und makellos ist, ist die Stimme unserer Seele, die uns ins Ohr flüstert. So gesehen ist sogar auch ein peinigendes Gewissen ein Privileg, weil es ein Beweis dafür ist, dass Gott noch immer mit uns spricht.

Dieses enge Nebeneinander von Gewissen und Seele erinnert mich an einen Besuch in Rom vor vielen Jahren. Der damalige Papst, Paul VI., war in schlechter gesundheitlicher Verfassung und lud mich ein, ihn aufzusuchen, um ihm dann möglicherweise Yoga-Unterricht zu erteilen. Ich nahm die Einladung an. Aber plötzlich stellte er auf Geheiß seiner Kardinäle eine Bedingung. Der Unterricht sollte absolut geheim gehalten werden, damit man nicht fälschlicherweise sagen konnte, dass der katholische Papst dabei erwischt wurde, wie er mit dem Hinduismus verbundenen Praktiken folgte. Natürlich versicherte ich ihm, dass Yoga etwas Universelles ist und jeglichen Glauben oder Kult transzendiert. Auch konnte ich ihm zusichern, dass ich die Sache nicht an die große Glocke hängen würde. Wenn ich aber danach gefragt würde, so sagte ich, dann war ich nicht bereit zu lügen. Offensichtlich stellte meine Wahrheitsliebe ein Sicherheitsrisiko dar, und so fand der Unterricht nie statt.

Aber ich habe die Sixtinische Kapelle besucht und sah Michelangelos großartiges Deckengemälde, auf dem Gott Adam einen Finger hinreicht, der seinerseits seine Hand Gott entgegenstreckt. Ihrer beider Finger berühren sich fast. Genau das meine ich mit der Beziehung zwischen Seele und Gewissen. Sie berühren sich fast, und zuweilen springt ein göttlicher Funke von der ausgestreckten Hand des Himmels über zu der des Menschen.

Dhāranā – Konzentration

Ich habe die Yoga-Technik zur Reinigung der Intelligenz übersprungen und werde sie nun hier darstellen, da sie direkt zur Meditation führt, der Technik zur Reinigung und Läuterung des Ego. Das Ende der Reise ist nun wirklich nicht mehr fern, weshalb Yoga drängt: Geh weiter, geh weiter, verdopple deine Anstrengungen, entsage den Früchten deines Fortschritts, all der Macht und Ehre, die du angehäuft hast. Scheitere nicht jetzt, wo du dem Ziel so nahe bist. Yoga bringt sowohl die Dringlichkeit wie auch die Gefahr zum Ausdruck, indem er sagt, dass die, die an der Schwelle zur Erleuchtung stehen, sogar von Engeln versucht werden, um sie von ihrem Weg abzubringen. Diese Anschauung findet sich auch in der christlichen Tradition. Hier wird berichtet, wie Jesus seinem Ziel schon sehr nahe war, als ihn ein dunkler Engel an einen hohen Ort führte, ihm alle Länder der Erde zeigte und ihm die Macht und Herrschaft über sie anbot. Auch Jesus war ein höchster Entsagender, ein *Bhakta*.

Wie ich schon in Kapitel 1 sagte, stellen Dhāranā (Konzentration), Dhyāna (Meditation) und Samādhi (vollkommene Versenkung oder Glückseligkeit) ein Crescendo dar: *Samyamayoga* – den Yoga der letztendlichen Integration. Und weil sich Dhāranā so leicht als Konzentration übersetzen lässt, wird es in seiner Bedeutung oft übersehen oder als unwichtig abgetan. Doch aus yogischer Sicht ist Aufmerksamkeit nicht gleich Konzentration. Echte Konzentration bedeutet einen ungebrochenen Bewusstheits- und Gewahrseinsstrang. Im Yoga geht es darum, wie der Wille in Zusammenarbeit mit der Intelligenz und dem selbstreflektierenden Bewusstsein uns von der Unvermeidlichkeit eines schwankenden Geistes und nach außen gerichteter Sinne befreien kann.

Wir haben schon davon gesprochen, dass ein schwatzender Geist quasi aus einer Menge kleiner ablenkender Wellen besteht. Konzentration hingegen ist eine einzige große Welle.

Ziehe viele zu der einen heran. Vereinige die vielen in der einen, und bring dann die eine zur Ruhe für die Meditation. Man kann unmöglich viele Wellen zur Ruhe bringen. Wie ich schon erklärte, senden wir im Āsana Aufmerksamkeit, eine Welle, zu unserem rechten Knie, zum linken Knie, zu den Armen, zur rechten Kniekehle, zur linken und so weiter. Nach und nach breitet sich das Gewahrsein im ganzen Körper aus. In diesem Augenblick ist unser Gewahrsein geeint. Wir haben all die verschiedenen Elemente unter die Kontrolle eines Flusses der Intelligenz gebracht. Das ist Konzentration oder eine machtvolle Gedankenwelle. Das ist die große Sache, die wir durch das Erlernen vieler kleiner Dinge in Erfahrung bringen und lernen. Ein Geist, der sich in dieser Weise zu konzentrieren vermag, der aus der Vielfalt Einheit werden lassen kann, kann nun nach heiterer ruhiger Gelassenheit streben, dem meditativen Zustand, in dem auch die große Welle der Konzentration in einen Zustand der Ruhe gebracht wird. Dieser Prozess ist unumgänglich. Man kann nicht von neunundneunzig (Vielfalt) zurück bis null (ruhiger meditativer Zustand) zählen, ohne die Eins (Konzentration) zu passieren.

Wenn jeder neue Punkt erforscht, angepasst und beibehalten

worden ist, sind Gewahrsein und Konzentration notwendigerweise simultan auf unzählige Punkte gerichtet, sodass das Bewusstsein selbst im ganzen Körper gleichmäßig ausgebreitet ist. Ein durchdringendes und umhüllendes Bewusstsein wird spürbar, das von einem direkten Intelligenzfluss (Subjekt) erhellt ist und Körper und Geist (Objekt) als kognitiver und transformierender Zeuge dient. Das ist Dhāranā, ein anhaltender Fluss der Konzentration, der zu einem erhöhten Gewahrsein führt. Der stets wache Wille nimmt fortwährend Anpassungen vor und erzeugt einen Mechanismus totaler Selbstkorrektur. Wird die Āsana-Praxis so unter Einbeziehung jedes Elements des Seins ausgeführt, dann weckt, schärft und kultiviert sie die Intelligenz, bis sie mit Sinnen, Geist, Gedächtnis und Ich eins geworden ist. So nimmt das Ich seine natürliche Form an, ist weder aufgebläht noch zusammengeschrumpft. In einem perfekten, meditativ und mit einem anhaltenden Konzentrationsstrom ausgeführten Āsana nimmt das Ich seine perfekte Gestalt an und ist makellos in seiner Integrität. Das ist auf sattvischer Ebene ausgeführtes Āsana, bei dem die ganze Stellung von Lichtheit durchtränkt wird. Somit ist es auch meditatives Āsana. Das besagt nicht, dass ich meditiere. Das tue ich nicht. Ich praktiziere Āsana, aber auf einer Ebene von meditativer Qualität. Hier wird die Totalität des Seins, vom innersten Kern bis zur Haut, erfahren. Der Geist ist ruhig, gelassen, die Intelligenz ist statt im Kopf im Herzen wach, das Ich ist still, und in jeder Körperzelle existiert bewusstes Leben. Das meine ich, wenn ich sage, dass Āsana das ganze Spektrum der Möglichkeiten des Yoga eröffnet.

Meditation *(dhyāna)*

Ich habe oft gesagt, dass Yoga Meditation und Meditation Yoga ist. Meditation heißt die Bewegungen des Bewusstseins zum Stillstand bringen, das aufgewühlte Meer in einen Zustand von ruhigem

Geglättetsein versetzen. Diese Ruhe ist nicht träger oder inaktiver Natur. Sie ist eine tiefe Stille, die alles Potenzial der Schöpfung in sich birgt. Denken Sie an den Anfang der Schöpfungsgeschichte in der Bibel: »Und der Geist Gottes schwebte über den Wassern.« Wenn wir die Wasser aufrühren und in Bewegung versetzen, erschaffen wir. Wir erschaffen alles in der Welt der Manifestationen, vom Atomkrieg bis zu Mozarts Symphonien. Der Yogi schlägt die entgegengesetzte Richtung ein, bewegt sich von der Welt der Dinge und Ereignisse, die so freudvoll, schmerzlich, verwirrend und endlos sind, zurück zum Punkt der Stille, bevor die Wasser aufgerührt und in Bewegung gesetzt wurden. Das tut er, weil er die Frage beantworten möchte: »Wer bin ich?« Und er hofft, dass er, wenn er das herausfindet, die Fragen beantworten kann: »Was ist die Quelle meines Seins?« und: »Gibt es einen Gott, den ich erkennen und kennenlernen kann?«

Der Höhepunkt dieses Kapitels ist die Erfahrung der Existenz und des Reichtums der individuellen Seele. Doch die Praxis der Meditation erstreckt sich bis ins nächste Kapitel, wo es um Samādhi geht: totale Versenkung und völliges Eintauchen in den Ozean des Seins oder des Universalen Göttlichen. Die Grenzlinien, die wir um der Erklärung willen ziehen, sind künstlicher Natur. Yoga ist eine Stufenleiter, die wir erklimmen. Doch während bei der realen Leiter das ganze Gewicht, wenn wir auf der siebten Sprosse *(dhyāna)* angekommen sind, auf dieser Sprosse ruht, ist im Yoga das Gewicht nach wie vor auf die vorangehenden Sprossen, die unseren Aufstieg unterstützt haben, gleichermaßen verteilt. Sollte eine von ihnen durchbrechen, fallen wir. Das werden wir vor allem in Kapitel 7 sehen, wenn wir den ethischen Kodex untersuchen, der sowohl die Grundlage bildet wie auch in seiner Verwirklichung das »Probieren geht über Studieren« ausmacht.

Wenn es um Meditation geht, bin ich Purist. Das muss ich sein. Ich bin ein Yogi. Das heißt nicht, dass es irgendwie falsch ist, zu Meditationsseminaren zu gehen, um Stress abzubauen und sich zu entspannen. Es ist einfach nur so, dass ich als praktizierender Yogi zur Wahrheit verpflichtet bin. Man kann nicht mit Stress oder körperlicher Schwäche und Gebrechlichkeit als Ausgangspunkt meditieren. Für Yoga ist Meditation die olympische Endrunde. Da kann man nicht nur halb fit auftauchen. Alle vorhergehenden Stufen des Yoga dienten dazu, Sie in Topform zu bringen.

Yogische Meditation bedeutet nicht milde Schläfrigkeit oder einen Zustand der Trägheit. Sie bedeutet nicht sanfte Gemütsruhe. Eine Kuh ist sanft und friedfertig, ohne Yoga zu praktizieren. Meditation ist sattvisch, licht, klar, gewahrend, bewusst. Wenn sie von Trägheit oder Gemütsruhe erfasst ist, wird sie von Tamas (Verdunkelung, Trägheit und Unwissenheit) getrübt.

Gleichstimmige, Resonanz auslösende Wellenmuster oder Schwingungen fungieren als mechanische Stimuli, um den Geist unter Kontrolle zu bringen. Ich erwähnte schon die besänftigende Wirkung des Meeresrauschens und könnte dem noch im Wind raschelnde Herbstblätter hinzufügen. Aus natürlichen Quellen hervorgehende regelmäßige Wellenmuster wirken sich auf die gleiche Art auf die Schwingungen des menschlichen Gehirns beruhigend aus, wie viele in einem Raum versammelte Pendeluhren schließlich alle in harmonischem Einklang schwingen, wenn es auch Unterschiede im zeitlichen Ablauf ihrer Schwingungen geben mag. Yoga lehrt Sie jedoch, wie Sie eigenständig, ohne Unterstützung durch Mitschwingungen, zur Harmonie gelangen können. Die durch solche Mittel bewirkte wohltuende Schläfrigkeit ist nützlich für die Stressminderung, wenn Sie zum Beispiel zum Zahnarzt gehen, weshalb Sie dort das Rauschen von Bergbächen, das Gebimmel von Ziegenglocken und Meeresrauschen als Hintergrundgeräusche zu hören bekommen. Sie sind angenehm, einschläfernd und keine Meditation. Was die meisten Menschen Meditation nennen, sollte im Grunde besser als Stressminderung und Achtsamkeitstraining bezeichnet werden.

In Yoga-Texten finden sich Vorschläge, solche Objekte wie

schöne Blumen oder das Abbild von etwas Göttlichem als Meditationshilfe zu nehmen. Doch Yoga betont auch, dass innere Konzentrationsobjekte diesen überlegen sind, weil sie die Aufmerksamkeit in Richtung Seele lenken. Dazu werden verschiedene Punkte im Körper empfohlen, angefangen bei der Nasenspitze und weiter nach innen.

Ich schlage die Konzentration auf den Atem vor. Nichts ist durchdringender oder allgegenwärtiger als der Atem. Sie werden sofort dagegen einwenden, dass der Atem den Meereswellen vergleichbar ist – beständig aber in Bewegung – und von daher für die Anforderungen der Dhāranā nicht tiefgreifend genug. Sie haben recht. Aber was ist mit dem Anhalten des Atems? Das Atmen hört auf. Ist nicht der Stillstand der Bewegung des Atems, der Leben spendenden Kraft, der vorstellbar bestgeeignete Punkt der Stille und Ruhe? Im Atmen ist Bewegung, im Anhalten des Atems nicht.

Yogische Meditation wird allein unternommen, nicht in Gruppen. Sie ist keine einsame Aktivität, aber ein Alleinsein wie der erhellende Mond kann zum Höchsten und Transzendenten All-Eins-Sein führen. Verwechseln Sie das Alleinsein nicht mit Einsamkeit. Einsamkeit ist die Trennung vom Kosmos. Alleinsein oder All-Eins-Sein heißt zum gemeinsamen Nenner der Kosmischen Allheit zu werden. Der angehaltene Atem, der mit dem steten, unbeirrbaren Auge der Dhāranā wahrgenommen wird, birgt Bewusstsein bis in seinen Kern. Er hält die Gedankenbewegungen an. Wie Patañjali schreibt: *»yogash chitta-vritti-nirodhah.«* Yoga ist das Aufhören aller Bewegungen im Bewusstsein. Ich sagte, dass Dhāranā die Intelligenz reinigt. Der stille Geist ist seiner Definition nach rein.

Ist das das Ende? Sind wir angekommen? Nein. Es bleibt das Ego, das Ich, das bekannte Ich, der Imitator der Seele. Er ist der Schauspieler, der die Bühne als Letzter verlässt. Er lungert noch herum, um auch noch das letzte Händeklatschen des Applauses mitzunehmen. Was zwingt ihn von der Bühne herunter? – Stille und Anhalten des Atems.

Wie wir in Kapitel 3 sahen, gibt es im Wesentlichen zwei Arten von Atem-Anhalten und Verwirklichen. Wenn wir nach dem Einatmen voll sind mit Atemluft, und wenn wir nach dem Ausatmen von Atemluft entleert sind. Im Verlauf des Einatmens steigt das Selbst mit dem Einfließen des Atems auf. Beim Anhalten des Atems umhüllt das Selbst die Grenzen des Körpers, der sich in Vereinigung mit ihm befindet. In diesem Zustand kann eine umfassende Erfahrung des Selbst stattfinden, bei der das Ego aber nur inaktiv und weiterhin bereit bleibt, sich wieder zum Ausdruck zu bringen. Mit dem Ausatmen bewegen sich die Hüllen unseres Seins zentripetal zum Selbst hin. Der Atem strömt auswärts; die Hüllen bewegen sich nach innen. Am Ende der Ausatmung kann sich eine tiefe Erfahrung der Vereinigung mit dem Selbst ereignen, bei der das Ego abwesend und sein Potenzial zum egoistischen Handeln gelöscht ist. Das Einatmen bedeutet die Verwirklichung der Totalität des Seins, die sich vom Kern ausgehend in Richtung Peripherie ausbreitet. Es birgt die vollständige Realisierung dessen, was es heißt, auf dieser Erde inkarniert, Fleisch gewordener Geist zu sein. Es bringt die Entdeckung der individuellen Seele mit sich. Es führt zu Gewahrsein in jeder Zelle unseres Seins. Man hat aus dem Wesenskern, der individuellen Seele *(jīvātman)*, heraus die Implikationen seines Erwähltseins zum Geborenwerden erfüllt. Es ist die Erfahrung des gesamten Selbst, vom Allerinnersten bis zum Alleräußersten, vom Subtilsten bis zum Gröbsten. Wenn wir uns in einem Herrenhaus mit Hunderten von Räumen und Fluren befänden, dann könnte man sagen, dass wir uns normalerweise stets in dem einen oder anderen Raum aufhalten. Wir halten uns in unserem Gemüt auf, in unserem Gedächtnis, in unseren Sinnen, in der Zukunft, beim Essen in unserem Magen und beim Denken in unserem Kopf. Die Erfahrung der Totalität unseres Seins bedeutet hingegen, dass wir uns in jedem Raum dieses Herrenhauses zugleich aufhalten und dass von jedem seiner Fenster Licht ausströmt.

Was passiert, wenn wir den Atem nach dem Ausatmen anhalten?

Hier gibt es kein Denken an Dauer. Man sagt nicht, ich halte ihn dreißig oder vierzig Sekunden an. Da ist überhaupt kein Gedanke. Das Denken hat aufgehört. Deshalb ist das Atem-Anhalten spontaner Natur.

Doch da bleibt eine Frage. Von woher kommt ursprünglich der Impuls zum Atem-Anhalten? Die Tatsache, dass man überhaupt den Atem anhält, impliziert einen Willensakt oder eine Entscheidung. Dieser Impuls *(prerana)* kann nur aus der Natur kommen, der schließlich die intelligente Entstehung des Ichs zugrunde liegt – Ich, nicht Seele. Das Ego muss, in welcher schattenhaften Form auch immer, noch gegenwärtig sein. Wir sagen, dass Dhyāna die Unreinheiten des Ego, wenn auch nicht dessen konkrete Existenz beseitigt.

Das Ganze geht folgendermaßen vor sich. So wie das Aufhören der Gedankenbewegungen der Intelligenz Reinheit bringt, löscht ein motivfreies Atem-Anhalten das Ego aus. Die Erfahrung des Praktizierenden ist schließlich nicht mehr die, dass er an irgendeinem Punkt das Atmen aussetzt. Er ist nicht mehr das Subjekt, der Handelnde. Der Atem atmet ihn. Das heißt: Auf der höchsten Ebene der Meditation atmet der Kosmos uns. Wir sind passiv. Es ist kein individueller oder persönlicher Wille und damit auch kein Ego, kein Ich da. In der Terminologie des Hinduismus ausgedrückt ist dies so, als ob Brahman, der Schöpfer, sich durch uns zum Ausdruck bringt. Wir sind der Ausdruck seines Willens und seines Entwurfs, so wie das vollendete Bild auf der Leinwand des kreativen Malers Ausdruck seines Willens und Entwurfs ist. Das absichtslose, nicht vorsätzlich geplante Atem-Anhalten nach dem Ausatmen öffnet einen Spalt im Vorhang der Zeit. Da ist keine Vergangenheit, keine Zukunft, kein Gefühl von Vorübergehen. Da ist nur Gegenwart. Wenn wir an früherer Stelle im Zusammenhang mit der individuellen Seele vom vollen Kelch gesprochen haben, voll von Licht und Sein, dann ist dies nun das ergänzende Gegenstück. Der Kelch ist leer, kein Ich oder Ego, keine Absicht, kein Verlangen. Dies ist zeitlose, göttliche Leerheit. Und dies ist die Vereinigung mit dem Unendlichen, Samādhi genannt, die wir uns im nächsten Kapitel ansehen werden. Samādhi ist eine Erfahrung, durch die man hindurchgeht. Er ist kein Zustand, den man andauern lassen oder in dem man leben kann. Wir verwenden den Begriff *Kaivalya* für den Zustand der Absoluten Freiheit, der dem Samādhi folgt. Das ist der Zustand des Alleinseins, des All-Eins-Seins, was heißt, dass man sich mit dem Unendlichen verschmolzen hat und deshalb nie wieder von den Erscheinungen der Welt der Vielfalt vereinnahmt werden kann.

Wenn der Kosmos uns atmet statt umgekehrt, wenn das Objekt das Subjekt in sich aufgenommen, es verschluckt hat, so bedeutet dies das Ende der Dualität. Die aus der Meditation entstehende Einheit ist das Ende des Getrenntseins und das Ende aller Konflikte. Der Yogi ist eins und einzigartig geworden.

Kapitel 6

FREUDE
Der Körper der Glückseligkeit *(ānanda)*

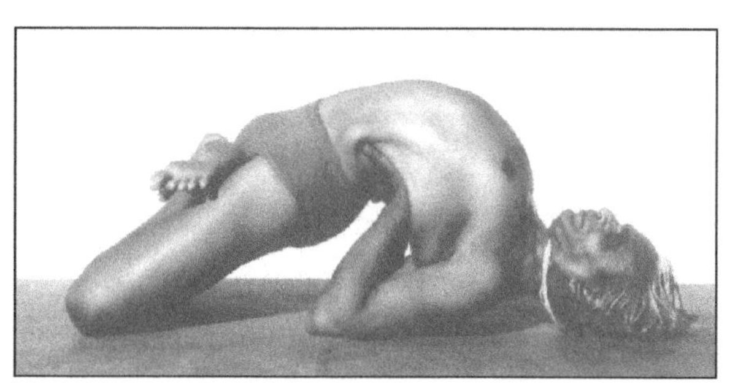

Uttāna-Padma-Mayūrāsana

Unsere Reise nach Innen hat uns nun zum innersten Kern unseres Seins geführt. Zum Körper der Glückseligkeit oder auch Körper der Göttlichkeit *(ānandamaya kosha)*, der uns allen innewohnt, wo unsere Seele lebt und wo wir in das kosmische Einssein Einblick nehmen können, das uns alle umfängt. Diese Sicht auf unsere Göttlichkeit zwingt uns wieder einmal dazu, zur Natur unserer Menschlichkeit zurückzukehren. Bevor wir die Kosmische Seele verstehen können, müssen wir unsere eigene verstehen. Und bevor wir imstande sind, unsere Seele zu verstehen, müssen wir alles erforschen, was unser wahres Selbst verfinstert und verstellt, vor allem das raffinierte »Ich«, das tausend Masken und Tarnungen annimmt, um uns abzulenken.

»Wer bin ich?« ist eine fundamentale Frage, die schon immer im Bewusstsein des Menschen existierte. Herkömmlicherweise mochte sie bis zu einem gewissen Grad mit dem Verweis auf die Rolle oder primäre Funktion, die jemand in der Gesellschaft innehat, eine Antwort gefunden haben: Ich bin ein Priester, ein Krieger, ein Händler, ein Diener, eine Ehefrau und Mutter. Doch die tieferen Implikationen dieser Frage blieben immer gegenwärtig. Jedenfalls ist kein Mensch immer, sein ganzes Leben lang, Mutter oder Geschäftsmann oder Schullehrer. Das sind zeitweilige Zustände. Auch wenn Sie sagen, dass Sie ein Mann oder eine Frau sind, ist das eine unvollständige Beschreibung. Davor waren Sie ein Kind. Und dann fragt sich auch, ob Ihre Geschlechtszugehörigkeit, wenn Sie sich zum Beispiel im Schlafzustand befinden, irgendwie von Bedeutung ist.

Im Grunde sagen wir, »Ich bin ich«, was auch nicht gerade sehr hilfreich ist. Mit dem »Ich« beziehen wir uns auf das bisschen von uns, das im Mittelpunkt unserer Wahrnehmungen, unserer Handlungen, unserer Gefühle, unserer Gedanken und unserer Erinnerungen zu stehen scheint. Oft wird es als das egobezogene oder auf das Ego gegründete Ich bezeichnet. Aber wenn wir nichts weiter als »Ich bin ich« sagen können, und alle anderen dasselbe sagen, müssten wir alle logischerweise auch dasselbe sein, und dem ist sichtlich und merklich nicht so. Um nun unsere Unterschiedlichkeiten zu erklären und dieses »Ich« weiter gehend zu definieren, heften wir ihm Eigenschaften und Merkmale an, welche das »Ich« in irgendeiner Weise näher bestimmen und zur Darstellung bringen. Ein reicher Mann mag vielleicht das Gefühl haben, dass »ich und meine Besitztümer« einen angemessenen Hinweis geben; für einen Politiker lautet dieser Hinweis vielleicht »ich und meine Macht«; für einen chronisch Kranken »ich und meine Krankheit«; für einen Sportler »ich und mein Körper«; für einen Filmstar »ich und meine Schönheit«; für einen Professor »ich und mein Gehirn«; oder für eine schlechtgelaunte, unzufriedene Person »ich und mein Ärger«. Dass wir unserem Ich ein solches Sammelsurium von Attributen beifügen, ist nicht nur im Allgemeinen die Art, wie wir uns selber sehen, sondern so sehen und beschreiben wir auch die anderen. Wichtig ist, dass alle diese von uns aufgeführten Merkmale und Zuordnungen äußerlicher Natur sind. Mit anderen Worten, das Ich identifiziert sich darüber, dass es mit seiner Umgebung eine Verbindung eingeht.

Eine der Antworten auf die Frage »Wer bin ich?« habe ich ganz klar übersprungen, nämlich: »Ich bin ein menschliches Wesen.« Wenn diese irgendeinen Wert haben soll, dann muss sich folgende Frage daran anschließen: »Was ist denn nun ein menschliches Wesen?« Und genau diese Frage stellt Yoga. Der Ausgangspunkt der yogischen Nachforschung, die Grundfrage, die unsere ganze yogische Praxis untermauert, ist ganz einfach: »Was sind wir?« Auch Āsana selbst ist ein Nachforschen. So stellt sich in jedem Āsana die Frage: »Wer bin ich?« Durch das Āsana wirft der oder die Praktizierende alle diese äußerlichen Teile raus, bis nur noch die Seele übrig bleibt. Das endgültige korrekte Āsana ist ein wahrhaftiger Ausdruck von »Ich bin das, das ist Gott«. Dieser Ausdruck ist nur dann fühlbar, wenn man sich Āsana im Kontext von physischem Können *(shakti),* intellektueller Kenntnis *(yukti)* und Hingabe und Verehrung *(bhakti)* nähert und so auch jedes Āsana ausführt.

Gehen wir also alles durch, sagt Yoga, jede Komponente eines menschlichen Wesens, die wir finden und identifizieren können: Körper, Atem, Energie, Krankheit und Gesundheit, Gehirn und Ärger und Wut, und Stolz auf unsere Macht und Besitztümer. Lasst uns vor allem, so sagt Yoga, dieses mysteriöse »Ich« untersuchen, das immer gegenwärtig und sich seiner bewusst, aber in einem Spiegel oder auf einem Foto nicht zu sehen ist.

Das »Ich« ist so oft die Quelle von Sorgen. Es wohnt in unserem Körper, und wir wissen: Wenn der Körper stirbt, stirbt auch das Gehirn, das Herz hört auf zu schlagen, die Lungen atmen nicht mehr, und die Sinne können nichts mehr fühlen und empfinden. Ist es daher nicht möglich, ja sogar wahrscheinlich, dass auch das »Ich« stirbt? Das ist beunruhigend und verstörend. Wenn sogar meine ureigene Identität etwas Vergängliches und Flüchtiges ist, welche Dauerhaftigkeit gibt es dann? Gibt es überhaupt keinen festen Boden? Yoga zufolge ist unser Mangel an Gewissheit an und für sich schon von Natur aus giftig. Yoga macht als tiefste Wurzel aller Krankheit das Leid, den Kummer und den Schmerz aus, die wir durchmachen, weil wir in Unwissenheit vom *Purusha,* der Universalen oder Kosmischen Seele, leben. Da wir von unserem wahren Selbst nichts wissen, identifizieren wir uns nur mit Aspekten der Welt der Natur, die sich im Zustand des Flusses befindet. Um unsere Identität festzumachen, fixieren wir uns auf den Aspekt des Bewusstseins, der dem inneren Körper innewohnt und Ego genannt wird. Es besteht eine gewaltige Kluft zwischen dem Akzeptieren des Ego als notwendigem Alias, mit dessen Hilfe man in der Welt existieren kann, und dem Verwechseln dieses Alias mit dem Wahren Selbst. Wenn wir der Imitationsdarbietung unseres sich für unsere Seele ausgebenden Egos aufsitzen, verfangen wir uns unausweichlich in den Turbulenzen der Welt rings um uns herum, in Wünschen und Begierden, emotionalen Störungen, Leid verursachenden Hemmnissen, sogenannten Sünden und Plagen, Leiden oder Hindernissen. Ich sage »unausweichlich«, weil unser Ego-Bewusstsein Teil dieser hungrigen, strebenden, unersättlichen, verrückten und hektischen Welt ist. Mit anderen Worten: Wir haben kein festes Fundament. Wir wollen unsterblich sein und wissen auch in unserem Herzen, dass wir es sind. Aber das werfen wir alles weg, indem wir uns fälschlicherweise mit allem identifizieren, was verderblich und vergänglich ist.

Als wir zum ersten Mal die Frage »Wer bin ich?« stellten, da hofften wir wirklich darauf, eine dauerhafte Identität zu entdecken, jenseits von Rollen oder Funktionen oder Attributen: ein »wirkliches« Selbst, wirklich in dem Sinn, dass es von der Sterblichkeit des Fleisches nicht bedroht, sondern permanenter und unveränderlicher Natur ist. Deshalb untersucht Yoga unser Seinswesen in seiner Gesamtheit, jede Schicht der Existenz, vom physischen Körper angefangen immer weiter nach innen. Er sortiert, prüft, beobachtet, experimentiert, seziert und kategorisiert alles, bis eine vollständige Blaupause des menschlichen Wesens erstellt ist. Die Yogis und philosophischen Heiligen alter Zeiten taten dies ganz systematisch, bis sie das Licht fanden, nach dem sie suchten: das ewige, unveränderliche Selbst; den Teil von uns, der ein für alle Mal die ursprüngliche, unausweichliche Frage beantwortet: »Wer bin ich?« Ihr Geschenk an uns liegt im Wissen, in den Techniken und in den Landkarten von ihrer Suche, die sie uns hinterlassen haben, sodass jedermann seine eigenen Fragen beantworten kann; denn diese kann ganz sicher kein anderer für uns beantworten. Wir werden in diesem Kapitel die Natur dieses ewigen, unveränderlichen Selbst erforschen, aber davor müssen wir die fünf Leid verursachenden Hemmnisse ausfindig machen, die unser Verständnis verfinstern und so viel von unserem Schmerz und Leid erzeugen.

Die alten Yogis versuchten einen Plan oder Entwurf für ein individuelles und kollektives Fortschreiten menschlicher Evolution auszuarbeiten. Und dabei stellten sich diese alten Weisen natürlich folgende Fragen: »Was lässt die Dinge schiefgehen? Warum gibt es trotz unserer besten Absichten immer etwas, das dafür sorgt, dass die Dinge verkehrt laufen? Sind wir darauf programmiert, für immer und ewig unsere eigenen Bestrebungen zu sabotieren?«

Ihre Nachforschungen führten Sie zu den fünf Leid verursachenden Hemmnissen, die alle von uns erfahren.

Kleshas – die fünf Leid verursachenden Hemmnisse

Die *Kleshas* sind bestimmte Störungsmuster im menschlichen Bewusstsein, die so allgemein vorhanden und vorherrschend sind wie Fruchtfliegen bei gesunden Äpfeln. Unser in jedwedem Moment gegebener Geisteszustand ist ein Wellenmuster. Dieses ist unglaublich komplex. Es wird ständig durch von außen kommende Reize modifiziert: eine Werbung, ein unfreundliches Wort, ein Lächeln von einer Freundin ...

Aus dem Unterbewusstsein oder Unbewussten und aus dem Gedächtnis aufsteigende Gedanken bringen es weiter in Verwirrung: ein Wunsch, ein Bedauern ...

Aber es gibt noch dauerhaftere Störungsmuster, die ich nun erklären werde. Sie sind so in uns eingebaut wie Fruchtfliegen in den Lebenskreislauf der Äpfel. Man nennt sie die verunreinigenden Bewusstseinsschwankungen oder unter anderem auch Geistesplagen, negative Geistesregungen oder Konflikt und Leid verursachende Emotionen. Sie korrumpieren unser Leben und beeinträchtigen und verderben unsere besten Absichten, uns als Person weiterzuentwickeln und zur Reife zu gelangen.

Es gibt fünf Leid verursachende Hemmnisse. Sie wohnen uns von Natur aus inne und plagen uns alle. Das erste ist praktisch der Vater der anderen vier. Wenn Sie dieses Hemmnis überwinden können, haben Sie die Nacht in Tag verwandelt. Während bestimmte, vor allem im Westen verbreitete, Denkmodelle aus allen Kräften des Bösen ein Gemisch machen und es den Teufel nennen, bittet das yogische Denken, da doch zu unterscheiden. Auch hier gibt es dieses Gemisch aus allen Kräften, die den Menschen dazu führen, etwas Böses und Perverses zu tun. Der Unterschied ist der, dass das westliche Denken dem Teufel Intelligenz zuschreibt. Der Teufel ist ein cleverer Teufel, gewitzt in den Künsten der Korruption und im Besitz eines unabhängigen Bewusstseins, das sich von den Zielen des Menschen und Gottes getrennt hat und ihnen entgegenwirkt. Eine Situation des endlosen Konflikts zwischen zwei intelligenten und fühlenden Kräften, die eine gut und die andere böse.

Der Teufel des Yoga ist nicht intelligent. Er ist unwissend. Ja, er ist die Unwissenheit selbst. Wir meinen oft, Unwissenheit bedeutet, dass man nicht weiß, wie die Hauptstadt von Albanien heißt. Yoga meint mit Unwissenheit Nicht-Wissen. Somit befindet sich für Hindus der Erzfeind im Zustand des Nicht-Wissens. Was wissen wir nicht, wenn wir unwissend sind?

Die Antwort lautet folgendermaßen: Wir wissen nicht, was wirklich und was nicht wirklich ist. Wir wissen nicht, was dauerhaft und was vergänglich ist. Wir wissen nicht, wer wir sind und wer wir nicht sind. Unsere ganze Welt steht auf dem Kopf, weil wir die Kunstgegenstände in unserem Wohnzimmer für wirklicher halten als die Einheit, die uns alle miteinander verbindet, als die Beziehungen und Verpflichtungen, die uns alle vereinen. Ziel der Entdeckungsreise des Yoga ist das Wahrnehmen der Beziehungen und Verbindungen, die den Kosmos in ein nahtloses Ganzes einbinden.

Diesem Gedanken, dass wir in einer völlig verkehrten Welt le ben, entstammt der auch in der *Bhagavadgītā* zu findende Spruch: Was für den normalen Menschen Tag ist, ist für den Weisen Nacht und umgekehrt. Von William Blake, dem metaphysischen Dichter, stammt der berühmte Ausspruch: »Ein Narr, der an seiner Narrheit beharrlich festhält, wird weise.« Erasmus von Rotterdam, der

Humanist des mittelalterlichen Europa, schrieb ein Buch mit dem Titel *Lob der Torheit*. Von Europa bis in den Fernen Osten erstreckt sich eine Anschauungstradition, wonach die menschliche Wahrnehmung so völlig fehlerhaft und mangelhaft ist, dass der »heilige Narr« oft weiser ist als alle seine scheinbar so vernünftigen Nachbarn. Das bedeutet, dass wir unsere Sicht nicht nur richtig einstellen, sondern sie von innen nach außen und von außen nach innen stülpen, dass wir hier eine komplette Umkehrung vornehmen müssen. Es bedeutet, dass die letztendliche Wahrheit im normalen Bewusstseinszustand unbegreiflich ist.

Diese Aussagen über die Unwissenheit *(avidyā)* stellen eine Herausforderung dar. Es gibt verschiedene Möglichkeiten, sie zu erklären. Diese sind zumeist derart revolutionär, dass man sich des Paradoxons bedienen muss. Jesus erklärte es gut. Er sagte, dass ein auf Sand gebautes Haus einstürzt. Doch baut man es auf einen Felsen, steht es fest. Das heißt, dass das Leben auf einem festen Fundament der Wirklichkeit aufgebaut sein muss. Leider sind die Dinge, die uns fest erscheinen, das heißt die Dinge des Lebens, die uns Sicherheit bieten, Reichtum, Besitztümer, Vorurteile, Glaubensvorstellungen, Überzeugungen, Privilegien und Positionen überhaupt nicht dauerhaft und haltbar. Das verweist auf das, was ich an früherer Stelle sagte, nämlich dass die große Lebenskunst darin besteht, mit der Unsicherheit leben zu lernen. Auch Jesus zielt darauf ab, dass nur ein auf spirituelle Werte *(dharma)* aufgebautes Leben fest in der Wahrheit gegründet ist und den Schockwellen des Lebens standhalten wird.

Man kann es auch folgendermaßen ausdrücken: Alle Menschen leben unwissentlich in der Wahrheit des Yoga. Yoga ist ein geeintes Ganzes. Niemand entflieht den Mechanismen von »Wie du säst, so wirst du ernten«. Doch wir negieren die Allumfassendheit unserer Sicht. Wir finden uns in der Situation, sie aufteilen, sie in unterschiedliche Bereiche unterteilen zu müssen, uns herauszupicken, was uns passt, und abzulehnen, was uns nicht passt. Warum? Weil wir alle die Wirklichkeit missverstehen. Nicht nur zum Teil, sondern total. Nur der höchste Entsagende *(bhakta)* ist fähig, mit einer einzigen unvergleichlichen Geste der Ergebung und Hingabe das Universum von innen nach außen und von außen nach innen zu kehren. Im Westen ist der heilige Franziskus von Assisi ein Beispiel dafür. Er umarmt einen Aussätzigen, weil er in seinem Innern eine Seele wahrnimmt, die mit der seinen identisch ist. Wir andern können das einfach nicht. Wir sind wie ein Mann, der das Innere seines Hemdes nach außen trägt und es zudem noch verkehrt herum angezogen hat. Diesen Fehler kann er nur dadurch korrigieren, dass er das Hemd wieder auszieht, herausfindet, wie es richtig sein sollte, und dann noch einmal von vorne anfängt. Durch Yoga ziehen wir das Hemd unserer Unwissenheit aus, studieren es und ziehen es dann wieder korrekt als ein Hemd des Wissens an. Dafür untersuchen wir jedes Blütenblatt des Yoga, als stünde es für sich gesondert, so wie der Mann, der die einzelnen Ärmel und den Rest seines Hemdes jeweils gesondert umkrempelt. Und so wie dieser weiß, dass das Hemd in sich eins ist, aber viele Muster aufweist, sollten auch wir nicht vergessen, dass Yoga ein geeintes Ganzes ist.

Spirituelle Werte sind nicht die Soße auf der Mahlzeit des materiellen Lebens, die man sich vielleicht nur mal am Sonntag zu Gemüte führt. Sie sind das Hauptgericht, das, was uns nährt und aufrechterhält. Materielle Werte sind die Soße, und sie können helfen, das Leben außerordentlich angenehm zu gestalten. Wenn sie mäßig und mit Nicht-Anhaftung genossen werden, machen sie diese Welt zum Paradies. Aber sie sind nicht von Dauer. Die Unwissenheit *(avidyā)* hindert uns daran, die Wahrheit zu sehen. Es ist das egobezogene Ich, das *nicht* von Dauer ist: das EGO-ICH. Die unentdeckte Seele erduldet die falsche Wahrnehmung, dass *ich* mein EGO-ICH bin. Und dieses EGO-ICH will nicht sterben. Dieser Seelen-Imitation des Ego liegt alles menschliche Leid zugrunde, und das ist die Wurzel von Avidyā.

Unwissenheit bedeutet im Kern, dass wir das uns bekannte Alltags-Ich für das unsterbliche Selbst, das wahre Selbst oder die Seele halten. Wenn man das mit der fünften Klesha verbindet, Lebensgier und Todesfurcht, dann bedeutet das, dass zu allen Zeiten ein Großteil der menschlichen Aktivität in dem Versuch bestand, der Existenz des Ego Ewigkeit zu verleihen, durch Name, Berühmtheit, Reichtum, Ruhm oder Leistung. Doch die Seele dauert fort, und das bekannte Ego wird zugrunde gehen, wie auch die äußere Hülle, der irdische Körper. Das ist die grässliche Lage des Menschen: dass das, was er seiner Überzeugung nach ist – sein Ego und dessen Eigenschaften –, vergänglich ist, wohingegen das, was er bloß einem Gefühl oder einer Ahnung nach ist – transzendentes Bewusstsein und Seele –, fortdauert. Wir können den Verlust des Bekannten nicht ertragen. Wir haben nicht genügend vertrauensvollen Glauben, um auf das Überleben des Unbekannten zu vertrauen. Die Antwort des Yoga darauf ist: Entdecke das Unbekannte, und du wirst deiner eigenen Unsterblichkeit begegnen!

Ich kann gar nicht genug betonen, dass die fünf Leid verursachenden Hemmnisse oder Kleshas in das Gewebe unseres ganzen Wesens und Seins eingewoben sind. Das sind keine Fehler wie zum Beispiel Faulheit oder Gier, die wir haben oder nicht. Das sind Wellenmuster von Störungen, die unserer gloriosen biologischen, psychischen und spirituellen Individualität entstammen. Sie sind Ausdruck unseres grundlegenden Missverständnisses von der Beziehung des Teils (unseres individuellen Ichs) zum Ganzen (Natur und Gott). Ohne klares Verständnis von dem, was wir vom Ganzen erhalten und was wir zum Wohle des Ganzen zurückgeben, bleiben wir klagend in der Wüste zurück. Keine Geliebten, Bediensteten, Reichtümer, Autos, Häuser und öffentliche Anerkennung können der Wunde einer gestörten Beziehung zu unserem Ursprung Linderung verschaffen. »Erkenne deinen Vater«, sagt Jesus. Mit dieser Aussage spricht er ganz direkt das Problem des Nicht-Wissens *(avidyā)* an.

Die anderen vier Kleshas sind die Triebe, die der Wurzel Avidyā entspringen. Das erste aus ihr hervorgehende, Leid verursachende Hemmnis ist der Stolz *(asmitā)*. Stolz führt zu Arroganz. Arroganz führt zu dem, was die alten Griechen »Hybris« nannten, das heißt, mit den Göttern um die Überlegenheit konkurrieren. Die sichere Folge davon ist Zerstörung. Aus yogischer Sicht ist damit lediglich gemeint, dass der zerbrechliche und wunderschöne, in seinem Ursprung und in seiner Absicht reine, uns allen innewohnende Keimling der Individualität, wenn er aufsprießt, den Phänomenen der Außenwelt – Kleidern, Mädels, Jungs, Autos, Positionen, Titeln, Geld, Macht, Einfluss usw. – begegnet und in der Folge von ihnen beeinflusst wird. Asmitā ist in ihrem Ursprung, und wenn die Weisheit wiederhergestellt worden ist, rein und farblos. Sie ist merkmalslose Reinheit und Singularität. Aber wenn sie auf die Welt trifft, wird sie durch den Kontakt befleckt, eingefärbt und wird zu Stolz oder Hochmut. Sie nimmt die Eigenschaften an, die sich um sie zu versammeln scheinen, und verliert ihre ursprüngliche makellose Schönheit. Das ist die Schönheit, die wir in einem Kind beobachten, bevor die Welt seine Unschuld besudelt hat.

Asmitā, unsere einzigartige und makellose Individualität, kann sich also durch die betrübenden und verdüsternden Jahre des Lebens zu einem dünkelhaften Panzer der Selbstsüchtigkeit, des Ego, des Stolzes verhärten. Dieser Stolz gründet sich auf Unterschiedlichkeit, nicht Gleichwertigkeit. Ich bin hübsch, doch du bist hässlich. Ich bin stark, doch du bist schwach. Ich habe ein Haus, doch du bist ein Bettler. Ich habe recht, doch du hast unrecht. Das ist im Grunde Nicht-Wissen in Form von Ignoranz, die zu einer politischen Plattform erhoben worden ist. Es ist der Aspekt des Wahnsinns der Individualität, wo sie doch Freude über die Einzigartigkeit sein sollte. Der Stolz macht uns für die Qualität der anderen blind. Wir fällen aufgrund von Äußerlichkeiten und wertlosen Vergleichen Urteile. Wir verlieren die Möglichkeit, uns an der Existenz anderer zu erfreuen. Wir erwarten, dass andere sich nach unseren Wünschen und Erwartungen richten. Wir sind ständig unzufrieden. Wir gehen der Fähigkeit verlustig, den Ball von da aus zu schlagen, wo er liegt, um einen Vergleich aus dem Golfspiel heranzuziehen.

Die ersten beiden Kleshas, Unwissenheit oder Nicht-Wissen und Stolz werden als Wellenmuster von Störungen betrachtet, die auf intellektueller Ebene agieren. Die nächsten beiden, Anhaftung *(rāga)* und Ablehnung *(dvesha)*, beeinflussen uns auf mehr emotionaler Ebene. Hier müssen wir sehr auf die Sprache achten. Wenn wir sagen, »Ich hänge sehr an meiner Frau«, meinen wir, »Ich liebe sie«. Hier handelt es sich also nur um eine Redewendung. Mit *Rāga* ist im Grunde eine obsessive oder pervertierte Liebe gemeint, eine Verschmelzung des egobezogenen Ichs mit dem Objekt der begehrenden Anhaftung. Wir kennen alle den Autobesitzer, der einen winzigen Kratzer im Lack der Karosserie entdeckt und sich wie ein wild gewordener Krieger aufführt, der in der Schlacht eine Wunde davongetragen hat. Hier können wir eine Fusion und absolute Identifikation des Ego (das nicht von Dauer ist) mit einem in seinem Besitz befindlichen Objekt (das ebenfalls nicht von Dauer ist) beobachten. Wir kennen alle den mit dem Tod verbundenen Spruch: »Du kannst es nicht mitnehmen.« Das stimmt. Ich kann mein Ego nicht über das Grab hinaus mitnehmen, und schon gar nicht mein Auto, meinen Grund und Boden oder mein Bankkonto. Das dominierende Wort ist »mein«. Sie können hier leicht das Kind der Unwissenheit erkennen: Eine vergängliche Entität versucht sich mit einer anderen vergänglichen Entität dauerhaft zu verbinden. Ein aus logischer Sicht ziemlich irrwitziges Unterfangen, weshalb ich an früherer Stelle sagte, dass wir das Hemd der Unwissenheit ausziehen und völlig umkrempeln müssen. Wir können es auf keinen Fall richtig herum anziehen, solange wir es noch am Leib tragen. Das Wort Rāga bezieht sich also auf die magnetische Anziehungskraft zwischen dem Ego und den angenehmen Objekten, die es umgeben.

Die korrekte Einstellung gegenüber unseren »Besitztümern« ist die der Dankbarkeit, nicht die der Eigentümerschaft. Wir sollten unserem Auto dankbar sein, dass es uns sicher transportiert und

Orte sehen lässt, die wir ansonsten nicht gesehen hätten. Ich bin dankbar für den Tisch, auf dem ich schreibe. Er trägt zur Realisierung dieses Buches bei. Ob es »mein« Tisch ist oder nicht, ist unerheblich. In Indien führen wir jedes Jahr eine Zeremonie durch, bei der wir unsere Haushaltsgegenstände mit Girlanden schmücken und uns für die Dienste, die sie uns leisten, bedanken. Wir leihen uns ihre Dienste für eine gewisse Zeit und sind dankbar. Aber der Tisch ist ein Tisch und wird wahrscheinlich noch lange nach meinem Tod seinen Job machen, allerdings nicht bis in alle Ewigkeit.

Was ist denn, so werden Sie sich fragen, wenn eine von uns geliebte Person stirbt? Wir werden auseinandergerissen. Da ist ein furchtbarer Trennungsschmerz. Natürlich ist er da. Aber das ist nicht Rāga. Ich habe meine Frau ganz plötzlich auf brutale und unerwartete Weise verloren. Ich war nicht einmal da, sondern über das Wochenende zum Unterrichten nach Mumbai gefahren, und konnte nicht rechtzeitig zurückkommen. Ich habe bei ihrem Begräbnis nicht geweint. Meine Seele liebte ihre Seele. Das ist Liebe. Sie ist transzendenter Natur und transzendiert die Trennung durch den Tod. Wenn mein Ego, mein Ich die Quelle meiner Gefühle für sie gewesen wäre, dann hätte ich geweint, aber vor allem um meinetwillen. Es ist nicht falsch, wenn wir Tränen um die vergießen, die wir lieben, aber wir müssen wissen, um wen oder was sie wirklich vergossen werden: um den Verlust, den die Zurückgebliebenen erleiden, und nicht um die, die gegangen sind. Aber »dem Tod soll kein Reich bleiben«, wie der Dichter Dylan Thomas sagt.

Abneigung *(dvesha)* ist das Gegenteil von Anhaftung. Es ist ein Widerwillen, der zu Feindseligkeit und Hass führt, so wie sich die gleichen Pole zweier Magneten abstoßen. Auch dies gründet sich auf Oberflächlichkeiten. Die Essenz meines Wesens kann nicht die Essenz deines Wesens hassen, weil sie dasselbe sind. Ich mag dein Verhalten beklagen, aber es ist Unsinn, daraus zu schließen, dass ich dich deshalb hasse. Wenn ich gelegentlich mein eigenes Verhalten beklage, bedeutet das denn, dass ich meine Seele, die Göttlichkeit im

Innern hassen soll? Natürlich nicht. Ich sollte mein Verhalten korrigieren. Auch hier spielt die Unwissenheit wieder den Marionettenspieler und sät Verwirrung. Wenn wir das Tun der Menschen mit dem verwechseln, was sie in ihrem tiefsten Ursprung sind, nehmen wir eine antagonistische und aggressive Duckhaltung ein und verwickeln uns in endlose Konflikte. Und dadurch lassen wir uns auf einen permanenten Krieg zwischen Gut und Böse ein, der nicht gewonnen werden kann. Wir sollten lediglich danach streben, dass Übeltäter sich in ihrem Tun bessern. Und am besten können wir ihnen helfen, wenn wir uns in unserem eigenen Tun bessern, und dann entdecken wir möglicherweise, dass alle Menschen das Gleiche, dass sie von einer Essenz sind, die allen gemeinsam ist, und dass alle unsere Leiden der fundamental falschen Wahrnehmung der Unwissenheit entspringen. Unwissenheit meint hier das Verleugnen des ursprünglichen Einsseins oder der universalen Gemeinschaft.

Das letzte Wellenmuster oder die letzte unser Leben beeinflussende Klesha wird auf instinktiver Ebene erfahren. Auf der instinktiven Ebene gibt sie einen Sinn, da wir alle den animalischen Überlebenstrieb in uns tragen. Erst wenn wir den natürlichen Überlebenstrieb auf unangemessene Ebenen hochschrauben, entstehen Probleme. Dieses Leid verursachende Hemmnis nennt sich Angst vor dem Tod oder Festhalten am Leben *(abhinivesha)*. Natürlich klammert sich unser biologischer Körper ans Leben, wenn wir krank sind; das soll er auch. Das ist der Kampf um die Existenz, das verständliche Verlangen, das Leben des Vehikels der Seele zu verlängern. Schließlich ist es ja kein Auto. Man kann sich nicht einfach ein anderes kaufen. Wir müssen unseren Körper auf unserem spirituellen Weg so gesund wie möglich erhalten.

Wir identifizieren uns alle mit unserem Körper. Das ist unausweichlich. Wenn beim Überqueren der Straße ein Elefant auf uns zustürmt, rufen wir nicht: »Mein Gott, mein Ego wird zertrampelt!« In diesem Augenblick sind wir unser Körper, der beiseitespringt. Dies gilt auch weitgehend im Falle der Krankheit. Eine gute Gesundheit verbannt die Identifikation mit dem Körper in einem Ausmaß, wie es sonst nichts vermag.

Wir akzeptieren, dass wir langfristig gesehen nicht unser Körper sind. Der Körper geht zugrunde; wir hoffen, dass wir es nicht tun. Das kann man dem Schmerz aber nicht erzählen. Wir mögen wissen, dass unser Körper nicht unsere dauerhafte Identität ist, aber das ist theoretisches Wissen. Wenn wir gesund sind, vergessen wir unseren Körper. Wenn wir krank sind, können wir das nicht. Um wie viel einfacher wäre doch das Leben, wenn es andersherum wäre. In Hinblick auf unseren Körper bedeutet das, dass wir nicht in irgendeinem permanenten Sinn unser Körper sind, es aber aus praktischen Gründen doch sind, weil er das Vehikel ist, über das wir unsere Unsterblichkeit entdecken und wahrnehmen können. Deshalb fängt Yoga beim Körper an.

Dennoch, wir akzeptieren, dass der Körper sterben wird, wie bedauerlich das auch sein mag. Was wir allerdings unerträglich finden, ist der Fakt, dass das »Ich« sterben soll, dass mein Ego so sterblich ist wie mein Fleisch. Und das bringt uns wieder zur Unwissenheit zurück. Für die meisten von uns ist unser Ego der intimste und innerste Teil von uns selbst, den wir kennen. Wir fürchten bei seinem Tod von der Dunkelheit, von einem ewig währenden Nichts verschlungen zu werden. Und daraus schließen wir, dass wir das Ego unter allen Umständen durch Dynastien, Ruhm, große Bauten und all die Unsterblichkeitsprojekte fortdauern lassen müssen, die den Sensenmann austricksen sollen. Was für ein Unsinn, sagt Yoga. Das Ego ist ein wichtiger Bestandteil des Bewusstseins, den wir während unseres Lebens für das Arbeiten mit unserem Körper benötigen. Darüber hinaus hat es keinen Sinn und Zweck.

Aber das Bewusstsein ist sehr viel mehr als unser Ego. Dem Yoga zufolge ist es auch mehr als der individuelle Geist *(manas)*. Wissenschaftler beginnen nunmehr die Frage zu stellen: »Wie lässt der Geist Bewusstsein entstehen?« Yoga würde hingegen fragen: »Wie lässt das Bewusstsein den individuellen Geist entstehen?« Es ist dessen

Wegbereiter und wird nicht durch den Körperlichkeitsaspekt des Geistes beschränkt. Bewusstsein existiert auf der mikrokosmischen Ebene, das heißt kleiner als ein Atom. Die kosmische Intelligenz existiert einigen Wissenschaftlern zufolge auch auf der Quantenebene. Manas, der individuelle Geist, ist der körperlichste und äußerlichste Teil des Bewusstseins. Und da er der am stärksten materielle oder manifeste Teil ist, ist sein Schicksal auf Gedeih und Verderb mit dem des Körpers verknüpft. Aus diesem Grund können wir nach einem Autounfall »hirntot« sein, aber nicht »bewusstseinstot«. Menschen bewahren sich bei Nahtoderfahrungen eine Form von Gewahrsein *ohne* dessen materiell bedingende Komponenten. Selbst wenn sich alle Neurosysteme einschließlich des Gedächtnisses ganz und gar abgeschaltet haben, dauert das Bewusstsein als Beobachter fort, allerdings auf einer Ebene, die bisher mit den Mitteln der Wissenschaft noch nicht wahrgenommen werden kann. Weil die Intelligenz *(buddhi)* als ein Partikel eines universalen Phänomens in uns existiert, kann sie nicht vollkommen verfinstert werden, auch wenn wir körperlichen Schaden erleiden. Ebenso kann auch die Seele nicht getötet werden. Nur ihr Vehikel kann sterben.

Halten Sie Ausschau nach dem Licht. Das Ego ist nicht die Quelle des Lichtes. Das Bewusstsein übermittelt das göttliche Licht des Ursprungs, der Seele. Aber es gleicht dem Mond. Es reflektiert das Licht der Sonne, aber hat kein eigenes Licht. Finde die Sonne, sagt Yoga, entdecke die Seele. Das bedeutet *Hathayoga. Ha,* die Sonne – das Selbst; *Tha,* der Mond – das Bewusstsein. Wenn die Linse des Bewusstseins klar und sauber ist, wird offenbar werden, dass ihr sie erleuchtendes Licht die innerste Seele ist. Die Seele ist von nichtmateriellem, göttlichem, vollkommenem und ewigem Wesen. Mit anderen Worten: Sie stirbt nicht. Entdecken Sie, was nicht stirbt, und die Illusion des Todes wird demaskiert. Das ist der Sieg über den Tod. Deshalb habe ich trotz all meines Schmerzes nicht um meine Frau geweint, denn ich beweine nicht eine Illusion.

Weil diese die Endgültigkeit des Todes betreffende Klesha notwendig und auf nützliche Art instruktiv ist, ist sie am schwersten zu durchbrechen, auch wenn wir sie intellektuell begreifen, was Sie sicherlich tun. Es wird nicht von uns verlangt, dass wir sie aus ihrer angemessenen biologischen Sphäre entfernen, aber wir sollen ihre Übergriffe auf »nichtbiologische« Bereiche abwehren. Der Überlebensinstinkt des Körpers ist das eine, und er ist sehr notwendig. Doch wir wollen noch weitaus mehr. Wir wollen, dass unsere Gene in unserer Nachkommenschaft fortleben. Wir wollen, dass unsere Kinder in dem Landhaus leben, in dem unsere Familie schon seit Generationen ihren Sitz hat. Wir wollen, dass unser Unternehmen überlebt und floriert, auch nachdem wir schon in Pension gegangen oder das Zeitliche gesegnet haben. Wenn wir Künstler oder Wissenschaftler sind, wollen wir, dass uns für die Nachwelt ein Denkmal gesetzt wird. Wenn wir diesen Überlebensinstinkt auf feinstoffliche Gebiete ausdehnen und etwa das Fortdauern des Ego anstreben, kann sich das psychisch zerstörerisch auswirken.

DIE FÜNF KLESHAS ODER LEID VERURSACHENDEN HEMMNISSE sind für unser Leben und unsere Fähigkeit, die Yoga-Reise zu steuern, von so fundamentaler Bedeutung, dass ich sie noch einmal zusammenfassen möchte. Avidyā (Unwissenheit, mangelndes Wissen, mangelndes Verständnis) ist das grundlegende Missverständnis oder die grundlegend falsche Anschauung, dass die materielle Realität wichtiger ist als die spirituelle Wirklichkeit. Das Problem ist nicht, dass alle materiellen Dinge vorübergehender, vergänglicher Natur sind und dem ständigen Wandel in Form von Wachstum und Verfall unterworfen sind. Das Problem ist vielmehr unsere Abhängigkeit von dem, was nicht von Dauer ist. Wenn Asmitā Stolz zum Ausdruck bringt, gerät sie in Verwirrung. Doch die Begegnungen mit den Erfahrungen und materiellen Objekten, die einem Individuum im Laufe seines Lebens zuteilwerden, sind ein außerordentliches Geschenk ebendieser Individualität.

Rāga (Anhaftung oder Begehren) bedeutet ein emotionales Gefesseltsein an irgendwelche Quellen des Vergnügens und der Lust, das sich in extremer Form als Unfähigkeit manifestiert, irgendetwas loszulassen; als eine Art Suchtabhängigkeit vom Mobiliar des Lebens, statt die Freude am Leben selbst zu feiern. Dvesha (Ablehnung) bedeutet emotionalen Widerwillen gegen und Flucht vor dem Schmerz, die sich als Vorurteile und Hass manifestieren und es uns unmöglich machen, aus den Härten des Lebens und unseren eigenen Fehlern zu lernen. Abhinivesha (Angst vor dem Tod) bedeutet ein instinktives Festhalten am Leben, das zwar auf der biologischen Ebene angemessen ist, aber zu einer pervertierten Einstellung führt, wenn es auf Lebensaspekte übertragen wird, bei denen dies weder angemessen ist noch Gültigkeit hat. Die Erfahrung von Abhinivesha kann man ganz leicht machen, wenn man das Atem-Anhalten nach dem Ausatmen übermäßig verlängert. Dann setzt Panik ein. Die Unwissenheit, oder das fundamentale Missverstehen der Wirklichkeit, untermauert und nährt alle anderen Kleshas. Wenn Sie sehen wollen, welche Macht diese über unser Leben und die Menschheitsgeschichte im Allgemeinen ausüben, dann brauchen Sie sich nur die Abendnachrichten im Fernsehen anzusehen, um diese fünf zerstörerischen Einflüsse in ihrem Wirken auszumachen. Das ist leicht. Und dann schauen Sie sie bei sich selber an.

Das Ziel kann erreicht werden

Meditation ist ein Tor, das die Möglichkeit bietet, den fünf Kleshas ein Ende zu machen. Sie bringt den komplexen Geist in einen Zustand der Einfachheit und Unschuld, aber ohne die Unwissenheit. Die Meditation setzt ein, wenn das Ego besiegt ist. Als siebtes Blütenblatt des Yoga kann sie erreicht werden, indem man alle anderen Stufen der Yoga-Praxis durchschreitet. Doch das achte Blütenblatt, Samādhi, kommt uns als Frucht der Meditation zu. Er tritt durch die Gnade Gottes ein und kann nicht erzwungen werden. Samādhi ist der Zustand, in dem der oder die Praktizierende mit dem Objekt der Meditation, mit der das Universum durchdringenden Höchsten Seele, eins wird, und in dem das Gefühl von unaussprechlicher Freude und Frieden herrscht.

Im letzten Kapitel haben wir den Punkt erforscht, an dem die Totalität des Seins, vom Kern bis zur Peripherie, als eine sich ausweitende, schöpferische Bewegung erfahren wird, in der sich das individuelle Selbst *(jīvātman)* offenbart. Dieses Kapitel über den Körper der Glückseligkeit *(ānandamaya kosha)* richtet sein Augenmerk auf das Sich-Ergeben des individuellen Selbst in den Ozean des Seins und das Verschmelzen mit ihm. Das ist nicht bloß das Transzendieren des Ego, sondern auch die Auflösung des Ichs, so wie wir es kennen; eine Unterbrechung in der fortlaufenden Erfahrung des Ichs. *Ānandamaya Kosha* bringt uns zur Ur-Illusion *(avidyā)* von der Trennung zwischen Schöpfer und Geschöpf. Er offenbart die Fleisch gewordene Wahrheit und die Wahrheit im Geiste: die göttliche Ehe zwischen Natur und Kosmischer Seele. Er ist existenzielle und überexistenzielle Glückseligkeit, totale Versenkung im Anfang und im Ende. Dies bedeutet das Geborensein zum Ewigen.

Heutzutage, so wie es auch in der Vergangenheit der Fall war, bleibt der Samādhi für die meisten von uns eine theoretische Angelegenheit. Doch Yoga zeigt den Weg zu diesem hohen Gipfel. Die überwiegende Mehrheit der Leserschaft kann sich ihn nur als eine himmlische Landschaft der Seligkeit vorstellen, die wir mit Hilfe unserer Imaginationskraft *(vikalpa)* heraufbeschwören. Aber glauben Sie auch nicht eine Sekunde lang, dass ich damit sage, dass er nicht real existiert oder dass Sie nicht dorthin gelangen können. Die absolute Freiheit liegt nicht außerhalb Ihrer Reichweite. Erforschen Sie Ihr Vorstellungsvermögen und Ihre Fantasien. Tagträumen Sie von der Zukunft oder versuchen Sie sich an das Antlitz einer schon lange verlorenen Liebe zu erinnern, deren Gesichtszüge sich in den Nebeln der Zeit aufgelöst haben? Es ist das Letztere. Und entspringt nicht die Sehnsucht, die Sie fühlen, dem Kern Ihres Seins? Ist es nicht das Verlangen nach einem Ende der Dualität, nach einem Einssein, das nicht durch Ergänzung erlangt wird, sondern das existiert, weil es kein Anderes gibt?

Um die individuelle Seele entdecken zu können, brauchen Sie Inspiration, die schöpferische Kraft des Einatmens. Um die Kosmische Seele zu entdecken, brauchen Sie den Mut, loszulassen, auszuatmen, zu einem höchsten endgültigen Sich-Ergeben. Lassen Sie sich nicht entmutigen. Der Göttliche Wille treibt die Menschheit zu diesem Ziel. Halten Sie die Seele, halten Sie nicht nur den Atem an. Zwischen Hingabe und Annahme ist ein Raum. Sie ergeben sich Dem Herrn, und Der Herr nimmt Ihr Sich-Ergeben an. Und für das Annehmen braucht es Zeit und Raum. Das ist Atem-Anhalten *(kumbhaka)*.

Der endgültige Aufstieg

Ich habe ganz bewusst eine kleine Vorschau auf das majestätische Crescendo unserer Pilgerreise gegeben. Denn es bleibt noch so viel zu lernen und so viel der Seelensuche im wörtlichen Sinn gewidmete Arbeit zu tun. Ich sagte, dass wir das Beobachten der Kleshas auch auf uns selbst ausdehnen müssen. Dazu brauchen wir einen Spiegel. Deshalb müssen wir in unserem Praktizieren des Yoga mit allen Aspekten, die wir bisher erlernt haben, fortfahren. Wir müssen das, was wir schon zu erreichen vermögen, kultivieren und verfeinern, ihm eine neue Tiefe verleihen und weitere Verfeinerungen hinzufügen, damit wir bis ins innerste Herz des Mysteriums vordringen können. Wir müssen uns immerfort weiter selbst befragen, sonst wird keine Transformation stattfinden. Gehen Sie mit gutem Glauben und vertrauensvoller Zuversicht voran, aber stellen Sie sich immer in Frage. Wo Stolz ist, ist auch immer Ignoranz und Unwissenheit.

Bevor nun unser Bewusstsein endgültig von unserem Selbst angezogen wird und unser Selbst ins Unendliche eingeht, sind viele feine Fäden zu verflechten und ins schimmernde Tuch unserer Praxis einzuweben. Wir müssen eine Meditation von solch selbstloser Reinheit erwerben, dass die Vorspiegelungen des Ego ein für alle Mal demaskiert werden. Ist das Ego ausgelöscht, verschwinden auch die Leid verursachenden Hemmnisse, die es begleiten. Dann müssen wir den Faden der Einsicht darin, wie die Elemente unsere Praxis prägen, einweben. Ich habe in den vorhergehenden Kapiteln über die Elemente von Erde, Wasser, Feuer und Luft gesprochen und darüber, dass sie mit den ersten vier Hüllen korrespondieren, dem physischen Körper, dem Energie-Körper, dem Mental-Körper und dem Körper der Weisheit. Das letzte Element, welches mit der letzten Hülle, dem Körper der Glückseligkeit, korrespondiert, ist der sogenannte »Raum«. Er macht die Beweglichkeit und Freiheit in all den anderen möglich. Raum ist das feinstofflichste und durchdringendste Element, und wir müssen lernen, es zu zähmen.

Raum wird manchmal auch mit Äther übersetzt. Es handelt sich jedoch nicht um den Äther der modernen Chemie und Medizin, sondern um jenen veralteten Begriff für den Raum, von dem die Leerheit zwischen den Materieteilchen durchdrungen ist. Die Menge an Materie innerhalb eines Atoms entspricht der eines Tennisballs in einer Kathedrale. Das heißt also, dass unsere Atome und damit auch wir fast gänzlich aus Raum bestehen. Der Raum, das All, der Himmel über uns wird *Mahatākāsha* (kosmische Intelligenz im Raum) genannt. Das Selbst in uns ist das *Chit-Ākāsha* (die kosmische Intelligenz in uns). Das eine ist der äußere Raum, das andere der innere Raum, aber für Yogis ist der von ihnen gespürte oder wahrgenommene Raum des Selbst größer als der äußere Raum, der sie umgibt.

Raum ist geradezu ein Symbol für Freiheit; der Freiheit, die nur der Raum der Bewegung ermöglicht. Und sind nicht Veränderung und Wandel für sich genommen eine Bewegung?

Die Sicht, die der Weltraum den Astronauten bot, führte bei ihnen oft zu einer geeinten, unparteilichen, grenzfreien Wahrnehmung von unserem Planeten Erde, die ihr Leben veränderte. Eine Erfahrung, die sie zu vermitteln suchten, indem sie sich allgemein angestrebten menschlichen Zielen verschrieben, die in friedlicher Zusammenarbeit erreicht werden sollten. Wie ich bereits sagte, können wir nicht alle in den Weltraum reisen, aber wir haben Zugang zum Raum, zu unserem inneren Raum. Paradoxerweise hat das Schauen nach innen einen vergleichbaren einenden Effekt, wie ihn die Weltraumausflüge bei den Astronauten haben. Ich werde mich nicht für meine Wiederholung entschuldigen, dass im Innern des Mikrokosmos des Individuums der Makrokosmos des Universums existiert. Wenn diese Binsenwahrheit, wie offensichtlich oder wie unwahrscheinlich sie Ihnen auch erscheinen mag, nicht wahr ist, dann sind aller Yoga, ebenso wie die gnostische Mystik, der Sufismus, der Buddhismus und die Lehren Christi, Unsinn.

Das Wissen und die Weisheit, die mir die Yoga-Praxis schenkte, wurden mir durch die heiligen yogischen Schriften und Bücher, die ich las, bestätigt. Und ich habe mir nicht nur über meinen Sādhana und die Lektüre der heiligen Schriften Wissen erworben, sondern auch durch meine Reisen und die Menschen, die ich getroffen habe. Alle diese Dinge verflechten und verweben die letzten Fäden unseres yogischen Tuchs.

Die Autoren der Veden waren Seher, aber auch Poeten und Visionäre, die die Göttlichkeit überall und in allem, in den belebten und unbelebten, den organischen und anorganischen Dingen erblickten. Diese Kunst haben wir irgendwie verloren. Die Stagnation hat die Unsensibilität mit sich gebracht, aber Echos der Weisheit dauern fort. Der große katalanische Architekt Gaudí zum Beispiel sagte, dass Architektur die kreative Beziehung zwischen der Sinnenhaftigkeit der Natur und der Strenge der Geometrie bedeutet. Das ist ein Thema, das sich auch durch die Yoga-Praxis zieht. Meine Versuche, systematisch in die Āsana-Stellungen Symmetrie zu bringen, sind Ausdruck dieser Beziehung. Und wie beim Architekten ist auch hier das Konzept von Raum von grundlegender Bedeutung. Eine Vase hat, wie ein Gebäude, wie ein Körper, zwei Räume: den, den sie in sich enthält, und den, der sie umgibt. Wenn wir mit Āsana anfangen, dann gilt unsere Sorge dem Aussehen der Stellung, das heißt, wie sich das im Spiegel ausnimmt, mit anderen Worten dem Raum, den wir ausschließen. Inzwischen sollte unsere Sorge aber dem Raum gelten, den wir *einschließen*, dem inneren Raum, denn er ist es, der dem Āsana weitgehend wahres Leben und Schönheit verleiht. Das nennt sich *Yogasvarūpa*. Das Ich nimmt durch Yoga seine perfekte Form ein. Dies wird durch die innere Verteilung von Raum erreicht. Im Wesentlichen wird Yogāsana auf diese Weise mühelos und zeigt die natürliche Schönheit von geschmolzenem Gold, das aus einem Bottich strömt.

Um die Unendlichkeit zu erreichen, müssen wir uns endlicher Mittel bedienen, wie es der Architekt auch dann tut, wenn er eine Kathedrale oder einen Tempel baut. Und wie dieser sagt auch die Yoga-Wissenschaft, dass man den inneren und äußeren Körper in Übereinstimmung bringen muss, sodass sie parallel verlaufen und miteinander kommunizieren. Ohne korrekte Ausrichtung und Übereinstimmung bricht ein Gebäude zusammen. Gaudí war bestrebt, dem Erhabenen durch das Körperliche, das Dingliche Ausdruck zu verleihen. Dasselbe gilt für den Yoga-Praktizierenden. Ausrichten und in Übereinstimmung bringen schafft eine Struktur wechselseitiger Bezüge und Kommunikation, der Art, wie die Kathedrale eine Opfergabe an Gott ist. Deshalb ist für mich die in Übereinstimmung bringende Ausrichtung (engl. *alignment*) ein metaphysischer Begriff. Die richtige Ausrichtung schafft den richtigen Raum, so wie bei einem gut konstruierten Bau. Ein Gebäude ohne ein weiträumiges Inneres ist ein Steinhaufen, ein Megalith. Können Sie sich so einen Körper vorstellen? Er wäre unbeweglich oder träge sowie auch unbewohnbar.

Der indischen Philosophie zufolge gibt es zwei Arten von Kunst.

Die eine nennt sich *Bhogakalā*, die Kunst, das Bedürfnis von Körper und Geist nach Lust und Vergnügen zu stillen. Die andere nennt sich *Yogakalā*, die Kunst feierlicher und glückverheißender Darstellung, um das spirituelle Herz der Seele zu erfreuen. Allen Künsten eignet Wissenschaft *(shāstra)* und Kunst *(kalā)*. Glückseligkeit *(ānanda)* wird dann erfahren und zum Ausdruck gebracht, wenn das Ziel darin besteht, aus dem Chaos Ordnung, aus der Unwissenheit Weisheit und aus der Ästhetik Göttlichkeit hervorzubringen. Wundert es Sie da, wenn ich wütend werde, wenn meine Schüler und Schülerinnen ihre von Gott gegebenen Talente verschleudern und auf *Bhogayoga* verwenden: Schau gut aus, fühl dich gut, aber mach keinen guten Yoga?

Der innere Antrieb der Natur besteht darin, sich durch Evolution Ausdruck zu geben. Das wird in tropischen Ländern wie Indien ganz besonders deutlich sichtbar. Die Natur will allen Raum besetzen. Das spiegelt sich im Spruch: »Die Natur verabscheut das Vakuum.« Sie sieht ihre Rolle darin, sich in immer größerer und noch größerer Vielfalt und nach unserer Vorstellung auch in immer mehr Schönheit, die aber nicht immer so schön ist, zum Ausdruck zu bringen. Die Natur kann uns überwältigen. Warum begaben sich Yogis in den Himalaya? Wollten sie dort Raum finden, einen äußeren Raum, der den inneren widerspiegelt?

An früherer Stelle setzte ich das Luft-Element mit Berührung und mit Intelligenz in Beziehung und sagte, dass wir beides einatmen und darin baden. Raum ist etwas noch Intimeres, Durchdringenderes, da alle unsere Atome weitgehend aus Raum bestehen. Ton und Schwingung korrespondieren mit dem Raum und können ihn durchreisen, so wie die Radiowellen, die wir durch den Weltraum schicken in der Hoffnung, dass die Intelligenz eines Tages umfassend kommunizieren können wird. Sind Ton und Klang nicht noch machtvoller und intimer als Luft? Die Schwingungen eines Walgesanges können den Ozean Hunderte Kilometer weit durchdringen. Ist nicht der Klang Gottes (AUM) heiliger als jegliches

Abbild? Ist Musik nicht die höchste Kunst? Schwingung ist eine Welle. Sie entsteht aus drei Punkten – mehr braucht es nicht für eine Sinuskurve – und ist der erste Schritt zur Manifestation. Sie ist der Wurzel der Natur sehr nahe und aus diesem Grund auch sehr machtvoll. Wie ich sagte: »Wenn du deine Stellung kollabieren lässt, lässt du deine Seele kollabieren.« Wenn du den Raum kollabieren lässt, lässt du die Seele kollabieren.

Die Augen sind der Indikator für das Gehirn. Die Ohren sind der Indikator für das Bewusstsein. Die Augen sind dem Geist und dem Feuer zugeordnet, die Ohren dem Gewahrsein und dem Raum. Im meditativen Zustand befindet sich die vordere Hirnregion im ungestörten Ruhezustand. Wenn wir über ein Problem nachdenken, neigen wir unseren Kopf nach vorn. Wenn Sie in der Meditation den Kopf nach vorn sinken lassen, hat das eine unangenehme Auswirkung auf die vordere Hirnregion. Wenn aber zwischen Augen und Ohren Harmonie herrscht, wird das Fokussieren des Gewahrseins ein Leichtes. Die Augen sind die Fenster des Gehirns, die Ohren die Fenster der Seele. Dies steht den allgemein verbreiteten Annahmen entgegen, aber wenn die Sinne abgezogen sind *(pratyāhāra)*, bewahrheitet sich diese Erfahrung. Die Ohren können Schwingungen ausmachen. Unser innerer Raum korrespondiert mit dem, was wir normalerweise Himmel nennen. Daher können wir die Göttlichkeit unseres inneren Himmels hören, bevor wir sie sehen. Die Ohren nehmen auch Stille wahr. Stille ist die Musik des Samādhi.

Lassen Sie mich das Ganze etwas prosaischer ausdrücken. So wie wir das Erde-Element nicht von der Hülle unseres physischen Körpers *(annamaya kosha)* trennen können, können wir auch das Raum-Element nicht von der Hülle der Glückseligkeit *(ānandamaya kosha)* trennen. Im Āsana spielen wir mit den Elementen. Wenn wir zum Bespiel eine Drehung ausführen, drücken wir den Raum aus den Nieren heraus, und wenn wir diese Stellung aufgeben, kehrt der Raum wieder in sie zurück, aber es ist erneuerter Raum. Und ebenso drücken wir durch Drehung oder Kontraktion auch Wasser,

Feuer, Luft und bis zu einem gewissen Grad auch Erde aus einem Organ. Wenn wir entspannen, kehrt die Zirkulation zurück und mit ihr die neu belebten Elemente. Wir begreifen das als ein Waschen und Reinigen der Organe. Das stimmt auch, aber auf der elementaren Ebene spielen wir eigentlich mit der Ausgewogenheit der Elemente, wobei wir in Erfahrung bringen, welche Empfindung ein jedes in uns auslöst.

Bei einer Drehung werden nicht nur das Organ, sondern auch Knochen, Muskeln, Fasern und Nerven verdreht. Auch die Flüssigkeit enthaltenden Gefäße werden zusammengezogen. Der Geist nimmt entsprechend dieser ungewöhnlichen Gestalt des Körpers eine andere Form an. Die Intelligenz berührt den Körper auf andere Weise und auch die vom Körper ausgesandte Schwingung verändert sich. So kann ich zum Beispiel die Schwingung jeder Niere spüren und die Unterschiede zwischen ihnen wahrnehmen. Die Drehung erbringt auch deutliche Hinweise auf die subtilen Qualitäten der einzelnen Elemente oder die jeweils mit ihnen assoziierten Entsprechungen. So bringt sie uns zum Beispiel die Dichte, die Stärke und den Geruch der irdenen Substanz des Körpers zu Gewahrsein, die Flexibilität und den Geschmack der Körper-Flüssigkeiten, die Vitalität und das Sichtvermögen des Feuers des Geistes, die Klarheit und Berührung der umgebenden Luft der Intelligenz und die Freiheit und innere Schwingung des ätherischen Raums im Innern des Körpers.

So lernen wir die subtilen Elemente der Natur, aus denen wir uns zusammensetzen, unterscheiden und wertschätzen. Es ist wie *Līlā*, das kosmische Spiel im Sanskrit, das hier allerdings auf sehr hoher Ebene gespielt wird. So wie junge Tiere über das Spielen die für ihr Überleben nötigen Künste und Fertigkeiten erlernen, ist dieses Spiel für uns ein ganz wesentlicher Schritt, um zu lernen, wie man im subtilen Herzen der Natur überlebt. Es ist ein Erforschen durch Spiel, durch Ausprobieren, durch Versuch und Irrtum. Wenn wir mit den Elementen in unserem Körperinnern – mit ihrer Erneuerung, ihrem Missverhältnis und ihrer neuerlichen Ausbalancierung – spielen können, dann sind wir uns der Natur auf einer Ebene bewusst, die sich auf normale Weise nicht begreifen und erschließen lässt. Sie ist übernatürlich. Das heißt, das normale Bewusstsein ist für sie blind. Wir entdecken die Evolution durch eine Reise der Involution, so wie der Lachs den Fluss stromaufwärts schwimmt, dem er entstammt, um wieder zu laichen. Wir müssen nun einen Blick auf die Evolution der Natur selbst werfen, damit der Yogi, wie ein Sherpa im Himalaya, den letzten Aufstieg bis zum Gipfel und zum Sieg bewältigen kann. Nur wenn er auf dem Gipfel der Natur steht, wird er seiner Seele begegnen – und auch *Purusha Vishesha* – der Kosmischen Seele. Auf etwas zu stehen meint in Wahrheit – es zu *verstehen*.

Die Evolution der Natur

Es lohnt sich, darauf hinzuweisen, dass die darwinistischen Evolutionstheorien und die yogischen Theorien sich nicht von Natur aus antagonistisch gegenüberstehen. Yoga glaubt an und vertraut auf die Existenz Gottes. Aber er sieht Gott nicht als Marionettenspieler, der an den Fäden von Abermilliarden Marionetten gleichzeitig zieht. Die Welt, so wie wir sie erleben, ist mit der Wirklichkeit der Kosmischen Seele verbunden und von ihr durchdrungen. Aber sie wird nicht von ihr direkt manipuliert. Diese Sicht auf die Dinge befindet sich in völliger Übereinstimmung mit dem yogischen Verständnis.

Yoga bestätigt einerseits die Existenz der Natur, andererseits die Existenz der Seele, weshalb man ihn für eine dualistische Philosophie hält. Für Yoga ist Natur Natur, und Geist und Seele (spirit) sind Geist und Seele. Sie kommunizieren miteinander und tauschen sich aus, und die spirituelle Seele ist die höchste, die immerwährende Wirklichkeit. Aber wir müssen die Natur ernst nehmen, da wir ihr angehören und in ihr leben. Sie mit einer philosophischen Handbewegung als Illusion abzutun ist aus yogischer Sicht naiv. Die sichtbare Natur als einzige Realität anzuerkennen ist die personifizierte Ignoranz. Für den Yogi ist die Natur ein Berg, den es zu erklimmen gilt.

Yoga sieht den Ursprung der Natur als eine Wurzel und nennt dies im Sanskrit die *Mūlaprakriti*, die Wurzelnatur. Innerhalb dieser Wurzel existieren, wie wir bereits sahen, bestimmte unstabile, aber kreative Neigungen, die drei *Gunas* oder Grundqualitäten der Natur: Masse oder Trägheit *(tamas)*, Dynamik oder Energie *(rajas)* und Lichtheit und ruhige Gelassenheit *(sattva)*. In der Wurzelnatur sind sie ausbalanciert und zu gleichen Teilen vorhanden. Sie existieren nur als Potenzial. Allerdings haben sie Anteil am dauerhaften und geduldigen Wesen der Natur. Sie sind unstabil und verändern sich. Ihre Bestimmung ist das unruhige Herumspielen und Formen.

Und in der Tat formen und gestalten sie – aber nach und nach. Das Subtile oder Feinstoffliche geht dem Groben oder Grobstofflichen voraus, das Unsichtbare kommt vor dem Sichtbaren. Die in uns allen existierende, kosmische Intelligenz *(mahat)* ist die erste Manifestation des Unsichtbaren. Aus ihr gehen die kosmische Energie *(prāna)* und das Bewusstsein *(chitta)* hervor, und daraus entwickelt sich das Ego *(ahamkāra)* oder das Ichgefühl. Aus der Einen Wurzel entsteht die Dualität (die Fähigkeit, zu trennen), aus der Dualität geht die Schwingung hervor (der Puls des beginnenden Lebens), aus der Schwingung die unsichtbare Manifestation und aus dem Unsichtbaren das Sichtbare in all seiner gloriosen und schrecklichen Vielfalt und Vielzahl. Dieses Endprodukt halten wir für die Welt, so wie sie ist, für unseren Spielplatz, unser Paradies oder unsere Hölle und unser Gefängnis. Wenn wir die Natur aufgrund von Unwissenheit *(avidyā)* verkennen oder falsch verstehen, den äußeren Anschein für die Wirklichkeit halten, dann ist sie unser Gefängnis.

Um diesem Gefängnis zu entkommen, hat die moderne Wissenschaft den analytischen Weg eingeschlagen. Sie seziert, ob nun Frösche oder menschliche Leichname oder Atome. Sie sucht die Wahrheit in inhärenten winzigen Details. Doch wenn man eine Uhr in ihre Bestandteile zerlegt, versteht man vielleicht, wie sie funktioniert, die Zeit aber kann man dann nicht mehr von ihr ablesen. Yoga seziert auch – Ego, Geist und Intelligenz zum Beispiel –, geht aber nicht nur analytisch, sondern auch synthetisierend und integrierend vor. Wie die Wissenschaft untersucht er, um zu erkennen und zu Wissen zu gelangen. Yoga möchte aber auch wissen, um zu durchdringen, zu integrieren und um durch Praxis und Nicht-Anhaftung die ursprüngliche Absicht der Natur in ihrer Perfektion wieder herzustellen. Mit anderen Worten: Er will bis zur Wurzel vordringen und die dazwischentretenden, sich einmischenden Turbulenzen beseitigen. Er möchte sich nicht vom äußeren Anschein der Natur hereinlegen lassen, sondern an ihrer ursprünglichen Motivation festhalten.

Der Unterschied zwischen Yoga und Darwinismus besteht in der auf dem Zufallsprinzip gründenden Theorie Darwins von der natürlichen Auslese durch eine willkürliche Genmutation, die Vorteile für das Überleben mit sich bringt. Wenn das Subtile sich in die Form des Groben kleidet, kann diese Theorie nicht stimmen. Zwei Jahrhunderte davor folgte Isaak Newton der yogischen Logik. »Die Ordnung, die die materielle Welt regiert, deutet hinreichend darauf hin, dass diese von einem mit Intelligenz erfüllten Willen erschaffen wurde«, sagte er. Hier haben wir ganz klar nicht den Schöpfer als Marionettenspieler, sondern eine inhärente natürliche Intelligenz, die bestrebt ist, sich Ausdruck zu geben. Aber wir sollten nicht vergessen, dass Ordnung und Chaos seltsame Bettgenossen sind, und dass sich die Ergebnisse nicht vorhersagen lassen.

Yoga würde sagen, dass diese unvorhersagbare Vielfalt dem intelligenten Willen und der Lebenskraft der Natur *(prerana)* entspringt, die bemüht ist, sich in einer stets wachsenden Vielzahl von Möglichkeiten Ausdruck zu verleihen, wie ein Schauspieler, der so viele Rollen wie möglich annehmen möchte. Für Yoga ist der in die

DNS eingebettete Code keine unerbittlich deterministische Gewalt. Er ist in dem Maße deterministisch, als er den Code des *Karma* der Vergangenheit in sich trägt. Aber er ist auch der Wille der Natur, der nach Freiheit durch Individualisierung strebt. Um ein Beispiel zu nennen: Die Besonderheit der Flunder, die auf der einen Kopfseite zwei Augen hat, auf dem Meeresgrund liegt und zur Tarnung nur eine dunkle Körperseite aufweist, ist nicht das Ergebnis einer ausgeflippten Mutation, sondern die Reaktion der Flunder auf die Herausforderung ihrer Existenz in einer gefährlichen Welt, die aus dem Innern angeregt und von einer unbewussten zellularen Intelligenz motiviert wurde.

Der Grund für unser Erforschen der Elemente und ihrer feinstofflichen Entsprechungen ist der, dass wir bis ins sich entfaltende Herz der Natur vordringen wollen, um diese Entwicklung einzufangen, bevor sie sich in Objekten wie Bäumen und Tischen, Hotels, Saris und Autos augenfällig zeigt. Und noch dahinter steht unser Wunsch nach Versöhnung der Gunas, der instabilen Grundeigenschaften der Natur, die ihr ihre sowohl kreativen wie auch vergänglichen Merkmale verleihen. Trägheit/Masse *(tamas)* herrschen auf der materiellen Ebene vor, und deshalb tut es weh, wenn wir uns den Zeh am Tischbein stoßen. Auf der psychosensorischen Ebene herrschen Dynamik *(rajas)* und Lichtheit *(sattva)* vor, weshalb das Studieren für ein Examen eine begeisternde Erfahrung sein, die heiße Scham über eine gemeine Handlung heftige Qual bedeuten und eine gut erledigte Aufgabe die Quelle von sattvischer Ruhe und heiterer Gelassenheit sein kann. Der Yogi strebt danach, ein »Gunagigant« zu sein, einer, der die Gunas in ihrem ursprünglichen Verhältnis wieder herstellen, sie dann in stabiler Form in die Wurzelnatur zurückziehen und so ihre Unbeständigkeit transzendieren kann. Von da an können ihn die Turbulenzen der Natur nicht mehr erschüttern.

Das bedeutet nicht, dass man gefühllos ist. Ich habe an früherer Stelle erwähnt, dass ich den Verlust meiner Frau nicht beweint habe. Glauben Sie nicht, dass ich nicht die gleichen Gefühle wie jeder Mann hatte und noch immer habe. Der Yogi ist menschlich. Tatsache ist, dass er durch das Mitgefühl, das er sich erwirbt, der menschlichste Mensch ist. Trotzdem blickt er im transzendenten, aber rasiermesserscharf wachen Frieden der Meditation vom Gipfel des Berges Natur auf das Leben.

Die Grundqualitäten der Natur *(gunas)* sind bis jetzt als der geheimste Aspekt esoterischen Wissens und als für die breite Masse ungeeignet betrachtet worden. Eine Einstellung, die ich nicht teile. Ich habe unter ihr gelitten, als mein eigener Guru sagte, dass ich für *Prāṇāyāma* untauglich sei. Doch es handelt sich um ein schwieriges Thema, und deshalb möchte ich um des allgemeinen Lesers willen hier eine letzte Analogie anbieten. Die drei Gunas sind in allen Phänomenen gegenwärtig, aber immer in unterschiedlichen Anteilen. Mit dem sich verändernden Verhältnis ihrer Anteile verändern sich auch die natürlichen Phänomene, tauchen auf (was wir Geburt nennen), wachsen und verfallen (was wir Existenz oder Leben nennen) und verschwinden wieder (was wir Tod nennen). Die seltsame, aber bemerkenswerte Parallele, die ich hier herstelle, wird von mir durch kein wissenschaftlich belegtes Wissen untermauert. Es handelt sich um Einsteins berühmte Gleichung $E = mc^2$, bei der E für Energie *(rajas)*, m für Masse *(tamas)* und c für Lichtgeschwindigkeit *(sattva)* stehen. Energie, Masse und Licht sind im Universum endlos miteinander verbunden. Die Analogie besteht nun darin, dass im Bereich der Physik das Licht selbst *(sattva)* duale Eigenschaften aufweist. Es ist weder eine Welle noch ein Teilchen, kann aber abhängig von der angewandten Beobachtungsmethode entweder als eigenständiges Photon *(tamas)* an einem spezifischen Ort oder aber als Welle *(rajas)* wahrgenommen werden. Wir können jedoch auch auf unserer prosaischeren Ebene lernen, das wechselnde Zusammenspiel dieser drei Eigenschaften zu beobachten.

Hierbei gibt es einen ganz praktischen Gesichtspunkt. Wenn die Prinzipien der Natur erst einmal in ihre Wurzel zurückgezogen worden sind, verbleibt ihr Potenzial im Ruhezustand, weshalb eine Person im Samādhi-Zustand *ist,* aber in ihm nichts zu *tun* vermag. Die äußere Form der Natur hat sich zusammengefaltet wie die Flügel eines Vogels. Wenn der Praktizierende seine Praxis nicht mit ausreichendem Eifer weiterverfolgt, sondern sich auf seinen Lorbeeren ausruht, werden sogar auch noch an diesem Punkt die Prinzipien der Natur mit nachteiligen Auswirkungen reaktiviert. Viele sind der Gottesmänner, die gefallen sind.

Yoga als Involution

Wir alle wollen uns weiterentwickeln und verbessern. Wir sehen das als persönliche Evolution und als Ausbreiten unserer Flügel an. Die echte yogische Reise bedeutet Involution oder ein »Zusammenfalten unserer Flügel«. Wenn die Evolution eine Vorbereitung auf Yoga als dem Wunsch, sich mit der Seele zu vereinen, darstellt, dann ist die Involution der eigentliche Yoga, die Vereinigung selbst. Wir mühen uns auf unserem Weg von der grobstofflichen Welt ins feinstoffliche Herz der Natur ab, so wie der Lachs für den Tod und die Regeneration zu seinen Ursprüngen zurückkehrt. Die Kraft, die sich hier zum Ausdruck bringt, heißt unsere Reise willkommen, auch wenn sie sie zu behindern scheint. Deshalb müssen wir alles uns Mögliche tun, um unsere Entwicklung durch die Āsana-Praxis zu fördern und unsere selbstzerstörerischen Gewohnheiten abzulegen, wie zum Beispiel das Rauchen oder übermäßige Essen. Wir setzen zur Unterstützung dieses Kampfes auch unseren Willen ein (nicht das Ego, sondern die Lebensessenz unserer Natur). Und wir rufen in einem Akt des Sich-Ergebens und der Demut göttlichen Beistand an. Diese drei Dinge in Kombination machen die Reise möglich.

Ziehen wir zur Veranschaulichung des eben Gesagten zwei Beispiele heran, wie man versuchen kann, sein Leben zu ändern. Stellen wir uns einen Mann vor, der knapp bei Kasse ist und beruflich keine Aufstiegschancen hat. Er ist voller Sorgen, gestresst, frustriert und gereizt gegenüber seiner Frau und seinen Kindern. An Freitagabenden versucht er seiner misslichen Lage zu entkommen, indem er sich betrinkt. Was kann er tun? Was tut er? Er bemüht sich, nicht wegzugehen und sich zu betrinken. Das ist schon ein kleiner Sieg, aber was kann er mit dem Geld anfangen, das er gespart hat?

Er kann ein oder mehrere Lotterielose kaufen. Seine Chancen stehen schlecht, erstens weil er sich schwach verhält – sein Ego bittet Gott, ihn gewinnen zu lassen – und weil sein eigener Wille hier durch nichts zur Ausübung kommen kann. Sich ein Los zu kaufen kostet wenig Mühe, und er kann auf praktischer Ebene nichts tun, damit sein Los gewinnt. Hier sind alle beteiligten Aspekte schwach – seine Beziehung zum Göttlichen, seine natürliche Lebenskraft und sein praktisches Handeln. Das ist die Schwäche von Luftschlössern und dürftigen Beziehungen.

Stellen wir uns jetzt vor, dass er einen anderen Handlungsweg einschlägt. Er verwendet das bisschen gesparte Geld auf einen Abendkurs, um sich fortzubilden. Auf der ethischen Ebene bemüht er sich um eine bessere Beziehung zu seiner Frau und seinen Kindern, da er, gleich ob es nun seine Schuld war oder nicht, erkennt, dass die Lösung des Problems in seinen Händen liegt. Das ist ein Reinigungsprozess, der zudem ein anhaltendes persönliches Bemühen und Opfer bedeutet. Er bittet Gott mit demütigem Herzen um Beistand, damit er einen besseren Arbeitsplatz findet und den, den er jetzt hat, besser ertragen kann. Nichts geschieht. Die Zeit vergeht, die allgemeine Wirtschaftslage verbessert sich. Man bemerkt seine neu erworbenen Fähigkeiten und auch seine neue Reife, die er bei der Arbeit an den Tag legt. Er wird befördert und hat Zukunftsaussichten. Der Stress zu Hause baut sich auf jeder Ebene ab. Das ist kein Märchen. Unser Mann hat stabile Beziehungen, er hat auf seinem gewählten Weg Geduld und Ausdauer *(tapas)* sowie physische Leistungsfähigkeit *(shakti)* bewiesen; er hat sich dem Studium *(svādhyāya)* gewidmet, intellektuelle Fähigkeiten *(yukti)* weiterentwickelt und Hingabe *(bhakti)* gezeigt. In der äußerlichen Wendung seines Schicksals kommt ein machtvoller innerer Wandel zum Ausdruck. Er hat Natur und Seele zu einer engeren harmonischen Verbindung gebracht, und das Ergebnis ist das, was wir Glück und Erfolg nennen.

Es mag Sie überraschen, dass ich mich in diesem Kapitel über Samādhi solch profaner Beispiele bediene, aber vergessen Sie nicht, dass die Blume aus allen acht Blütenblättern des Yoga gebildet wird. Vielleicht bestand für den oben beschriebenen Mann sein Samādhi in einer lohnenden Karriere und einem glücklichen Familienleben. Ebenso lässt sich sagen, dass auch der auf höchstem Stand Praktizierende fallen wird, wenn er die zwei Blütenblätter der ethischen Grundlage aufgibt. So viele Leute gehen an das spirituelle Wachstum heran wie an eine Lotterie. Sie hoffen, dass irgendein neues Buch oder eine neue Methode, irgendeine Erkenntnis oder ein Lehrer das Lotterielos sind, das sie der Erfahrung der Erleuchtung teilhaftig werden lässt. Yoga sagt dazu nein. Alles Wissen und Bestreben findet sich in Ihnen. Es ist so einfach und so schwierig, wie es eben ist, Geist und Herz, Körper und Atem beherrschen zu lernen.

Samādhi ist letztlich ein Geschenk des Göttlichen, aber sorgen wir dafür, dass wir seiner würdig sind? Wir müssen zur feinstofflichen, aber auch zur alldurchdringenden kosmischen Energie, zum Atem, zum Prāna zurückkehren. Ich habe erwähnt, dass er die erste Form ist, die sich aus der kosmischen Intelligenz heraus entwickelt. Der Begriff Atem reicht nicht hin, um seiner Dimension, seinem Spielraum und seinem Vermögen, als Bote der Götter zu agieren, Ausdruck zu geben. Den *Upanishaden* zufolge ist er das Prinzip des Lebens und des Bewusstseins. Er wird auch mit der Seele gleichgesetzt. Er ist der Atem des Lebens in allen Manifestationen des Universums, gleich ob diese nun auf körperlicher Ebene atmen oder nicht. Das Belebte und Beseelte wird durch ihn geboren, lebt durch ihn, und wenn es stirbt, löst sich sein individueller Atem wieder im kosmischen Atem auf. Lesen Sie diesen Satz noch einmal! Ist das nicht »atemberaubend«? Das ist Überleben, zwar nicht das individuelle Überleben, nach dem das Ego giert, aber dennoch ein Überleben und Fortdauern. Unser Atem kehrt zum kosmischen Wind zurück. Das Alte Testament übermittelt insofern die gleiche Erkenntnis, als das hebräische Wort *Ruach* sowohl den individuellen Ruach (Atemhauch, Geist) meint wie auch den kosmischen Ruach (Wind, Geist), der in der Schöpfungsgeschichte »über den Wassern schwebt«.

Prāna, da er sich direkt aus der kosmischen Intelligenz entwickelt, ist durchwegs dafür bekannt, dass er niemals endet und nicht zerstört werden kann. Ich habe das Bild vom stromaufwärts bis zu seinen Ursprüngen zurück schwimmenden Lachs angeführt. Wir versuchen das Gleiche zu tun. Auch sagte ich, dass die Strömung uns zu behindern und sich uns zu widersetzen scheint. Prāna stattet uns mit den »Flossen« und dem »rasch beweglichen Schwanz« aus, die uns dazu befähigen, die Sturzbäche hinaufzuspringen. Wie alles, vor allem in der Natur, wird er zu seinem Ursprung hingezogen, so wie im parallelen Sinn die individuelle Seele sich nach einer Wiedervereinigung mit ihrem kosmischen Ursprung sehnt.

Es hat mich sehr interessiert und berührt, vom demütigen Eingeständnis des großen Astronomen Stephen Hawking zu erfahren, dass er in einem wichtigen Punkt seine Meinung geändert hat. Bislang hatte er behauptet, dass alles im Universum, was in ein Schwarzes Loch eintritt, nie wieder daraus hervorgehen kann; auch nicht das Licht, weil die Anziehungskraft zu stark ist. Nun sagt er, dass er Beweise dafür entdeckt hat, dass das, was er »Information« nennt, den Schwarzen Löchern entkommt. Prāna ist das Vehikel der kosmischen Intelligenz, die von anderen als Information bezeichnet werden könnte, und diese neue Ansicht von Professor Hawking kann vom yogischen Standpunkt aus gesehen nur richtig sein. Prāna ist beides, Sein *(sat)* und Nichtsein *(asat)*. Er ist die Quelle des Wissens und kann in keinem Teil des Universums abwesend oder endgültig eingesperrt sein. Vergessen Sie nicht, dass Wissen einen

Anfang, aber kein Ende hat. Ein Schwarzes Loch ist Nichtsein, aber auch das wird sich schließlich wieder in Sein verwandeln. Prāna stellt uns vor ein Paradoxon. Er ist das essenziellste, realste und gegenwärtigste Merkmal eines jeden Augenblicks unseres Lebens und bleibt doch das rätselhafteste. Wie können wir diese Tatsache mit unserer Praxis vereinbaren? Wie stellen wir eine Beziehung zwischen Professor Hawkings Theorien über den Makrokosmos und unserer Praxis im Mikrokosmos her?

Wenn wir in tiefster Meditation den Atem anhalten, ein spontanes, wenn man so will, gottgewolltes Atem-Anhalten, dann treten wir in das »Schwarze Loch« ein, in den Strudel des Nichts, in die Leere. Doch irgendwie überleben wir. Der Vorhang der Zeit – Zeit, die unausweichlich den Tod bringt – teilt sich. Dies ist ein Zustand des Nichtseins, aber eines lebendigen Nichtseins. Es ist eine Gegenwart ohne Vergangenheit oder Zukunft. Da ist kein Ich, kein Meditierender, ja noch nicht einmal einer, der atmet. Was kommt aus diesem »Schwarzen Loch«, diesem Nichts, heraus? Information. Was ist die Information? Die Wahrheit. Was ist die Wahrheit? Samādhi.

Samādhi

Im Grunde habe ich gerade behauptet, dass der Geist ein bodenloser Abgrund ist, einem Schwarzen Loch vergleichbar. Hören Sie mit dem Versuch auf, es füllen zu wollen, denn es kann nicht gefüllt werden. Gehen Sie über dieses bodenlose Loch hinaus, um die Seele zu erkennen. Für den Anfänger ist Samādhi ein anziehendes Thema. Aber es gibt Gründe, sich nicht darauf zu fixieren. Ein Anfänger kann Samādhi nur als Glorifizierung des ihm bekannten Ichs begreifen. Wie auch jeder Anfänger, der einen Tennisschläger in die Hand nimmt, davon träumt, Wimbledon oder die U. S. Open zu gewinnen. Yoga-Anfänger geben sich oft Fantasien eines leicht zu erreichenden Samādhi hin, und es gibt auch die, die nur allzu bereit sind, diese Leichtgläubigkeit zu ihrem eigenen Vorteil auszunutzen.

Samādhi muss von selbst eintreten. Er lässt sich nicht in Worte fassen. Man kann ja noch nicht einmal jemanden, der sich im tiefen Meditationszustand befunden hat, fragen: »Hast du zwei Stunden lang meditiert?« Wie sollen er oder sie das wissen? Es ist ein Zustand außerhalb der Zeit. Meditation heißt, sich vom Bekannten zum Unbekannten zu bewegen und dann zum Bekannten zurückzukehren. Man kann unmöglich sagen, ich werde zwei Stunden lang meditieren oder habe zwei Stunden lang meditiert. Wenn wir wissen, dass es zwei Stunden gedauert hat, haben wir uns im Ich und nicht in der Unendlichkeit befunden, wo die Zeit im linearen Sinn gar nicht mehr existiert. Dies gilt umso mehr für den Samādhi. Niemand kann sagen: »Ich bin im Samādhi.« Man kann nicht sprechen oder kommunizieren. Samādhi ist eine Erfahrung, bei der die Existenz des Ichs verschwindet. Erklärungen können nur durch die Gegenwart eines Ichs entstehen, und daher kann Samādhi nicht erklärt werden.

Wir befinden uns nun in der innersten Hülle oder im Kausalkörper, wo wir erkennen können, dass wir von göttlichem Wesen sind, und wo das Ich durch das Selbst ersetzt wird. Verstehen wir doch nun wirklich in unserem Wesenskern, dass unsere individuelle Seele Teil der Kosmischen Seele ist. Man sagt, dass erst im Angesicht des Todes die Bedeutung und der Sinn des Lebens ersichtlich werden. In der Yoga-Praxis löst sich an diesem Punkt das Ego auf oder gibt vielmehr seine Imitation des wahren Selbst auf. Das ist der Gipfelpunkt des Yoga, Samādhi (glückselige Versunkenheit), die endgültige Freiheit, bei der die individuelle Seele in den Ozean des Seins eingeht. Die ganze Zeit über haben wir uns mit unserem Körper, unseren Organen, unseren Sinnen, unserer Intelligenz und unserem Ego identifiziert, aber hier sind wir nun ganz und gar und absolut mit der Seele verbunden. In der Meditation blickt das Bewusstsein auf die Seele selbst. Samādhi heißt die Seele von Angesicht zu Angesicht schauen. Das ist kein passiver Zustand. Es ist ein dynamischer Zustand, in dem das Bewusstsein unter allen Umständen in einem Zustand der Ausgewogenheit verbleibt. Die Störungen des Geistes und der Emotionen schwinden dahin, und wir sind imstande, die wahre Wirklichkeit zu sehen. Unser Bewusstsein, von Gedanken und Emotionen rein, wird transparent. Es wird kristallklar, da sowohl Gedächtnis wie auch Intelligenz gereinigt und geläutert sind. Wie ein makelloser Kristall jede Farbe ohne Verschwommenheit oder Beimischungen reflektiert, so reflektiert unser Bewusstsein, wenn es rein und von Störungen unbefleckt ist, ganz klar den Gegenstand, auf den unser Denken gerichtet ist. Ob wir uns unsere Arbeit, unsere Ehe oder unsere Kinder ansehen, wir sehen alles klar und können ohne das verschmutzende Durcheinander die Wahrheit erkennen. Wenn die Wolken, die die Sonne bedecken, fortziehen, erstrahlt das Sonnenlicht. Und ebenso erstrahlt das Licht des Selbst in seiner eigenen Herrlichkeit, wenn die Überlagerungen des Ichs in Form von Leid verursachenden Hemmnissen, Störungen und Behinderungen entfernt sind. Nach beträchtlicher Mühe erlangt der oder die Yoga-Praktizierende ein Stadium, in dem manche Āsana-Stellungen mühelos eingenommen werden. Was hier im Äußeren erreicht wird, wird durch Samādhi im Innern erreicht. Es ist ein Zustand der Mühelosigkeit, in dem man den Gnadenreichtum des Selbst erfährt. Es ist ein Zustand großer Glückseligkeit und Erfüllung. Samādhi kann vom Kopf her erklärt werden, was aber nicht die wirkliche Wahrheit über ihn beinhaltet, da er nur vom Herzen erfahren werden kann. Nur wenige von uns mögen bis ganz dorthin gelangen, aber wir befassen uns hier ja mit Evolution, mit fortschreitendem Wachstum und progressiver Veränderung. Und diese Weiterentwicklung und Veränderung, diese immer umfassendere Fähigkeit, die Wahrheit zu erkennen, werden uns zunehmend mehr in Freiheit leben lassen.

Wie bei jedem anderen Blütenblatt des Yoga gibt es auch beim Samādhi Probleme. Wenn zum Beispiel jemand an einen heiligen

Mann die Frage richtet: »Bist du ein heiliger Mann?«, gibt es darauf keine wahrhaftige Antwort. Wie soll die Antwort denn lauten, da es sich hier um eine Erfahrung außerhalb von Zeit und Raum, ohne historische Berichte, handelt? Wenn der heilige Mann sagt: »Ja, das bin ich«, wird er in diesem Augenblick zum Nicht-Heiligen, zum Lügner, weil er sich, wenn er antwortet, nicht im Samādhi befindet. Er kann nur von der Ebene seines gegenwärtigen Ichs her antworten. Erwidert er aber: »Nein, das bin ich nicht«, dann ist er auch ein Lügner, da er ja den Samādhi-Zustand berührt und die letztendliche Wirklichkeit geschaut hat. Das ist also keine Frage, die sich stellen oder beantworten lässt.

Was mich selbst angeht, so zögere ich oft zu sagen, dass ich ein Yogi bin. Ich kann nur sagen, dass ich auf dem Pfad und dass ich sehr nahe dran bin. Zweifellos kann ich sagen, dass ich ein Wegbereiter bin. Ich bin dem Ziel nahe, soll es doch von selbst kommen. Ich werde hier von keinerlei Motivationen getrieben. In meinen frühen Tagen gab es eine Menge, was mich antrieb. Jetzt gibt es da nichts mehr. Ich möchte einzig mit dem fortfahren, was ich gelernt habe. Das ist kein Ehrgeiz, ich will nur nicht zurückfallen (*anavasthitattva*). Und ich will auch den tamasischen Wesenszug in meinem System nicht weiterentwickeln – das ist alles. »Warum praktizieren Sie also?«, werden Sie vielleicht fragen. Ich praktiziere, damit der tamasische Aspekt meiner Natur nicht über den sattvischen Aspekt meiner Natur herrscht. »Entsagung in der Praxis«, so lautete meine Antwort auf die Fragen einer Menge Leute, die sich wunderten, warum ich mit dem Praktizieren fortfuhr, nachdem ich erreicht hatte, was ich wollte. Aber mit »Entsagung« meine ich Freiheit vom egobezogenen Ich. Wenn man aufhört, an die »Wirkung« oder die Frucht zu denken, ist das eine tiefe innere Erfahrung. Es ist keine Meditation in dem Sinne, wie der Begriff heutzutage gebraucht wird, nämlich als eine Art Beruhigungspille, die kein volles spirituelles Wachstum erlaubt. *Dhyāna,* yogische Meditation, hat etwas Elektrisierendes. Durch sie zieht man sich von der Peripherie zurück zum Kern. Genau diese Reise von der Peripherie zum Kern ist Nicht-Anhaften *(vairāgya)*. Es geht um ein Sich-Lösen von irgendeinem Ergebnis, ein Nicht-Anhaften am Resultat und stattdessen ein Sich-Ausrichten auf die Seele. Man muss während des Praktizierens die *Triguna* – Sattva, Rajas und Tamas – transzendieren. Diese können nur transzendiert werden, wenn man sie so ausbalanciert, dass sie wieder ihr Grundverhältnis von je einem Drittel einnehmen können. In diesem Moment werden sie, ohne die ihnen inhärente Instabilität, wieder in die Wurzel der Erschaffung aufgenommen. Da es an Sattva am meisten fehlt, legen wir vorrangig auf seine Kultivierung Wert.

Samādhi ist ein Erfahrungszustand, in dem auch die Existenz des Ichs verschwindet. Diese Abwesenheit des Ichs muss man erfahren, das kann man nicht erklären. Doch kann man Praktizierende auf den richtigen Weg führen, indem man ihnen Hinweise für die richtige Lebensweise gibt. Ethik (*yama* und *niyama*) lässt sich nicht durch Übungen und Techniken erlernen. Die allgemein gültigen ethischen Grundsätze von Yama und Niyama lassen sich jedoch erklären, da es sich einfach um zu befolgende Prinzipien handelt. Als Anfänger tun wir unser Bestmögliches, aber schließlich müssen sie in voller Bewusstheit in jedem Augenblick in jeder Situation unter allen Umständen angewandt werden. Yama und Niyama müssen durch das Vorbild inspirieren und durch praktische Anwendung reifen. Āsana, Prānāyāma und Pratyāhāra, das Zurückziehen der Sinne, gründen sich auf Techniken, die sich erklären und vor dem Blick eines Experten ausführen lassen, sodass sie korrigiert werden können. Aber *Dhāranā,* Dhyāna und Samādhi sind Erfahrungszustände, die für eine Anleitung durch Erklärungen unempfänglich sind. Am Ende erreicht man Dhāranā, Dhyāna und Samādhi, oder aber nicht. Wenn jemand sagt: »Ich unterrichte Meditation«, würde ich als Schüler des Yoga sagen: »Das ist Geschwätz«, denn Meditation kann man nicht unterrichten, man kann sie nur erfahren. Man kann Entspannungstechniken unterrichten, und das hat enormen Wert. Wenn sie zu Gelassenheit und Wohlbefinden führen, dann ist das eine Form der Vorbereitung auf die Meditation, sollte aber mit der Sache selbst nicht verwechselt werden.

Ich erwähnte, dass der Samādhi seine Probleme hat. Das erste besteht darin, wie man ihn sich, da er etwas Unbekanntes ist, vorstellen und ohne Gier nach ihm streben soll. Das zweite ist, dass man seine Erfahrung nicht erklären kann, weil sie unbeschreiblich ist. Wenn jemand versucht, den eigentlichen Samādhi-Zustand zu erklären, muss man vermuten, dass er oder sie in die Falle der Unaufrichtigkeit oder Selbsttäuschung gegangen ist. Das dritte Problem ist, dass man sogar auch im Samādhi steckenbleiben kann. Traditionellerweise gibt es eine Einteilung in verschiedene Grade oder Qualitäten von Samādhi. Ich werde ihn hier nur in zwei Kategorien unterteilen. Die erste Gruppe von Erfahrungen, auf niedererer Ebene, ist als keimhafter Samādhi, *sabīja Samādhi,* bekannt. *Sabīja* bedeutet »mit einem Samen oder Keim«. Gemeint ist hier, dass man zwar die Erfahrung von Glückseligkeit macht, die Samen oder Keime des Verlangens aber als künftiges Potenzial im Ego verbleiben. Nach der Erfahrung des Samādhi können dann diese Keime wieder sprießen und einen Rückfall verursachen. Das Ego wurde durch das Feuer der Erfahrung nicht völlig geläutert. Dieser spezielle Punkt im Verlauf der yogischen Reise bildet, obwohl so hoch angesiedelt, einen Gefahrenpunkt, weil er zu einem Ödland werden kann, in dem der oder die Praktizierende festsitzt. Man nennt diesen Zustand *Manolaya,* womit ein wacher, passiver Geisteszustand gemeint ist. Aber hier in diesem Kontext impliziert er eine gewisse Selbstzufriedenheit mit dem Erreichten und die Tendenz, in den Bemühungen um die Vollendung des letzten Schritts der Reise nachzulassen. Der Yogi kann sich nicht auf seinen Lorbeeren ausruhen, sondern muss weitermachen und zu den höheren Zuständen des Samādhi gelangen, in denen die Keime des Verlangens für immer aus dem Ego herausgebrannt werden, sodass sie nie wieder sprießen oder Probleme bereiten können. Das ist als keimloser Samādhi, *nirbīja Samādhi* bekannt. *Nirbīja* bedeutet »keimlos«. Hier hängt das Gefühl der Glückseligkeit überhaupt nicht mehr von einem rudimentären Ego ab. Dies ist die Glückseligkeit der absoluten Leere, des Nichtseins, das ins Licht des Seins transformiert wird.

Es gibt eine Geschichte über Shri Ramakrishna, den großen bengalischen Heiligen des neunzehnten Jahrhunderts. Er war ein spirituelles Genie, das schon seit seinen frühesten Tagen mühelos und unbeabsichtigt in einen Zustand von keimhaftem Samādhi glitt. Seine spezielle Hingabe galt der Göttin Kali, und wenn er im Zustand der Glückseligkeit war, befand er sich in ihrer Gegenwart, einer vertrauten und göttlichen Liebe. Eines Tages kam ein vedischer Wandermönch, ein Asket, zum Tempel, in dem Ramakrishna lebte, und fragte ihn nach seinen Erfahrungen. Dann sagte er, dass Ramakrishna das Potenzial habe, noch weiter zu gehen, und dass er meditieren solle. Das tat Ramakrishna und glitt in den Samādhi, einen für ihn mittlerweile ganz natürlichen Zustand. Da nahm der Mönch eine Glasscherbe und drückte sie fest zwischen Ramakrishnas Augenbrauen. Dessen Reaktion war sowohl schrecklich wie auch transzendenter Natur. In seiner spirituellen Ekstase nahm er wahr, wie er seine Göttin-Gefährtin mit einem Schwert tötete – das Wesen, das er über alles liebte und verehrte. Und damit ging er in den keimlosen Samādhi, den Nirbīja Samādhi über, die Leere, den endgültigen Zustand des All-Eins-Seins, ein Einssein ohne ein Anderes, so wie die reine Schönheit, die der Mathematiker in der Primärzahl sieht – ein unteilbarer Zustand. Es hört sich grausam an, aber nun war er schließlich wahrhaft und für immer frei. Er erreichte das höchste Ziel des Yoga.

Für den Fall, dass Sie meinen, wir hielten uns hier nur noch im Reich der Anekdoten und Metaphern auf, möchte ich kurz die physische und neurologische Grundlage für die Glückseligkeit erläutern, von der wir hier reden. Die der hinteren Hirnregion entspringenden reflexartigen Vorgänge sind auch dahingehend wirksam, dass sie uns zum Ānanda genannten Zustand der Glückseligkeit führen. Der Hirnstamm ist der Sitz von Asmitā, der Same oder Keim der Individualität. Darüber befindet sich der Hypothalamus, der neurologische Knotenpunkt des ganzen Körpers. Patañjali bezeichnet ihn als den Ort des Mondes (*chandrasthāna* oder *ānandasthāna*), den Sitz der Glückseligkeit. Er hat sein Gegenstück im Nabel, dem Sitz der Sonne *(sūryasthāna)*. Zwischen beiden muss vollkommene Übereinstimmung herrschen, damit die Energie ununterbrochen und gleichmäßig fließen kann. Die vier Hemisphären des Gehirns müssen in Balance sein. Auf diese Weise fungiert der menschliche Körper als Spindel oder perfekte Leiter zwischen Erde und Himmel und verbindet diese beiden Kräfte, die uns durch ihre göttliche Ehe formen. Der »Lunarplexus« hält unseren Körper kühl und führt zu einem »kühlen Kopf«. Alle Lust und aller Schmerz werden hier gespeichert. Aus dieser Quelle heraus verstehen wir und leben wir im reinen und stillen Zustand des Ānandamaya Kosha und erfahren das Wesen des Seins.

Ramakrishna machte in der oben beschriebenen Erfahrung die letzte Transformation des Bewusstseins durch. Patañjali beschreibt diesen Aufstieg zum Nirbīja Samādhi (keimlose Glückseligkeit) mit folgenden Worten: »Ein neues Leben beginnt … Frühere Eindrücke werden zurückgelassen … Wenn auch das neue Licht der Weisheit aufgegeben wird, kommt alles zur Ruhe, und der keimlose Samādhi tritt ein.«

Im Yoga werden sieben innere Transformationen des Bewusstseins beschrieben. Sie sind rein subjektiv, was heißt, dass sie in keiner Weise äußerlich sichtbar sind. Sie sind nur dem oder der Praktizierenden bekannt. Wollte man sie beschreiben, so ist das, als wenn man einem Blinden die Regenbogenfarben schilderte. Aber um eine Ahnung davon zu vermitteln, verweise ich Sie zurück auf die fünf objektiven Bewusstseinszustände: richtige und falsche Wahrnehmung, Vorstellungskraft/Fantasie, Schlaf und Erinnerung. Wir wissen es, wenn wir uns in diesen Zuständen befinden, und andere Leute wissen es weitgehend auch. Wir sahen, dass man aus ihnen, indem man sie definiert, verfeinert und kultiviert, sehr viel lernen kann. Denken Sie daran, dass uns Patañjali, um uns zu helfen, die Heilsamen Geisteszustände empfiehlt. Auch diese sind äußere oder objektive Zustände: Freundlichkeit, Freude am Erfolg anderer, Mitgefühl für das Leiden und eine neutrale Haltung gegenüber den Lastern und Untugenden anderer. Das sind allesamt machtvolle Werkzeuge, die wir durch unser Verhalten im Äußeren kultivieren können.

Die sieben inneren Geisteszustände sind 1) das Beobachten auftauchender Gedanken, 2) die Fähigkeit, sie im Keim zu ersticken, bevor sie unseren Geist besetzen und beherrschen, 3) der gelassen ruhige und stille Zustand, der aus diesem Zurückhalten und Beherrschen aufstrebender Gedanken resultiert, 4) einsgerichtete Aufmerksamkeit, jene große Flutwelle der Konzentration auf ein gegebenes Objekt, 5) das kultivierte und verfeinerte Bewusstsein, das aus dieser Kombination von Zurückhaltung und Kraft entsteht, 6) gespaltenes Bewusstsein und 7) reines göttliches Bewusstsein, in dem der oder die Praktizierende allein und eins mit allem ist.

Jeder vernünftige Mensch wird fragen: »Warum wird der sechste Zustand, der schon fast der höchste ist, als gespaltenes Bewusstsein definiert, was doch sicherlich als negative oder herabsetzende Beschreibung verstanden wird?« Einsgerichtetes oder einspitziges Bewusstsein gleicht einem zweischneidigen Schwert. Wenn man auf seine Leistung stolz ist, kann man vom Erfolg trunken werden, kriegt einen Riss oder Knacks im Bewusstsein, und Asmitā wird befleckt. Wenn man aber auf die andere Seite hinüberwechselt, bleibt das Bewusstsein rein, und ein Zustand von Göttlichkeit wird erlangt. Dies ist nichts weniger als der gefährliche Scheideweg des Manolaya, wo das Bewusstsein, durch das potenzielle Vermögen des Ego, sich wieder zu beleben und herzustellen, seine inhärenten Makel und Verwerfungslinien beibehält. Von außen sind sie nicht wahrnehmbar, aber sie liegen bis zur endgültigen Auflösung der Gegenwart des Ego auf der Lauer, bereit, unter Stress oder in Situationen der Versuchung wieder aktiviert zu werden. Deshalb führt nur der keimlose Samādhi zur endgültigen Ablösung des Ichs, zur endgültigen Erkenntnis und Verwirklichung des Selbst und zur absoluten Freiheit von den Fallen und Fallstricken der sterblichen Inkarnation.

Ein banales Beispiel für dieses immer noch leicht unvollkommene Bewusstsein *(chhidra chitta)* könnte Folgendes sein: Gelegentlich werde ich zu Konferenzen mit den heiligen Männern Indiens und auch aus der ganzen Welt eingeladen, wo wir dann alle in einem Hotel untergebracht sind. Ich kann nicht umhin zu bemerken, dass viele dieser heiligen Männer ungebührlich stark daran interessiert sind, zu sehen, wer welches Zimmer und wer das luxuriöseste Zimmer mit der besten Aussicht bekommen hat. Das ist eine Art Konkurrenz um den hierarchischen Status. Man sollte kein weiteres Aufhebens davon machen, aber meiner Meinung nach riecht das ein bisschen nach noch nicht zur Gänze erreichter Vollkommenheit, Demut und Bescheidenheit.

Das ist der Grund, warum es kein Nachlassen in meinem Praktizieren gibt. Um ein Gleichnis anzubieten, das uns wieder auf die Erde zurückbringt: Stellen Sie sich einen Tennisstar vor, glorreich in seinem sportlichen Können und seinen jugendlichen Glanzleistungen. Yoga spricht von Karma (Handeln), *Jñāna* (Wissen) und Bhakti (Hingabe). Das sind die drei ineinander verschlungenen Yoga-Glieder. Der jugendliche Tennisstar ist mit Handeln befasst, mit dem Gewinnen von Tennisturnieren, und vollbringt wunderbare, erstaunliche Taten, so wie man es mir als jungem Yoga-Praktizierenden auch nachsagte. Ich war ein Star auf der Bühne, ein Wunder an gymnastischen Fähigkeiten. Und bin ich's jetzt? Ich bin sechsundachtzig Jahre alt. Auch mich haben Karma und Handeln immer belehrt, haben mich unterrichtet und mir übermittelt, was ich wusste und wann ich es wusste. Aber der Körper verliert seine Spannkraft. 1979 hatte ich einen Unfall, der mich meiner physischen Leistungsfähigkeit beraubte, wie bei einem Sportler, dessen

Arm oder Rücken Schaden genommen hat. Ich musste Weisheit lernen, Weisheit durch Missgeschick. Was zurückkam, war Reife, ein von Intelligenz geprägtes Handeln, ähnlich wie beim Tennisstar, dem es auf dem Platz ein ganz klein wenig an Tempo fehlt, der aber die Raffinessen und Feinheiten seines Handwerks gelernt hat. Was instinktiv gewesen war, war nun Bewusstheit geworden. Es war weniger und großartiger zugleich, wie beim Sportstar, dessen Glanzzeiten allmählich zu Ende gehen. Es kommt die Zeit, wo auch ein großer Tennischampion abtreten muss. Er kann die jungen Männer nicht ewig schlagen. Er liebt das Spiel, das ihm ein Leben geboten hat. Vielleicht spielt er noch ein paar Jahre lang in Seniorenturnieren. Vielleicht arbeitet er auch als Trainer, um sein Wissen an künftige Generationen weiterzugeben in der Hoffnung, dass sie ihn überflügeln werden. Er bleibt dem Spiel und dessen Traditionen und Wohlergehen treu. Das ist Bhakti, Dienst und Hingabe. Für den Yogi gibt es kein Abdanken, keine Pensionierung. Aber es gibt, wie für den Tennisspieler, einen veränderten Zustand, eine einzunehmende Rolle, die sowohl bescheidener als auch höherrangig ist. Der Tennisspieler wird vielleicht eines Tages ganz aufhören. Das kann der Yogi nicht. Er muss in den physischen Grenzen, die ihm das Alter auferlegt, mit seiner lebenslangen Disziplin im Rücken und mit wachsender Liebe und zunehmendem Mitgefühl weitermachen. Er will kein mit Makeln behaftetes Bewusstsein. Er strebt das Ziel an, das reine ungespaltene Ich, das nie mehr zurückfallen, verraten, schlechte Dienste leisten, die Unwahrheit sprechen oder gemein und egoistisch handeln kann. Der Yogi ist mit einem Spiel beschäftigt, das kein Ende hat, denn das Spiel ist einfach die Schau seiner Seele.

In den letzten Jahren gab es eine Menge Gerede über *Kundalinī*, die yogische Lebenskraft, die ihren Sitz in der Steißbeinspitze hat und die, wenn sie erweckt ist und in den Kopf hinaufgeschickt wird, Erleuchtung auslösen kann. Oft wird sie beschrieben, als sei sie quasi ein Feuerwerk mit äußerst spektakulären Effekten, das man in Gang setzen kann, den Festivitäten an Nationalfeiertagen vergleichbar. Denken Sie daran, dass alles Feuerwerk immer mit einem Warnhinweis auf seine Gefährlichkeit versehen ist. Sie können große Wunden davontragen oder noch schlimmer. Patañjali spricht über den im Yogi vorhandenen überreichen Energiefluss. Vordem war dieser als Feuer *(agni)* bekannt. Später benannte man ihn, nach dem zentralen Rückenmarksnerv *Kundalākāra,* Kundalinī, die dreieinhalb mal aufgewickelt an ihrem Ort ruht. Das Erwecken der Kundalinī geht mit der göttlichen Vereinigung von Körper und Seele einher. Wie der Samādhi kann dies nicht erzwungen werden. Es ist die Kraft der Natur *(prakriti shakti),* die sich mit der Kraft der Kosmischen Seele *(purusha shakti)* vereint. Dies erzeugt eine gewaltige Kraft, die der inneren Lagerhäuser bedarf, wo sie gespeichert werden kann. Diese Speicher sind als *Chakras* bekannt, und in ihnen findet ein Zusammenfluss von physischen, mentalen, intellektuellen, spirituellen, kosmischen und göttlichen Energien statt. Durch die Yoga-Praxis kann der Fluss dieser Energieformen in den sichtbaren und unsichtbaren Körpern und in den bekannten und unbekannten Kanälen, *Nādīs* genannt, die unseren ganzen Körper durchziehen, nachverfolgt werden. Kundalinī ist der Erfahrung des Samādhi verwandt. Sie ist keine Abkürzung, kein mechanisches Hilfsmittel, das man aktivieren kann, um das lange Bemühen um die Integration der fünf Hüllen des Körpers mit der Seele zu umgehen.

Ich kann Ihnen versichern, dass jedermann nach Samādhi strebt, und die meisten von uns suchen nach Abkürzungen, um dorthin zu gelangen. Diejenigen von Ihnen, die sich bescheiden damit abmühen, die Hände über das Knie hinweg hinterm Rücken zusammenführen zu können *(buddhāsana),* mögen nach Jahren der Praxis, in denen sie sich in Drehungen geübt haben, vielleicht ausrufen: »Wie könnte denn der Samādhi irgendetwas mit mir zu tun haben?« Nun, zunächst einmal haben Sie aus den ersten Kapiteln ersehen, dass das Durchdringen in jedem Āsana möglich ist, das Sie mit einigermaßen Fertigkeit ausführen können. Sie können mit nur ein paar guten Āsanas ebenso gut weiter nach innen vordringen wie Ihr Nachbar beim Unterricht, der offensichtlich mit Leichtigkeit vierzig beherrscht. Das heißt nicht, dass wir uns nicht ständig um eine Erweiterung unseres Spektrums bemühen sollten. Ein Komponist kann vielleicht nicht jedes im Orchester vertretene Instrument perfekt spielen, aber wenn er eine Symphonie komponieren möchte, muss er sich mit dem Potenzial eines jeden auskennen. Er muss herausfinden, was es zum Ganzen beitragen kann, angefangen beim Waldhorn bis hin zum bescheidenen Triangel. Im Yoga gibt es eine Triangel-Stellung *(trikonāsana)*, und ich kann Ihnen versichern, dass mich, als ich aufgrund meines schweren Unfalls im Jahr 1979 alles an Können in meiner physischen Praxis verlor, das Wiedererlernen des *Trikonāsana,* von den Fußsohlen aufwärts, zu einem Lehrmeister machte, wie ich es zuvor nie gewesen war.

Was meine ich, wenn ich sage, dass »jedermann nach Samādhi strebt«? Nicht nur durch Yoga, der langsamen, gewissen, sicheren und erprobten Methode. Die Leute streben nach Samādhi durch Drogen, Alkohol, die Gefahren beim Extremsport, romantische Musik, die Schönheit der Natur und die sexuelle Leidenschaft. Es gibt tausenderlei Wege und Möglichkeiten, und sie alle beinhalten das Transzendieren des leidenden Ego in der glückseligen Vereinigung mit einer Entität, die sehr viel größer ist als wir selbst. Wenn wir am Ende eines Films angesichts zweier Liebender, die nun vereint sind, oder eines Protagonisten, der eine Wandlung erfahren hat und nun erlöst ist, ein Tränchen vergießen, bringen wir unsere eigene Sehnsucht zum Ausdruck, den Grenzen unseres Ichs zu entfliehen. Wir möchten uns mit einem Größeren vereinen, um durch den Verlust des Bekannten den endlosen, herrlichen Horizont des Unbekannten zu entdecken.

Manche Fluchtmethoden sind ganz offensichtlich schädlich und auf die Dauer nicht aufrechtzuerhalten, so zum Beispiel Drogen und Alkohol. Große Kunst, große Musik oder große Werke der

Literatur hingegen können im Herzen des Menschen ebenfalls das Werk der Transformation in Gang setzen. Aber ich kann nur ehrlich aus meiner Erfahrung und meinem Wissen heraus lehren. Āsana war meine Schule und Universität, und im Prānāyāma habe ich mir meinen Doktortitel verdient. Dies sind die Methoden der Yoga-Praxis, die ich für den Weg zur glückseligen Verschmelzung und Einswerdung gelernt habe. Veränderung führt zu Enttäuschung, wenn sie nicht aufrechterhalten wird. Transformation ist aufrechterhaltene Veränderung, und diese wird durch Praxis erreicht. Das Vehikel der Glückseligkeit muss stark sein, vor allem sein Nervensystem. Die höchste Glückseligkeit transformiert auf Dauer – für immer. Kleinere Träume von göttlicher Vereinigung, so hoch die Bestrebungen auch sein mögen, beinhalten ein Element von Fantasie. Sie sind vielleicht nicht aufrechtzuerhalten. Wir sollten von spirituellem Streben, nicht von spiritueller Anmaßung geleitet sein. Es könnte sich herausstellen, dass die Bühne, auf der wir herumstolzieren, Falltüren hat, durch die wir plumpsen könnten wie unachtsame Schauspieler. Denken Sie daran, dass sich mit dem Schauspielen auch ein Vorspielen, Vormachen, Vortäuschen verbindet. Yoga ist solide. Er ist der Weg, den ich kenne, den ich beschritten habe, den ich lehre. Wir alle wünschen uns die Befreiung von den Einschränkungen unserer Persönlichkeit und ihrer Vergänglichkeit. Jedermann verlangt nach Samādhi. Seit Anbeginn seiner Geschichte hat der Mensch nach gefährlichen, schäbigen sowie auch noblen Abkürzungen, nach kürzeren und einfacheren Wegen gesucht. Nennen Sie den hart erarbeiteten, dauerhaften Fortschritt im Yoga einen »langen Weg«, wenn Sie wollen, aber wenn das so ist, gilt dies auch für den Flug eines Pfeils.

Die endgültige Integration der Hüllen des Seins bringt nun endlich den Zugang zum Wissen der Seele, um sich darin mit dem Wissen des Herzens und des Körpers zu verbinden. Samādhi ist nur ein Zustand, in dem man die Erfahrung der Versenkung von Körper, Geist und Seele zu einer einzigen Einheit macht. Aber vom Samādhi aus müssen wir einen noch höheren und subtileren Zustand erreichen, *Kaivalya* – endgültige, ewig währende Befreiung oder Freiheit in Aktion – genannt. Ich hatte gesagt, dass man im Samādhi *ist,* aber darin nichts *tun* kann. Was ist das für ein Zustand, der auf den Samādhi folgt, in dem wir wieder etwas *tun* können, aber nicht so wie davor, wo wir aus der Vielfalt und scheinbaren Wahlmöglichkeit heraus agierten? Kann ich denn aus einem ungeteilten Selbst heraus handeln? Kann sich mein bewusster Geist dem ergeben, was stets stabil und gleichbleibend ist? Samādhi, wenn er echt war, sollte eine menschliche Intelligenz enthüllt haben, die die wahre Wirklichkeit der wechselseitigen Verbundenheit zwischen den Wesen aufdeckt. Sie entstammt der Weisheit im Gegensatz zu jenem mentalen Wissen, dem die Art von Macht entspringt, mit der man Kontrolle über die Menschen ausübt. Die Person, die über eine solche Weisheit verfügt, gründet sich und ihr Interagieren mit der Welt auf ein anderes Verständnis – ein Verständnis, das auf dem Mitgefühl und der Freundschaft von wahrgenommener und verwirklichter Einheit basiert. Kaivalya ist Samādhi in Aktion. Und das nächste Kapitel behandelt das Thema, wie wir mit unserer Erleuchtung in der Alltagswelt leben.

Kapitel 7

In Freiheit leben

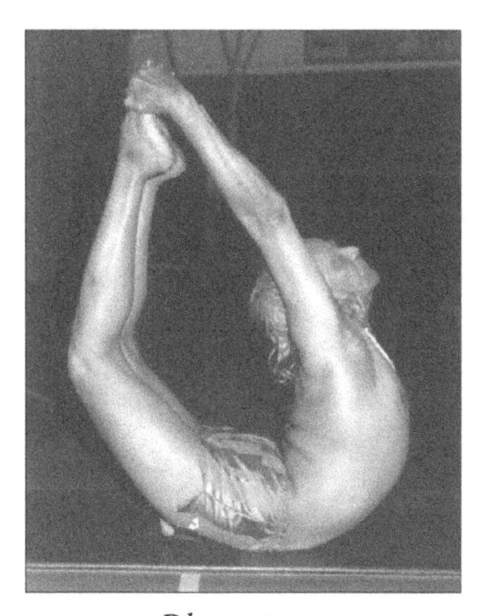

Dhanurāsana

Viele von uns glauben, wenn sie an Freiheit denken, dass sie das Streben nach Glück bedeutet. Gewiss ist auch die politische Freiheit ganz wesentlich, wie Gandhi wusste. Denn die Möglichkeit, Regie über unser eigenes Leben zu führen, ist für das Erlangen und Ausschöpfen unseres vollen Potenzials ganz entscheidend. Auch ökonomische Freiheit ist wichtig, denn quälende, zermürbende Armut macht es sehr schwer, an das Leben von Geist und Seele zu denken. Doch ebenso wichtig wie die politische Freiheit und ökonomische Unabhängigkeit ist die spirituelle Freiheit. Sie erfordert in der Tat stärkere Selbstdisziplin und die Fähigkeit, sein Leben in die richtige Richtung zu lenken. Das ist die höchste, die Absolute Freiheit. Das ist das Verschmelzen unserer individuellen Seele mit der Kosmischen Seele, bei dem wir unsere eigenen Bedürfnisse und Wünsche für einen höheren Sinn und Zweck und für ein höheres Wissen um den Willen des Absoluten in unserem Leben aufgeben.

Dieses letzte Kapitel über das Leben in Freiheit entspricht dem vierten und letzten Kapitel von Patañjalis großem Werk. Er nennt es »*Kaivalya-Pāda* – Über innere und äußere Freiheit«.

Er beginnt sein Buch mit dem *Samādhi* und führt uns dann im zweiten Kapitel auf die grundlegenden Dinge zurück, zeigt, wie man den ersten Schritt auf dem Weg der Reise nach Innen durch die Hüllen des Seins tut. Im dritten Kapitel bringt er uns wieder hinauf zum Zenit des Yoga, warnt aber vor den unterwegs lauernden Gefahren, falls wir den Versuchungen der zunehmenden Macht erliegen. Das letzte Kapitel ist das schönste und lyrischste, genießt die süße Freude über das Vollbringen der großen Aufgabe, doch gleichzeitig unternimmt Patañjali alles, um uns wieder fest mit beiden Beinen auf den Boden zu stellen.

Er macht klar, dass der Samādhi eine Erfahrung ist, um die zu ringen sich lohnt. Sie ist transformativ und absolut läuternd. Aber was dann? Samādhi ist ein Zustand, in dem man nichts tun kann. In diesem Zustand können Sie keinen Bus erwischen. Wie sollte man in diesem Zustand des Einsseins erkennen können, in welchen man einsteigen soll? Der oder die Praktizierende geht aus dem Samādhi für immer gewandelt hervor, muss sich aber nach wie vor jeden Morgen anziehen, frühstücken und sich der anstehenden Korrespondenz widmen. Die Natur verschwindet nicht einfach ein für alle Mal. Es ist nur einfach so, dass sich der verwirklichte Yogi nie wieder der wahren Beziehung zwischen Natur und Kosmischer Seele unbewusst ist. Normale Leute sagen: »Ich lebe mein Leben.« Der Yogi ist gewahr, dass es der Göttliche Atem ist, der in uns lebt. Und er kann diesen Göttlichen Atemhauch auch in anderen sehen. Er durchdringt zu jeder Zeit das Außenbild der Erscheinungen. Die Essenz ist wirklicher als der Ausdruck.

Kaivalya ist sowohl Freiheit wie auch Alleinsein. Wie ich jedoch schon sagte, ist es das All-Eins-Sein einer Primärzahl, die sich nur durch das Einssein selbst teilen lässt: ein Sein in unantastbarer Unschuld und Tugend. Der Yogi hat die Freiheit erfahren, die der Erkenntnis entspringt, dass das Leben nichts mit der Verewigung der Existenz unserer sterblichen Ichs zu tun hat, weder in seinen körperlichen noch in seinen egobezogenen Formen. Sie haben die Gelegenheit ergriffen, dem unvergänglichen Selbst zu begegnen, noch bevor alles Vergängliche verschwindet, so wie eine Schlange ihre alte Haut abstreift.

Verwirklichte Yogis funktionieren und handeln weiterhin in der Welt, aber auf freie Art und Weise. Frei von aus Motivationen hervorgehenden Wünschen und Begierden, frei vom Verlangen nach der Frucht oder dem Lohn der Handlungen. Sie sind absolut desinteressiert, aber paradoxerweise voll engagierten Mitgefühls. Sie sind *in* der Welt, aber nicht *von* ihr. Sie stehen über Ursache und Wirkung, Aktion und Reaktion. Später werden wir sehen, welche

Rolle die Zeit bei alldem spielt. Denn absolute Freiheit ist möglich, weil eben keine Illusion der Zeit mehr existiert, um uns an die Vergangenheit und Zukunft zu binden und somit die perfekte Gegenwart zu verzerren.

Für den spirituell freien Menschen besteht die Herausforderung darin, dass er in Übereinstimmung mit den fünf Qualitäten lebt: Mut, Vitalität, richtiges und nützliches Erinnerungsvermögen, Bewusstheit durch Leben im gegenwärtigen Augenblick und vollkommene Versenkung in seine Aktivitäten. Spirituelle Reife ist dann gegeben, wenn es zwischen dem Gedanken selbst und der ihn begleitenden Handlung keinen Unterschied gibt. Existiert eine Diskrepanz zwischen beiden, dann praktiziert man Selbsttäuschung oder projiziert ein falsches Bild von sich selbst. Wenn ich um eine Yoga-Demonstration vor Publikum gebeten werde, findet sich notwendigerweise ein Element des künstlerischen Stolzes in meiner Darbietung. Aber für mich allein praktiziere ich in Demut und Hingabe. Wenn man verhindern kann, dass die unvermeidliche Ichbezogenheit in den Kern des eigenen Lebens und seine Aktivitäten einfließt, bedeutet das, dass man ein spiritueller Mensch ist. In diesem Zustand wird der Mensch, seines individuellen Geistes, seiner Intelligenz und seines Bewusstseins ungeachtet, von der erleuchtenden Weisheit des innersten Wesens dazu gebracht, ein rechtes Leben zu führen. Man lebt aus dem Herzen heraus in der Wahrheit und bringt sie dann in Worten zum Ausdruck.

Ein spiritueller Mensch nimmt mit seinem Wissen und in seiner Weisheit die Unterschiede wahr, die zwischen ihm und anderen hinsichtlich des Alters und der Intelligenz bestehen, verliert aber nie die Tatsache aus den Augen, dass das innere Wesen ein identisches ist. Auch wenn er über ein inneres Wissen von solcher Tiefe und Subtilität verfügt, dass er merklich in einem Zustand erhabener Weisheit lebt, lebt er doch auch merklich mit beiden Beinen fest auf dem Boden. Er ist pragmatisch und beschäftigt sich mit den Leuten und ihren Problemen, so wie und wo sie sind.

Ein freier Mensch ist innovativ und aufgeschlossen, ja sogar revolutionär, so wie ich es in meiner Yoga-Praxis war, wird aber auch aufgrund von Kultur und Erbe von der Tradition durchdrungen sein. Der Yogi wurzelt in seinen eigenen Erfahrungen und Entdeckungen, die er durch die Yoga-Praxis gemacht hat. Doch muss er sich einen aufgeschlossenen Geist bewahren, um die im *Sādhana* aufblitzenden subtilen Entdeckungen einzufangen und zur Unterstützung der eigenen inneren Weiterentwicklung zu nutzen. Zwar gründet er sich auf die traditionellen Ethikprinzipien, auf Texte über die Wissenschaft des Yoga und auf heilige Schriften, ist aber als freier Mensch seine eigene Autorität. Mit »freier Mensch« meine ich hier eine Person, die dem Pfad der Nicht-Anhaftung und der Entsagung bis zu seinem Ende gefolgt ist, welches in der bedingungslosen Freiheit von Kaivalya besteht.

Was den Durchschnittspraktizierenden angeht, so sollten wir uns daran erinnern, dass in Freiheit leben zu lernen ein fortschreitender Prozess ist, bei dem wir uns von unseren Gewohnheiten des Körpers, der Emotionen und des Geistes befreien. Und wenn wir uns größere Fähigkeiten und Fertigkeiten erwerben, müssen wir immer darauf achten, dass wir unsere wachsende Macht auf ethische Weise einsetzen.

Macht

Autorität bringt Macht mit sich, aber die Praxis des Nicht-Anhaftens zügelt diese Macht und verhindert, dass sie missbraucht wird. Die Kraft psychologischer und medialer Einsicht, die sich der Yogi erwirbt, seine Fähigkeit, in den Leuten zu »lesen«, sollte zu deren hilfreicher Unterstützung und Weiterentwicklung eingesetzt werden. Der Spruch »Wissen ist Macht« wird gewöhnlich zur Förderung der Verkaufszahlen von Zeitungen und Zeitschriften benutzt. Er impliziert oder suggeriert das Gefühl, dass Wissen Macht *über andere* mit sich bringt, wohingegen das Wissen des Yogis introspektiver Natur und mit der Macht *über sich selbst* verbunden ist. Diese Macht kann im Verein mit Unterscheidungsvermögen und Mitgefühl als Kraft für das Gute in der Welt eingesetzt werden. Das der mentalen Cleverness oder Gewandtheit entspringende Wissen ist, wenn es des Unterscheidungsvermögens und Mitgefühls entbehrt, mit unvorhergesehenen Konsequenzen schwer befrachtet. Faust hat seine Seele dem Teufel verkauft, um diese Form von Wissensmacht zu erlangen. Ein cleverer Mensch mag ein Heilmittel für Malaria entdecken oder aber eine neue Art von Milzbrand für die biologische Kriegsführung erfinden. Im ersten Fall besitzt er ganz offensichtlich Unterscheidungsvermögen und Urteilskraft, im zweiten Fall verfügt er weder über Weisheit noch über Mitgefühl. Das ist clevere Intelligenz, die Macht des Gehirns, die sich an sich selbst berauscht. Patañjali bezeichnet diese den Yoga-Praktizierenden zuwachsenden Kräfte und machtvollen Fähigkeiten als *Siddhis* und warnte sehr strikt vor ihrem Missbrauch. Sie sollten als Zeichen verstanden werden, dass man auf dem richtigen Weg ist, so sagte er, und dann völlig ignoriert werden. Ansonsten könnten sie zu Fallen werden, die uns in Eitelkeit und Arroganz verstricken.

Der Yogi ist der Definition nach über ein solches Berauschen an sich selbst hinaus. Seine Handlungen mögen jeweils nur ganz kleinen Ausmaßes sein, aber jede ist von Ort und Zeit her perfekt und hat beträchtliche kumulative Auswirkungen. Und weil diese Handlungen Vorbildcharakter haben, da hier nichts vorgeschrieben oder gepredigt wird, tritt ein Schneeballeffekt ein: Die Handlungen werden von anderen nachgeahmt und mit Zinseszins weitergetragen. Dieser Schneeballeffekt, der aus dem authentischen und uneigennützigen Handeln erwächst, findet seinen biblischen Ausdruck in der Mahnung: »Tu anderen, wie du willst, dass sie dir tun.« Jede Handlung ist ein perfektes und eigenständiges Modul, frei von unbeabsichtigten Dominoeffekten. Clevere Leute wissen, auch wenn sie gute Absichten haben, nie ganz genau, wohin der Weg führt. Die Entdeckung des Penizillins hat Hunderttausende davor bewahrt, zum Beispiel an Geschlechtskrankheiten zu leiden oder sogar zu sterben. Aber heute wissen wir alle auch, dass die sexuelle Freizügigkeit nicht ohne Konsequenzen bleibt. Ich rede hier nicht von Moral. Es verhält sich einfach nur so, dass das, was wir heute in der Welt der normalen Kausalität »gut« nennen, sich sehr rasch in etwas verwandeln kann, das wir als »schlecht« bezeichnen. Der freie Mensch hingegen lebt zwar noch in einer Welt von Ursache und Wirkung, hat aber gelernt, leichten Schrittes zu gehen und mit großer Präzision zu handeln.

Die für sich allein agierende Cleverness kann somit als eine Zentrifugalkraft gesehen werden, die dazu tendiert, sich immer schneller und schneller zu drehen und die Kontrolle über ihre ursprüngliche Absicht zu verlieren. Yogisches Wissen dagegen ist eine Zentripetalkraft, die ständig das Irrelevante abwirft, um in die Suche nach dem Wesenskern zu investieren, wo die beständige Wahrheit residiert. Intelligenz ist für Yoga-Praktizierende nichts, was ihrer Selbstverherrlichung dient, sondern etwas, das wie ein Skalpell alles Unwirkliche wegschneidet, sodass sich das Wirkliche und Dauerhafte enthüllt. Das führt uns direkt zur Untersuchung des schwierigsten Āsana und der Dimension, die die Menschheit bislang noch nicht in ihr Bewusstsein integriert hat: die Zeit.

Shavāsana und Zeit

Viele Leute fragen sich, warum ich in meinem Buch *Licht auf Yoga* das *Shavāsana* (Stellung wie ein Leichnam) als das allerschwierigste betrachte. Für die meisten von uns ist diese Stellung ein angenehmer Lohn nach harten Stunden des Yoga-Unterrichts. Wir fühlen eine Entspannung, die entweder träger oder sehr belebender oder bis zu einem gewissen Grad lichter Natur ist (»licht« meint hier *sattvisch*, das heißt bewusst gewahr und passiv; »träge« meint hier *tamasisch*). Da viele meiner Schüler und Schülerinnen nach einem harten Arbeitstag zum Unterricht kommen, hatte ich nie Einwände dagegen. Das ist nur natürlich, und es lieferten schon viele Schnarchlaute die Musik am Ende des Unterrichts einer Klasse, der sogar meine ältesten und fortgeschrittensten Schüler angehörten. Ich mag ja ein strenger Zuchtmeister sein, wenn einer auf den Beinen steht, aber ich glaube, ich habe noch nie einen Schüler aus dem Schlaf geweckt, es sei denn, um ihn nach Hause zu schicken. Aber bei dieser Stellung geht es nicht ums Einschlafen. Wenn dem so wäre, würde es sich wohl kaum um eine schwierige Stellung handeln.

Beim Shavāsana geht es ums Abstreifen, Sich-Häuten, so wie bei der schon erwähnten Schlange, die ihre Haut abstreift, um in ihren erneuerten Farben prachtvoll glänzend daraus hervorzugehen. Wir haben viele Häute, Hüllen, Gedanken, Vorurteile, vorgefasste Meinungen, Vorstellungen, Erinnerungen und Zukunftsprojekte. Shavāsana bedeutet, alle diese Häute abzustreifen, um zu sehen, wie glänzend und prachtvoll, heiter gelassen und bewusst die wunderschöne regenbogenfarbene Schlange ist, die im Innern liegt. Wir liegen sogar auf dem Boden wie die Schlange, das heißt, wir liegen so, dass unser ganzer Körper maximalen Kontakt mit dem Erdboden hat.

Nun, beim Shavāsana geht es um Entspannung, aber was verhindert die Entspannung? Spannung. Die Spannung ergibt sich daraus, dass wir uns am Leben festklammern und dass wir unsererseits von unzähligen unsichtbaren Fäden festgehalten werden, die uns an die uns bekannte Welt binden, an das bekannte Ich und die bekannte Umwelt, in der dieses Ich agiert. Diese Fäden binden das Ich an den Kontext seines Umfeldes, seiner Umwelt, der uns unser Identitätsgefühl verleiht. Meine Schüler und Schülerinnen sind sich, wenn sie am Ende eines harten Unterrichts auf dem Boden liegen, nach wie vor bewusst, dass sie ein Ehemann oder eine Ehefrau sind, dass sie auf dem Nachhauseweg vielleicht noch Einkäufe machen müssen, dass zu Hause Eltern auf sie warten oder Kinder, die noch Hilfe bei ihren Hausaufgaben brauchen. Meine Schüler sind müde, weil sie sich bewusst sind, dass sie Geschäftsmänner oder Geschäftsfrauen sind, die einen anstrengenden Tag im Büro hatten. Vielleicht ist der Tag gut gelaufen, vielleicht auch nicht. Meine Schüler und Schülerinnen sind alle Söhne, Töchter, Ehemänner, Ehefrauen, Arbeiter, Eltern, männlichen oder weiblichen Geschlechts. Tausende von Identitätsfäden binden sie am Boden fest, wenn sie im Shavāsana liegen, so wie Gulliver von den winzigen Liliputanern mit Fäden gefesselt und festgehalten wird.

Shavāsana setzt Entspannungstechniken ein, um diese Fäden zu durchschneiden. Das Ergebnis ist nicht Freiheit, wie bei der Meditation, sondern der Verlust der Identität. Ich sage hier nicht »falsche Identität«, weil diese Identitäten in der Welt, in der wir unsere Funktionen erfüllen, real sind. Doch auf lange Sicht gesehen sind sie unreal. Selbst der Fakt, dass man ein Mann oder eine Frau ist, bedeutet eine Identität, die man ablegen kann.

Sich entspannen heißt die Spannung durchschneiden. Die Spannung durchschneiden heißt die Fäden durchschneiden, die uns an die Identität binden. Die Identität verlieren heißt herausfinden, wer wir nicht sind. Sagte ich nicht, dass die Intelligenz das Skalpell ist, das alles Unwirkliche wegschneidet und nur die Wahrheit übrig lässt? Fühlen Sie sich, wenn Sie im Shavāsana auf dem Boden liegen und wenn die Stellung harmonisch und ausgewogen ist, nicht präsent und gestaltlos zugleich? Empfinden Sie, wenn Sie sich präsent, jedoch gestaltlos fühlen, nicht die Abwesenheit einer spezifischen Identität? Sie sind da, aber wer ist da? Niemand. Da ist nur gegenwärtiges Gewahrsein ohne Bewegung und Zeit. Gegenwärtiges Gewahrsein bedeutet, dass die Zeit im Bewusstsein des Menschen verschwunden ist.

Das Problem mit der Zeit ist Folgendes. Wir können sie uns nur in räumlichen Begriffen vorstellen, so wie einen dahinströmenden Fluss oder ein Stück Schnur. Wir teilen diese Schnur in Jahrzehnte, Jahre, Monate, Tage, Stunden, Minuten und Sekunden auf. Das sind

Längenmaße der Zeit. Und es ist, was immer die Zeit auch sein mag, weder fair noch angemessen, sie als eine Dimension des Raumes zu behandeln, als etwas, das sich in Längenmaßen messen lässt so wie eine Wand oder ein Buchregal. Ein weiteres Problem besteht darin, dass wir die Zeit als leer betrachten, leer von Bedeutung und Sinn, so wie einen leeren Eimer, es sei denn, wir füllen sie mit etwas, mit unseren Aktivitäten zum Beispiel. Was immer die Zeit noch sein mag, sie muss für sich genommen, in ihrem eigenen Wesen oder in ihrer eigenen Natur, voll und ganz erkannt und realisiert werden – einer in der Wüste wachsenden Blume gleich, die zur Erfüllung des Potenzials ihrer Schönheit keines Beobachters bedarf. Wenn Sie versuchen, sich die Zeit ohne Hilfe von räumlichen Begriffen vorzustellen, werden Sie das außerordentlich schwierig finden. Deshalb sagte ich, dass wir die Zeit noch nicht in unser Bewusstsein integriert haben, so wie wir das mit den drei Dimensionen des Raums getan haben. Die Macht der Wissenschaft ist der Beweis für unsere Fähigkeit, uns in den Raum projizieren zu können. Aber Raum ohne Zeit ist wie Muskeln ohne Gehirn.

Uns scheint, dass die Zeit sich bewegt, fließt und eine Dauer oder Länge hat, somit also räumlich ist. Mit anderen Worten, wir sind in der augenscheinlichen Bewegung der Zeit gefangen. Doch alle spirituellen Pfade sprechen von der grundlegenden Wichtigkeit, in der Gegenwart zu leben. Was ist das also, der gegenwärtige Moment? Ist es eine Sekunde? Ist es etwas Kürzeres, Kleineres? Von der Logik her kann die Gegenwart nur eine unendlich winzige Zeiteinheit sein, das heißt eine Sekunde, geteilt durch die Unendlichkeit. So etwas gibt es nicht. Die Gegenwart existiert schlichtweg nicht in Form von »Zeitlänge«. Wie können wir dann in der Gegenwart leben? Es ist ein paradoxes Ding der Unmöglichkeit.

Wir müssen die Gegenwart mit anderen Mitteln finden. Die einzige Möglichkeit ist die, dass wir sie von der Vergangenheit und Zukunft trennen. Auf diese Weise kann die Zeit nicht fließen. Sie bleibt buchstäblich stehen, wie sie es in der Meditation oder im

Samādhi tut. Shavāsana liefert uns den Schlüssel zum Verständnis. Alle unsere Identitäten, unsere Zugehörigkeiten verknüpfen uns mit der Vergangenheit und Zukunft. Mit der Gegenwart verknüpft uns nur der Zustand des *Seins*, sonst nichts in unserem Leben. Handeln findet über die Zeit statt; es hat eine Dauer. Sein transzendiert die Zeit. Ein Zustand des Seins kann nur dadurch erreicht werden, dass wir alle Fäden durchschneiden, die uns an die Vergangenheit oder Zukunft binden. Ich kam als Mann zur Welt; ich werde auch morgen ein Mann sein. Kann ich denn jetzt im Shavāsana auch die geschlechtsspezifische Identität ablegen, die mich an die Vergangenheit und Zukunft bindet? Kann ich in einem eigenständigen Zeit-Gewahrsein existieren, in dem sich weder die Vergangenheit noch die Zukunft auf die Gegenwart auswirken, sie beflecken oder einfärben? Shavāsana ist Sein ohne ein »Es war«, ohne ein »Es wird sein«. Es ist Sein ohne irgendeinen, der *ist*. Ist es da verwunderlich, dass es das allerschwierigste Āsana ist und die Pforte zur nichtdualistischen Meditation und kosmischen Verschmelzung des Samādhi?

Wenn Vergangenheit und Zukunft abgeworfen sind, muss das, was übrig bleibt, die Gegenwart sein. Nehmen Sie mal an, Sie verbringen in einem wundervollen Shavāsana fünf Minuten in der Gegenwart. Ist es ein fünfminütiges Shavāsana? Nein. Es ist eine Unendlichkeit von gegenwärtigen Momenten, eigenständig und nebeneinandergestellt, aber nicht zusammenhängend oder in einem fortlaufend. Es ist so, wie wenn man sich eine Filmrolle ansieht, auf der man erkennen kann, dass jede einzelne Aufnahme der Kamera ein Bild zeigt, auf welches jeweils ein, wenn sich auch noch so geringfügig ausnehmender Sprung zur nächsten Realität folgt. Sie gehen nicht ineinander über. Das tun sie erst, wenn man sie sich in Bewegung anschaut, wodurch der Anschein von Kontinuität erweckt wird. Der psychische Fluss der Zeit bindet uns an vergangene und künftige Identitäten und Ereignisse. Solange wir im Fluss der Zeit als einer Abfolge von Bewegungen gefangen sind, können wir nicht ganz und gar in der Gegenwart sein. Deshalb leben wir in einer Art Kompromissrealität. Darum sage ich, dass die Zeit, die als Bewegung und nicht als Gegenwart angesehen wird, eine Illusion ist, die unsere Freiheit beschränkt. Shavāsana befreit uns davon. Ich sagte, dass wir in der Meditation den Spalt im Vorhang der Zeit öffnen. Im Shavāsana, wo wir zu niemandem werden, buchstäblich zu nichts und Nobody, werden wir klein genug, um durch den unendlich winzigen Riss in diesem Vorhang zu schlüpfen. Praktizierende, die jegliche Identität ablegen können, haben Zugang zu Orten, zu denen sich kein plumpes Ego durchzwängen kann.

Wenn Skeptiker nach einer Analogie für die scheinbare Kontinuität oder Nahtlosigkeit dessen suchen, was uns als Fluss der Veränderung oder des Wandels erscheint, dann sollten sie sich das Phänomen des Erhitzens von Wasser anschauen. Entgegen allem Anschein wird es nicht nach und nach immer ein bisschen heißer. Wie die Einzelbilder auf der Filmrolle macht es Sprünge. Natürlich ganz kleine Sprünge, aber Wasser, das erhitzt wird, hat erst die eine Temperatur und springt dann zu einer ein klein bisschen höheren Temperatur über. Es gibt kein Dazwischen. Das deutet darauf hin, dass das Leben aus einer Reihe eigenständiger Transformationen besteht. Wir befinden uns in einem Zustand – wir praktizieren, wir lösen uns los –, und dann sind wir in einem anderen Zustand. Was wir als Wachstum oder Evolution wahrnehmen und erleben, besteht im Grunde aus einer langen Reihe kleiner Sprünge. Diese Sprünge sind unmittelbar, das heißt, sie existieren außerhalb der Zeit, so wie wir sie begreifen. Der höchste yogische Triumph besteht darin, im Kaivalya zu leben, außerhalb der Zeit könnte man sagen, aber in Wirklichkeit in ihrem Innern, in ihrem Herzen, abgetrennt von Vergangenheit und Zukunft, immer im Kern der Gegenwart. Das ist die Integration der wahren Natur der Zeit ins Bewusstsein, und Shavāsana ist der Schlüssel dazu. Entspannen Sie sich unter allen Umständen, schlafen Sie sogar auch ein (wir sind alle Menschen), aber im Shavāsana stehen Sie an der Schwelle zu einem großen Mysterium. Und wenn es auch die schwierigste aller Stellungen ist, so lässt sie uns doch zumindest der rettenden Gnade teilhaftig werden, dass wir alle beim Versuch, sie auszuführen, auf dem Boden liegen können.

Alle Modelle für ein spirituelles Leben oder die persönliche Weiterentwicklung verführen uns zu der Vorstellung, dass wir etwas *werden,* statt nur zu sein. Das Sein ist nichts Statisches. Vielmehr ist es wie beim eben besprochenen Erhitzen von Wasser: ein Moment in der Gegenwartszeit in einem bestimmten Zustand oder einer bestimmten Verfasstheit, aus dem, wenn wir die Flamme eifriger Praxis wie einen Bunsenbrenner unterm Destillierkolben dazu geben, spontan und gleichsam wie durch magische Transformation ein anderer Zustand hervorgehen wird. Wir nehmen nur die Abfolge dieser Transformationen im Rahmen der Zeit wahr, weshalb wir in der Illusion gefangen sind, zu werden, statt einfach nur zu sein, und dann – separat, aber uns transformierend – wieder zu sein, und wieder zu sein und immer so weiter bis in alle Ewigkeit. Denken Sie an die Einzelaufnahmen eines alten Stummfilms mit Ihrer ganzen Geschichte, an deren Schluss hoffentlich ein Happy End kommt.

Die Vorstellung von einer Leiter, die es zu erklimmen gilt, ist ziemlich weit verbreitet, auch wenn sie in gewisser Hinsicht Mängel aufweist und ganz gewiss zu unerfreulichen Vergleichen unter den Praktizierenden oder zur Etablierung einer Rangordnung führt. Yoga vermeidet dies, da alle Blütenblätter simultan praktiziert werden und ein zusammengesetztes Ganzes bilden.

Ich glaube an die Vollkommenheit des Yoga-Systems als ein Vehikel zur Erleuchtung. Ich unterstütze aber auch das indische Kricketteam. Das Leben stellt uns an einen Ort und in eine Zeit, und wir müssen es von diesem Punkt ausgehend nach unserem besten Können und Vermögen leben. Und wenn Leute mir gegenüber die ewige Weisheit des rätselhaften Orients heraufbeschwören wollen, so als ob alle anderen im Verlauf der Geschichte fehlgeleitet und unterentwickelt gewesen wären, dann werde ich ungeduldig. Der Geist der Menschheit ist eins. Die Mechanismen des Bewusstseins sind überall dieselben. Ein guter Mensch, der ein ethisches Leben führt, der den Blick auf die Sterne gerichtet und den Fuß auf den Pfad der Pflicht gesetzt hält, ist überall ein guter Mensch. Ein Problem ist überall ein Problem. In dem Maße, wie Yoga sowohl Einsicht und Verständnis wie auch eine Blaupause für das Handeln anbietet, bietet er dies allen Menschen überall und zu allen Zeiten an. Yoga kann man nicht predigen, hier gibt es nichts zu missionieren. Man kann ihn nur aufnehmen, und dass er überall auf der Welt so erfolgreich angenommen und aufgenommen wurde und wird, zeugt nicht von einer schlauen Verkaufsmasche, sondern ist der Beweis für praktische Wirksamkeit und hohe Bestrebungen: eine Domäne der ganzen Menschheit.

Um ein Leben in Freiheit beginnen zu können, müssen wir uns anschauen, in welcher Weise es uns erlaubt, im Verlauf der vier Stadien des Lebens die vier Ziele oder Vorhaben des Lebens zu erfüllen.

Die vier Ziele des Lebens *(Purushārtha)*

Patañjali macht in seinem allerletzten Vers *(sūtra)* deutlich, dass Erleuchtung und Freiheit den Menschen zukommen, die ihr Leben voll gelebt haben: voll und vollkommen, aber nicht exzessiv oder suchthaft. Man kann nicht bis zur Gipfelspitze des Berges namens Natur aufsteigen, wenn man in die Exzesse der Welt verstrickt ist. Man kann ihnen aber auch nicht den Rücken kehren. Wie ich schon zu Beginn dieses Buches erwähnte, wurde mir, als ich noch jung war, die Chance geboten, ein Entsagender, ein in Safrangelb gewandeter *Sannyāsin* zu werden. Ich lehnte ab und wählte die Welt. Doch habe ich nicht versucht, die Welt zu verschlingen, sondern nur in ihr zu leben, ihr anzugehören und die verschiedenen Wachstumsstadien zu durchlaufen, die sie uns allen bietet.

Die vier Ziele des Lebens, die Patañjali zufolge erreicht werden müssen, sind *Dharma, Artha, Kāma* und *Moksha*. Diese Begriffe kann man übersetzen als: seine Pflicht tun, indem man auf die rechte Weise lebt (unter Dharma versteht man üblicherweise Religion oder religiöse Pflicht); als Eigenständigkeit durch das Verdienen des eigenen Lebensunterhalts *(artha);* als die Freuden der Liebe und menschlicher Vergnügungen *(kāma);* und als Freiheit *(moksha).* Diese vier passen auf ganz besondere Weise zusammen. Ansonsten würde unser Leben in Anarchie ausarten.

Stellen Sie sich die Situation wie einen Fluss vor, der zwischen zwei seinen Lauf kontrollierenden Uferdämmen dahinfließt. Der eine Uferdamm ist der Dharma, die Wissenschaft der Religion, oder, wie ich es sehe, die rechte Pflichterfüllung, die unsere Menschlichkeit nährt, unterstützt und aufrechterhält. Mit religiös meine ich das Einhalten allgemein gültiger oder ethischer Prinzipien, die keiner Beschränkung durch Kultur, Zeit oder Ort unterworfen sind. Der andere Uferdamm ist Moksha, Freiheit. Damit meine ich nicht irgendeine versponnene Vorstellung von künftiger Befreiung, sondern ein von Nicht-Anhaften geprägtes Handeln in allen kleinen Dingen des Hier und Jetzt – nicht das größte Stück Kuchen auf den eigenen Teller zu schaufeln, nicht wütend zu werden, weil man nicht die Kontrolle über die Handlungen und Worte seiner Mitmenschen hat.

Der Fluss der Liebe, des Vergnügens, des Wohlstands und des Reichtums fließt zwischen diesen beiden ihn leitenden Dämmen. Die persönliche Liebe samt ihrem sexuellen Aspekt bietet eine wundervolle Lehre, eine wunderbare Ausbildung für die Liebe zum Göttlichen. Indem wir lernen, eine einzige Frau zu lieben, können wir lernen, alle Weiblichkeit zu lieben, das ganze weibliche Prinzip. Man kann einfach nicht die eigene Frau lieben und gleichzeitig alle anderen Frauen hassen. Das bedeutet nicht, dass die gesamte Weiblichkeit ein Festschmaus ist, dazu da, um von einem Mann vertilgt zu werden. Ganz im Gegenteil ist das Einzelne und Spezielle das Tor zum Allgemeinen und Universellen. Eltern und im Besonderen Mütter lernen durch die Liebe zu ihren Kindern, die ganze Menschheit in die Arme zu schließen. Ich sagte, dass ich es ablehnte, Sannyāsin zu werden, weil ich in der Welt mit all ihren Turbulenzen und Herausforderungen leben wollte. Und ich sagte auch, dass ich nicht die ganze Welt verschlingen wollte. Dieses Verschlingen-Wollen ist die Verrücktheit der Sucht. Man kann das Unendliche und Grenzenlose nicht verzehren. Man kann nur durch das Einzelne und Spezielle seine Essenz kosten. Dharma und Moksha kommen uns hier zu Hilfe.

Ich habe schon an früherer Stelle erwähnt, dass sich Schülerinnen manchmal in mich verguckten, wenn ich als junger Mann über längere Zeit irgendwo unterrichtete. Ich hielt mich an den Dharma, um standzuhalten und mich vor einem Dammbruch in Bezug auf den Anstand zu schützen, und kultivierte ein äußerst strenges, abweisendes Verhalten. Wie ein umgekehrter Magnet hielt dies die Leute auf Abstand und bewahrte mich davor, in lockere Ausdrucksformen der Intimität hineinzurutschen.

Auf meinen Reisen waren auch andere Arten von Vergnügungen im Angebot wie zum Beispiel wunderschöne Landschaften oder anregende und interessante Filme und Theaterstücke. Ich genoss das alles in vollen Zügen, so wie wir es Patañjali zufolge tun sollen, aber das Nicht-Anhaften des Moksha verlieh mir Objektivität. Alles, was ich sah und lernte, wurde betrachtet im Licht von: »Wie bezieht sich das auf das Weltverständnis des Yoga? Wie kann ich das, was ich lerne und in Erfahrung bringe, zur Förderung meiner Praxis und meines Unterrichts nutzen?«

In der menschlichen Liebe war ich mit einer vollkommenen Partnerin gesegnet, und der Fluss der Liebe strömte glatt und ruhig. Artha, der Erwerb des Lebensunterhalts, war eine andere Sache – Wildwasserrafting in einem gefährlichen Sturzbach. Als junger Mann hungerte ich zuweilen – kein Geld bedeutete kein Essen. Ich heiratete, bevor sich meine Situation stabilisiert hatte, und dann kamen auch Kinder. Ich arbeitete mit voller Kraft; ich lieh mir Geld, aber die Finanzen blieben eine Quelle großer Sorgen und Ängste.

Die reichsten Schüler sind, wenn es ums Bezahlen geht, nicht unbedingt die schnellsten oder besten, wie Ihnen jeder Lehrer sagen wird, und manchmal ließ ich mich auch ausbeuten. Diese Probleme dauerten auch noch an, als ich Mitte der Siebzigerjahre mein eigenes Yoga-Institut aufbaute. Essen kam auf den Tisch, Gott sei Dank, aber Gebäude weisen immer mal wieder Mängel auf, Regierungen fordern Steuern. Tatsächlich läuft diese Strömung des Flusses erst seit kurzem glatt für mich. Ich lebe so einfach wie immer, esse das Gleiche, nur jetzt im Alter beträchtlich weniger, aber ich muss mir keine finanziellen Sorgen mehr machen, und was immer ich übrig habe, geht an Schul- und Bewässerungsprojekte in Bellur, das Dorf, in dem ich zur Welt kam und das ich 1925 verließ.

Doch kann ich sagen, dass ich schließlich Artha erfüllte und durch meine Bemühungen als Yoga-Lehrer ein Heim aufbaute, für eine Familie sorgte und Kinder großzog. Ich hatte immer gläubiges Vertrauen und kam immer so durch, aber viele Jahre lang war es eine äußerst raue Fahrt. Ich nehme an, ich hätte auch reiche Sponsoren hofieren und ein Parasit werden können, wie manche »heilige« Männer das machen. Aber das ist nicht Artha, ist nicht Dharma, ist nicht Moksha, und ich kann nur wieder meiner abweisenden Art danken, die die Leute auf Distanz hielt und meinen Fluss nicht über die Uferdämme treten ließ. Finanzielle Sicherheit ist unverzichtbar. Meiner Erfahrung nach nimmt Gott sich deiner an, wenn du volles Vertrauen in ihn setzt und dich ihm vollkommen ergibst.

Man könnte die vier Ziele des Lebens auch in dem Satz zusammenfassen: Verhalte dich ethisch einwandfrei und ergib dich Gott, dann wirst du zwischen diesen beiden Haltungen lieben, lachen und arbeiten.

Ich sprach davon, dass Moksha in tausend kleinen Freiheiten besteht, die wir jeden Tag erringen – die Eiscreme, die wieder in den Kühlschrank wandert, die bittere Erwiderung, die ungesagt bleibt ... Das ist unser Training für die größte Ablösung, die uns zur absoluten Freiheit führt, zu Kaivalya. So majestätisch und dauerhaft Kaivalya auch ist, so dürfen wir doch die täglichen kleinen Siege des Moksha nicht geringachten. Sie entstehen aus dem beharrlichen und anhaltenden Willen, immer freier zu werden, die unzähligen Fäden zu durchschneiden, die uns binden und über die wir im Zusammenhang mit Spannung und Knechtschaft im Abschnitt über Shavāsana sprachen. Alles, und mag es auch noch so klein oder geringfügig sein, was uns in unserer Handlungs-Freiheit, das heißt, von der Quelle, vom Kern her zu handeln, einschränkt, ist eine Ursache für Spannung und Stress. Die Freiheit wird mit der Zeit und in winzigsten Schritten erlangt.

Wir müssen nun auf das Thema Dharma zurückkommen. Wenn wir diesen Begriff mit »die Wissenschaft von der religiösen Pflicht« übersetzen, erhebt sich sofort die Frage: »Heißt Dharma, dass man dem Diktat irgendeines religiösen Glaubensbekenntnisses folgen muss?« Ganz entschieden nein. Beim Dharma geht es um keine Konfessionsgemeinschaft und auch um keinen Kult. Er ist universell. Die zweite Frage, die sich erhebt, lautet: »Geht es denn dann im Dharma darum, ein moralischer Mensch zu sein?« Darauf würde ich antworten, dass wir das als moralische Werte bezeichnen, was dem Wandel der Zeiten unterworfen und zudem von Kultur, Örtlichkeit und Umständen abhängig ist. Im Dharma geht es vielmehr um die Suche nach dauerhaften ethischen Prinzipien und um das Kultivieren des richtigen Verhaltens in den physischen, moralischen, psychischen und spirituellen Dimensionen. Dieses Verhalten muss sich immer auf das Wachstum und die Weiterentwicklung des Individuums und sein eigentliches Ziel, die Verwirklichung der Seele, beziehen. Tut es das nicht, wird es durch die Gesellschaftskultur beschränkt oder verbogen, dann wird es der Definition von Dharma nicht gerecht. Sādhana, die nach innen gerichtete Reise des Praktizierenden, lässt keine Schranken zwischen Individuen, Kulturen, Rassen oder Glaubensbekenntnissen zu. Und ebenso wenig kann der Dharma diese zulassen. Die Entdeckung der Kosmischen Seele durch die Verwirklichung der individuellen Seele ist eine

Erfahrung, die schon der Definition nach keine Grenzen intakt lässt. Ich habe nichts gegen das Wort Religion – ich bin es gewohnt –, aber manche Leute stören sich daran. Bedenken wir hier, dass absolutes Gewahrsein oder absolute Bewusstheit niemals Unterschiede oder Konflikte wahrnimmt. Das kann nur das partielle Gewahrsein, die partielle Bewusstheit. Daher sind die meisten religiösen Menschen nur partiell (oder parteilich) religiös. Und das impliziert, dass, wie gut ihre Absichten auch sein mögen, sie zu einem noch volleren Gewahrsein, zu einer noch umfassenderen Bewusstheit gelangen müssen.

Ich war immer ein ethischer Mensch und werde es immer bleiben. Das spirituelle Leben, das ich geführt habe, kam mir durch die Gnade Gottes zu, aber an ethischen Prinzipien festzuhalten ist unsere menschliche Pflicht. Wenn wir in unserem Dasein bestimmte universelle Prinzipien befolgen, sorgt Gott immer für uns, glättet unseren Weg und hilft uns durch schwere Zeiten hindurch. Mein Yoga gründet sich auf ethische Prinzipen, aber ich muss zugeben, dass ich für ein ethisches Leben geboren und trainiert bin, so wie man ein Rennpferd auf Geschwindigkeit trainiert. Nicht dass mein Leben immer ohne Fehl und Tadel gewesen wäre, aber der Drang zu ethischer Integrität steckt in mir. Sie bildet den Sockel, auf dem meine Āsanas stehen; sie ist der Fels, den es zu verteidigen gilt, wie ein Mahārāja seine Bergfestung verteidigt.

Ich gebe zu, dass Tradition bei mir eine große Rolle spielt, Kind meiner Vorfahren, das ich bin, und von denen ich sie auch übermittelt bekommen habe. Doch gleichzeitig war ich auch revolutionär. Ich habe die Tradition untersucht und überprüft, habe sie mit meinem Gewahrsein und meiner Intelligenz abgeklopft, um die ursprüngliche Sicht auf sie ausfindig zu machen und ihre essenzielle Bedeutung zu entdecken. Die Tradition ist wie eine schöne Statue, die mit den Jahren allmählich wieder zu einem bloßen groben Steinklumpen verwittert. Wir haben die Pflicht, die in seinem Innern verborgene ursprüngliche Gestalt in ihrer ganzen Schönheit wieder herauszumeißeln. Das habe ich getan, und deshalb kann ich sagen, dass ich ein Revolutionär bin, der die Traditionen in ihrer makellosen Ursprünglichkeit zu enthüllen sucht. Ich bin originär und leite mich auch von etwas her, ahme nach, bin neu und bin alt. So wie ich die vier Ziele des Lebens verfolgt und verwirklicht habe, suchte ich auch die vier Entwicklungsstufen des Lebens zu verwirklichen. Und dies müssen wir alle tun.

Die vier Entwicklungsstufen des Lebens *(Āshrama)*

Die vier Ziele des Lebens sind dem, was wir als die vier Entwicklungsstadien des Lebens *(āshrama)* bezeichnen, eng verwandt. Es handelt sich um ganz einfache, natürliche Tendenzen, die wir alle erleben können, sofern uns genügend Lebensjahre beschieden sind. Man kann sie sich als Schutzdächer vorstellen, die uns beim Erfüllen der vier Ziele des Lebens unterstützen und den Fluss zwischen seinen schützenden Dämmen dahinfließen lassen.

Die erste Entwicklungsstufe führt uns durch die Kindheit und Jugend bis zur Schwelle des Erwachsenendaseins. Es ist eine Lebensphase, in der wir zur Schule gehen und lernen müssen, was die Menschen über die Welt denken, auch wenn deren Vorstellungen von der Welt zuweilen falsch sein mögen. Es ist eine Zeit, in der wir uns mit Hilfe von Eltern, Lehrern und den Älteren in unserem Umfeld traditionelles Wissen aneignen. Es ist eine Zeit, in der wir uns einer Disziplin zu unterwerfen haben (wie in die Schule zu gehen und Mathematik zu lernen), wenn uns das auch nicht immer gefällt oder wir nicht immer Sinn darin sehen. Diese Zeit ist als *Brahmacharyāshrama* bekannt. Von seiner Bedeutung her impliziert dieses Wort Selbstbeherrschung, Disziplin und Enthaltsamkeit. An diesem Punkt unseres Lebens besteht die Weisheit darin, geduldig, freundlich und respektvoll gegenüber den Älteren und unseren Lehrern zu sein, auch wenn wir eigentlich nicht viel Wert in dem, was sie uns zu übermitteln versuchen, zu erkennen vermögen. Zumindest einiges von dem, was sie sagen, wird sich später in unserem Leben als wichtig erweisen, und dann werden wir froh sein, es nicht gleich rundweg von uns gewiesen zu haben. Es ist ein sanftes Anleiten, nicht ein brutales Bremsen und Unterdrücken der Energien der Kindheit. Später werden wir selbst diese Traditionen in von uns modifizierter Form weitergeben, wobei wichtig ist, dass wir sie als Erwachsene verkörpern und vorzuleben versuchen.

Kinder haben so viel Energie. Ein Sturzbach, der über seine Ufer treten und seine Wasser in selbstzerstörerischer Weise versickern lassen kann. Hier versuchen Erwachsene und Lehrer der besseren Art, den Uferdamm des Dharma, der vernünftigen, angemessenen, verantwortungsbewussten Pflicht, zu errichten, damit sich der Sturzbach unseres jugendlichen Überschwangs nicht im Wüstensand verliert.

Deshalb versuchen Eltern, die sexuelle Frühreife im Zaum zu halten oder zu verhindern, dass man bis in die späte Nacht mit anderen jugendlichen Bekannten herumhängt, die möglicherweise unsere schlimmsten Tendenzen und nicht unsere besseren Bestrebungen verkörpern. Deshalb versuchen die Älteren das frühreife Verlangen nach einem Ausprobieren der Exzesse dieser Welt zu bändigen. Denn das bedeutet ein vorzeitiges Verschleudern von Energien. Kinder haben einen brillanten Geist. Sie können den Umgang mit dem Computer, Mathematik, Latein und Sanskrit lernen, wie kein Erwachsener es vermag. Wenn die ganze Jugend nur auf die eine oder andere Freundin oder den einen oder anderen Freund verschwendet wird, von denen man sich angezogen fühlt, für die man aber keine tiefe Liebe empfindet, vergeudet man seine naturgegebenen Talente. Selbstbeherrschung in jeder Hinsicht bedeutet keine Unterdrückung. Sie bedeutet ein geleitetes Kanalisieren zu einem reiferen und prächtigeren Strömen, das eintreten wird, wenn die Zeit dazu gekommen ist.

Die zweite Entwicklungsstufe des Lebens wird als *Grihas-*

thäshrama bezeichnet. Dies ist die Zeit, in der man seinen Lebensunterhalt verdient und die Lüste und Vergnügen, die die Welt zu bieten hat, ausprobiert. *Griha* bedeutet Haus, und so ist man Haushälter unter seinem eigenen Dach, ausgestattet mit einem gewissen Maß an Freiheit, und hat eine Frau oder einen Mann, die oder der nächtens neben einem liegt. Die Schrecken, sich mit einem Schulranzen voller Bücher und vielleicht nicht gemachten Hausaufgaben zur Schule schleichen zu müssen, werden durch die Freuden des Familienlebens ausgeglichen. Diese beinhalten, auch nachts aufzustehen, wenn das Baby schreit, und mit vor Müdigkeit getrübten Augen zur Arbeit zu fahren, um einen Chef zufriedenzustellen, von dem man ganz sicher weiß, dass er einen unterschätzt. Es beinhaltet Sorgen wegen der Miete oder Hypothek oder des Kindes, das Fieber hat, sowie gelegentliche Unvereinbarkeiten mit dem Ehepartner. Es beinhaltet, dass das in der Jugend so heiß ersehnte Auto auf der Autobahn zusammenbricht. Ich will hier nicht wirklich ein düsteres Bild zeichnen, nur um Sie zu deprimieren. Ich sage nur, dass es eine bunte Mischung ist. Man setzt die Fähigkeiten ein, die man auf der ersten Entwicklungsstufe erworben hat. Für mich war es eine große Freude und eine, für die ich mich ganz bewusst entschied, indem ich das Leben des Entsagenden, des Mönches, des *Svāmi* ablehnte. Zu den Freuden, nach Reisen und Erfolgen zu meiner Frau und meinen Kindern zurückzukehren, gesellten sich auch harte sorgenvolle Zeiten. Mit anderen Worten, ein für eine Familie Sorgender oder auch eine Sorgende zu sein kann, obwohl man Zugang zu einem gewissen Reichtum und sinnlichem Vergnügen hat, äußerst harte Arbeit bedeuten.

Ohne die Wissenschaft von der Pflicht, vom Dharma, die uns auf der ersten Entwicklungsstufe *(äshrama)* unseres Lebens eingepflanzt wurde, lässt sich dieser tägliche Arbeitstrott unmöglich durchhalten. Zunächst einmal hätten wir gar keinen Maßstab, um unsere Härten, Belastungen und Freuden an denen anderer Leute und dann an denen unzähliger vorangegangener Generationen zu messen. Eine solche uralte uns überkommene Weisheit hilft uns weiterzumachen. Wir haben menschliches Einfühlungsvermögen entwickelt. Wie ein Philosoph in einer Abhandlung über die metaphysische Grundlage der Moral schrieb: »Moralisches Verhalten gegenüber anderen Menschen erfordert, dass wir sie um ihrer selbst willen respektieren, statt sie als Mittel zu unserer Bereicherung oder zu unserem Glanz und Ruhm zu benutzen.« Ohne die Leitplanke oder den Uferdamm religiöser (in dem Sinne verstanden, dass alle Religionen Selbsterkenntnis anstreben) Verpflichtung würde das Leben sehr rasch in ein Inferno von Gier und Zwietracht abgleiten.

Entsinnen Sie sich, dass der andere Uferdamm des so reichlich mit Reichtum und sinnlichem Vergnügen versehenen Flusses Moksha ist – Freiheit, aber eine tägliche Freiheit in Form von Loslösung, Nicht-Anhaftung, den Klauen der Rückschläge und Enttäuschungen des Lebens hart entrungen. Freiheit bedeutet für ein Kind oft die Freiheit, Eis essen zu können, bis ihm übel wird, oder bis Mitternacht vor dem Fernseher zu hocken. Für Jugendliche beinhaltet sie den rebellischen Drang, die Verfügungen der Eltern und Lehrer abzulehnen. Die Rebellion hat ihren Platz. Ich habe mich selbst als Rebell bezeichnet. Aber es gibt eine Form von selbstzerstörerischem Rebellieren, das darin besteht, grundsätzlich gegen den Strom anzuschwimmen und in dem generellen Mangel an Bereitschaft zuzuhören (geschweige denn zu gehorchen) oder in den Grenzen des Familienlebens oder des politischen Gesellschaftssystems zu kooperieren. Später stellen wir fest, dass das Einvernehmen der Nationen, das heißt die Freundschaft zwischen den Menschen verschiedener Länder, Kulturen und politischen Systeme, auf dieses Fundament toleranter Kooperation gegründet ist. Sie ist das Fundament des Weltfriedens.

Diese Stufe dient dazu, uns zu zivilisieren, indem wir Liebe, Versöhnlichkeit, Zuneigung, Toleranz und Geduld in uns kultivieren, um uns den verschiedenen emotionalen und gesellschaftlichen Umfeldern anzupassen. Alles hängt von Großzügigkeit, Gastfreundschaft, Geben und Nehmen ab. Daher ist dies der höchste Āshrama, die höchste Entwicklungsstufe.

Der Jugend erklärt man Moksha als Losgelöstheit, als distanzierte oder neutrale Haltung gegenüber den Wechselfällen und Enttäuschungen des Lebens. Bei einem kleinen Kind bedeutet es, ihm zu erklären, dass der versprochene Ausflug in den Zoo oder Freizeitpark verschoben werden muss, weil es in Strömen gießt; und dass Papa und Mama nicht immer das teuerste Spielzeug kaufen können. Später bedeutet es, einem Heranwachsenden Trost zu spenden, weil er nicht von der Universität seiner Träume angenommen wurde. Manchmal bedeutet Loslösung auch, unseren Sprösslingen einzugestehen, dass auch Erwachsene fehlbar sind und im Unrecht sein können – Unrecht tun können –, und dann die Demut zu haben, sich zu entschuldigen. Das ist der Uferdamm von Moksha, das Training darin, sich von den Leiden eines jeden Tages auf tausenderlei Weise zu lösen. Oft müssen wir uns diese Leiden eingestehen, sie anerkennen, um uns von ihnen lösen zu können. Umgekehrt müssen wir, da wir uns auch tausenderlei Erfolge erfreuen, die Bescheidenheit besitzen, diese zu teilen und »den Glanz abzugeben«. Wir sollten den Ruhm nicht für uns selbst, das Ego, einheimsen, sondern unser Glück in Demut einer größeren und höheren Quelle widmen und uns selbst als Instrumente und Nutznießer des Glücks, nicht aber letztlich als dessen Architekten betrachten. Das ist Moksha, der blütenbestandene, süß duftende, aber manchmal auch Traurigkeit erweckende Uferdamm, der den Strom unseres Lebens kanalisiert.

Das Ausüben der Pflicht wird zum Instinkt. Loslösung bedeutet immer ein Ringen, einen Kampf. Deshalb ist die dritte Entwicklungsstufe des Lebens eine des zunehmenden Loslassens. Sie wird *Vānaprasthāshrama* genannt, was die Anfänge der Nicht-Anhaftung bedeutet, während man noch weiterhin im Schoße der Familie sein Leben führt. Das mag für den Geschäftsmann heißen, dass er die Leitung seines Unternehmens seinen Söhnen oder Töchtern übergibt, sodass diese noch umfassender in das Stadium von Hausstand-

Führenden eintreten können. Es ist ein Sich-Lossagen von der Kontrolle, nicht über sich selbst, das nun ganz und gar nicht, sondern von der minuziösen Kontrolle über das eigene unmittelbare Umfeld, über all das, was man in der Welt aufgebaut zu haben meint. Wenn das Ego übermäßig vorherrscht, bedeutet es, dass man nicht in der Lage ist, zu unterscheiden zwischen dem, »wer man ist«, und dem, »was man geschaffen hat«: ein Handelsimperium, eine Behörde im öffentlichen Dienst, das cleverste und tapferste Regiment der Armee. Die Nachfolger werden die Dinge sicherlich anders machen, was einem mehr als wahrscheinlich nicht gefallen wird. Man fühlt sich gekränkt, hat das Gefühl von Verlust, bis hin zum Verlust des eigenen Selbstwertgefühls und Ichs. Die dritte Entwicklungsstufe beinhaltet, dass man mit diesen Dingen allmählich zurechtkommt. Schließlich tickt die Uhr, das hohe Alter wird nicht mehr lange auf sich warten lassen, und eines Tages wird der Tod an die Tür klopfen. Am besten bereitet man sich rechtzeitig darauf vor.

Doch anders als beim Ruhestand im Westen, der einfach das Ausscheiden aus dem Arbeitsleben bedeutet, ist dies nun eine spirituelle Entwicklungsstufe, erfüllt von Wachstum und Lernen. Ein Stadium, in dem dieses Losgelöstsein uns erlaubt, in einer zunehmend lockereren Beziehung zu unserem Ego zu leben. Wir können nun leichter die Identität aufgeben, an die wir uns klammerten, und die uns auf unserer Reise nach Innen behinderte. Jetzt können wir weiter nach innen vordringen, da wir loslassen, was uns an die Dinge in der Außenwelt angepflockt hat. In meinem Institut helfe ich beim medizinischen Unterricht, aber ansonsten haben meine Kinder und bestimmte Schüler im Lauf der Jahre alles übernommen. Ich bleibe im Hintergrund, um in schwierigen Fällen zu helfen und meine Erfahrungen anzubieten. Andere können den regulären Unterricht abhalten, doch beim medizinischen Unterricht werden meine Jahre des Erforschens eines jeden Millimeters von Haut, Fasern und Organen am meisten gebraucht.

Seit dem Tod meiner Frau Ramamani vor dreißig Jahren hat Gott mich zum Sannyāsin auserwählt, der Stand, den ich als junger Mann abgelehnt hatte. Das ist nun die vierte und letzte Entwicklungsstufe meines Lebens, eine Stufe der höchsten Losgelöstheit, Freiheit, Reinheit und Bereitschaft für den Tod. Von der Tradition her konnten Mann und Frau sich hier auch trennen und ihrer verschiedenen Wege in die Wälder gehen, um ihrem Schöpfer allein und als nackte Seele zu begegnen.

Dieser Weg wird nicht mehr begangen. Es gibt nicht mehr genügend Wälder, und abgesehen davon hat uns die moderne Medizin davon überzeugt, dass wir dem Tod, in welchem geschwächten Zustand auch immer, auf ewig ein Schnippchen schlagen können. Doch der Yogi begegnet dem Tod als Diener, als Krieger und als Heiliger. Er dient Gott weiterhin durch seine Hingabe und Handlungen; er tritt dem Tod furchtlos wie ein Soldat entgegen, der sich schämen würde, sich ans Leben zu klammern; und er tritt ihm entgegen wie ein Heiliger, weil er schon Teil des Einsseins ist, das er als die Höchste Wirklichkeit erkannt hat. Der Yogi kann sich nicht vor dem Sterben fürchten, weil er Leben in jede Zelle seines Körpers gebracht hat. Wir fürchten uns vor dem Sterben, weil wir fürchten, nicht gelebt zu haben. Der Yogi hat gelebt.

In dieser Weise gehen die Ziele des Lebens, die es zu erreichen gilt, eine natürliche Verbindung mit der Entfaltung des menschlichen Lebenszyklus ein. Es gibt einen indischen Segensspruch: »Großvater stirbt, Vater stirbt, Sohn stirbt.« Dieser Segen will besagen, dass der natürliche Lebenszyklus nicht durch Katastrophen unterbrochen werde und es einem jeden gegeben sein möge, sein Schicksal zu erfüllen.

Alles von mir Gesagte dreht sich darum, dass man sein Leben bis zur Neige voll auslebt, dass man die Natur genießt und transzendiert und dass man dem Göttlichen im Innern begegnet. Alles das existiert auf einer ethischen Grundlage, existiert innerhalb ethischer Prinzipien. Ethische Vollkommenheit ist der einzig wahre Beweis dafür, dass man vollkommen verwirklicht ist. Unsere spirituelle Entwicklung zeigt sich stets nur an unseren Handlungen in der Welt. Die ersten beiden Blütenblätter des Yoga sind *Yama* und *Niyama*, der universelle und persönliche ethische Kodex, auf den ich in den Eingangskapiteln zu sprechen kam. Wir werden diese Prinzipien jetzt noch einmal zur Gänze behandeln, weil sie uns anleiten, wenn wir nun in zunehmend größerer Freiheit zu leben versuchen.

Ethik auf der universellen und persönlichen Ebene

Wie wir sahen, sind für den Yogi Geist *(spirit)* und Natur nichts voneinander Getrenntes. Die Evolution – oder Involution –, die wir mit dem Entdecken unserer Seele erreicht haben, muss sich nun in unserem Körper und in unserem Leben manifestieren. Tatsache ist, dass man sich ohne wachsendes ethisches Gewahrsein spirituell nicht weiterentwickeln kann. Wir haben uns fortschreitend derart transformiert, dass wir uns in der Welt engagieren und in ihr agieren können, ohne uns in sie zu verstricken oder von ihr befleckt zu werden.

Dies nimmt Bezug auf etwas, das ich an sehr früher Stelle in diesem Buch erwähnte. Beim Normalsterblichen gibt es drei Arten von Handlungen, weiße *(sattvisch)*, schwarze *(tamasisch)* und graue *(rajasisch)*. Sie ziehen jeweils gute, schlechte oder gemischte Konsequenzen nach sich. Aber wie wir sahen, können Konsequenzen nicht bis in alle Ewigkeit beherrscht werden, und so können auch gute Handlungen mit der Zeit in gemischte oder schlechte Ergebnisse münden. Die meisten Handlungen sind grau, da wir teilweise selbstsüchtige Motive haben und somit die Konsequenzen sofort entweder durch die Unreinheit unserer Absicht oder durch unsere Uneffektivität bei der Ausführung unserer Handlungen beeinträchtigt werden. Ein Yogi, ein »Gunagigant«, der die drei Grundeigenschaften der Natur *(gunas)* transzendiert hat, kann auf vollkommen neutrale Art handeln. Er strebt nicht danach, dass die Frucht seines Handelns als tugendhaft erkannt wird. Er bleibt frei von den Dualitäten Tugend und Laster, Gut oder Schlecht, Ehre oder Unehre. Er wird ein *Dharmin* – eine in rechter Weise lebende Person, die nur ihre Pflicht als Ziel und Erfüllung in sich selbst ausführt. Das hält sie rein und von weltlichen Verstrickungen frei. Aber wie ich bereits sagte, ist Losgelöstsein, Nicht-Anhaften ein ständiger Kampf, und der Yogi kann sich nicht auf seinen Lorbeeren ausruhen, seine Praxis aufgeben und in die faulen, verzogenen Gewohnheiten so einer Art spirituellen Mahārājas zurückfallen.

Yama ist der ethische Verhaltenskodex, der uns für unser Benehmen uns selbst sowie auch unserer inneren und äußeren Umwelt gegenüber Hilfestellung gibt. Yama ist das Fundament des Yoga. Seine Prinzipien sind für die Weiterentwicklung und Entfaltung auf jeder Ebene von entscheidender Bedeutung. Wenn Yama das Fundament ist, so sind seine Prinzipien auch die tragenden Säulen, die das ganze Gebäude des Yoga bis zum Dach hinauf stützen, wobei es sich hier gar nicht um ein Dach handelt, sondern um das unendliche grenzenlose Himmelsgewölbe hoch darüber.

Wie leben wir nun anders, jetzt da wir gelernt haben, das Haus des Ichs zu säubern, und da wir die ihm innewohnende Göttlichkeit entdeckt haben? D. T. Suzuki, der große japanische Weise, sagte, dass der normale Mensch zwei Meter über dem Boden schwebt. Der Yogi hingegen steht mit beiden Beinen fest auf dem Boden. Ich würde vorschlagen sich vorzustellen, dass er mit einem Bein auf dem Boden steht, mit dem anderen aber in der Göttlichkeit fußt – einer Göttlichkeit, die jedoch nicht von der praktischen Wirklichkeit geschieden ist. Es ist einfach nur so, dass dieses in der Göttlichkeit fußende Bein im Einssein lebt. Das »planetarische« Bein kann die Vielfalt, kann die Komplexität scheinbarer Widersprüche handhaben.

Yoga bedeutet vom Wort her ins Joch spannen, anschirren, zusammenbringen, koppeln, verbinden, vereinigen. Es bedeutet, die

Körper-Intelligenz auf die Ebene des Geistes zu heben und dann beide zu koppeln und einzuspannen, um sie mit der Seele zu vereinen. Der Körper ist der Planet Erde in all seiner Vielfalt. Die Seele ist der Geist *(spirit)*, der Himmel über uns. Yoga ist ein Instrument, um diese zu vereinen, das Viele im Einen.

Ethik ist der Klebstoff, der die Erde an den Himmel bindet. Man kann nicht zwei Herren dienen. Einzig durch das Einhalten ethischer Prinzipien kann der Mensch das Paradoxon der Forderungen von Erde und Seele unter einen Hut bringen.

Bevor ich nun auf die spezifischen Einzelheiten von Yama und Niyama eingehe, sollte noch gesagt werden, dass moralische Grundsätze flexibel und je nach Ort und Zeit kulturell festgelegt sind, ethische Prinzipien hingegen der menschlichen Notwendigkeit entspringen, die Einheit unseres einzigartigen Ursprungs und die Verschmelzung mit dem Göttlichen als unserem letztendlichen Ziel zu respektieren. Gleichzeitig ermöglichen sie es, in heiterer Geselligkeit in einer Welt zu leben, in der Unterschiede die Realität beschreiben. Brechen die ethischen Grundsätze und das gesellschaftliche Einvernehmen zusammen, kommt es folglich in den meisten Beziehungen auch zu Konflikten, gleich ob es sich um die Beziehungen in der Ehe, in der Familie, zwischen Stämmen, Nationen, Ideologien oder Kulturen handelt. Wir meinen, dass die Liebe die Notwendigkeit von ethischen Grundsätzen überflüssig machen sollte. Sicher ist sie hilfreich, aber bei jedweden Verhandlungen über menschliche Bedürfnisse und Notwendigkeiten wird immer auch Ethik vonnöten sein. Diese Logik wird von der yogischen Sicht von der allem zugrunde liegenden Einheit, von der ursprünglichen Gleichheit, untermauert. Vom Standpunkt der allem zugrunde liegenden Gleichheit aus gesehen ist es auf jeder Evolutionsebene die Kooperation, nicht der Konflikt, die die höhere Wahrheit verkörpert und dem Absoluten dient.

Ethische Prinzipien sind ein menschliches Bemühen, und, wie beim Sport, je mehr Sportsgeist wir an den Tag legen, desto mehr steigern wir das Niveau des Spiels, umso näher bringen wir es an unsere höchsten Bestrebungen heran. Betrüger verlieren immer. Sie werden enttarnt, weil sie auf durchschaubare Weise unehrlich sind, sich selbst täuschen und ihrer menschlichen Pflicht nicht nachkommen. Der Versuch, ein ethisches Leben zu führen, bringt uns unseren Mitmenschen und Gott näher. Es gibt keine Abkürzungen, und das Betrügen führt sicherlich seinen eigenen Sturz herbei, da es uns von unserer eigenen Seele verbannt. Ethische Prinzipien sind eine Kompromisslösung: Wir streben nach dem Besten, sind uns aber realistischerweise bewusst, dass nicht alle nach den gleichen Spielregeln spielen.

Yoga macht aus einem aufrichtig Praktizierenden eine integrierte Persönlichkeit. Ein ethisch geführtes Leben unterstützt die harmonische Entwicklung von Körper und Geist. Dabei entwickelt sich ein Gefühl der Einheit von Mensch und Natur, von Mensch und Mensch und von Mensch und seinem Schöpfer, was die Erfahrung eines Gefühls der Identität mit dem Geist *(spirit)*, der alle Schöpfung durchdringt, zulässt. So kommt es, dass eines Menschen Handeln seine Persönlichkeit besser spiegelt als seine Worte. Der Yogi hat die Kunst erlernt, sein ganzes Handeln Dem Herrn zu widmen, und so spiegelt er die ihm innewohnende Göttlichkeit wider. Integration hängt von Integrität ab, ohne sie kommt es zur Zersplitterung. Ich habe an früherer Stelle erwähnt, dass unser Gewissen unserer Seele ins Antlitz blickt und deshalb deren Wahrheit widerspiegelt. Näher an die eigene Seele heranzurücken heißt auch, mehr und mehr nach den Geboten des Gewissens zu leben.

Die ethischen Prinzipien sind darauf angelegt, das Leben erträglicher zu machen. Es sind nicht die Gebote eines autoritären Gottes, sondern auf etwas Absolutem basierende Grundsätze, nach denen sich das Eine mit dem Vielen vereinbaren lässt. Tatsächlich ist es besser, an keinen Gott zu glauben und so zu handeln, als existierte er, als an ihn zu glauben und so zu handeln, als existierte er nicht.

Ethik bedeutet Philosophie in Aktion, angefangen damit, dass man einem Kunden das richtige Wechselgeld herausgibt, bis hin dazu, dass man keine Nahrungsmittel vergeudet. Ohne einen ethischen Rahmen oder Kontext lässt sich kein spiritueller Fortschritt erreichen. Im Yoga geht es nicht um die Frage, ob man Gott akzeptiert oder nicht. Wenn wir jemanden fragen, ob er an Gott glaubt oder nicht, reduzieren wir normalerweise Gott auf etwas Materielles. Wir reduzieren ihn auf die stoffliche Ebene, auf irgendein *Ding*, an das man glauben kann. Von daher wird er zu einer (dinglichen) Sache des Glaubens. So wie uns das Universum, das außerhalb der Reichweite unseres Bewusstseins liegt, unbekannt ist, ist uns auch die Wesenheit, die »Gott« ist und die außerhalb der Reichweite unseres Bewusstseins liegt, unbekannt. Gott wird gefühlt, kann aber nicht mit Worten ausgedrückt werden. Patañjali beschreibt Gott als einen, der sowohl frei ist von Leid verursachenden Hemmnissen wie auch von Aktionen und Reaktionen. Dies ist der höchste *Purusha (purusha vishesha),* eine besondere Qualität, um die wir Menschen wissen müssen. Er ist immer rein und sauber und bleibt für immer so.

Um an Gott zu glauben, müssen wir erst einmal an uns selbst glauben. Unser Bewusstsein, das *Chitta,* hat Grenzen. Wir müssen den Horizont unseres Bewusstseins weiten, um die andere Wesenheit, »Gott«, zu sehen. Patañjali kannte unsere Schwächen, wusste, dass unser Bewusstsein sich in den Schwankungen und Bewegungen des Geistes *(vritti)* und den inhärenten Leid verursachenden Hemmnissen *(klesha)* verfängt. Deshalb können wir uns ganz allgemein, und speziell in unserem Bewusstsein, Gott nicht vorstellen. Wenn das Bewusstsein gereinigt und geläutert werden kann, kann die Existenz der Kosmischen Kraft spürbar wahrgenommen werden. Und wenn wir die Existenz und Zugkraft des Göttlichen zunehmend stärker fühlen, gelangen unsere Handlungen auch leichter in Übereinstimmung mit dem ethischen Impuls des Absoluten.

Yama: Mit den wahren ethischen Prinzipien leben

Wahre Ethik wird nicht durch eine von außen kommende Konditionierung verinnerlicht. Das zum Beispiel einem Pferd oder Hund inhärente Gutsein entspringt seiner Natur, wenngleich auch vor allem in der Jugend etwas Training und Anleitung nötig sind. Moral und Ethik kommen aus unserem Innern und sind eine Widerspiegelung des Bewusstseins. Doch erfahren sie durch den Kontakt mit der Gesellschaft eine Verzerrung. Das ruft im Bewusstsein *(chitta)* Störungen hervor, und ebenso im Gewissen *(antahkarana)*, das, wie wir sahen, seinen Sitz neben der Seele hat und die Welt als Eins wahrnimmt und nicht als Kampf ums Überleben unter Einsatz der brutalsten und grausamsten Aspekte unserer Natur. Yoga trainiert uns dahingehend, dass wir von unseren selbstsüchtigen, brutalen Beweggründen Abstand nehmen, und zeigt uns, wie wir unsere Verantwortlichkeiten erfüllen können. Er gleicht einem Scharniergelenk, mit dem wir uns selbst erziehen, um eine innere Umwandlung zu erreichen: weg von den selbstsüchtigen Vergnügungen hin zur Befreiung, von der Knechtschaft hin zur Welt der Freiheit des Selbst, von der Evolution hin zur Macht des Wissens, zur Involution, zur Weisheit von Herz und Seele. Dieses Streben nach Selbst-Bildung oder Selbst-Kultur ist der Beginn wahrer Religiosität und das Ende von Religion als Konfessionsgemeinschaft oder starrem Glaubensmuster. Spiritualität ist kein Theatermachen, keine Bühnenaufführung rund ums Heiligsein, sondern die innere Leidenschaft für und der Drang nach Selbst-Verwirklichung und das unabdingbare Bedürfnis, den letztendlichen Sinn und Zweck unserer Existenz zu finden.

Yama ist die Kultur der Selbstdisziplin. Patañjali zeigt uns anhand der Prinzipien von Yama, wie wir unsere menschlichen psychischen und emotionalen Schwächen überwinden können. Yama ist auch der Gott des Todes. Wenn die Prinzipien von Yama nicht befolgt werden, handeln wir vorsätzlich als Mörder unserer Seele.

Als Anfänger mögen wir versuchen, lediglich unsere schlechten Gewohnheiten unter Kontrolle zu halten. Aber mit der Zeit werden die Gebote des Yama immer mehr zu Herzensimpulsen.

Das erste Gebot des Yama ist *Ahimsā,* Nicht-Verletzen, Nicht-Schädigen, Gewaltlosigkeit; und das zweite ist *Satya,* Wahrhaftigkeit. Ich bringe die beiden hier zusammen, weil sie zeigen, wie sich jedes vervollkommnete Blütenblatt des Yoga auf das Ganze auswirkt. Yoga ist eins, ob man nun die Dreiecks-Stellung *(trikonāsana)* ausführt oder die Wahrheit sagt. Gandhi, der große Mann meines Jahrhunderts, befreite durch seine Vollkommenheit in den beiden Blütenblättern der Gewaltlosigkeit und Wahrhaftigkeit Indien und veränderte die Welt. Seine Gewaltlosigkeit entwaffnete die überwältigende Macht der Briten und in großem Maße auch die aufgestaute Wut und Gewaltbereitschaft der unterdrückten indischen Bevölkerung. Das konnte er erreichen, weil sowohl seine Worte wie auch seine Handlungen in der Wahrheit begründet lagen. Wahrheit ist eine absolut umwerfende Macht. In den Veden heißt es, dass nichts, was nicht in der Wahrheit gründet, Früchte tragen oder zu einem guten Ergebnis führen kann. Wahrheit ist die Seele, die mit dem Gewissen kommuniziert. Wenn das Gewissen dies dem Bewusstsein übermittelt und dann in Handlung umsetzt, ist das gleichsam so, als wären unsere Handlungen göttlicher Natur, weil zwischen der Sicht der Seele und der Ausführung ihrer Handlungen keine Unterbrechung eintritt.

Gandhi erreichte diesen Punkt und bewies die damit verbundene großartige Wirksamkeit. Aber natürlich mühen sich die meisten von uns in einer Welt der Relativität, des Kompromisses, der Selbsttäuschung und der subtilen Ausflüchte ab. Wenn sich die Yoga-Praxis weiterentwickelt und wir von Leid verursachenden Hemmnissen und dem Yoga entgegenstehenden Hindernissen immer weniger beeinträchtigt werden, bekommen wir allmählich eine Ahnung vom Glanz und der Herrlichkeit der Wahrheit. Das Schändliche und Beschämende an der Gewalt, am Schädigen anderer, ist ganz einfach, dass es ein Sich-Vergehen an der zugrunde liegenden Einheit und somit ein Verbrechen an der Wahrheit ist. Dennoch sollte auch darauf hingewiesen werden, dass Gandhis extreme Entsagungen, so zum Beispiel seine ausgedehnten Fastenzeiten oder Hungerstreiks, eine Form von Gewalt *(himsā)* gegen sich selbst darstellten, mit denen er der Welt bewusst machte, was Menschen einander antun.

Es gibt viele heilige Männer und Frauen, die kamen, um uns an unsere Einheit auch in der Vielfalt zu erinnern. Der im zehnten oder elften Jahrhundert lebende Ramanujacharya war ein großer Anhänger Vishnus, der die Menschen ungeachtet der Schranken von Hautfarbe, Rasse, Kaste oder Geschlechtszugehörigkeit zur Erfahrung des Göttlichen aufrief, indem er sie in das *Bīja Mantra »Aum Namo Nārāyanāya«* einführte. Dieses so einfach erscheinende »Keim-Gebet« riss Barrieren zwischen den Leuten ein, indem es ihnen zu Bewusstsein brachte, dass alle Menschen in ihrer Beziehung zu Gott gleich sind. Es bedeutet einfach »Ehre sei Gott im Menschen«. Jahrhunderte später war es Mahatma Gandhi, der mit seinem Beachten und Wahren der beiden Yama-Blütenblätter des Yoga, Wahrhaftigkeit und Gewaltlosigkeit, Indien zu einem Volk einte.

Wir sollten die Wahrheit nicht als Knüppel benutzen, mit dem wir auf andere Leute einschlagen. Moral bedeutet nicht, dass wir auf andere Leute herabblicken und sie als uns unterlegen betrachten. Die Wahrheit muss mit gesellschaftlichem Anstand gemildert werden. Wir alle haben uns schon dessen schuldig gemacht, dass wir einer Person wegen ihres neuen Anzugs oder ihres Saris Komplimente machten, weil sie so offensichtlich stolz darauf war. Hätten wir schon die absolute Wahrhaftigkeit erreicht, würden wir das vielleicht nicht tun; aber in einer relativen Welt, deren unvollkommene Beobachter wir sind, machen wir gelegentlich auch Konzessionen. Ich habe eine langjährige Schülerin, die, ohne je zu lügen, immer das Positive in den Menschen sucht, auf die sie trifft, und sich bemüht, ihren Schwächen mit Menschlichkeit zu begegnen.

Dies ist das Mitgefühl und Verständnis, das dem Wissen entspringt, dass auch sie einmal große Fehler hatte, und sie fühlt mit denen, die noch immer mit sich ringen. Also hebt sie deren positives Potenzial hervor und macht die Leute nicht wegen ihres inhärenten negativen Potenzials nieder. Man könnte sagen, dass sie eben nur das Positive sieht, aber es hilft, in anderen das Beste hervorzubringen. Die Wahrheit ist keine Waffe, um sie zu missbrauchen, und das Schwert der Wahrheit ist zweischneidig, also passen Sie auf. Die Yama-Übungen, die in den äußeren ethischen Grundsätzen bestehen, können somit die Kultur und den Stand der Kultiviertheit der betreffenden Person nicht übersteigen. Das heißt, wenn ich ein höheres oder größeres Ethos vortäusche, als ich einzuhalten vermag, dann mache ich etwas vor, dann handle ich heuchlerisch. So tun wir also, was die Yamas, die äußerlichen ethischen Grundsätze angeht, auf jeder Entwicklungsstufe unseres Lebens unser Bestes, aber im Grunde verbessern wir die Qualität dieses ethischen Verhaltens nur dadurch, dass wir an uns selbst arbeiten. Obschon man sich sein ganzes Leben bemüht hat, die Wahrheit zu sagen, nicht auf das Eigentum anderer Leute neidisch zu sein oder nicht zu stehlen, hofft man, dass sich in den späteren Stadien des Daseins tiefere und subtilere Bedeutungen dieser ethischen Prinzipien ergeben werden, dass sie sich uns mit zunehmendem Fortschritt offenbaren werden. Sie werden sich im Innern verfeinern. Wenn wir jung sind, bedeutet Stehlen zum Beispiel, dass wir tatsächlich aus einem Laden etwas klauen. Wenn wir älter sind, enthalten wir uns vielleicht eines Wortes der scharfen Kritik, welches bedeuten würde, dass wir jemandem seinen guten Ruf stehlen; denn wenn man den Ruf einer Person zerstört, stiehlt man ihr etwas. Es gibt also verschiedene Ebenen der Subtilität. Und nur dadurch, dass wir zu uns selbst finden, werden wir des Ausdrucks der höheren Ebenen von Ethik und Moral würdig. Das ist nichts, was wir über unser Vermögen hinaus stemmen können. Wir müssen dem gewachsen sein.

Desgleichen können wir anderen unsere Wahrheit auch nicht

aufzwingen und müssen immer sicherstellen, dass wir mit unserem Handeln nicht anderen Gewalt antun. Lassen Sie mich Ihnen ein profanes Beispiel geben. Wenn ich ein Jahr lang darauf verzichte, Schokolade zu essen, ist das ein Verzicht, den ich mir selbst auferlege, eine Härte, die meinen Gesundheitszustand verbessern mag. Wenn ich meine ganze Familie dazu zwinge, ein Jahr lang auf Schokolade zu verzichten, tue ich ihnen Gewalt an. Egal wie gut es für ihre Gesundheit sein mag, es wird vermutlich zu mehr Zwistigkeiten und Stress als zu Harmonie in der Familie führen. Noch einmal, das Beispiel gebende Verhalten ist alles, und wenn es die Wahrheit zum Ausdruck bringt, dann hat es die Macht, andere zu verändern.

Asteya, Nicht-Stehlen, oder sich nicht anzueignen, was rechtens anderen gehört, ist das dritte Yama. Als Kinder lernen wir, nicht das Spielzeug anderer zu nehmen oder es ihnen zu stehlen, aber Nicht-Stehlen hat noch viele andere Implikationen. Ist es denn nicht Stehlen, wenn wir mehr konsumieren, als uns zusteht? Ist die Tatsache, dass ein kleiner Teil der Weltbevölkerung den überwiegend größten Teil der Ressourcen für sich verbraucht, kein Stehlen? Und wie ich eben schon sagte, gibt es noch subtilere Arten, andere dessen zu berauben, was rechtens ihnen gehört, etwa die Ehre und den Ruf.

Bevor ich mich nun mit dem vierten Yama befasse, möchte ich ein Wort zum fünften sagen, das in Verbindung mit dem dritten, Nicht-Stehlen, steht. Das fünfte ist *Aparigraha,* Nicht-Begehren, Freiheit von Habgier, Bescheidenheit in der Lebensführung. Es bedeutet, ohne Exzesse zu leben. Die beiden damit verbundenen Gedanken sind ganz offensichtlich die, dass das eigene Übermaß dazu führen kann, dass andere Entbehrungen erleiden müssen, und dass der Exzess an und für sich eine verderbliche Kraft ist. Sie führt zur sklavischen Abhängigkeit von Sinnlichkeit und Vergnügen und zum Verlangen, durch Besitztümer das Ego auszudehnen. Alles wird zu ich, ich, ich durch meins, meins, meins. Wenn das unsere Einstellung ist, wird die Reise nach Innen von Anfang an zur Farce. Das will nicht heißen, dass das Schaffen von Reichtum für sich genommen von Übel ist, sondern nur, dass wir ihn nicht wie ein Geizkragen horten sollen. Reichtum, der nicht wieder verteilt wird, bringt uns zum Stagnieren und vergiftet uns. Reichtum ist Energie, und Energie soll zirkulieren. Schauen Sie sich Ihr Auto an. Wie viel elektrische Energie ist in der Batterie gespeichert? Nicht viel, gerade genug, um morgens den Motor starten und die Scheinwerfer einschalten zu können. Wenn das Auto nur in der Garage herumsteht, geht die Energie in der Batterie verloren. Aber wenn das Auto in Bewegung ist, erzeugt es große Energie, füllt die Batterie wieder auf und erfüllt alle Notwendigkeiten, damit der Wagen funktioniert, einschließlich der Heizung, der Klimaanlage, des Scheibenwischers und des Radios. Energie muss fließen, oder ihre Quelle trocknet aus. Durch Begehrlichkeit und knickriges Festhalten halten wir die Energie vom Fließen ab, davon, dass sie mehr Energie erzeugt. Und schließlich werden wir durch diesen Verstoß gegen die Naturgesetze, durch unser Horten der Reichtümer des Lebens, selbst verarmen und vergiftet werden.

Auf das vierte Yama, *Brahmacharya,* Enthaltsamkeit oder Zölibat, komme ich zuletzt zu sprechen, weil es in der Öffentlichkeit so heftige Reaktionen hervorruft. Für die meisten Menschen bedeutet es ganz einfach, dass man, wenn man ein spiritueller Mensch sein will, permanent im Zölibat leben sollte. Da es anzunehmenderweise sehr gut wäre, wenn die ganze Welt spirituell werden wollte, würde dies jedoch bedeuten, dass unser Planet bald nur noch von Hunden, Katzen und Kühen bevölkert wäre. Wenn Gott Absichten hat, dann kann ich nicht glauben, dass diese dazu gehört.

Sexuelle Selbstbeherrschung ist jedoch etwas anderes. Ich wollte immer eine Frau und Familie haben. Und ich wollte auch ein Yogi sein. In allen indischen Weisheitstraditionen bestand hier nie ein Widerspruch. Als meine Frau noch am Leben war, drückte sich mein Brahmacharya darin aus, dass ich ihr treu blieb. Nach ihrem Tod schwand mein sexuelles Verlangen, und mein Brahmacharya war das eines Zölibatären. Ich folgte der Wahrheit *(satya)* im ersten

Abschnitt meines Lebens, und ich folgte ihr auch im zweiten Abschnitt. Weil beide in der Wahrheit und Integrität gründeten, trugen beide Früchte.

Die sexuelle Liebe kann, wie ich schon sagte, die Lehrzeit für die universelle Liebe sein. Was hätte ich wohl ohne die Liebe, Unterstützung und Kameradschaft von Ramamani erreicht? Wahrscheinlich nicht viel. Ich war enthaltsam, das heißt, ich hielt mich in Grenzen. In den Grenzen von oder zwischen was? Zwischen den Uferdämmen des Flusses des Lebens, von denen der eine ethisches Verhalten und religiöse Pflicht *(dharma)* und der andere Freiheit *(moksha)* ist. Wenn mein Lebensfluss einen der Dämme überflutet hätte, hätte mein Mangel an Selbstbeherrschung, hätte das, was wir ungezügelte Begierde nennen, zum Verlust der Suche nach dem Selbst geführt. Ich hätte gegen die Wahrheit und die Tugend verstoßen, so wie ich sie verstehe. Mein verwundetes Gewissen hätte meine Seele verdunkelt.

Doch nicht jedermann macht sich von der Urquelle aus auf den Pfad. Viele Anfänger oder Neulinge auf dem yogischen Weg sind nicht diszipliniert. Das kann ich realistischerweise von ihnen ebenso wenig verlangen, wie ich sie in der ersten Unterrichtsstunde die *Hanumānāsana* ausführen lassen kann. Ich gebe weiterhin Anleitung und Führung. Ich korrigiere sie beim Āsana und versuche die Prinzipien von Yama und Niyama im Āsana zu erwecken. Ich bemühe mich darum, sie weiter zu einer höheren Form der Praxis zu führen, was sich aber nicht sofort erreichen lässt. Schließlich begreifen sie jedoch, dass mangelnde Selbstdisziplin in jedem Bereich eine Energieverschwendung bedeutet. So stellt zum Beispiel das Wegwerfen von Essen einen Verstoß gegen die Lebenskraft der Nahrung dar. Andererseits bedeutet es einen Verstoß gegen die eigene Lebenskraft, wenn man zu viel isst. Anfänger wird ein irgendwie geartetes unethisches Verhalten gar nicht stören, aber es hat höchst schädliche Auswirkungen auf der spirituellen Ebene. Wenn wir Sex nur als Sache der Moral ansehen, werden wir dagegen rebellieren. Beim Yama geht es nicht darum, dass wir einfach nur das Gegenteil von dem, was wir liebend gerne tun würden, heraufbeschwören. Es geht darum, dass wir die richtige Wahrnehmung kultivieren, um die wahren Fakten und Konsequenzen der Probleme und Themen, mit denen wir uns konfrontiert sehen, zu untersuchen und zu überprüfen.

Yama bedeutet, dass wir das Positive in uns kultivieren und nicht bloß das unterdrücken, was wir als dessen teuflisches Gegenteil betrachten. Denn ein so verstandenes Nichtpraktizieren von Yama verurteilt uns dazu, nicht das Gute zu bestärken, sondern zwischen den Extremen von Tugend und Laster hin- und herzuhüpfen. Und das wird nur Schmerzen verursachen und keine evolutionär positive Auswirkung auf die Welt haben. Kultiviere das Positive und schwöre dem Negativen ab. So kommt man nach und nach an.

Um auf das Shakespeare-Zitat in Kapitel 3 zurückzukommen, so würde ich nun sagen, dass »Liebe« eine Investition, und »Lust« eine Vergeudung ist. Das ist es, was er meint. Lust und Begierde führen zu Isolation und Einsamkeit, in eine spirituelle Wüste. Brahmacharya impliziert Selbstbeherrschung, die Fähigkeit, sich zu disziplinieren und unter Kontrolle zu halten, entweder in Hinblick auf andere, oder um Ganzheit im Āsana zu erfahren. Es bedeutet nicht, dass man sich sexueller Aktivitäten ganz und gar enthält. Es bedeutet die von Ethik geleitete Beherrschung einer machtvollen natürlichen Kraft. Das Maß an Beherrschungsvermögen hängt vom Maß der evolutionären Entwicklung des oder der Praktizierenden ab. Selbstbeherrschung und Treue sind die Schlüsselbegriffe, und lassen Sie uns nicht vergessen, dass die lateinische Wurzel des Wortes Zölibat »unverheiratet sein« bedeutet; es impliziert nicht Unmoral.

Yama kann durch die Āsana-Praxis erlernt werden. Ich will Ihnen ein Beispiel dafür geben. Wenn Sie in der einen Körperhälfte übermäßig aggressiv vorgehen, morden *(himsā)* Sie die Zellen auf dieser Seite. Indem Sie der schwächeren, passiven Seite wieder Energie zukommen lassen, lernen Sie Gewalt und Gewaltfreiheit auszubalancieren. Wenn die Form des Āsana die Gestalt des Ichs ohne Zwang, Täuschung oder Verzerrung zum Ausdruck bringt, dann haben Sie Wahrhaftigkeit *(satya)* im Āsana erlernt. Seien Sie versichert, dass all diese Ethik-Lektionen den Unterrichtsraum mit Ihnen verlassen und Ihr Leben bereichern können, wenn Sie es wünschen. Wenn Praktizierende im Āsana spüren, dass ihre Intelligenz ihren ganzen Körper durch alle Hüllen hindurch durchströmt, erfahren sie eine selbstgenügsame Ganzheit, eine Integrität des Seins. Sie fühlen, wie sie sich über äußere Anhaftungen erheben. Das ist die Qualität von Zölibat in Aktion.

Selbst das am tiefsten verwurzelte Leid verursachende Hemmnis *(klesha)*, das Sich-ans-Leben-Klammern *(abhinivesha)*, kann durch Beobachtung im Āsana gemeistert werden. Auch die weisesten Menschen hängen am Leben, da es etwas Körperliches und Instinkthaftes ist. Aber im Augenblick des Todes loszulassen ist wichtig für alles, was danach kommen mag. Indem wir loslassen, geben wir auch die latenten Einprägungen *(samskāra)* dieses Lebens frei und verschaffen uns so einen sauberen Start bei dem, was kommt, was immer es auch sei. Die integrierte Āsana-Praxis bringt die Weisheit mit sich, die den vehementen Wunsch nach Selbsterhaltung mindert. Die Sublimierung von *Abhinivesha* befreit spirituelle Aspiranten vom Hindernis der Angst. Auf diese Weise bewahren wir uns im Augenblick unseres Todes unsere Geistesgegenwart. Das hilft. Wir haben keine Panik, hängen nicht an der Vergangenheit und haben keine Angst vor der unbekannten Zukunft. Gandhi zum Beispiel bewahrte sich, nachdem ein Fanatiker auf ihn geschossen hatte und er im Sterben lag, seine Geistesgegenwart, um fortwährend den Namen Gottes anzurufen, Rāma, Rāma. Das ist ein sauberes Ende und ein frischer Anfang.

Der Kodex des Yama sollte unserem Wesenskern entspringen und nach außen ausstrahlen. Ansonsten handelt es sich nur um einen Mischmasch von kulturellen Eigenarten. Niyama geht direkt und unmittelbar die Probleme unserer inneren Umwelt an. Wenn

Yama die Wurzel des Yoga ist, dann ist Niyama (persönliche ethische Grundsätze) der Stamm, der die physische und mentale Stärke zur Selbst-Verwirklichung aufbaut. Das Einhalten dieser Disziplinen begleitet uns vom Nehmen eines Bades bis zur Begegnung mit Gott. Deshalb lässt sich sagen, dass Yama und Niyama das Fundament, die Säulen, der Gipfelpunkt und Beweis yogischer Authentizität sind.

Niyama: Das Reinigen und Läutern unserer selbst

Es gibt fünf Niyamas oder persönlich einzuhaltende ethische Disziplinen. Diese sind Reinheit und Reinlichkeit *(shaucha)*, Zufriedenheit *(santosha)*, anhaltende Praxis *(tapas)*, Selbst-Erforschung *(svādhyāya)* und demütige Gott-Ergebenheit *(īshvara pranidhāna)*. Shaucha bezieht sich auf die Reinheit, die man sich durch die Yoga-Praxis erwirbt. Das Kultivieren von Zufriedenheit *(santosha)* heißt, den Geist zu einem geeigneten Instrument für die Meditation zu machen, da sie der Keim des meditativen Zustandes ist. *Tapas* ist die anhaltende Praxis, die mit Leidenschaft, Engagement und Hingabe ausgeführt wird, um Körperbeherrschung und Leistungsfähigkeit *(shakti)* zu erlangen. Selbst-Erforschung *(svādhyāya)* ist das Streben nach qualifizierter, geschulter Intelligenz *(kushalatā)*. In Aktion wird sie als *Yukti* bezeichnet, was die intelligente Geschicklichkeit und Klarheit meint, derer es bedarf, um die Übungspraxis und Disziplin *(sādhana)* zu meistern. Was die Selbst-Erforschung und die Selbst-Erkenntnis angeht, so spielen hier die Blütenblätter von *Pratyāhāra* (das ins Innere gerichtete Investieren unserer Energien) und *Dhāranā* (Konzentration) die Hauptrolle. *Īshvara Pranidhāna* ist *Bhakti*, was bedeutet, sich Gott *total* zu ergeben. Eine solche Hingabe, ein solches Sich-Ergeben, kann nur der Gipfelpunkt von physischem Können und geschulter Intelligenz sein. An diesem

Punkt vereinigen sich die beiden Blütenblätter von Dhyāna (Meditation) und Samādhi (Zustand glückseliger Versunkenheit).

Ich sollte hier anmerken, dass *Īshvara* Gott im universalen, umfassenden Sinn meint, dem Gott der monotheistischen Religionen absolut verwandt. Īshvara beinhaltetet und vereint in sich alle anderen Vorstellungen von Göttlichkeit, gleich in welcher Form, Gestalt und welchen Geschlechts. Es ist einfach Gott, weshalb ich sage, dass die Hindus zwar anscheinend viele Götter haben, diese aber alle letztlich in einer monotheistischen Vorstellung von einem Höchsten Wesen versammelt sind. Hindus sind keine Götzenanbeter, sondern Menschen, die das Eine in vielen Formen verehren, so ähnlich wie Christen vielleicht bei bestimmten Problemen zu speziellen Heiligen beten.

Vom Nehmen eines Bades bis zur Begegnung mit Gott ist es eine lange Reise, deshalb wollen wir uns zuerst einmal anschauen, wie und warum die meisten von uns in den ersten beiden Niyamas steckenbleiben.

Reinheit und Reinlichkeit

Wir können unsere Körperhaut säubern, indem wir ein Bad nehmen. Durch die Āsana-Praxis reinigen wir aber nicht nur unser Blut und nähren unsere Zellen, wir waschen beim Praktizieren den inneren Körper rein. Indem wir darauf achten, was wir zu uns nehmen, können wir den Körper reiner halten. Die Geographie hat viel mit der Ernährung zu tun. Doch gibt es ein paar grundlegende Richtlinien, die allen eine Hilfe sein können. Erstens: Essen Sie nicht, wenn Ihnen nicht, wenn man Speisen vor Sie hinstellt, der Speichel im Mund zusammenläuft. Zweitens: Wenn nur das Gehirn über die Essenswahl nachdenkt, bedeutet das, dass der Körper keine Nahrung braucht. Wenn Sie dann trotzdem essen, wird es nicht nährend sein, sondern ein Missbrauch von Nahrung. Das führt zu übermäßigem Essen, und das wiederum führt zu einer Verschmutzung des Körpers durch Schadstoffe.

Auch die feinstofflichen Hüllen können gereinigt werden. Wenn wir aufhören, uns Pornographisches und Gewalttätiges anzusehen, wenn wir keine Albträume mehr haben und an Selbsterkenntnis zunehmen, dann ist der Geist gereinigt, ist die Linse des Bewusstseins sauberer. Das führt selbstverständlich weiter zum zweiten Niyama, der Zufriedenheit, denn Zufriedenheit kann nur aus der Fähigkeit entstehen, uns mit unserer unmittelbaren Umgebung in Einklang zu bringen.

Im Allgemeinen sind es eher banale Dinge, die uns aufregen, die uns stören und beunruhigen, die uns unglücklich machen: wenn uns etwa unser Chef anknurrt, wir mit unserem Ehepartner Streit haben, durch eine Prüfung fallen oder einen kleineren Autounfall haben. Alle diese kleinen Dinge, die sich in unserer unmittelbaren Umgebung abspielen, werfen uns aus dem Gleichgewicht. Ein reiner Geist ist ein harmonischer Geist. Die Harmonie existiert innen wie außen. Wenn Bewusstsein, Stärke und Energie aufeinander abgestimmt sind, können wir mit den kleinen Aufregungen des Tages gut fertig werden, können sie für das nehmen, was sie sind – real, aber begrenzt –, und sie dann ad acta legen. Die Zufriedenheit, die ein Akzeptieren des eigenen bunt gemischten menschlichen Schicksals bedeutet, kehrt zurück. Verbitterung und Groll setzen sich nicht fest und vergiften auch noch die zufriedenstellenden Tagesabschnitte.

Wenn wir im Inneren rein und heiter gelassen sind, können wir uns mit unserem unmittelbaren Umfeld in Einklang bringen. Wir sind in Balance und sauber, und daher werfen uns die Veränderungen, Störungen und Ereignisse in unserem Alltagsleben nicht aus der Bahn. Wir können uns an sie anpassen. Wir sind für sie sensibel, wir sind flexibel, wir überleben ohne Trauma. Wir haben einen kleinen Unfall mit dem Auto, merken aber, dass es keine große Sache ist, und weil wir flexibel sind, passen wir uns an.

Diese Fähigkeit, sich mit der unmittelbaren Umgebung in Einklang zu bringen, ist ein gewaltiger Lohn. Durch die Selbstreinigung gelangen wir zur Zufriedenheit, die daraus entsteht, dass wir im Verein mit unserem Umfeld reibungslos funktionieren und von unvermeidlichen Herausforderungen und Störungen nicht durcheinandergebracht werden. Das ist die Zufriedenheit des Niyama, und sie versetzt uns in die Lage, die tieferen Ebenen der Selbstdurchdringung und Selbsttransformation angehen zu können. Denn wenn wir uns transformieren wollen, müssen wir uns reinigen oder läutern, müssen wir im Innern diese heitere Gelassenheit, diese Flexibilität und diesen Elan haben, und dann können wir zu den Transformationen auf den tieferen Bewusstseinsebenen übergehen, die Bestandteil des yogischen Weges sind.

Die meisten Menschen praktizieren Yoga in den Parametern des ersten und zweiten Niyama, Reinlichkeit und Zufriedenheit. Sie beziehen den sofortigen Lohn ihrer Yoga-Praxis (Yoga-Unterricht und ein bisschen Üben zu Hause) aus der Tatsache, dass sich der Gesundheitszustand verbessert, was Reinheit und Reinlichkeit bedeutet, und dass sie zu einer tiefgreifenden, organischen Gesundheit gelangen, zu mentaler Klarheit, Wohlbefinden und Ruhe, zur Fähigkeit, sich zu entspannen und auszuruhen und sich mit besserer Atmung zu versorgen. Dies bringt also eine Verbesserung in der Reinlichkeit und grundlegenden Gesundheit mit sich; und damit geht eine größere Zufriedenheit einher, eine auf Integration basierende Beziehung zur Umwelt und eine größere Befähigung, mit ihren Aufs und Abs fertig zu werden. Das sind die beiden Kreise, innerhalb derer die meisten Menschen Yoga leben. Es ist ein rascher und wunderbarer Lohn. Warum also reicht es nicht, einfach dabei zu bleiben, zumal dies doch die Definition von einem guten, anständig geführten und glücklich verbrachten Leben ist? Wenn man nicht weitermacht, wenn man sich mit einem vorübergehenden Wohlbefinden zufriedengibt, entstehen oft neue Probleme. Das heißt, wenn man einigermaßen glücklich, sauber und zufrieden ist, dann schleicht sich Selbstzufriedenheit ein. »Ich bin in Ordnung.« Das kann zu Eitelkeit und Stolz führen, zu einer Art selbstgefälligem Überlegenheitsgefühl, das ein neuerliches Heraufziehen der uns entstellenden intellektuellen Fehler und Defekte bedeutet. Oder es tritt eine Selbstzufriedenheit mit unserer Praxis ein, die zu Lethargie und Trägheit führt.

Wir sind Geschöpfe, die auf ständige Herausforderungen angelegt sind. Wir müssen wachsen, oder es setzt ein Sterbeprozess ein. Der Status quo führt zu Stagnation und Unzufriedenheit. Einfach stillzustehen ist also keine wirkliche Option. Wir müssen weitergehen. Wenn nicht, werden Störungen eintreten. Wir haben mit diesen äußeren Störfällen, wie etwa dem Verlust unseres Jobs, umzugehen gelernt; aber wenn Eitelkeit, Stolz und Selbstgefälligkeit Einzug halten, schlagen diese Störungen, die ich als Krankheiten des Geistes bezeichnen würde, in uns Wurzeln. Die Natur stellt uns also vor eine neue Herausforderung. Wir handhaben die Alltagsprobleme, aber befassen wir uns auch mit der inneren Krankheit von in uns wachsender Eitelkeit, Überheblichkeit und Selbstgefälligkeit? Das ist eine neue Herausforderung. Darum müssen wir uns kümmern, werden es aber nicht tun, wenn wir uns im Yoga um des Vergnügens willen verstricken in Form eines sich selbst bespiegelnden Yoga, der besagt: »Ich bin in Ordnung, du steckst im Schlamassel.« Die Notwendigkeit, nicht aufzugeben und beharrlich zu bleiben, ergibt sich also aus der Tatsache, dass neue Probleme entstehen, in denen wir steckenbleiben, wenn wir nicht immer weitergehen. Deshalb sind wir zur Fortsetzung unserer Praxis gezwungen.

Die dritte, vierte und fünfte Stufe des Niyama bilden eine Einheit. Zunächst kommt Tapas, die mit Feuereifer betriebene, hingebungsvolle anhaltende Übungspraxis, die den Kern allen Yogas bildet. In den vorangegangenen Kapiteln kam ich wiederholte Male auf Tapas zu sprechen, da es der Faden ist, der die ganze Yoga-Praxis zusammenhält. Tapas, was wörtlich Hitze bedeutet, ist buchstäblich die Hitze, die im alchemistischen Sinne umwandelt.

Es ist die Praxis, die nie aufgegeben werden kann, ein fortgesetztes Anwenden zur menschlichen Evolution.

Ohne das vierte Niyama, die strenge und durchdringende Einsicht der Selbst-Erkenntnis *(svādhyāya)*, würde Tapas zu Macht, aber weder zu Durchdringung noch zu Integration führen. Es würde nur Energie erzeugen, aber ohne Richtung. Tapas gibt uns Energie, Svādhyāya das Licht der Erkenntnis. Die Selbsterforschung ist ganz klar darauf angelegt, nach innen vorzudringen, und so tritt das transformierende Feuer von Tapas immer weiter in unsere Hüllen des Seins vor und erhellt uns mit Selbst-Erkenntnis. Die Selbsterkenntnis mag mit der Einsicht beginnen, wie schwer es uns fällt, unser Verlangen nach Schokolade unter Kontrolle zu halten, aber in den tieferen Bereichen geht es um unsere Doppelzüngigkeit, Selbstsucht, Machtgier, unser Verlangen nach Bewunderung, unsere Arroganz und letztlich unseren Wunsch, uns an die Stelle eines unsterblichen Gottes zu setzen. Selbsterkenntnis ist nicht immer angenehm. Und wenn uns nicht gefällt, was wir da vorfinden, dann sind wir ganz ehrlich dazu verpflichtet, etwas zu unternehmen, um es zu ändern.

Das fünfte Niyama ist Īshvara Pranidhāna, die tiefe absolute Gott-Ergebenheit. Dies ist der theistischste aller Aspekte des Yoga. Īshvara meint das Göttliche im allgemeinen und nicht konfessionsgebundenen Sinn. Und auf keinen Fall bedeutet es, dass man das Ego einsetzt, um den Willen Gottes zu prophezeien. Ganz im Gegenteil ergibt sich hier das Ego selbst durch Meditation *(dhyāna)* und Hingabe *(bhakti)*. Es handelt sich um ein absolutes Aufgeben des eigenen Ichs. Deshalb haben persönliche Vorstellungen davon, was Gott wollen mag oder nicht, keinen Platz in dieser Gleichung. Es bedeutet, sich selbst und alle eigenen Handlungen, so banal sie auch sein mögen, vom Zubereiten einer Mahlzeit bis zum Entzünden einer Kerze, dem Universalen Göttlichen darzubringen. Welche Absichten dieses Göttliche haben mag oder nicht, ist nicht unsere Angelegenheit. Wir haben nichts weiter zu tun, als die unberührte, uranfängliche und ewige Einheit zu verehren. Gott existiert. Diese Existenz erhellt unser Handeln. Das bedeutet es, sich dem Höchsten Wesen *(īshvara pranidhāna)* zu ergeben und hinzugeben.

Niyama hilft uns, die richtige Vorgehensweise aufzubauen und die Keime der Leid verursachenden Hemmnisse *(doshabīja)* zu zerstören. Schauen wir uns nun die fünf Prinzipien des Niyama an und gliedern sie enger in die fünf Hüllen des Seins und den Rest der acht Blütenblätter des Yoga ein. Die Praxis der Prinzipien von Yama, Niyama und der sechs anderen Blütenblätter des Yoga machen das Durchdringen von der Haut bis zur Seele möglich.

Reinheit oder Reinlichkeit, wie wir sahen, bedeutet mehr, als nur ein Bad zu nehmen. Sie wird durch die Āsana-Praxis erworben, die den inneren wie den äußeren Körper reinigt und läutert. Zudem überwindet die Reinheit *(shaucha)* die äußerlich vorherrschende Trägheit des Körpers und erfüllt ihn dann mit der Dynamik von Rajas, wodurch sich ein Sprungbrett für die höheren Qualitäten des Lebens ergibt.

Der Zufriedenheit *(santosha)*, im yogischen Sinn von dauerhafter und stabiler harmonischer Natur, begegnet man durch die Prānāyāma-Praxis, die ihrerseits die aktive (rajasische) Natur des Geistes überwindet und eine anhaltende und mit Feuereifer durchgeführte Praxis ermöglicht. Im Santosha ist der Rumpf ein Gefäß, das sich mit der durch das Einatmen einströmenden kosmischen Energie füllt. Irgendetwas schafft irgendwo in uns Raum für die kosmische Energie, der Trägerin der kosmischen Intelligenz, damit sie ihren Platz einnehmen und sich installieren kann. Dies fühlt sich so an, als ob etwas Gutes oder Glückverheißendes in uns einflösse. Aber in Wirklichkeit gehen hier Evolution und Involution eine Ehe ein. Denn dieses Wohltun der Zufriedenheit rührt gleichermaßen davon her, dass die Seele von der Wesensmitte ausgehend den Rumpf besetzt. Ja, es findet auch ein Erfüllt-Werden von außen statt, aber an diesem Punkt fließt das, was sich im Innern befindet und nun nicht mehr blockiert ist, ebenfalls aus und erfüllt uns gleichermaßen. Das ist die Zufriedenheit der Fülle, des Gesättigtseins, aber beim Ausatmen dehnt sich die Seele noch weiter aus, um den vom Atem hinterlassenen Raum zu füllen. Dann erfüllt sie uns mit einer Zufriedenheit, die nicht mit *pranischer* Energie aufgeladen ist, sondern mit der Einsicht und Weisheit der Seele. Obwohl dieser wechselnde Zustand dualer Natur ist, beruhigt und annulliert er die Wellen der Geistesschwankungen. Praktisch gesprochen bedeutet das, dass ich, wenn etwas passiert, nicht aus der Bahn geworfen werde, und nicht vom Weg abkomme, wenn nichts passiert.

Das dritte Niyama-Prinzip, Tapas, die anhaltende Praxis, korrespondiert mit Pratyāhāra, dem Scharniergelenk oder Dreh- und Angelpunkt zwischen den äußeren und inneren Aspekten der Yoga-Praxis. Er impliziert, dass das kognitive Gewahrsein mit Blick auf die Selbst-Erkenntnis *(svādhyāya)* nach innen gerichtet ist. Er richtet uns auf den Kern des Seins aus und muss, wie der Blasebalg des Schmieds, fortwährend den Feuerkern der Praxis heiß halten, da sonst die durch extreme Hitze bewirkte alchemistische Transformation nie stattfinden wird. Das Feuer würde zwar munter brennen, das Blei aber nicht in Gold verwandeln.

Das vierte Niyama-Prinzip, *Svādhyāya* oder Selbst-Erkenntnis, ist schwierig. Wir assoziieren Erkenntnis oder Wissen sehr stark damit, dass wir es durch Lernen *(vidyā)* erwerben. In Wirklichkeit aber ist Svādhyāya, ob nun durch Studium oder Selbstanalyse, der Weg der Konzentration *(dhāranā)*, der über einen grausam harten und steinigen Pfad zum Wissen hinauf und zur Entkleidung des falschen oder angeberischen Ichs mit all seinen Fehlern, Defekten und vorgetäuschten Tugenden führt. Der Lohn ist der Pfad der Weisheit *(jñānamarga)*, der uns dermaßen aller Selbstillusion entblößt, dass wir für den nächsten großen Schritt bereit sind.

Dies ist die Gott-Ergebenheit *(īshvara pranidhāna)*, die oft mit Bhakti, dem Yoga höchster Hingabe und Selbstlosigkeit, gleichgesetzt wird. Das Ego sitzt gleichsam auf einem Gummiband und wird uns immer wieder zurückziehen. Nur die Meditationspraxis wird schließlich die Anziehungskraft zwischen Ego und Ich-Identität untergraben.

Gott-Ergebenheit ist nur der Person möglich, die, vielleicht durch bestimmte Umstände oder Widrigkeiten oder Demütigung, das Ego abgestreift hat. Damit diese Ergebenheit von Dauer ist, muss man zur Meditation in ihrem höchsten Sinn gelangt sein. Gott-Ergebenheit bedeutet nicht, sich in das, was man denkt, das Gott will, zu ergeben. Es bedeutet nicht, dass man sich in seine Vorstellungen vom Willen Gottes ergibt. Es bedeutet nicht, dass Gott dir Anweisungen erteilt. Solange das Ego noch vorhanden ist, wird unsere Interpretation vom Willen Gottes durch das verzerrende Prisma des Ego zersplittert sein. Nur im egolosen Zustand, das heißt im Zustand dessen, der die Höhen des keimlosen *(nirbāja)* Samādhi erlangt hat, wird Gottes Stimme ohne einen dazwischengeschalteten intervenierenden Schirm menschlicher Fehlbarkeit sprechen. Und was wird Gott uns in diesem Zustand der absoluten Freiheit, des Kaivalya, sagen, dass wir tun sollen? Er wird uns sagen, dass wir in der Welt weitermachen, aber ihn nie vergessen sollen.

Es gibt die Geschichte von einem Mönch, der viele Jahre lang nach Befreiung strebte. Kurz davor, zu verzweifeln und zu meinen, dass er sie trotz all seiner Übungen nie erlangen würde, beschloss er, auf den seiner Wohnstätte nächstgelegenen Berg zu klettern und dort entweder umzukommen oder zur Erleuchtung zu finden. Er packte seine wenigen Habseligkeiten in einen Rucksack und machte sich an den Aufstieg des Berges. In der Nähe des Gipfels begegnete er einem alten Mann, der vom Gipfel herabkam. Ihre Blicke verschmolzen, und es fand Erleuchtung statt. Der Rucksack des Mönchs fiel zu Boden. Nach Momenten glückseliger Stille sah der Mönch den alten Mann an und fragte: »Und was soll ich jetzt tun?« Der alte Mann zeigte wortlos auf den Rucksack, bedeutete dem Mönch, ihn wieder zu schultern, und wies dann hinunter ins Tal. Der Mönch nahm seinen Rucksack auf und machte sich wieder auf den Weg ins Tal zurück. Das war die Erleuchtung auf dem Berge. Was folgte, war Kaivalya unten im Tal.

Auch ich lebe im Tal, um den Bedürfnissen meiner Schüler und Schülerinnen zu dienen. Ich lebe in der yogischen Praxis *(sādhana)* immer in Kontakt mit *Asmitā,* dem feinstofflichen und individuellen Ich, das leer ist vom Stolz des Ego. Ich bin auch ein *Hathayogi,* der sich wünscht, dass seine Schüler und Schülerinnen die Sonne sehen, die Erfahrung ihrer eigenen Sonne, ihrer eigenen Seele, machen. Meine Schüler nennen mich ihren Guru. *Gu* bedeutet Dunkelheit, und *Ru* bedeutet Licht. Als Sannyāsin, der ich nunmehr bin, hätte mich mein Weg auch in die totale Zurückgezogenheit führen können, aber ich habe immer noch das Gefühl, dass es meine Pflicht ist zu dienen, ein Guru zu sein in dem Sinn, dass ich die Dunkelheit durch Licht ersetze. Das ist mein Dharma, meine anhaltende Pflicht. Ich muss mit der göttlichen Ruhelosigkeit, die mich weiter treibt, zufrieden sein.

Als ich jung war, wollte ich ein Künstler in meiner Yoga-Praxis sein. Als ich zum ersten Mal die wunderschönen Hände Yehudi Menuhins sah, dachte ich: »Ich möchte Künstlerhände von solcher Qualität wie diese haben, und nicht so grobe wie die meinen.« Und so entwickelte ich in ihnen ein unglaubliches Maß an Sensitivität. Doch war mein Beweggrund nicht nur yogischer, sondern auch künstlerischer Natur. Dieser Impuls beflügelte auch meine Darbietungen und die Freude daran, wie sie aufgenommen wurden. Als junger umherirrender Mann strebte ich zum Teil das Künstlertum, zum Teil die yogische Suche nach der Seele an. Das eine ermunterte und bestärkte das andere. Dann übernahm mich der reine Yoga, und das Künstlertum wurde zu etwas Sekundärem oder Beiläufigem.

Leben heißt Lernen

Dieses ganze Buch gründete sich auf eine Reihe von Umgrenzungen oder auch Marksteinen: die fünf Hüllen, die fünf Elemente, ihre fünf feinstofflichen Entsprechungen. Dies bietet eine fruchtbare Möglichkeit, den Weg zur Erforschung der Natur und zur Entdeckung der Seele zu weisen. Aber wir sollten immer im Hinterkopf behalten, dass solche Grenzlinien zwischen Hüllen, Elementen oder zwischen grobstofflichen oder feinstofflichen Körpern eigentlich gar nicht vorhanden sind. Alles ist im Bewusstsein miteinander und ineinander verwoben. Von daher ist das zu erreichende Höchstziel des Yoga die totale Transformation von Chitta (Bewusstsein), das unser ganzes Sein mit Gewahrsein und Bewusstheit durchdringt und keine Grenzen kennt.

Ich hoffe das Vorurteil ausgeräumt zu haben, dass Hathayoga nur etwas Physisches ist und nichts mit dem spirituellen Leben zu tun hat. Die Leute haben die Āsana-Praxis mit körperlicher Übungspraxis gleichgesetzt. Mein Lebenswerk bestand darin, aufzuzeigen, dass auch dann, wenn man ganz bescheiden anfängt, dies ein Pfad ist, der hingebungsvolle Praktizierende zur Integration von Körper, Geist und Seele führen kann.

Es lag mir daran, über Āsana zu sagen, dass die Stellung bequem und stetig sein sollte. Die Stetigkeit setzt nur dann ein, wenn die Anstrengung, die Mühe, ein Ende genommen hat. Sie müssen also den Körper so trainieren, dass das, was komplex erscheint, einfach wird. In meinen Āsanas muss ich mich an keiner Stelle anstrengen, da mein angestrengtes Bemühen schon vor langer Zeit ein Ende genommen hat. Und weil mein Bemühen geendet hat, kann ich meine Praxis Gott, dem Herrn, als eine Opfergabe darbringen. So verbinde ich mich mit Ihm, in meiner Praxis, im Unendlichen.

Wir irren uns, wenn wir meinen, dass wir alle stumpf und träge sind. Wenn Ihr Feuer erloschen wäre, würden Sie nicht am Leben sein. Yogisches Feuer *(yogāgni)* existiert im latenten oder uranfänglichen Zustand in jedem von uns. Es hat mein Leben erfüllt. Aber nichts ist für immer erreicht. Wenn ich zulasse, dass mein Feuer durch Nachlässigkeit, Arroganz oder lasche Praxis mit kalter Asche bedeckt wird, verliert es seine transformierende Hitze. Ich bin nicht in den Ruhestand getreten und werde es nie tun. Ich werde das innere Feuer immer am Brennen halten.

Deshalb kann man mit der Praxis *(sādhana)* nie aufhören. Natürlich altere ich, und es gibt auf bestimmten Ebenen Rückschritte. Aber mein Körper und Geist stehen im Dienst der Seele und folgen ihr. Die Einheit dieser drei gibt mir das Recht, mich einen Yogi zu nennen. Obschon ich mich auf einer spirituellen Ebene befinde, werde ich nie sagen, dass Praxis nicht erforderlich ist.

Ich bin alt, und der Tod rückt unausweichlich näher. Geburt und Tod sind jedoch Gegebenheiten, die nicht dem menschlichen Willen unterstehen. Diese Dinge sind nicht mein Bereich. Ich denke nicht darüber nach. Yoga hat mich gelehrt, nur daran zu denken und daran zu arbeiten, dass ich ein nützliches Leben führe. Die Komplexität des Geisteslebens nimmt mit dem Tod in all seiner Traurigkeit und seinem Glück ein Ende. Ist man von dieser Komplexität schon frei, tritt der Tod natürlich und reibungslos ein. Lebt man jeden Augenblick ganzheitlich, wie es Yoga lehrt, so würde ich, selbst wenn das Ego bereits ausgelöscht wäre, jedoch nicht sagen: »Stirb, bevor du stirbst.« Vielmehr würde ich sagen: »Lebe, bevor du stirbst, damit auch der Tod zur lebendigen Feier wird.«

Hokusai, der große japanische Meister der Kunst des Farbholzschnitts, sagte, als er schon in den Siebzigern war, dass, wenn ihm noch zehn Jahre gegeben wären, er ein großer Künstler werden würde. Vor solcher Bescheidenheit und Demut verbeuge ich mich. Lassen Sie mich zum Schluss die Worte des spanischen Malers Goya zitieren, der im Alter von achtundsiebzig Jahren, als er schon taub und hinfällig war, sagte: *Aún aprendo* – »Ich lerne immer noch«. Das gilt auch für mich. Ich werde nie aufhören zu lernen, und ich habe versucht, ein paar dieser Lektionen mit Ihnen zu teilen. Ich bete darum, dass mein Ende Ihr Anfang sein möge. Der große Lohn und die unzähligen Segnungen eines der Reise nach Innen gewidmeten Lebens warten auf Sie.

Āsanas zur Entwicklung von emotionaler Stabilität

Die folgenden Āsanas werden Ihnen bei der Entwicklung von emotionaler Stabilität helfen. Wenn man die hier gegebene Abfolge einhält, führen sie zu einer totalen Entspannung. Die Pfeile zeigen die korrekte Richtung an, in die man sich jeweils dehnen, strecken und weiten soll. In meinem Buch *Licht auf Yoga* finden Sie detaillierte Anweisungen, wie jedes dieser Āsanas Schritt für Schritt auszuführen ist. Ich empfehle Ihnen auch, die Praxis unter der Führung eines/einer erfahrenen und qualifizierten Lehrers/Lehrerin zu erlernen. Wichtig ist, dass Sie die Praxis-Übungen korrekt und präzise ausführen, damit Sie den erwünschten Nutzen davon haben und keine Schädigungen erleiden.

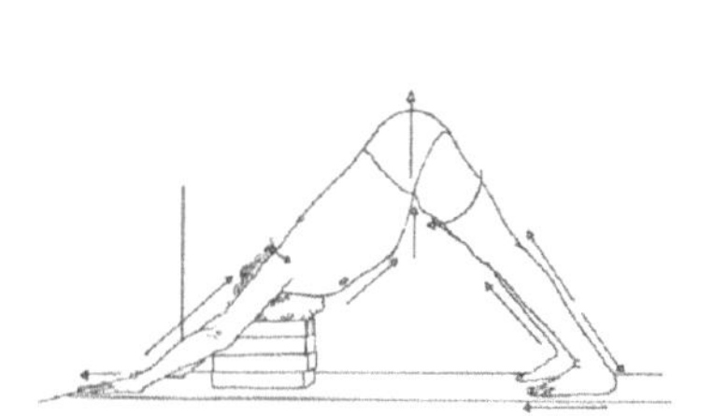

1. *Adho-Mukha-Shvānāsana* (den Kopf auf einer Stütze ruhen lassen): Bleiben Sie 2 bis 3 Minuten in dieser Stellung.

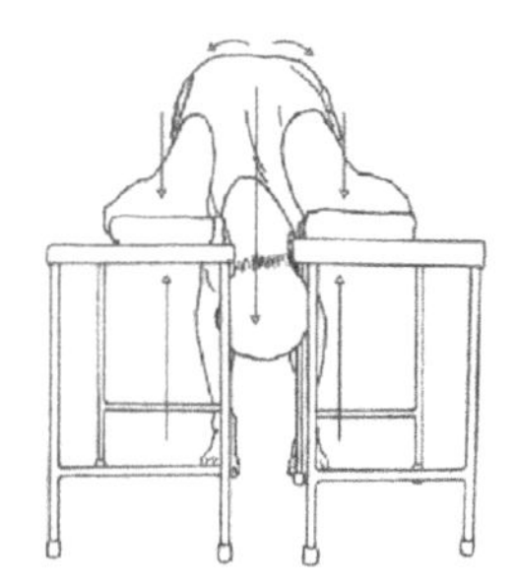

2. *Uttānāsana* (den Kopf, nach unten gesenkt, auf dem Stuhl ruhen lassen, wobei die Schultern auf zwei hohen Hockern ruhen): Bleiben Sie 3 bis 5 Minuten in dieser Stellung.

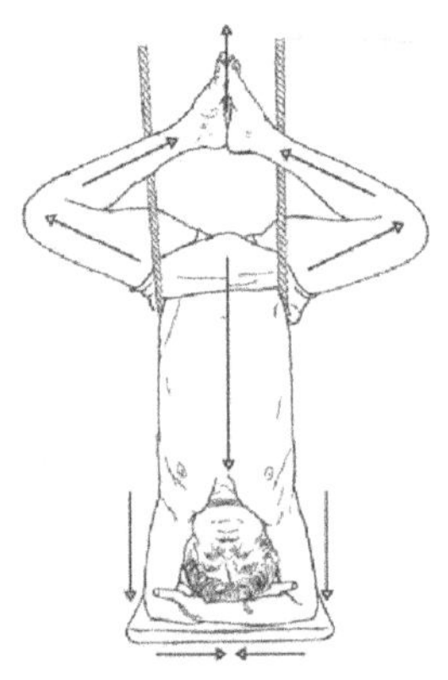

3. *Shīrshāsana* (unter Zuhilfenahme von Seilen): Bleiben Sie in dieser Stellung, solange Sie sich wohl damit fühlen.

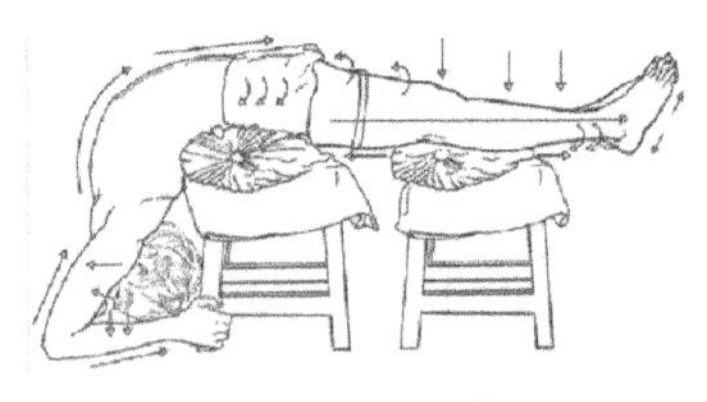

4. *Viparīta-Dandāsana* (auf zwei Hockern): Bleiben Sie 3 bis 5 Minuten in dieser Stellung.

5. *Sarvāngāsana* (auf einem Stuhl): Bleiben Sie 5 bis 10 Minuten in dieser Stellung.

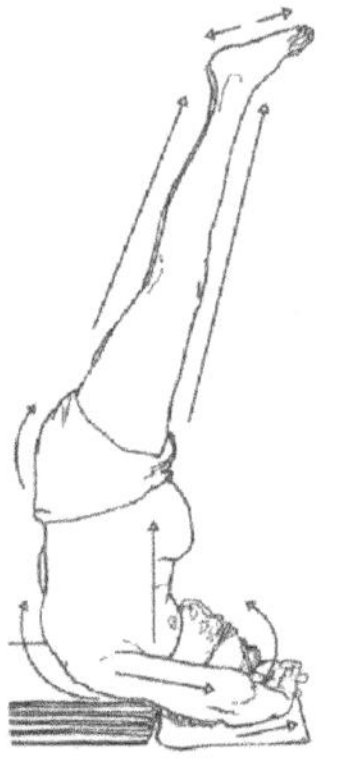

6. *Nirālamba-Sarvāngāsana* (die Schultern ruhen auf einer Stütze): Bleiben Sie 5 Minuten in dieser Stellung.

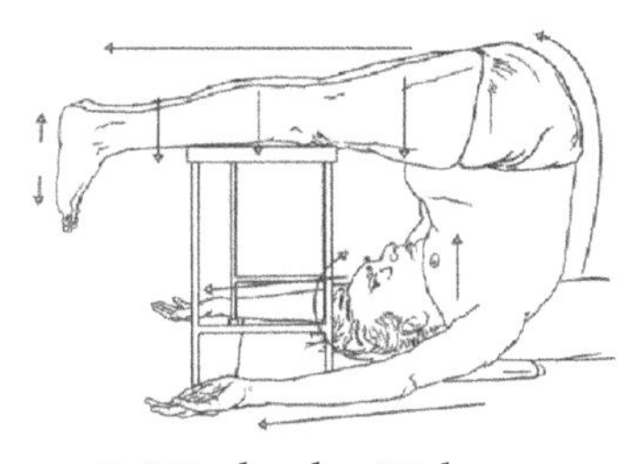

7. *Nirālamba-Halāsana* (die Knie oder Schenkel ruhen auf einem Hocker): Bleiben Sie 5 bis 10 Minuten in dieser Stellung.

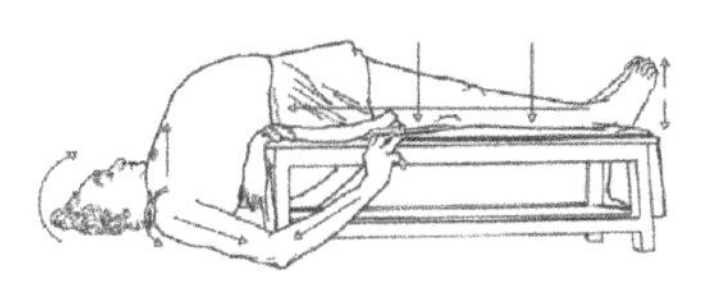

8. *Setu-Bandha-Sarvāngāsana* (auf einer Bank): Bleiben Sie 10 Minuten in dieser Stellung.

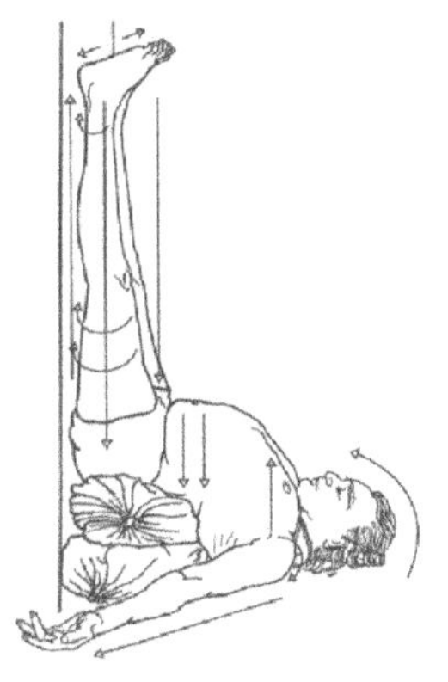

9. *Viparīta-Karani* im *Sarvāngāsana* (hier in der Form gezeigt, dass man auf zwei Polstern ruht): Bleiben Sie 5 Minuten in dieser Stellung.

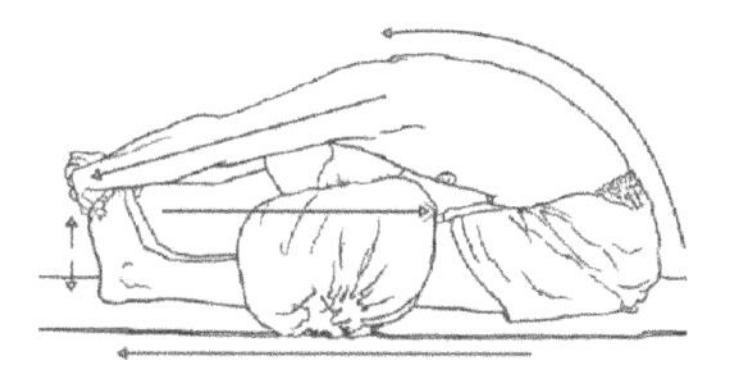

10. *Pashchimottānāsana* (der Kopf ruht auf einem Polster): Bleiben Sie 3 bis 5 Minuten in dieser Stellung.

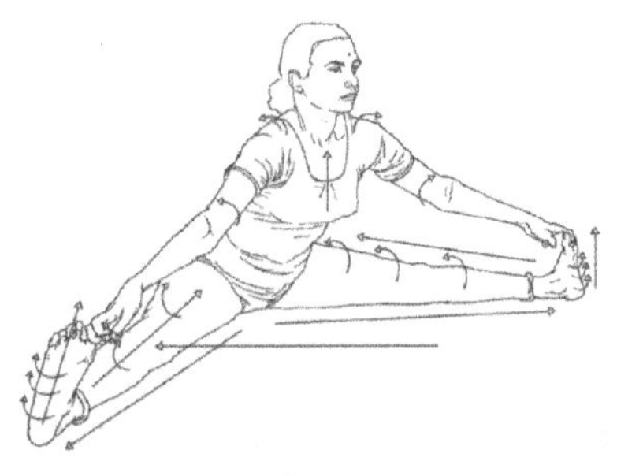

11. *Upavishtha-Konāsana:* (Wenn man die Zehen nicht halten kann, kann man auch gerade aufgerichtet sitzen, wobei die Handflächen hinter dem Gesäß auf dem Boden ruhen.) Bleiben Sie 2 Minuten in dieser Stellung.

12. *Baddha-Konāsana:* (Rollen Sie eine Decke zusammen und schieben Sie sie den Knien unter, um bequemer zu sitzen.) Bleiben Sie 3 bis 5 Minuten in dieser Stellung.

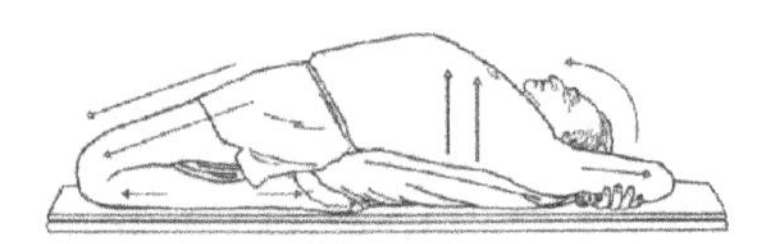

13. *Supta-Vīrāsana* (auf einem Polster): Bleiben Sie in dieser Stellung, solange Sie problemlos so liegen können.

14. *Viloma-Prānāyāma* (mit durch mehrere Pausen unterbrochener Ausatmung entweder sitzend oder liegend): Wenn Sie die Übung in Sitzhaltung ausführen, bleiben Sie 5 bis 8 Minuten in dieser Stellung.

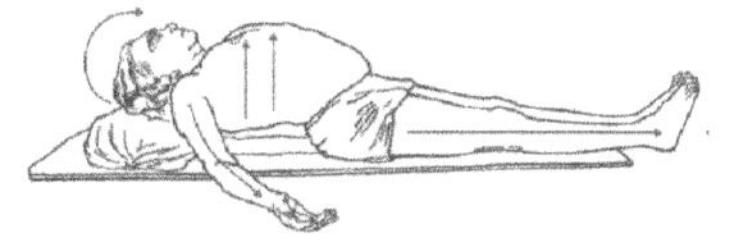

15. *Shavāsana*
mit erhobener Brust:
(Es werden einige Polster oder ein schweres Gewicht zur raschen Entspannung des Körpers auf die Schenkel und zur Entspannung des Gehirns ein Tuch über die Augen gelegt. Das Gewicht auf den Schenkeln dient der Öffnung der Lungen.) Dieses Āsana kann, je nach verfügbarer Zeit, jederzeit ausgeführt werden, auch nach den Mahlzeiten.

Beachten Sie bitte:
Wenn Sie bei der Ausführung des *Sarvāngāsana* auf dem Stuhl (5) Druck in den Schläfen verspüren, können Sie stattdessen das *Nirālamba-Sarvāngāsana* (6) machen. Das *Sarvāngāsana* auf dem Stuhl können Sie versuchen, nachdem Sie zu Anfang erst das *Nirālamba-Sarvāngāsana* ausgeführt haben.

Nirālamba-Sarvāngāsana (6), *Setu-Bandha-Sarvāngāsana* auf einer Bank (8) und *Viparīta-Karani* im *Sarvāngāsana* (9) sind sehr gut für Personen, die unter Migräne leiden.

- Das Ausführen der Āsanas 1 bis 3 in Abfolge beruhigt den Geist und kühlt das Gehirn.
- Die Āsanas 4 bis 10 balancieren die Intelligenz des Gehirns (Zentrum des Intellekts) und die Intelligenz des Herzens (Zentrum der Gefühle) aus.
- Die Āsanas 11 und 12 regen das Gehirn zum positiven Denken an.
- Āsana 13 bringt Ruhe in den Körper.
- Āsana 14 lässt Sie die Erfahrung der inneren Stille machen.
- Wenn Sie nicht genügend Zeit haben, lassen Sie Āsana 14 aus und gehen Sie zu 15 über. Wenn die Zeit es Ihnen erlaubt, machen Sie dies 5 bis 10 Minuten lang.